신탁통치 1
이론과 글로벌 사례

AKS 사회총서 28

신탁통치 1
이론과 글로벌 사례

지은이 이완범

제1판 1쇄 발행일 2023년 12월 30일

발행인 임치균
발행처 한국학중앙연구원 출판부

출판등록 제1979-000002호(1979년 3월 31일)
주소 경기도 성남시 분당구 하오개로 323
전화 031-730-8773
팩스 031-730-8775
전자우편 akspress@aks.ac.kr
홈페이지 www.aks.ac.kr

ⓒ 한국학중앙연구원 2023

ISBN 979-11-5866-751-1 94340
　　　978-89-7105-771-1 (세트)

- 이 책의 출판권 및 저작권은 한국학중앙연구원에 있습니다.
  이 책 내용의 전부 또는 일부를 재사용하려면 반드시 서면 동의를 받아야 합니다.
- 값은 뒤표지에 있습니다. 잘못된 책은 바꿔드립니다.
- 이 책은 2017년 한국학중앙연구원 연구사업 모노그래프과제로 수행된 연구임(AKSR2017-M01).

AKS
사회총서
28

신탁통치 1
이론과 글로벌 사례

이완범 지음

한국학중앙연구원출판부

책머리에

　신탁통치는 제2차 세계대전 종전 이후 11개 지역에서 실시되었고 1994년 공식적으로 종식되었지만, 오늘날 정치적 분쟁 지역을 안정시키기 위한 대안으로 다시 호명되고 있다. 과연 20세기 강대국 지배의 연장에 불과했던 신탁통치가 21세기에는 세계 평화를 위한 대안이 될 수 있을까? 신탁통치는 비교적 오랜 기간에 걸쳐 다양한 국가에서 실시되었지만, 아직까지도 세계사적 연구나 종합적인 평가는 제대로 이루어지지 않았다. 이 책은 그러한 연구사적 공백을 메우려는 시도이다. 한반도 신탁통치안을 포함해 다른 나라에 대한 신탁통치 적용 논의와 실행 사례를 종합하여 다루었고 21세기 내정이 불안한 지역에 대한 신탁통치 적용을 검토하는 문제도 더하여 현재적 의미도 탐구했다.

　자세히는, 먼저 서론에서 연구 목적을 살피고, 1장에서 20세기 미국의 식민지 처리 보편 구상으로서 위임통치안과 신탁통치안을 규명해 보편적이고 세계적인(universal-global) 차원의 신탁통치안을 고찰했다. 2장은 1945~1994년 구체적으로 시행된 신탁통치를 조망했다. 루스벨트(Franklin D. Roosevelt)의 반식민주의적 이상과는 달리 신탁통치가 현실에서는 식민주의적 성격을 내포한 방식으로 시행되었음을 규명했다. 3장은 정정(政情)이 불안한 지역의 안정화를 위해 21세기에 다시 소환된 신탁통치를 고찰했다. 마지막 4장에서는 신탁통치안의 본질을 탐구했다.

　이 책은 2017~2018년 진행했던 한국학중앙연구원의 단독저술형 과제로 2018년 말 연구 결과를 제출한 게 발단이 되었다. 이후 2023년까지 수정·보완하면서 본래 원고의 3배로 증보했고, 『신탁통치 1: 이론과 글로벌 사례』를 비롯한 『신탁통치 2: 미국의 한반도 신탁통치안』, 『신탁통치 3: 한국 정치세력의 인식과 대응』 등 3종으로 펴내는 데 이르렀다. 이는 신탁통치라는 주제 아래 기획한 책들로, 순서대로 읽어도 좋고 관심 세부주제에 따라 순서와 관계없이 읽어도 좋다.

이 연구는 필자 혼자만의 것은 아니기에 여러 분들께 감사를 드린다. 우선 필자를 오늘 이 자리에 있게 해주신 은사님들께 한없는 존경심을 표한다. 곁에서 지켜봐주신 동료 선생님들께도 분에 넘치는 신세를 졌다는 사실을 고백한다. 주위 벗들, 선후배 동학들의 많은 격려도 큰 힘이 되었다. 또 한국학중앙연구원의 물심양면 지원에 고마움을 표한다. 필자의 지속적인 수정을 감내해야 했던 한국학중앙연구원 출판부 직원 분들의 노고에도 감사드린다. 마지막으로, 필자의 게으름을 가까이서 인내해준 가족에게 무한한 고마움을 전한다. 이렇듯 이 책은 필자를 둘러싼 환경의 산물이지만, 넘치는 오류와 잘못된 부분은 오로지 천학비재(淺學非才)인 필자의 몫이다.

2023년 12월 태봉산 우거에서
이 완 범

차례

책머리에 | 4

서론 · 9

1장　위임통치안과 신탁통치안
20세기 미국의 식민지 처리 보편 구상

   1　민법에서 유래한 신탁통치 · 17
   2　신탁통치안의 기원:
       윌슨 위임통치안의 이상과 현실 · 19
   3　보편적 신탁통치안의 이상과 현실 · 87

2장　신탁통치의 구체적 시행

   1　공동신탁통치 이념의 퇴색:
       탈식민화와 점진적 독립 구상의 좌절 · 122
   2　유엔이 실시한 신탁통치 사례:
       미 태평양제도 신탁통치령의 역사 · 136

3장 오늘날로 소환된 신탁통치

1 신탁통치에 대한 글로벌한 쟁점 · 215
2 유엔 신탁통치의 종언과 부활 · 221
3 탈냉전기 미국의 새로운 신탁통치안 · 235
4 탁치형 점령의 개념화 · 245

4장 신탁통치안의 본질

1 신탁통치안 채택의 현실적 이유 · 251
2 신탁통치안의 본질적 사상 근거 · 252

결론 · 261

부록   1. 르완다-부룬디 사례 | 277
        2. 서뉴기니 사례 | 300
        3. 인도네시아 사례 | 306
        4. 소말릴란드 사례 | 324

참고문헌 | 337
찾아보기 | 352

서론

1. 문제 제기와 연구 목적

글로벌한 신탁통치안은 1994년 11월 10일 태평양상에서 신탁통치(약칭 탁치)를 적용한 제도(諸島) 중 하나였던 팔라우가 독립하면서 제도적으로는 종언을 고했음이 확인된다. 유엔 신탁통치이사회(United Nations Trusteeship Council)는 유엔 6대 주요 기관의 하나였지만 그 기능은 사라졌다.[1] 그러나 분쟁지역이나 국가가 붕괴된 지역에서는 다시 신탁통치제도의 적용이 논의되고 있다.

이 책은 신탁통치의 기원인 1910년대 말 이후의 위임통치안부터 1945~1994년에 서태평양제도, 오키나와, 쿠릴열도 등에서 이루어진 신탁통치의 구체적 시행 사례를 살핀다. 그 이후 21세기에 탁치가 다시 호출되는 양상에 주목했다. 탁치는 과거 20세기 중반 주로 냉전시대

---

[1] "Trusteeship Council", 〈UN〉(www.un.org/en/about-us/trusteeship-council, 검색일: 2023년 3월 6일).

에 등장하고 운용되었던 제도이지만 21세기에도 아직 논의될 수 있는 여지가 있다. 탁치는 수명을 다한 제도가 아니라 여전히 현재적 의미를 가지고 있는 제도이므로 계속 연구할 가치가 있는 주제인 것이다.

2. 선행연구와 다른 점

신탁통치 문제에 대한 한국을 비롯한 세계의 다양한 연구를 점검하면 세계적이며 보편적 차원의 탁치에 대한 종합적인 연구가 아직 없으며, 특히 한국 내 연구는 주로 한반도에 국한하는 국지적인 차원에 머물러 있다는 점이 눈에 띈다.

탁치는 제2차 세계대전 중에 구상되었고 전후(戰後)인 1945년경부터 구체적으로 대상지역이 논의되었다. 태평양과 아프리카 등 총 11개 지역에서 실시되었지만 결국 1994년 마지막 대상지역인 팔라우가 독립해 역사상으로는 종식되었다. 이렇게 탁치는 비교적 오랜 기간에 걸쳐 다양한 국가에서 실시되었음에도 불구하고 글로벌한 역사에 대해서는 그간 연구가 미진했던 편이며 이에 대한 종합적인 평가 역시 아직 내려지지 않고 있다. 이 책은 이러한 공백을 메우려는 시도이다. 또한 21세기 들어서 주로 분쟁국가의 정치적 불안정 문제를 해결하기 위해 20세기 모델인 탁치의 적용이 검토되고 있으므로 탁치를 탐구함에 있어 실제 세계사에 적용된 양상과 미래 분쟁지역의 탁치 적용 가능성 등에 대해서도 언급할 필요성이 있다.

3. 연구 범위

이 책은 시기적으로는 1910년대 말 위임통치안이 제기된 시점부터 1994년 팔라우의 독립으로 실제로 시행된 탁치가 종료될 때까지의 상황을 중점적으로 고려할 것이다. 여기에 더해 21세기 분쟁지역에 소환된 탁치까지 언급할 것이다. 공간적으로는 이 책이 글로벌한 차원을 다루므로 세계 각 지역의 사례에 천착할 예정이다.

4. 연구 방법

기존 연구가 가지고 있는 가치 지향 면의 편향성을 극복하기 위하여 가급적 치우치지 않은 관점을 세워 연구를 진행하고자 한다. 이런 맥락에서 전통주의·수정주의 양자의 편향성을 극복하고자 했던 후기 수정주의적(post-revisionistic) 관점에 주목했다. 최대한 균형 있는 시각을 견지하고자 노력하겠지만 불편부당한 객관적 시각은 처음부터 달성 불가능한 이상일 것이다.

문헌자료에 주로 의존하고 역사적 방법을 동원하여 신탁통치 문제에 관련된 당시의 역사적 사실을 최대한 규명하고자 한다. 신탁통치를 최대한 객관적·가치중립적으로 기술(記述; description)[2]하려고 시도할 것이다. 이 연구에서는 사료들을 연대기적으로 조직화하여 기술한 뒤 이

---

[2] 이러한 기술에 의한 방법을 고전적인 '이야기체식[narrative, 서사(敍事)적] 서술(敍述) 방법이라고 한다. 이에 대비되는 접근으로 (사회)구조적(structural) 접근이 있다. Lawrence Stone, "The Revival of Narrative: Reflection on a New Old History," *Past and Present*, no. 85 (1974), p. 3; E. J. Hobsbawm, "he Revival of Narrative: Some Comment," *Past and Present*, no. 86 (1980), p. 308.

를 비판적으로 분석하는 역사적 접근법(historical approach)을 채용해 해당 시기의 국제관계사와 정치사를 재조명할 것이므로 사료 분석을 통한 실증 이외에 다른 방법론의 적용은 시도하지 않을 것이다. 다만 국제관계사적 방법론에서 발견할 수 있는 중요한 시사점을 원용할 뿐이다.[3]

인용할 자료에 대한 자세한 소개는 『신탁통치 2: 미국의 한반도 신탁통치안』에 수록했다.

---

3 국제관계사적 방법론의 입문서라고 할 수 있는 Pierre Renouvin et Baptiste Duroselle, *Introduction à l'Histoire des Relations Internationales* (Paris: Libraire Armand Colin, 1964); 李基鐸 譯, 『國際政治史理論』(博英社, 1987), v쪽에 의하면 외교사는 정부 간의 관계에 치중하는 데 비해 국제관계사적 방법은 외교에 심층적으로 작용하는 영향력, 즉 심층 동인[Les forces profondes; 직역하면 '심오한 세력'이지만 르누뱅의 의도에 충실하게 '국가의 저력'이라고 의역할 수 있다. 洪淳鎬, 『國際關係史硏究의 方法論』, 『韓國國際關係史理論: 時代狀況의 力學構造』(大旺社, 1993), 56쪽]을 중시한다. 르누뱅이 저술한 『국제관계사개설』의 전반부에서는 지리적 요인, 인구의 제 조건, 경제적 요인, 국민과 국가의 집단적인 특성과 여론 등의 요인으로 구성된 구조적 저력을 분석하고 있다. 위 요인들을 분석해야만 역사적인 국제관계를 전체적이며 체계적·거시적으로 파악할 수 있다는 것이다. 또한 뒤로젤이 저술한 후반부에서는 정치인['정치인'은 정치가뿐만 아니라 정부의 고위관직자 또는 외교관 등을 포함하는 포괄적 개념이다. 洪淳鎬(1993), 위의 책, 37쪽 참조]의 역할이 강조되고 있다. 또한 국제관계 연구의 기본 틀을 불가분의 관계인 저력과 정치인으로 정립하여 정치인은 주도권 행사에 있어 국가의 저력에 광범위하게 영향받는다고 주장한다. 洪淳鎬(1993), 앞의 책, 37쪽, 57쪽. 그런데 프랑스 학파는 역사를 통해 이론화만 추구하는 미국식 국제정치학을 비판한다. 그들은 역사를 그 자체로서 중시하며 국제관계사를 국제정치학의 한 분과라기보다는 오히려 이를 포괄하는 독자적 학문 영역으로 탐구하고 있다. 이런 맥락에서 국제관계사는 외교사, 국제관계학, 국제정치학을 포괄·접목하는 것이다.

위임통치안과 신탁통치안
20세기 미국의 식민지 처리 보편 구상

1 장

1. 민법에서 유래한 신탁통치

'믿을 신(信)'과 '부탁할 탁(託)'의 합성어인 한자어 '신탁(信託)'의 기본 의미는 "믿고서 대신 맡아달라고 부탁함"[1]이다. 신탁은 한자 고유어는 아니고 영어 'trust'의 번역어이다. trust는 어원상으로는 고대 노르드어 'traust(신용, 신뢰)'에서 유래했다. trust는 대개 신용을 뜻하다가 재산을 위탁하는 신탁제도가 생기면서 법률(민법)상의 용어가 되었다. 민법에 따르면 신탁은 '위탁자가 자신의 이익을 위해 수탁자에게 믿고 맡긴다'로 의미가 규정된다. 대한민국 신탁법 제1조 제2항에 나오는 신탁의 정의는 다음과 같다.

"신탁"이란 신탁을 설정하는 자("위탁자")와 신탁을 인수하는 자("수탁자") 간의 신임관계에 기하여 위탁자가 수탁자에게 특정의 재산을 이전하거나 담보권의 설정 또는 그 밖의 처분을 하고 수탁자로 하여금 일정한 자("수익자")의 이익 또는 특정의 목적을 위하여 그 재산의 관리, 처분, 운용, 개발, 그 밖에

신탁 목적의 달성을 위하여 필요한 행위를 하게 하는 법률관계를 말한다.[2]

18세기에는 아일랜드 더블린 출신으로 런던에서 활동한 정치철학자 버크(Edmund Burke; 1729~1797; '보수주의의 아버지'로 여겨짐)는 신탁이라는 개념을 정치적 영역에 적용시켰다. 버크는 신탁(trust)이 대의민주주의 사회에서 '대표(representation)'를 가능하게 하는 조건이라고 주장했다. 주권자가 자신의 권력을 대표자에게 맡기는(위탁·신탁) 것이라는 해석이다. 모든 정치권력이나 특권은 엄격한 의미에서 신탁이며 책임을 수반하는 것으로 합법적인 존재 가치를 상실할 때 소멸한다는 설명이다. 그에 따르면, 특히 특정 지역구 주민들에 의해 대표된 의회 의원은 스스로의 '성숙한 판단'에 따라 지역구의 이익을 보장할 수 있도록 그 책임을 부여받으며, 만약 그 목적을 상실하거나 반대되는 행위를 할 때 신탁이 회수될 수 있다.

이러한 개념적 논의는 서구 사회가 팽창하고 영토 확장이 가속화됨에 따라 비서구 사회에 대한 제국의 지배권이라는 현실적 문제로 전환된다. 이민족에 의한 제국주의적 지배의 권리와 의무를 포기하는 것은 과거의 토착 지배보다 더욱 무질서하고 혼란스러운 상태를 야기하는 것이라고 정당화되면서, 더 이상 한 국가 내부의 대표자·국민의 관계가 아니라 서구 사회·비서구 사회의 관계로 전치된 것이다. 즉, 서구 사회가 비서구 사회의 통치 권한을 '합법적으로' '수탁'한다는 논리로 전환된

---

1 "신탁", 〈Daum 한국어사전〉(dic.daum.net/word/view.do?wordid=kkw000159584&supid=kku000202283, 검색일: 2019년 2월 24일).
2 "신탁법", [시행 2018.11.1.] [법률 제15022호, 2017.10.31., 타법개정](www.law.go.kr/LSW/lsInfoP.do?lsiSeq=151990#0000; www.law.go.kr/LSW/lsInfoP.do?lsiSeq=198564&ancYd=20171031&ancNo=15022&efYd=20181101&nwJoYnInfo=Y&efGubun=Y&chrClsCd=010202#0000, 검색일: 2018년 11월 11일).

다.³ 버크는 1783년 영국의 인도 지배에 신탁을 적용하려고 했다.⁴ 식민지 지배 양식으로 신탁이라는 방식은 18세기에도 등장했다고 할 수 있다.

이후 '신탁' 개념이 정치적 통치양식과 결합해 '신탁통치(trusteeship)'라는 개념이 나왔다. 〈온라인 영어어원사전(Onlin Etymology Dictionary)〉에는 1730년 용례가 최초의 것으로 나온다.⁵

2. 신탁통치안의 기원: 윌슨 위임통치안의 이상과 현실

1) 윌슨의 위임통치 제안

미국은 제1차 세계대전 후 기존 식민지 처리 방안으로 위임통치안(mandate)을, 제2차 세계대전 후 기존 식민지에 대해서는 신탁통치안이라는 새로운 방식을 적용하고자 했다. 신탁통치안은 위임통치안을 준거로 제2차 세계대전 중에 주로 구상되었다.

---

3   하지은, 「국제적 신탁통치구상과 냉전적 변형: 한국 사례를 중심으로」, 서울대학교 석사학위논문(2015), 27쪽.
4   Edmund Burke, "Speech on Mr. Fox's East India Bill(1783)," reprinted in *THE SPEECHES OF THE RIGHT HONOURABLE EDMUND BURKE, IN THE HOUSE OF COMMONS, AND IN WESTMINSTER HALL 406* (1816), p. 411; Ralph Wilde, "From Trusteeship to Self-Determination and Back Again: The Role of the Hague Regulations in the Evolution of International Trusteeship, and the Framework of Rights and Duties of Occupying Powers," *Loyola of Los Angeles International and Comparative Law Review*, vol. 31, no. 1 (2009), p. 95(digitalcommons.lmu.edu/ilr/vol31/iss1/5/, 검색일: 2018년 11월 4일).
5   "trusteeship," *Online Etymology Dictionary*(www.etymonline.com/word/trusteeship, 검색일: 2019년 2월 24일).

미국식의 새로운 식민지 처리 보편 구상이었던 위임통치안과 탁치안은 '문호개방정책(open-door policy)'에 기원하고 있다. 미국이 약소국 문제를 해결하려 할 때 전통적으로 견지해온 문호개방정책을 적어도 맥락적으로는 연결시켜 창안했다고 할 수 있다.

미 대통령 윌슨(Woodrow Wilson)은 1919년 제1차 세계대전의 전후 처리로 열린 파리강화회의에서 대전 직후 식민지에서 독립된 지역의 처리 원칙으로 위임통치를 제안했다. 종속지역 원주민 대우에 관한 '콩고조약'(1885년 베를린에서 체결)의 의무 조항이 위임통치의 원류가 되었다.[6] 또한 윌슨이 아닌 남아프리카연방 장군 스뮈츠(Jan C. Smuts; 1870~1950)가 처음 발의했다는 설도 있다. 따라서 윌슨이 위임통치안의 최초 주창자는 아니지만 제1차 세계대전 후 위임통치제도의 적용이 본격화되었으므로 위임통치안을 처음 발의했다고 할 수 있다.

당시로서는 새로운 국제 문제 해결 방안이었던 위임통치안은 '정치적 훈정'과 '국제적 감독'을 본래 목적으로 했다. 'mandate'라는 용어는 로마법에서 유래했다. 최고 권위를 가진 국제기구로 설계된 국제연맹은 '위임받은(mandatory)' 국가에 권한을 부여했다. 이는 '병합(annexation)'을 대신한 새로운 국제법상의 장치였다.[7]

---

[6] 콩고조약은 1890년의 브뤼셀조약과 같이 식민통치를 법적으로 규율(합법화)하는 것이었다. 따라서 위임통치는 식민통치의 연장이라고 할 수 있다. 위임통치제는 패전국의 통치에서 분리된 지역의 처분에 관한 전승국 간의 이해 대립의 타협적 산물이며, 본질적으로는 후진지역에 대한 식민지 통치의 법적 형식에 지나지 않는 것이다. 그럼에도 불구하고 명분상으로는 후진지역 인민의 복지와 발달을 도모하는 것은 문명의 신성한 사명이라고 포장되었다. 이한기, 『국제법강의』(수정판)(박영사, 1983), 216쪽.
[7] 아르투어 누스바움 저, 김영석 역, 『국제법의 역사』(한길사, 2013), 419쪽.

2) 마르크스주의자의 민족자결권과 윌슨의 민족자결주의

윌슨은 제1차 세계대전 종전을 수개월 앞둔 1918년 1월 8일 자국의 의회에서 미국 조사기관(The Inquiry)의 조언으로 작성된 평화플랜 '14개조(Fourteen Points)'[8]를 발표해 훗날 "모든 민족은 자치능력과 권리를 가진다"라는 민족자결주의로 해석되었는데 이는 이상주의적 보편 원칙이었다. 그중 5조는 다음과 같다.

식민지에서 주권과 같은 문제를 결정함에 있어, 당사자인 주민들의 이해는 법적 권리의 결정을 기다리는 정부의 정당한 청구와 동등한 중요성을 가져야 한다. 이 원칙을 엄격히 준수하는 기반 위에서 모든 식민지 문제는 자유롭고 열린 자세로, 절대적으로 공평하게 조정해야 한다.[9]

남부 출신 인종차별주의자의 성향을 가지고 있던 윌슨은 위와 같이 실제로 '민족자결'이라는 말을 직접 사용하지는 않았다.[10] '식민지 주민

---

8 「미국 대통령 윌슨의 14개조 평화 원칙 선언」, 국사편찬위원회(contents.history.go.kr/front/hm/view.do?levelId=hm_123_0020&tabId=01&treeId=010701, 검색일: 2019년 3월 19일). 이는 국제주의에 기초한 것으로 공개외교, 군비 축소, 항해의 자유, 경제장벽의 제거, 민족자결, 영토의 보전 등을 명시하거나 내포하면서 국제연맹을 창설해 그러한 목적을 달성하려 했다.

9 원문은 다음과 같다. "A free, open-minded, and absolutely impartial adjustment of all colonial claims, based upon a strict observance of the principle that in determining all such questions of sovereignty the interests of the populations concerned must have equal weight with the equitable claims of the government whose title is to be determined." *The Papers of Woodrow Wilson*, 45, 1917~1918, pp. 536-538; 「미국 대통령 윌슨의 14개조 평화 원칙 선언」, 국사편찬위원회; "President Woodrow Wilson's Fourteen Points," 8 January, 1918, Avalon Project, Yale Law School(avalon.law.yale.edu/20th_Century/wilson14.asp, 검색일: 2019년 3월 19일).

10 인종차별주의자 윌슨이 말하는 민족자결의 원리는 서구 기독교 문명권에만 적용되는 것이며 이 인종주의적 관점이 미국예외주의의 뿌리이고, 선악을 명확히 구분하는 복음주

의 이해는 권리관계를 갖는 정부의 정당한 요구와 동등한 비중을 갖지 않으면 안 된다'는 내용으로 인해 '민족자결주의'라고 해석되었을 뿐이다. 또한 6조부터 13조까지 유럽과 오스만제국 등의 점령지·식민지·영토 문제를 구체적으로 언급했을 뿐이다. 마지막 14조에서 "강대국과 약소국을 막론하고 정치적 독립과 영토 보전을 상호 보장할 목적으로 특별한 규약 아래에 전체 국가의 연맹체가 결성되어야 한다"라고 선언해 국제연맹의 창립을 제안하면서 정치적 독립 문제를 언급하기는 했다. 그 후 윌슨은 1918년 2월 11일 미국 상하원 합동 연설에서 민족자결(self-determination)이란 강대국 간의 이해관계에 기반한 보편적인 평화가 아니라 각 민족의 열망과 의사를 존중하는 것이라고 설명하기는 했다.[11] 이에 홍준석은 윌슨의 Self가 무엇을 지칭하는지, Self-determination이 Independence(혹은 Liberation)인지, Self-government인지 모호한 부분이 있다고 평가했다.[12] 그런데 자결이라는 말은 독립, 해방, 자치를 모두 뜻할 수 있는 모호하고 포괄적인 성격을 내포한 단어이므로 화자에 따라 주관적으로 인식될 수 있는 면이 있다. 윌슨의 14개조로

의 기독교 세계관과 결합하여 다른 주권국가에 대한 개입을 합리화해왔다는 해석이 있다. 강명구, 「(정동칼럼)볼턴 회고록과 미국예외주의」, 『경향신문』, 2020년 7월 3일자.

[11] "National aspirations must be respected; peoples may now be dominated and governed only by their own consent. "Self-determination" is not a mere phrase. It is an imperative principle of action, which statesmen will henceforth ignore at their peril." Woodrow Wilson, "Address to Congress on International Order," February 11, 1918(www.presidency.ucsb.edu/documents/address-congress-international-order, 검색일: 2019년 5월 23일); Albert Shaw, *President Wilson's State Papers and Addresses* (New York: George H. Doran, 1918), p. 475; 김승배, 「민족자결의 변용과 한국적 분화, 그리고 반(反)베르사유」, 한국국제정치학회 주최 3·1운동 100주년 기념 특별학술대회: 저항민족주의를 넘어: 동북아 평화 협력을 향한 한국외교의 새 지평 모색, 한국프레스센터 19층 기자회견장, 2019년 3월 15일, 30쪽.

[12] 홍준석(석사)의 한국학중앙연구원 한국학대학원 한국근현대정치사 강의와 관련한 단체 카카오톡방 코멘트, 2019년 5월 23일 오후 4시 40분.

상징되는 이상주의에는 민족자결뿐만 아니라 항해의 자유, 공개 외교, 군비 축소, 자유 무역의 원칙 등이 포함되어 있다.

그런데 윌슨이 14개조를 제청하기 3일 전인 1918년 1월 5일 영국 수상 조지(David L. George)가 먼저 민족자결주의를 명백히 내세웠다. 따라서 민족자결은 윌슨의 독창적 사상이라기보다는 일종의 시대 조류였다.

게다가 이보다 전인 1914년 레닌이 제국주의 시대에 민족자결을 주창했다. 그는 「민족의 자결권」이라는 장문의 글 서두에서 다음과 같이 정의했다.

> 따라서 만약 우리가 민족자결의 의의를 이해하고 싶다면 법적 정의로 꾸미거나 추상적 정의를 정립하지 말고, 민족운동의 역사적·경제적 조건들을 검토해야 한다. 민족의 자결이란 어떤 민족이 다른 민족의 집합체로서의 국가로부터 정치적으로 분리하는 것을 의미하며, 독립 민족국가를 형성하는 것을 의미하는 결론에 필연적으로 도달해야 한다.[13]

---

[13] 원문은 다음과 같다. "Consequently, if we want to grasp the meaning of self-determination of nations, not by juggling with legal definitions, or 'inventing' abstract definitions, but by examining the historico-economic conditions of the national movements, we must inevitably reach the conclusion that the self-determination of nations means the political separation of these nations from alien national bodies, and the formation of an independent national state." Vladimir Ilyich Lenin, "The Right of Nations to Self-Determination(1914)," in Collected Works, volume 20, December 1913~August 1914 (Moscow: Progress, 1972)(www.marxists.org/archive/lenin/works/1914/self-det/ch01.htm, 검색일: 2019년 3월 18일); 김승배(2019), 앞의 글, 28-29쪽. 그런데 레닌의 「민족의 자결권」은 전집 65쪽(Progress Publishers, 1972, Moscow, Volume 20, pp. 393-454)을 차지할 정도로 장문의 글이다. 레닌의 national state 혹은 윌슨식 ethnic nation state(국민국가)는 민족자결주의의 핵심적인 요소이다. 레닌의 민족자결권을 사회주의 혁명과 연결시킨 글은 Vladimir Ilyich Lenin, "The Socialist Revolution and the Right of Nations to Self-Determination(1916)," Collected Works, volume 22, December 1915~July 1916

또한 1917년 11월 7일 볼셰비키혁명(음력으로 10월혁명)으로 러시아의 정권을 접수한 다음 날, 레닌은 세계대전 임시 휴전을 구하는 「평화에 관한 포고(Decree on Peace)」를 발표하는데, 역시 민족자결이 포함되어 있었다. 세계대전에 참여한 모든 교전국에 각 민족들의 희망인 자결권을 예외 없이 인정하자고 호소했던 것이다.[14] 레닌은 독일과의 단독 강화조약을 체결하고 세계대전에서 이탈했다.

윌슨의 14개조는 이 포고(러시아혁명)[15]에 대한 대응의 성격을 갖는다(따라서 민족자결이라는 차원에서 보면 '14개조'와 '평화에 관한 포고'는 유사한 점이 있다).[16] 윌슨의 민족자결주의는 러시아에서 시작된 사회주의 혁명을 견제하기 위해 발표된 목적도 있었다는 것이 중요하다. 1917년 2월혁명과 10월혁명으로 러시아에서는 '자본주의 국가들이 벌이는 제국주의 전쟁에서 빠져야 한다'는 목소리가 커졌고 실제로 러시아와 독일이 서로 침략하지 않는다는 강화조약을 맺으려는 움직임이 있었다. 독일이

(London: Lawrence and Wishart, 1964). pp. 143-156이다.

[14] Vladimir Ilyich Lenin, "Decree on Peace," 1917(encyclopedia.1914-1918-online.net/pdf/1914-1918-Online-decree_on_peace-2014-12-19.pdf, 검색일: 2019년 3월 19일); 김숭배(2019), 앞의 글, 29쪽.

[15] 김학재, 「3·1운동과 한 세기: 20세기 비전과 한반도 평화」, 한국사회사학회·대통령직속 3·1운동 및 대한민국임시정부 수립 100주년 기념사업추진위원회 주최 학술대회: 3·1운동 100년, 한국 사회전환의 시공간 지평, 고려대학교 백주년기념관 국제원격회의실, 2018년 11월 2일, 128쪽.

[16] 나가타 아키후미(長田彰文), 「3·1운동과 국제관계」, 한국사회사학회·대통령직속 3·1운동 및 대한민국임시정부 수립 100주년 기념사업추진위원회 주최 학술대회: 3·1운동 100년, 한국 사회전환의 시공간 지평, 고려대학교 백주년기념관 국제원격회의실, 2018년 11월 2일, 13쪽. 그런데 일찍이 윌슨은 1908년 간행한 Constitutional Government in the United States (New York: Columbia University Press, 1908), pp. 51-52에서 자치정부(self-government)에 대해 논의했다. 윌슨은 당시 미국 식민지로 10년간 통치되던 필리핀에 대해 아직 자치능력이 부족해 더 긴 훈정(tutelage)이 필요하다고 평가했다. Aaron John Mc Nicholas, "Trusteeship in an Era of Great Power Competition: The Case of Korea," MA Thesis in Asian Studies, Georgetown University, May 5, 2022, p. 4. 그 후 루스벨트(FDR)는 훈정의 모범사례로 필리핀을 예로 든 바 있다.

우세해지고 프랑스와 영국이 불리해지자, 그동안 연합국에 무기를 공급해 호황을 누리던 미국은 1917년 4월 독일을 견제하고 러시아혁명의 확산을 우려해 참전을 결정했다. 참전 결정 자체도 러시아를 의식한 것이었다는 해석이다. 러시아혁명의 지도자 레닌이 약소민족을 지원한다고 말하면서 세계 곳곳에 사회주의가 확산될 가능성이 보고되자, 윌슨은 이를 견제하고 미국의 국익을 도모하고자 민족자결주의를 발표한 측면도 있던 것이다. 실제 윌슨 14개조 연설 5조에 민족자결의 내용을 담았으며 6조에 다음과 같이 표명해 러시아를 포섭하려는 태도를 보였다.

> 외국군은 러시아의 모든 영토에서 철수해야 하며, 러시아는 자국과 관련된 모든 정치적 발전과 국가정책을 자주적으로 결정해야 한다. 또한 러시아는 러시아의 모든 영토에서 외국군의 철수와 러시아와 관련된 모든 사안의 해결을 위해 세계 다른 나라들로부터 최선의 그리고 자유로운 협조를 보장받게 될 것이며, 이것은 정치 발전과 국가정책에 관한 러시아 스스로의 독립적인 결정을 제약하거나 방해하지 않을 것이다. 그리고 러시아가 어떠한 사회체제를 선택하든 관계없이 자유국가 세계의 일원으로서 진심으로 환영받을 것이며, 러시아가 필요로 하거나 희망하는 모든 종류의 원조를 제공받을 것이다. 우방국에 의해 수개월 안에 이루어질 러시아에 대한 원조는 자국의 이해와 상관없이 우방국 러시아에 대한 선의, 이해 및 사려 깊은 호의를 반영하는 시금석이 될 것이다.[17]

그런데 레닌에게도 윌슨과 같이 민족자결은 이상이었을 뿐 현실에서 자국의 국가이익이 침해받는다고 생각할 때는 역내 소수민족의 자결을

---

[17] 「미국 대통령 윌슨의 14개조 평화 원칙 선언」, 국사편찬위원회.

억압하는 방향으로 나아갔다. 레닌이나 윌슨이나 정권 최고지도자로서 국가이익을 추구해야 한다는 국제정치의 철칙(현실)을 무시하고는 그 리더십이 유지될 수 없었던 것이다. 레닌은 중앙집권국가를 지향하는 과도 형태의 연방제도를 인정했으며 1917년 8~9월『국가와 혁명』을 통해 러시아 역내에 있는 각 민족들의 통일체를 주창했다. 애당초 볼셰비키가 차르제국에 속했던 민족들의 평등과 주권, 즉 민족자결권과 분리독립권을 인정했기 때문에 각 민족들은 희망을 가졌다. 그러나 볼셰비키는 우크라이나의 곡물, 러시아 남부 카프카스의 석유 및 광물 등을 확보하고자 이들 지역의 자결권을 인정하지 않고 예속을 지속했다.[18]

한편 민족자결의 대상이었던 중·동부 유럽의 사회주의자들도 레닌보다 먼저 민족자결을 주창했다.

그런데 사실 마르크스가 살았던 19세기 중반 이래로 그와 사회주의자 계승자들은 민족 문제와 민족 해방에 관심을 가졌다. 마르크스와 엥겔스는 서유럽·북미·일본에서 부르주아 혁명이 달성되던 19세기 중반에 민족주의 문제를 다뤘다. 1848년 마르크스는 1846년에 일어난 폴란드의 크라코프혁명[the Krakow(독일어 표기는 Krakau) revolution; 'uprising'이라고 규정되기도 함; 폴란드는 1795년부터 123년간 러시아·프로이센·오스트리아에 의해 분할통치되었다] 2주년을 기념해 벨기에 브뤼셀에서 열린 강연에서 "크라코프혁명은 민족주의 문제가 민주주의, 억압받는 (노동-인용자) 계급의 해방과 같다는 것을 선포한 모든 유럽의 영광스러운 예"[19]라고 말했다. 1875년 마르크스와 엥겔스는 "폴란드의 민

---

[18] 김승배(2019), 앞의 글, 29쪽.
[19] Karl Marx, "Communism, Revolution, and a Free Poland," Speech delivered in French commemorating 2nd anniversary of Krakow Uprising, Brussels, February 22, 1848(www.marxists.org/archive/marx/works/1848/02/22a.htm, 검색일: 2019년 3월 18일).

족 독립과 자결의 역사적 권리(its historic right to national autonomy and self-determination)"라는 표현을 사용했다. 또한 노동계급[당시 더 일반적 표현으로는 "민주주의 세력(all the democrats of Europe)"[20]]이 민족운동과 신생 민족국가 형성을 지지해야 한다고 주장했다. 민족국가가 건설돼야 자본주의 발전이 촉진되고, 그 결과로 노동계급이 등장할 것이며, 유럽의 거대한 반동 세력들(그중 가장 강력한 세력은 러시아의 절대왕정이었다)이 약화될 것이라는 주장이었다.[21]

그런데 민족자결이 꼭 절대적 우선 사항은 아니었다. 1866년 엥겔스는 모든 민족 집단은 국가를 세울 권리가 있다는, 당시 표현으로 "민족독립의 원칙들(the principle of nationalities)"을 서유럽 전체에 적용하는 것을 거부했다.[22] 오히려 민족자결 지지 여부는 운동의 성공이 진보적 결과를 낳을 것인지 아닌지에 전적으로 달려 있다는 것이 마르크스와 엥겔스의 생각이었다. 또한 마르크스와 엥겔스는 특정 운동을 대하는 태도를 운동 지도부의 계급적 성격이나 정치적 태도에 따라 결정하

---

20 Karl Marx, "Communism, Revolution, and a Free Poland," Speech delivered in French commemorating 2nd anniversary of Krakow Uprising, Brussels, February 22, 1848.

21 Karl Marx and Frederick Engels, "For Poland," Delivered: 24 March, 1875; Reported: by Engels(www.marxists.org/archive/marx/works/1875/03/24.htm, 검색일: 2019년 3월 18일); in David Fernbach, ed., *The First International and After: Political Writings*, volume 3(Harmondsworth: New Left Review, 1974), p. 389; Neil Davidson, "Reimagined Communities," *International Socialism* 117 (Winter 2008); 닐 데이비슨 저, 정종수 역, 「(현대 진보사상 조류)민족주의의 기원과 전파: 베네딕트 앤더슨『상상의 공동체』비평」, 『마르크스21』 7(2010)(www.marx21.or.kr/article/allView.marx?articleNo=95#footnote-29552-3, 검색일: 2019년 3월 18일).

22 Frederick Engels, "To the Editor of The Commonwealth: The Doctrine of Nationality Applied to Poland," *The Commonwealth*, no. 165, May 5 (1866), in "What Have the Working Classes to do with Poland?"(www.marxists.org/archive/marx/works/1866/03/24.htm, 검색일: 2019년 3월 18일); in David Fernbach, ed.(1974), 앞의 책, pp. 381-385.

지도 않았다. 1848년 헝가리 반란은 귀족들이 주도했고, 1863년 폴란드 봉기도 귀족들이 이끌었으며, 아일랜드의 페니언 단원들(당시 사회주의 단체가 아닌 집단치고는 많은 점에서 정치적으로 가장 진보적인 집단 축에 들었다)조차 가톨릭교회의 영향을 크게 받았다. 그러나 이런 운동들이 자본주의 발전 가능성을 열어젖혔거나 절대왕정 국가들의 영향력을 끝장냈다는 객관적인 긍정적 결과에 견줘보면 그런 부정적 특징들은 결코 결정적이지 않았다.

반대로 마르크스와 엥겔스는 1848~1849년 유럽 곳곳에서 일어난 혁명의 시대에 체코와 남슬라브인들의 민족주의 운동을 지지하지 않았는데, 당시 "유럽의 헌병"이었던 러시아 절대왕정이 체코와 남슬라브인들 운동의 지지자였기 때문이다. 이런 민족들이 본질적으로 "비역사적"이라는 엥겔스의 주장은 범슬라브주의에 대한 마르크스와 엥겔스의 비판에 불필요한 헤겔주의적 잔재였다(후일 엥겔스는 주로 아일랜드 상황을 분석하면서 비역사성이라는 개념을 폐기했다).[23]

다음 세대의 마르크스주의자들은 제국주의 시대의 상황 변화에 따라 실천적 필요에 맞게 민족운동과 민족적 요구에 대한 혁명적 사회주의자들의 태도 문제를 더 날카롭게 다듬는 데 주력했다. 이런 논의들은 1890년대 중반 무렵부터 시작돼 공산주의 인터내셔널의 초기 네 대회(1919~1922)에서 "민족과 식민지 문제" 논쟁이 벌어질 때까지 계속됐다. 이 논의들은 마르크스주의가 사회주의적 전략 문제에 가장 크게 기여한 것 가운데 하나다. 비록 일부 참여자들, 특히 카우츠키(Karl J. Kautsky)와 레닌은 민족이 어떻게 출현했는지를 설명하려 했지만, 그런

---

23 Neil Davidson, "Marx and Engels on the Scottish Highlands," *Science and Society*, vol. 65, no. 3 (2001), pp. 290-292, pp. 297-302.

노력이 논의의 핵심이 된 적은 거의 없었고 보통은 자본주의가 국내 시장을 지배할 필요가 있다는 것과 국토 내의 주민들을 통일시키는 데서 언어가 중요한 구실을 한다는 것을 강조하는 선에서 그쳤다.[24]

레너(Karl Renner; 1870~1950)와 바우어(Otto Bauer; 1881~1938)가 대표하는 '오스트리아 마르크스주의' 경향이 민족 형성 문제에 초점을 맞춘 것은 사실이다. 특히 바우어의 기념비적 저작인 『민족문제와 사회민주주의』(1906)가 그랬다. 그러나 바우어가 정의한 민족 개념은 결코 유물론적인 것이 아니었다. 즉, 바우어는 "민족은 운명 공동체로 묶이고 비슷한 특징을 공유하는 인간들의 총합"이라고 주장했던 것이다. 바우어가 민족의식의 성장에서 자본주의가 일정한 구실을 한다고 본 것은 사실이지만, 자본주의가 발전해야만 민족이 다른 민족들을 의식하고 민족 간 차이를 의식하게 돼 민족의식이 온전하게 발전할 수 있다는 의미에서만 그랬다. 바우어의 저작은 민족 문제를 진지하게 다룬 유일한 마르크스주의적 시도로 환영받았지만, 그렇게 환영한 사람들은 대부분 바우어의 주장이 마르크스주의와 거리가 있어서 환영했던 것이다(물론 오늘날 바우어를 긍정적으로 보는 사람들의 일부는 바우어조차 '경제주의'와 '계급 환원론'으로 너무 기울었다고 비판했다).[25] 19세기 말엽 오스트리아 사회

---

24 Karl Kautsky, "Nationality and Internationality," Supplement to *Die Neue Zeit*, no. 11 (1907~1908); Russian translation in the journal *Nauchnaya Mysl* (Riga, 1908); Rosa Luxemburg(1908~1909), "The National Question and Autonomy," *The National Question: Selected Writings by Rosa Luxemburg* (London: Monthly Review, 1976), pp. 126-129; Vladimir Ilyich Lenin, "The Right of Nations to Self-Determination(1914)," *Collected Works*, volume 20, December 1913~August 1914 (London: Lawrence and Wishart, 1964), p. 396(www.marxists.org/archive/lenin/works/1914/self-det/ch01.htm, 검색일: 2019년 3월 18일).

25 Ephraim Nemni, *Marxism and Nationalism: Theoretical Origins of a Political Crisis* (London and Boulder: Pluto, 1991), p. 145, pp. 181-184.

민주당 내 우익으로 출현했던 오스트리아 마르크스주의에 의하면 사회주의의 요소는 자본주의 내부에서 육성되는 것으로서, 그것의 점진적 진화·성장에 의해 부르주아 국가의 파괴 없이 사회주의가 출현한다고 주장했다. 특히 오스트리아, 헝가리 같은 다민족 국가에서 민족 문제에 대한 견해를 발표하고 문화적 민족자치를 주장했지만, 민족자결에 의한 독립보다는 오히려 범게르만주의적 민족주의를 옹호했다. 제1차 세계대전 후에는 반공주의 조직을 추진시켰는데, 제2차 세계대전 후에도 마찬가지로 반공주의적 입장을 취하고 있다.[26]

레닌은 바우어의 이론이 "기본적으로 심리적"인 반면 카우츠키와 자신의 저작은 "역사적·경제적" 설명이라고 주장했지만,[27] 민족의 출현이나 민족의식의 본질을 비교적 자세히 설명하는 대안을 제시하지는 않았다. 레닌이 바우어와 정반대 견해라며 제시한 것은 대안적 설명이 아니라 대안적 정의였고, 불행히도 오늘날 많은 좌파가 그 정의를 여전히 광범하게 받아들이고 있다. 1913년 스탈린은 레닌의 지도를 받으며 쓴 글에서 다음과 같이 주장했다.

> 민족은 역사적으로 구성되는 안정적 공동체로서, 공통의 언어·영토·경제생활·문화로 표현되는 심리 구조를 바탕으로 형성된다.[28]

---

26 "오스트리아 마르크스주의(Austrian Marxism)", 『철학사전』(중원문화, 2009).
27 Vladimir Ilyich Lenin, "The Right of Nations to Self-Determination," 1914, *Collected Works,* volume 20, December 1913~August 1914 (London: Lawrence and Wishart, 1964). p. 308.
28 Joseph Stalin, "Marxism and the National Question," 1913, *Works,* vol. 2 (Moscow: Foreign Languages Publishing House, 1953), p. 307(www.marxists.org/reference/archive/stalin/works/1913/03.htm, 검색일: 2019년 3월 19일).

스탈린은 항상 그랬듯이 이런 요소들 가운데 단 하나라도 빠지면 민족이 아니라고 독단적으로 주장했다. 이런 유의 정의에서 나타나는 문제점은 그런 정의가 마치 과학적 객관성이 있는 듯한 그릇된 인상을 준다는 것인데, 그런 사이비 과학적 객관성은 스탈린의 정의에 부합하지 않는 민족들(예컨대, 미국)을 하나씩 떠올려보기만 해도 곧바로 무너진다. 그리고 비록 스탈린은 오스트리아 마르크스주의자들이 주장한 문화적 자치 요구를 무시했지만, 그의 정의는 실제로는 바우어의 민족 개념과 상당히 비슷해서 '공동체'와 '심리 구조'라는 포괄적 범주를 고스란히 담고 있다.[29]

1920년대 말 스탈린주의가 승리하면서, 마르크스주의자들 내부에서 민족주의에 대한 진지한 논의는 거의 사라졌다. 그런 상황에서 민족에 관한 논의의 주요 원천은 비마르크스주의 정치학자들과 사회학자들에게로 옮겨갔고, 그중 많은 사람들은 국제관계학의 창시자였다. 그들의 관심사는 '민족-국가'라는 대구(對句)에서 국가에 있었다. 그들은 비록 민족주의는 18세기 말에야 출현한 운동으로 보는 경향이 있지만 민족(적어도 스페인·영국·프랑스 같은 "오래된 역사적 민족들") 자체는 18세기 훨씬 전부터 이미 존재했던 것으로 보았다.[30]

3) 민족자결주의는 윌슨이 만든 것으로 알고 있던 한국인과 3·1운동

한국인이 3·1운동 당시 민족자결주의를 소환하면서 중부유럽의 사

29　Eric van Ree, "Stalin and the National Question," *Revolutionary Russia*, vol. 7, no. 2 (April 1994), p. 228.
30　닐 데이비슨 저, 정종수 역(2010), 앞의 글.

회주의자나 레닌 등 러시아 볼세비키, 영국의 조지가 아니라 월슨에 주목한 것은 1882년 조·미수호통상조약의 거중조정 조항에 대한 기대였을 것이다.[31] 월슨의 민족자결원칙은 1919년 한반도뿐만 아니라, 중국·이집트·인도 등에서 민족주의를 고양시켰다. 이는 피압박민족들이 공명한 "월슨주의적 순간(The Wilsonian Moment)"이었다.[32] 미국이 참전해 장기화된 전쟁을 종식시키며 나라의 위상을 격상시켰기 때문에 월슨의 민족자결주의가 레닌의 그것보다 더 강하게 전파된 것이라고도 할 수 있다.

그런데 월슨의 민족자결주의는 한국의 3·1운동과 중국의 5·4운동 등 반제국주의·민족주의(애국)운동을 촉발하는 데 지엽적인 배경 요인으로 작용했다.[33] 이렇듯 레닌과 월슨의 주장은 민족자결이라는 관점

---

[31] 長田彰文, 『日本の朝鮮統治と國際關係: 朝鮮獨立運動とアメリカ 1910~1922』(東京: 平凡社, 2005); 나가타 아키후미 저, 박환무 역, 『일본의 조선통치와 국제관계: 조선독립운동과 미국 1910~1922』(일조각, 2008), 373쪽.

[32] Erez Manela, *The Wilsonian Moment: Self-Determination and the International Origins of Anticolonial Nationalism* (Oxford: Oxford University Press, 2017), pp. x-xi, pp. 4-5. 월슨의 민족자결주의가 한국 3·1운동과 중국 5·4운동 등에 영향을 주었는지에 대해 이들 운동의 100주년이 되는 2019년 하버드대학교에서 재조명되었다. 토론회의 제목은 "Revisiting the Wilsonian Moment in Asia, 1919"이었다. Carter Eckert, Arunabh Ghosh, Andrew Gordon, Erez Manela, and Heather Streets-Salter, "Revisiting the Wilsonian Moment in Asia, 1919," Joint Special Event; co-sponsored by Harvard University Asia Center, the Min Young-Chul Memorial Fund at the Korea Institute, Fairbank Center for Chinese Studies, the Edwin O. Reischauer Institute of Japanese Studies, and the Lakshmi Mittal and Family South Asia Institute, Belfer Case Study Room(S020), CGIS South Building, 1730 Cambridge Street, Tuesday, March 12, 4:30 p.m.~6:30 p.m. Carter Eckert, Arunabh Ghosh, Andrew Gordon, Erez Manela, and Heather Streets-Salter 5인이 패널리스트였고 Karen L. Thornber는 사회를 보았다.

[33] 당시 일제는 미 대통령 월슨이 공표한 민족자결주의 선언의 국제적 파장이 한국까지 파급될 것을 우려하고 있었다. 고종은 파리강화회의에 밀사를 파견해 을사늑약의 강제성을 폭로하며 국제적 독립투쟁을 벌이는 동시에 이와 별도로 자신의 베이징 망명 계획을 추진하고 있었다. 만주에서 신흥무관학교를 설립해 '민족 장교'를 육성하던 독립운

에서 공통점이 있으므로 결과적으로 미묘한 경쟁 구도를 형성했던 것이다.[34] 커밍스는 윌슨이 당시 강력한 반제운동을 의식하여 식민지배를 구시대적인 것으로 규정하면서 자유무역과 경쟁을 통한 제국주의의 새로운 지배양식(neo-imperialism)을 민족자결주의라는 가면으로 덮어씌운 것에 불과하다고 주장한다.[35]

4) 윌슨의 이상과 현실의 갈등: 패전국 식민지에만 적용된 위임통치

윌슨은 장로교 목사의 아들이었고 자신도 장로교였음에도 불구하고 미국감리교회가 채택한 진보적 사회복음주의 신학의 영향 아래 있었다. 그것은 그가 민주당원이기 때문이었다. 그는 당시 미국에 유행처럼 번지고 있던 "모든 인간과 국가는 신부적(神賦的) 공평한 권리가 있다"라는 사회복음주의적이며 평등주의적인 사상을 자신의 정치 이데올로기와

동가 이회영이 고종의 망명 일정을 조율했다. 육로가 아닌 해로를 선택하고, 베이징에 행궁을 마련하는 등 구체적 준비를 순조롭게 진행하다가 고종의 갑작스러운 승하로 중단되고 말았다. 일제가 고종을 독살했다는 소문이 유포되자, 민중은 공분했다. 이러한 분위기에서 3·1만세운동이 일어났다. 그렇지만 민족자결주의는 3·1운동의 지엽적이고 국제적인 배경 요인이며, 고종독살설은 만세운동을 전국적으로 비화시킨 국내적 배경 요인이다. 민족대표 33인(48인+1)이 미리 작성한 독립선언서 낭독(실제로는 29인이 탑골공원에 모여 낭독하려고 했으나 군중이 너무 많아 유혈사태를 우려해 식당 태화관에서 대한독립만세를 외치고 일제에 자진 출두)과 그 배포는 3월 1일 당일의 시위가 일어난 국내적 촉발 요인이며 (만세운동 전국 확산의) 주된 동인은 피압박 민중들의 자결 의지였고 주된 상황 요인은 제국주의 열강 일본 등의 지배 의지이다. 거대한 사회운동으로서의 3·1운동은 여러 요인이 복합적으로 상호 상승작용해 증폭되어 일어났다. 3·1운동의 가장 큰 원인은 무단통치에 대한 조선인의 불만이었지만 하필 파리강화회의 중에 일어난 사실에서 국제적인 움직임의 중요한 배경 요인으로 작용했다고 할 수 있다.

34 나가타 아키후미(2018), 앞의 글, 11-13쪽.
35 Bruce Cumings, "The Origins and Development of Northeast Asian Political Economy," Frederic C. Deyo, ed., *The Political Economy of the New Asian Industrialism* (Ithaca, N.Y.: Cornell University Press, 1987), p. 53.

연결시켜[36] '민족자결주의'라는 당시로서는 진보적인 이상을 내걸었다.

그러나 결국 윌슨식 민족자결주의는 국제정치의 현실에 퇴색하여 "식민지 국민들은 장기간의 자치수습(위임통치) 기간이 필요하다"[37]라는 모순된 단서를 붙여 식민지의 즉시독립을 주장하지는 않았다. 장차 스스로의 지위를 결정할 때까지 국제적 감독을 받는 위임 권력이 이들 지역을 관리해야 한다는 것이었다. 구체적으로 독일과 오스만튀르크제국에 대한 승리가 합병을 초래해서는 안 될 것이며 국제연맹 산하에 위임통치체제가 마련되어야 할 것이라고 주장했다. 윌슨은 1919년 1월 27일 10개국 이사회(The Council of Ten) 연설에서 패전국 독일의 식민지를 중심으로 한 식민지 문제를 해결하기 위해서 국제연맹에 의한 위임통치제도를 도입하고 미국이 후진국을 지도하는 것이 필요하다고 역설했다.[38] 즉, 독일 식민지에서 독립된 지역이 위임통치의 당초 중심 대상이었으며 아시아 지역의 일본 식민지는 그의 안중에 없었다. 당시 독립국가 건설 열풍[39]에 편승한 윌슨은 유럽 제국의 해체를 위해, 궁극적

---

[36] 김명구, 『한국 기독교사: 복음주의자의 시각으로 보는 한국의 기독교 역사 1: 1945년까지』(예영커뮤니케이션, 2018), 355-356쪽.

[37] Arthur Link, "Wilson the Diplomatist," Armin Rappaport, ed., *Essays in American Diplomacy* (New York: Macmillan Company, 1967), pp. 206-209.

[38] 長田彰文(2005), 앞의 책; 나가타 아키후미 저, 박환무 역(2008), 앞의 책, 96쪽.

[39] 제1차 세계대전 전후는 비식민화(非植民化)가 화두로 제기된 시기였다. 대전은 식민지 제국 질서를 흔들고 비식민화 흐름으로 나아가게 했던 것이다. 무려 100만 명이 참전한 인도는 '피의 대가'를 주장했고 아일랜드는 독립전쟁을 벌인 끝에 1922년 영연방 자치령인 아일랜드 자유국으로 거듭났다. 같은 해 이집트는 영국의 보호령에서 벗어나 독립을 선언했다. 워싱턴회의 결과 중국의 주권과 독립을 존중한다는 9개국 조약이 체결되었다. 미국 식민지(그런데 미국은 공식적으로 식민지가 아닌 속령으로 분류)인 필리핀은 1916년에 자치를 인정받았다. 한국의 탈식민화는 1945년에 달성되었지만 과정으로서의 비식민화는 3·1운동을 계기로 이미 시작되었다. 1919~1921년 상해 대한민국 임시정부는 금방이라도 독립을 되찾을 듯한 활력을 뿜어냈다. 1920년 봉오동전투, 청산리전투를 정점으로 하는 독립전쟁도 일어났다. 1920~1930년대는 여전히 식민지였지만, 식민자와 피식민자 모두 19세기적 식민통치의 지속 불가능성을 깨닫고 다른 길을

으로는 미국 세력권 및 국가이익의 확장을 위해 민족자결주의를 이용했을 뿐이다. 결과적으로는 자결주의와 같은 이상이 현실과 타협하면서 퇴색했는데 이러한 맥락에서 윌슨의 위임통치안(mandate)을 이해할 수 있다. 윌슨의 사상은 이상주의로 포장되었지만 현실적으로 보면 미국이 가진 상업상의 중립 권리와 해양 자유를 옹호했고, 미국의 경제적 헤게모니와 종교적·도덕적 제국주의를 옹호할 수밖에 없었던 한계를 가지고 있었다. 윌리엄스에 따르면 윌슨의 사상은 '이상주의적 제국주의(The Imperialism of Idealism)'로 규정된다.[40] 윌슨이 힘을 갖고 있지 못했기에 동맹국으로 하여금 식민지를 즉시 독립시키라고 압력을 가하지 못했다는 평가도 있다.[41] 윌슨은 평화 원칙의 일부가 반영된 베르사유조약만이 세계대전과 같은 참혹한 비극을 막을 수 있다고 믿었으므로 미국 전역을 순회하면서 여론 설득에 나섰다.

그러나 1918년 상·하원 선거에서 공화당이 승리하면서 민주당 소속이던 윌슨의 목소리는 힘을 잃었고 결국 베르사유조약은 미국 상원의 문턱을 넘기가 어려웠다. 또한 미국의 국제연맹 가입에 대해서도 상원은 부정적이었다. 윌슨은 타협을 거부하고 대중에게 직접 지지를 호소하기 위해 긴 여행을 떠났다. 1919년 9월 25일, 윌슨은 콜로라도주 푸에블로에서 연설한 후 심한 두통으로 쓰러졌다. 윌슨은 사경을 헤맸다.

모색하고 있었다. 홍종욱, 「3·1운동과 비식민화」, 한국역사연구회 3·1운동 100주년기획위원회 편, 『3·1운동 100년: 3 권력과 정치』(휴머니스트, 2019).

[40] William Appleman Williams, *The Tragedy of American Diplomacy* (N.Y.: W. W. Norton, 1984), pp. 67-70; 윌리엄 윌리엄스 저, 박인숙 역, 『미국 외교의 비극』(늘함께, 1995), 93-97쪽; Iriye Akira, *The Cambridge History of American Foreign Relations Ⅷ: The Globalizing of America 1913~1945* (Cambridge: Cambridge University Press, 2004), pp. 21-23.

[41] 이우진, 「독립운동에 대한 미국의 태도: 루스벨트의 신탁통치구상을 중심으로」, 한국정치외교사학회 편, 『독립운동과 열강관계』(평민사, 1985), 160쪽.

가까스로 목숨은 건졌으나 정상적인 업무 수행은 불가능했다. 그동안 베르사유조약도, 국제연맹 가입도 상원에서 부결됐다. 미국의 불참으로 국제연맹은 날개가 꺾였다. 윌슨은 자신의 이상이 시대와 불협화음을 일으키고, 국민에게 외면받는 것을 무기력하게 지켜봐야만 했다.[42]

민족자결주의가 러시아혁명의 확산을 막고 전후 세계질서를 미국 중심으로 재편하고자 한 미국 제국주의의 도구일 뿐이라는 비판적 평가가 있다. 현실주의적·전략적으로 보면 모든 나라는 국가이익을 추구하며 그 이익은 국가의 팽창에 있다. 따라서 미국을 비난만 할 수는 없다. 그렇지만 국제정치에 현실만이 있었던 것이 아니며 이상도 존재했다. 특히 이상주의자 윌슨은 다른 현실주의적인 대통령과는 다른 점이 있었다. 또한 미국 정치의 현실이 윌슨의 이상 구현을 막았던 측면이 있으므로 그의 이상주의적 민족자결주의를 철두철미하게 현실적으로만 해석하는 것은 그에 대한 총체적 이해를 도모하지 못하게 한다. 윌슨은 루스벨트[Franklin D. Roosevelt; FDR; 미국의 제32대 대통령; 재임 1933~1945; 이 책에서 '루스벨트'로만 지칭한 인물은 '프랭클린 루스벨트'이고, 시어도어 루스벨트(미국의 제26대 대통령; 재임 1901~1909)는 풀네임을 모두 썼다]처럼, 유럽 제국주의 국가들을 혐오했으며 제1차 세계대전은 바로 그러한 제국주의 국가들 사이의 영토 확장을 위한 전쟁이라고 생각했다. 이러한 전쟁의 재발을 막기 위해 이상주의적 민족자결주의를 주창했으나 대전 후의 전후 처리를 논의했던 파리강화회의(1919년 1월 18일 개막)에서 유럽 제국주의 국가의 '땅따먹기'가 재현되자, 윌슨의 이상주의는 현실에 전폭적으로 적용되지 못했다.

---

42 송동훈, 「(송동훈의 세계문명기행 61)아폴로 11호가 가져온 돌 아래, 윌슨의 理想이 잠들다: 워싱턴 국립 대성당과 윌슨의 묘」, 『조선일보』, 2020년 9월 29일자.

제1차 세계대전이 발발하자, 미국이 참전하기 이전에 영국, 프랑스, 일본 등은 독일의 식민지와 오스만튀르크의 속주를 점령하고, 서로 비밀협정에 의해 전후 분배에 대해 합의했다. 그러나 전후 처리가 시작되면서 비밀협정에 따른 식민지 분배에 대해 윌슨이 이의를 제기했다. 윌슨은 민족자결주의를 주장하고 전쟁 후 패전국의 식민지를 전승국에 재분배하는 관행이 계속되는 한 식민지 쟁탈전이 반복될 것이라고 했다. 그 배경에는 미국 이외의 전승국이 지배 영역을 확대하는 것을 용인하는 것은 미국의 이익이 되지 않으며 윌슨 정부의 국내 지지율을 하락시키는 요인이 될 수 있다는 것이 작용했다는 평가도 있다. 미국과 기존 열강들은 서로 양보하지 않았고, 양자 교섭은 난항을 겪었다. 그 와중에 파리강화회의에 영국 대표로 회의에 출석하고 있던 스뮈츠[43]는 위임통치제도를 타협안으로 제안했다. 스뮈츠는 위임통치령을 러시아혁명에 의해 와해된 러시아제국 지배하의 동유럽 지역, 오스트리아-헝가리제국 지배하의 피압박지역, 오스만제국 지배지에 한정했음에 비해[44] 윌슨은 독일 식민지와 오스만제국의 지배하에 있던 중동 지역 등 패전국 세력권으로 국한했다. 전승국 일본이나 영국 등도 이 제도를 운용하기에 따라서는 종래의 식민지 통치와 실질적으로는 같아질 수 있다고 판단해 찬성했다.[45]

결국 연합국 식민지에는 민족자결주의적 독립 원칙이 적용되지 못하

---

43 스뮈츠는 남아프리카 연방의 각료로서 영국 수상이었던 조지의 전쟁 내각에서 일하면서 제1차 세계대전이 승리하는 데 기여했다. 그는 파리강화회의에 참여하여 대전에 마침표를 찍었고, 미 대통령 윌슨이 주창한 국제연맹의 설립을 구체화시켰다.
44 Jan Christian Smuts, *The League of Nations: A Practical Suggestion* (London: Hodder and Stoughton, 1918), p. 15.
45 "위임통치령", 〈위키피디아〉(ko.wikipedia.org/wiki/%EC%9C%84%EC%9E%84%ED%86%B5%EC%B9%98%EB%A0%B9, 검색일: 2016년 7월 3일).

고 식민지지배체제가 유지되었으며 패전국에만 적용되는 데 그쳤던 것이다. 따라서 미국보다 유럽 제국주의에 더 큰 책임이 있다고 보아야 한다. 그렇다면 베르사유체제는 미국식 제국주의의 표현이라기보다는 유럽식 제국주의의 구현이었다(물론 미국이 러시아를 견제하려 했던 점은 무시할 수 없으며 무장력을 통한 지배보다는 후발 국가의 이익에 부합하는 문호개방 구호를 앞세운 시장 확보를 통한 경제적 지배, 문화적인 수단을 통한 신식민주의·신제국주의적 지배를 구현하려 했던 점은 인정할 수 있다). 파리강화회의로 패전국 독일에 전쟁의 책임을 묻고 천문학적인 배상금을 물리게 되어 평화를 가져오기보다는 오히려 전쟁 재발에 기여했던 것이다.

5) 위임통치제 실행의 실제 사례

위임통치제도는 1919년 6월 28일 서명되고 다음 해 1월 10일에 발효된 베르사유조약의 제1편인 '국제연맹규약(The Covenant of the League of Nations)'에 규정되어 1920년 1월 20일 국제연맹 발족과 동시에 현실 세계에 등장했다. 그런데 식민지 관리제도로서의 위임통치안에 그나마 남아 있는 이상주의적 요소도 그 실행 과정에서 변색되어 열강의 자기 세력확보를 위한 수단으로 전락하고 말았다. 위임통치안은 유럽 식민주의에 제어되었으므로 전 세계 식민지에 보편적으로 적용될 수 없었던 것이다. 국제연맹을 지배할 잠재력을 가지고 있던 영국은 자국의 아프리카 식민지에 미칠 악영향을 고려하여 위임통치의 보편적 적용에 반대했으며 독일 식민지들을 '자치령화'할 것을 주장했다.[46] 또한

---

46 C. A. W. Manning, *The Policies of the British Dominions in the League of Nations* (Genève: The Graduate Institute of International Studies, 1932), p. 24.

식민지 소유국 프랑스와 일본 등도 식민지를 개별 국가에 병합할 것을 주장하면서 미국에 반대했다.

결국 양자의 주장이 타협하여 실질적으로는 한 국가인 수임국(受任國; Mandatory Power; 위임통치를 담당한 국가)이 통치하고 국제연맹과는 위임통치협정을 체결해 연맹의 '상임위임통치위원회(Permanent Mandates Commission)'가 감독하는 위임통치제도를 도입했다. 위임통치의 감독은 국제연맹 이사회의 권한이지만 그 사무 처리를 행하기 위한 상설위임통치위원회가 설치되었던 것이다. 각 수임국은 정기적으로 국제연맹 이사회에 대해, 해당 지역의 통치에 관한 보고를 할 의무가 있었다. 그러나 국제연맹의 감독 권한은 형식적인 것이 되고 말았으며 실제로는 식민체제의 연장으로 전락하고 말았다. 단독 수임국이 종속지역의 통치에서 배타적인 권한을 갖게 되었던 것이다.

보다 구체적으로 1919~1920년에 '주요 연합국 최고이사회(Supreme Council of the Principal Allied Powers)'가 비자치령들을 단계별로 구분하여 특정 수임국에 배정했다. 또한 실제 통치와 관련한 감독은 상설위임통치위원회를 중심으로 이루어져, 각 수임국은 정기적으로 해당지역의 통치에 관한 보고를 해야 했다.[47] 이 같은 일련의 제도적 조치들은 식민지 혹은 피점령하의 비자치령을 관리하고 그러한 지역을 통치하는 기존의 식민모국(colonial power)들을 감독하기 위한 것이었다. 그런데 강대국을 제재할 수단이 없던 이 위원회의 역할은 형식적 차원에 그쳐 위임통치안의 본래적 이념이었던 다국적 통치방식은 희석될 수밖에

---

[47] Francis B. Sayre, "Legal Problems Arising from the United Nations Trusteeship System," *American Journal of International Law*, vol. 42, no. 2 (1948); William R. Louis, *Imperialism at Bay: The United States and the Decolonization of the British Empire, 1941~1945* (New York: Oxford University Press, 1978).

없었다. 따라서 '국제연맹규약(The Covenant of the League of Nations)' 제22조 1항의 "현대사회의 엄중한 상황에서 미자립 상태(스스로 독립할 수 없는) 인민의 복지와 발달이라는 문명의 신성한 사명(신탁)(a sacred trust[48] of civilization[49])을 수행하기 위하여" 선진국들(advanced nations)에 의한 후견(tutelage)(이 행해지는)·위임통치가 고안되었다는 진보적이고 자유주의적인 구절(이상)도 결국 수사(rhetoric)에 불과한 것으로 전락했다. 위임통치안은 오히려 '새로운 유형의 식민 지배 수단'일 뿐이었다. 제국주의자들 간의 식민지 획득 전쟁이 끝나면 전승국들 간에 식민지가 재편되는 것은 당연한 귀결이었다.

결국 민족자결주의로 인하여 패전국 오스트리아-헝가리제국령의 ① 헝가리, ② 체코슬로바키아,[50] ③ 유고슬라비아 등과 패전국 독일·오스트

---

[48] 국제연맹규약 제22조에서 위임통치제(mandates system), 신탁(trust), 후견(tutelage) 등의 용어는 모두 혼동해서 쓰였다. "The Covenant of the League of Nations," Article 22.

[49] Nele Matz, "Civilization and the Mandate Under the League of Nations as Origin of Trusteeship," *Max Planck Yearbook of United Nations Law*, vol. 9 (2005), p. 94.

[50] 산업화된 오스트리아에 속했던 체코 지역[보헤미아, 모라비아, 일부 슐레지엔(영어: Silesia)]과 농업 중심의 후진적인 헝가리에 속했던 슬로바키아 지역이 1918년 합쳐져 체코슬로바키아가 되었다[Betty Miller Unterberger, *The United States, Revolutionary Russia, and the Rise of Czechoslovakia* (Chapel Hill: University of North Carolina Press, 1989)]. 1939년 8월 몰로토프-리벤트롭협정에 따른 1940년 독·소 간의 야합에 의한 중부유럽 분할 전인 1939년 3월 체코슬로바키아를 침략해 프라하를 함락시킨 독일은 체코슬로바키아의 서쪽 지방인 보헤미아·모라비아를 보호령으로 삼았다. 체코슬로바키아 동쪽 지방 슬로바키아는 독일이 슬로바키아 민족주의자들을 체코인과의 이간책동에 이용했고, 체코슬로바키아의 동맹국 소련의 완충지대 확보를 의식해 형식적으로나마 독립국(실질적으로는 괴뢰국)으로 남았다(이러한 독일의 以夷制夷, 분할지배 술책이 결국 1993년 체코·슬로바키아 분리의 원인이 되었다). 히틀러 몰락 과정에서 소련이 동부유럽을 점령할 때 체코슬로바키아는 복구되었다. 소련 몰락 과정에서 1989년 슬로바키아에 평화로운 완전 자치가 주어졌고 1993년 평화적으로 슬로바키아가 분리되었다. 제2차 세계대전 전후 처리 과정에서 나이세(Neisse)강 동쪽의 슐레지엔 지역이 폴란드의 영토가 되어 체코는 오스트라바를 중심으로 한 어퍼(上) 슐레지엔의 일부만을 점유하고 있다.

리아·러시아(당시 혁명 중)에 분할되어 있던 ④ 폴란드, 러시아령 발트해 연안 지역의 ⑤ 핀란드, ⑥ 에스토니아, ⑦ 라트비아, ⑧ 리투아니아 등 중(mittel)·남·동부유럽의 약소민족이 1920년 전후(前後)에 독립할 수 있었다.[51] 스뮈츠의 안에는 이들 러시아의 (잠재적) 세력권, 오스트리아-헝가리 영토 등도 위임통치령에 포함되어 있었으나[52] 윌슨 등이 이들 지역을 위임통치령에서 빼고 독일령 아프리카·태평양 도서지역으로 국한하는 바람에 유럽 지역은 결국 거의 즉시 독립될 수 있었다(오스만제국의 속주는 스뮈츠와 윌슨 모두 위임통치령으로 분류해 위임통치 후 대체로 독립됨). 윌슨이 의도적으로 러시아를 견제해 동구 지역에 있던 러시아 잠재적 세력권에 대한 독립을 추구했을 가능성이 있다. 그렇지만 전간기(戰間期; 제1차 세계대전과 제2차 세계대전 사이의 시기)에 독립했던 동부유럽 국가들은 제2차 세계대전 후 양극화된 냉전체제가 출현하자 소련이 지배하는 사회주의권에 속했다. 또한 유고슬라비아를 제외한 지역은 결국 소련(1922년 출범)의 위성국이 되어 완전한 민족자결권 행사에는 큰 제한이 가해졌다.

한편 유럽의 전승국 루마니아[53]와 새로 건립된 유고슬라비아[54]와 폴

---

[51] 김학재(2018), 앞의 글, 131-134쪽. 제1차 세계대전 이전에 독립한 동부유럽 국가는 1908년 튀르키예의 영향에서 벗어난 불가리아독립왕국과 1913년 7월의 런던회의에서 주권국가로 국제적 인정을 받은 알바니아가 있다. 또한 루마니아와 유고슬라비아와 같은 다민족국가들은 제1차 세계대전을 통해 민족의 통합을 이룩하고 단일국가를 성립시켰다. 신명순, 「동구제국의 역사적 형성 I: 제1차 세계대전까지」, 송복 외, 『동구제국의 역사적 형성』(연세대학교 동서문제연구원, 1986), 4-5쪽.
[52] Jan Christian Smuts(1918), 앞의 책, p. 15.
[53] 루마니아 왕국은 트란실바니아(Transylvania; 루마니아인 59%에 헝가리인 28%, 독일인 8.6%, 기타 4.4%가 거주하는 지역으로 제1차 세계대전에 헝가리가 패전하자 연합국 측에 섰던 루마니아가 차지함)에다가 베사라비아(Bessarabia; 현재는 몰도바로 독립되었으며 루마니아와의 통합을 주장하는 다수파와 트란스드네스트르 지방의 분리주의자들 사이에 갈등이 있음), 부코비나(Bukovina; 현재 우크라이나령인 부코비나 북반부와 루마니아령인 부코비나 남반부로 분단됨), 헝가리와 독일계 소수민족들을 병합했다.

란드 국가 내에 포함된 많은 소수민족은 독립하지 못하고 여전히 복속되었으므로 민족자결주의 원칙이 역시 철저히 지켜지지 못했다.

당시 약소민족에 대해서 크게 보면 3가지 다른 방식이 채택되었다고 할 수 있다. 첫째, 패전국 오스트리아-헝가리제국의 영토였던 중·동부 유럽의 피압박민족은 분할·독립되어 최고의 혜택을 누렸다. 둘째, 같은 패전국이었던 독일의 아프리카·태평양 식민지와 오스만튀르크의 속주는 독립되지 않았고 위임통치령으로 분류되었으므로 그 장래가 불투명해졌다. 특히 독일의 식민지 일부(남서아프리카, 서사모아, 동북뉴기니, 나우루)는 제1차 세계대전 중에 이미 연합국에 의해 점령되어 사실상 식민화되었으므로 전승국의 점령국으로 분류되었다. 따라서 독일의 식민지는 유럽 지역에 있지 않았던 조건 외에도 이미 적국에 의해 점령된 지역도 있었으므로 독립되기에는 어려웠기에 위임통치지역으로 귀착된 점이 있었다. 셋째, 한국 등 승전국의 식민지는 식민지 상태가 계속 유지되었으므로 최악의 상황이었다. 당시 세계 중심은 유럽이었으므로 이 지역 피압박민족만 독립하고 다른 지역은 독립하지 못하는 유럽중심주의적 차별이 존재했으며 그나마 승전국의 식민지는 위임통치령도 되지 못하고 식민지가 유지된 것이다.

복수의 외세가 개입하여 복잡한 상황에 처했던 뉴기니섬에 대해 보다

1800만 인구 중 30%가 소수민족이다. 김지영, 「버이취 쿨린스키 엔드레의 트랜실바니아 자치연방안 연구: 트란실바니아 자치연방제론의 성립 배경을 중심으로」, 『동유럽연구』 8(2000), 1-20쪽; 김학재(2018), 앞의 글, 133쪽.

54 유고슬라비아는 세르비아와 오스트리아·헝가리제국의 일부가 합쳐져 이루어졌다. 오스트리아·헝가리제국에 침략당한 세르비아를 포상하기 위해서 남쪽 슬라브인들의 (연방)왕국이 만들어진 것이다. 세르비아, 몬테네그로, 크로아티아, 슬로베니아, 보스니아 헤르체고비나가 합쳐졌다고 할 수 있다. 건국 당시의 명칭은 '세르비아인 크로아티아인 슬로베니아인 왕국(세르비아어: Краљевина Срба, Хрвата и Словенаца/Kraljevina Srba, Hrvata i Slovenaca; 크랄례비나 스르바, 흐르바타 이 슬로베나차)'이었고, 1929년 7월 6일에 '유고슬라비아 왕국'으로 국호를 바꿨다.

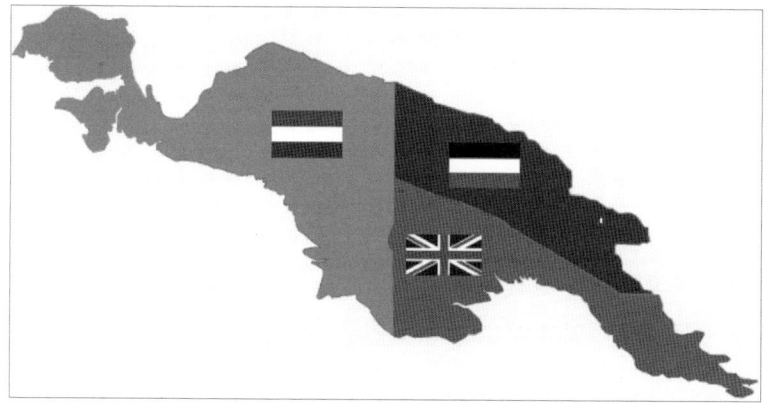

그림 1 **1884년 분할된 뉴기니섬**
동북은 독일령, 동남은 영국령, 서부는 네덜란드령이었다.
※ 출처: "파푸아 뉴기니", 〈위키피디아〉.

자세히 살펴보면, 1884~1885년 네덜란드·영국·독일이 뉴기니섬을 동경 141도를 기준으로 분할해 서부(서뉴기)는 네덜란드(동인도)령을 인정하고 동북부는 독일령, 동남부는 영국령 퀸즐랜드(1905년 오스트레일리아에 이양되어 파푸아보호령으로 남음)가 되었다.

서뉴기니는 네덜란드령 동인도의 일부였으나 1949년 네덜란드 본국의 100배도 넘는 땅인 인도네시아를 독립시키면서 네덜란드의 속령으로 남아 있다가 1952년 독립 준비기를 거쳐 1961년 독립시켰으나 인도네시아의 침공을 받아 1962년 10월 유엔이 관할하는 과도적 관리[55] 지역이 되었다. 인도네시아 대통령 수카르노(Achmed Sukarno; 재임 1949~1967)의 친소 정책을 견제하려는 미국의 압력을 받은 네덜란드는 1963년 5월 인도네시아에 서뉴기니의 주권을 이양할 수밖에 없

---

[55] 8개월이 채 되지 않는 일종의 단기적 신탁통치. 길게 보면 1962년부터 1969년까지 유엔이 관여했으므로 8개월간의 유엔 관리와 7년간의 유엔 관여기로 볼 수도 있다.

었다. 1969년 인도네시아에 병합되어 현재는 인도네시아의 일부가 되었다.[56]

제1차 세계대전 중 오스트레일리아는 독일령 동북뉴기니로 치고 올라가 동뉴기니를 모두 점유했다. 그러나 점령기간이 짧은 동북뉴기니는 오스트레일리아 주도의 국제연맹 위임통치가 실시된 반면 동남부의 파푸아보호령은 영연방(오스트레일리아)의 외부 영토(식민지)로 간주되어 위임통치가 실시되지 않았다. 옛 독일령 동북뉴기니(위임통치)와 동남부에 있는 파푸아보호령의 차별화된 법적 상태로 인해 오스트레일리아는 두 지역을 각각 별개로 간주했다. 제2차 세계대전 이후 동북뉴기니와 파푸아보호령은 군정에서 민정으로 복귀되었다. '1945~1946년 파푸아뉴기니임시행정법(The Papua New Guinea Provisional Administration Act, 1945~1946)'이 발효됨에 따라 동북뉴기니는 파푸아보호령과 행정적으로 합치는 임시적 조치가 이루어졌다. 이어 1949년 '파푸아와 뉴기니법(the Papua and New Guinea Act 1949)'의 발효에 따라 파푸아속령(The Territory of Papua)과 뉴기니(오스트레일리아)신탁통치(속)령(the Territory of New Guinea)의 통일은 '파푸아와 뉴기니 속령(The Territory of Papua and New Guinea)'이라는 이름으로 달성되었다. 이 법의 성립에도 불구하고 오스트레일리아 국적의 허용에 차별을 두기 위해 두 영토 사이에 구분이 유지되었다. 동북뉴기니는 오스트레일리아의 신탁통치령으로 분류되었고 동남부의 파푸아보호령은 거주민이 오스트레일리아 국적을 가진 오스트레일리아 보호령이 유지되었던 것이다. 1951년 성립된 입법위원회(Legislative Council)의 법제화에 따

---

56 이 책의 〈부록 2〉 "서뉴기니 사례" 참조.

라 양 체제의 법적 지위 분리가 명문화되었다.[57] 1972년 피콕(Andrew Peacock) '외부 영토 장관(Australian Minister for External Territories)'에 의해 파푸아와 뉴기니 영토의 자치가 허용되었으며 노동당 휘틀럼 행정부(Edward Gough Whitlam Government; 1972년 집권 후 베트남전쟁에 반대하는 등 민족주의적인 성향을 보임; 미국에 의해 친사회주의적 진보정권으로 인식되었으며 결국 미국의 공작이 결부되어 1975년 11월 11일 하야하고 보수적인 자유당으로 정권이 교체됨)하인 1975년 9월 15일 '파푸아뉴기니'로 독립되면서 법적으로도 하나가 되었다. 1975년 동북뉴기니에 대한 신탁통치 시정 종식과 결부된 조치라고 할 수 있다.

앞서 언급한 세 가지 방식 중에서 두 번째인 위임통치제도는 민족자결주의가 일부분만 수용되어 변용된 경우였다. 수임국이 다음과 같은 제1차 세계대전 패전국(독일·오스만튀르크) 세력권(자국 영토의 일부와 식민지) 13개 지역을 국제연맹으로부터 위임받아 통치했다. 여타 식민지에는 위임통치가 실시되지 않고 식민제도가 유지되었으므로 윌슨의 민족자결주의는 전혀 적용되지 않았다.

보다 구체적으로는 제1차 세계대전의 패전국 오스만튀르크의 아라비아반도 내 비(非)튀르키예계 민족 거주지가 분할되어 ① 팔레스타인(1948년 팔레스타인의 일부가 영국 등의 후원으로 이스라엘로 독립했으며 아랍 지역 중 일부는 요르단의 일부가 되었다. 팔레스타인은 강대국의 뜻에 따라 강제로 분리되어 결국 분단되었다고 할 수 있다. 이렇듯 팔레스타인은 영토의 반 이상을 영국 등 서방세계의 후원 아래 이스라엘에 빼앗겼는데 이것이 중동 갈등의 근본적 원인을 제공했다), ② 트란스요르단(1946년 요르단으로 이

57　"Territory of New Guinea," *Wikipedia* (en.wikipedia.org/wiki/Territory_of_New_Guinea, 2020년 8월 10일).

름을 바꾸어 독립), ③ 메소포타미아[58](이라크)[1932년 메카 출신 하심가(家)의 파이살이 독립 왕국을 건립해 독립. 이상 영국이 수임국], ④ 레바논이 포함된 시리아[1944년 실질적으로 독립했고(레바논도 분리되어 독립) 1945년 10월 24일 유엔에 가입했으며 1946년 프랑스 군대가 철수해 완전 독립했다. 프랑스가 수임국] 등으로 전환되었다. 이들 아랍 국가들은 1932년 독립한 이라크를 제외하고 제2차 세계대전 전후(前後) 독립했다.

위임통치가 실시된 지역에 대해 보다 구체적으로 살펴보고자 한다.

(1) 팔레스타인

팔레스타인 지역에 독립한 이스라엘의 경우를 먼저 살펴보고자 한다. 유대교를 믿는 유대인들은 아브라함의 후손으로 가나안(현 팔레스타인)에 정착했지만 흉년으로 기아에 허덕이자 이집트로 가서 노예와 다름없는 비참한 생활을 했다. 이후 모세의 지도를 받아 이집트를 탈출해 가나안으로 대이동을 감행했다. 결국 오랜 방랑 끝에 기원전 11세기경 가나안에 이스라엘 왕조를 세웠다. 그러나 이후 가나안을 점령한 로마 제국도 유대인을 평등하게 대하지 않았고 다수의 유대인이 결국 이스라엘 땅에서 떠날 수밖에 없었다. 이때부터 유대인은 세계 각지에 흩어져 디아스포라(diaspora; 흩어진 사람들)가 되었다. 타지에서 떠돌던 유대인은 정보 교환을 통해 다른 사람들이 천시하던 상업에 종사하면서 부를 축적했다. 그러나 유대인에 대한 차별은 근대 이후까지 계속되었다.

그런데 19세기 중반까지만 해도 팔레스타인에서 팔레스타인 사람들과 소수의 유대인들은 비교적 평화롭게 함께 살았다. 1878년 팔레스

---

[58] Duncan Campbell Lee, *The Mandate for Mesopotamia and the Principle of Trusteeship in English Law* (London: Nabu Press, 2010).

타인 전체 주민 44만 850명 중 이슬람교도는 88%, 기독교인 9%, 유대인 3%였다. 그런데 19세기 말부터 영국의 영향력이 팔레스타인 지역으로 확대되면서 유대인들이 팔레스타인으로 들어오기 시작했다. 급기야 1917년 1월 영국 외상 밸푸어(Arthur James Balfour)가 유대인 사회에서 영향력이 컸던 한 재력가에게 쓴 편지[훗날 '밸푸어선언(Balfour Declaration)'으로 알려짐]에서 "영국 정부는 팔레스타인에 유대인 국가를 건설하기 위해 최선을 다하겠다"라며 유대인의 국가 건설을 지지하자 유대인 이주의 도화선이 만들어졌다. 밸푸어선언은 나라 없는 유대인들에게 주는 무조건적인 선의의 발로는 결코 아니었다. 유대인은 이 대가로 제1차 세계대전에서 영국에 적극적으로 협력해야 했던 것이다. 유대인의 전쟁 협력이 국가 건설과 교환된 것이다. 이것은 영국과 미국 등 서방세계의 돈줄을 쥐고 있던 유대인에게서 전쟁 자금을 끌어내고 유대인에게 우호적인 미국의 참전을 끌어내기 위한 영국의 전략이기도 했다. 이는 제2차 세계대전 때 독일이 저지른 '홀로코스트'라는 후과(後果)를 불러일으키는 원인이 되기도 했다. 제1차 세계대전의 패배를 되풀이하지 않기 위해 영국에 협력한 유대인을 학살한 것이다.[59] 물론 나치스의 순혈주의(아리안 인종주의)가 홀로코스트의 주요 배경이 되기도 했지만 말이다.

그런데 영국은 밸푸어선언 2년 전 아랍인과 '후세인·맥마흔 협정'을 맺었다. 오스만제국이 통치하던 팔레스타인에 아랍인들이 국가를 세우는 것을 찬성한다는 내용이었다. 팔레스타인 땅을 놓고 유대인과 아랍인에게 모순된 약속을 한 셈이다.

영국의 팔레스타인 위임통치 기간인 1920~1947년 사이에만 무

---

[59] 홍미정·서정환, 『울지 마, 팔레스타인』(시대의창, 2011), 20쪽.

려 유대인 39만 3887명이 들어왔고 이로 인해 팔레스타인에서 대대로 살아온 유대인보다 이민 온 유대인 수가 두 배를 넘게 되었다. 그 결과 1946년 무렵에는 팔레스타인 전체 184만 5560명 중 이슬람교도가 58%, 기독교인이 약 10%, 유대인이 32%로 인구 구성 비율이 크게 달라졌던 것이다.

사람이 바뀐 다음에는 땅이 문제였다. 주로 1930년대에 나치스의 유대인 박해를 피해 더욱 많은 유대인들이 팔레스타인으로 이주하지만, 먼저 이 땅에 살고 있던 아랍인과 유대인 사이에 땅의 소유와 성지 관리 등을 둘러싼 갈등이 일어났던 것이다. 이러한 불안정한 상황에서도 유대인들은 노동조합을 결성하여 농토를 개간하고 사해 광물질을 개발하는 등 정치적·사회적·경제적 기반을 쌓았다. 1945년경 팔레스타인 전 영토(2만 6323㎢) 중 87.5%는 토착 팔레스타인 사람들이 소유하고 있었고, 유대인들은 고작 6.6%를 소유하고 있었다(나머지 5.9%는 공유지).

이 와중인 제2차 세계대전 종전 이후 국제연맹이 해체되고 유엔으로 계승되면서 팔레스타인 위임통치령 문제는 유엔이 관할했다. 1946년 5월 트란스요르단이 독립하면서 법률상으로도 팔레스타인 위임통치령은 팔레스타인 지역으로 한정되었다.

1947년 유엔총회는 인구 구성과 토지 소유 관계의 현황을 무시하고 팔레스타인 영토의 56.47%를 유대 국가에, 42.88%는 아랍 국가에 분할하고 0.65%인 예루살렘은 '특별국제관리구역(국제도시)'으로 결정한 '결의안 181호'를 채택했다(영국 위임통치도 종료되는 것이 조건임). 제2차 세계대전의 승전국(연합국)들은 자신들에게 협력한 유대인에게 이렇게 보답했다. 이런 팔레스타인 분할 방안에 대해 토착 팔레스타인 이슬람교도들은 당연히 거부했다. 그러한 상황에서 유대인은 받아들였다.[60] 결국 1948년 5월 14일 벤구리온(David Ben-Gurion)은 이스라엘 건국을 선언하고 12명 각료로 구성된 임시정부를 수립했다. 1948년 9월 22일에는 팔레스타인인들이 팔레스타인 건국을 선언하고 팔레스타인 정부를 구성했다. 이로써 영국령 팔레스타인 위임통치령은 완전히 해체되었으며 팔레스타인인-유대인 분쟁의 비극이 시작된 것이다. 건국 과정에서 이스라엘은 팔레스타인 땅을 강탈하기 위해 팔레스타인 토착 이슬람교도들을 내쫓았으며,[61] 주변 아랍국들과의 전쟁을 유발했다. 이스라엘과 아랍제국 사이의 전쟁 결과 아랍 측이 패배하고 분할선을 넘어 침공한 이스라엘에게 토지를 빼앗겼다. 결국 이스라엘은 팔레스타인 대부분인 78%가량을 차지했던 것이다.[62]

이 당시 미국 국무장관 마셜(George Marshall)은 유엔대사 오스틴(Warren Austin)에게 1948년 3월 9일 팔레스타인에 대한 유엔특별총회가 소집되면 신탁통치 적용을 유엔에 제안하라고 지시했으나 무산되고 말았다. 한편 21세기 들어 코소보와 동티모르 등에 우회적으로나마 응용된 신탁통치 모델을 2010년대 분쟁지역인 팔레스타인에도 적용할 것이 제안되었다.[63]

한편 1993년 오슬로협정에 의해 1994년 발족하여 가자지구(Gaza Strip)와 요르단강 서안지구(West Bank)를 지배한 '팔레스타인 자치정부(Palestinian Authority)'의 통치를 신탁통치의 관점에서 볼 수 있다. 팔레스타인에 대한 원조는 팔레스타인 자치정부(2013년 팔레스타인국의 정부로 전환되었으나 가자지구는 2007년 이래로 하마스가 실효지배하고 있다)

---

60 홍미정·서정환(2011), 위의 책, 21쪽.
61 팔레스타인인들은 '나크바(nakba; 아랍어로 재앙)'라고 부른다. 팔레스타인 난민 570만 명이 발생해 인근 국가를 떠돌고 있다.
62 홍미정·서정환(2011), 앞의 책, 21-22쪽.
63 퍼는 그 제안에 비판적이다. Jeffrey D. Pugh, "Whose Brother's Keeper? International Trusteeship and the Search for Peace in the Palestinian Territories," *International Studies Perspectives*, Volume 13, Issue 4 (1 November 2012), pp. 321-343.

와 NGO, 유엔팔레스타인난민구호기구(UNRWA; United Nations Relief and Works Agency for Palestine Refugees in the Near East)를 통해 제공되었다. 1993~2013년 가자지구에 대한 원조를 분석한 타니라(Ahmed H. Tannira)의 연구에 따르면 팔레스타인 자치정부는 팔레스타인 사람들의 안보보다는 이스라엘의 안보적 이익을 추구하는 기구가 되었다고 평가된다. 팔레스타인 자치정부가 '평화의 동반자(partner for peace)'를 표방했지만 본질적으로 서방세계의 이익을 일방적으로 전달하는 통로에 불과했다는 것이다. 또한 원조를 통해 팔레스타인 사람들의 경제적 이익을 증진했다기보다는 발전을 오히려 저해했다고(de-development) 평가되었다.[64] 이는 자립·자치를 꾀하는 방안으로서의 신탁통치는 실패했다는 아랍 세계의 비판적 평가를 보여주는 연구이다.

(2) 트란스요르단

트란스요르단은 법적으로는 영국령 팔레스타인 위임통치령의 일부였지만 사실상 별개의 세력이었다. 팔레스타인 지방은 영국에서 임명한 고등판무관이 통치했지만, 트란스요르단은 하심 가문이 통치하던 '자치지역'이었다. 따라서 트란스요르단은 일종의 '영국 자치국'이었다. 이 지역에 관해서는 보다 복잡한 국제정치가 얽혀 있다. 이를 구체적으로 언급하고자 한다.

중동 현대사에 만연한 분쟁과 갈등은 오스만제국의 해체에서 본격 시작되었다. 제1차 세계대전 당시, 영국과 프랑스 연합군은 적국인 독일 편에 오스만이 가담하자 이 제국을 무너뜨려 광대한 영토를 얻고자 했

---

64 Ahmed H. Tannira, *Foreign Aid to the Gaza Strip between Trusteeship and De-Development* (London: Anthem Press, 2020).

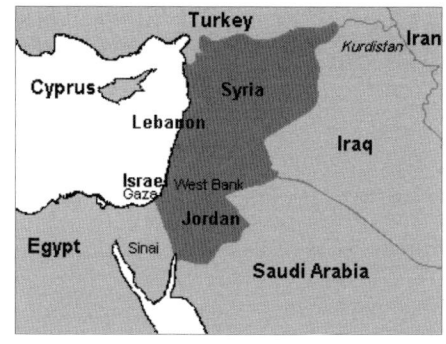

그림 2 레반트
※ 출처: "레반트", 〈나무위키〉.

다. 주로 프랑스가 독일·오스트리아를 상대한 서부전선에서는 조금씩 승기를 잡아나갔다. 그러나 영국이 오스만과 맞붙은 레반트 전선에서는 어려움이 컸다. 해군을 주력으로 하는 영국은 사막과 광야의 지형에 익숙하지 않았기에 좀처럼 전황이 나아지지 않았다.

그런데 1915년, 상황을 반전시킬 계기가 생겼다.[65] 무함마드의 씨족 하심 가문(Banu Hashim)의 일원으로 무함마드의 정통 후손임을 주장하며 일어난 메카(아라비아반도 서부 헤자즈 지역)의 대족장(태수) 후세인 빈 알리(Hussein bin Ali; 1853/1854~1931; Ali of Hejaz)가 영국의 고등판무관 맥마흔(Henry McMahon)에게 당시 레반트 지역(지금의 시리아·요르단·레바논 전역과 이라크 일부 지역을 가리킴)을 지배하고 있던 오스만제국을 몰아내고 대신 통일 아랍 국가를 건설할 것에 대해 1915년 1월부터 1916년 3월까지 편지를 보내 협상했던 것이다.

이것을 '후세인-맥마흔 서한(McMahon-Hussein Correspondence)'이라고 한다. 제1차 세계대전 당시 영국은 오스만제국과의 전쟁에서 큰 성과를 내지 못하자 후세인에게 접근했다. 만약 후세인이 오스만제국에

---

[65] 인남식, 「중동 분쟁의 뿌리, 사이크스-피코 비밀협정」, 『시사 IN』 596(2019).

대항해 반란을 일으킨다면 전후 그 대가로 통일 아랍 국가를 만들어 주겠다고 약속했다. 서한을 통해 영국으로부터 독립국가 건설을 약속받은 후세인은 지금의 사우디아라비아(훗날 1927년 건국) 지역에서 군대를 조직하고, 영국군과 연합하여 레반트 지역에 주둔하던 오스만군을 격퇴했다. 이후 영국군은 오스만제국과의 완충지대를 만든다는 명목하에 레반트 지역을 장악했다. 전후 약속된 아랍 국가 건설은 지켜지지 않았고, 영국과 프랑스는 각각 팔레스타인과 요르단 등 레반트 지역을 차지했다. 이에 대해서도 아래와 같이 상술할 필요가 있다.

20세기 초는 지중해권 세력의 판도가 바뀌는 혼돈기였다. 오스만제국의 쇠퇴와 궤를 같이한다. 1908년 오스만제국의 열혈 정객 파샤(Enver Paşa)가 청년 튀르크 혁명을 일으켜, 1914년 정권을 잡았다. 술탄의 이슬람 정통성보다는 튀르크의 민족주의를 앞세웠다. 종교보다는 민족에 기대어 차제에 튀르크의 발원지인 중앙아시아까지 치고 나가겠다는 야망을 내비쳤다. 노쇠한 제국을 안타까워하고 있던 청년들에게 범튀르크 민족주의는 복음이었다. 반면 오스만제국 휘하에서 살아왔던 다양한 민족에게는 배타적 튀르크 민족주의가 큰 위협이었다. 아랍 주요 부족들도 예외는 아니었다. 배타적이고 공격적인 튀르크 민족주의를 우려했다. 특히 하심 가문 등 명문 아랍 부족의 불안감이 심해졌다. 급기야 이슬람에서 가장 중요한 성지인 메카의 태수 후세인을 제거할 것이라는 소문이 돌기도 했다. 일종의 반작용으로 아랍은 아랍대로 자신들도 민족국가 결집을 꿈꾸기 시작했다. 이때 하심 가문이 제일 먼저 나서 영국에 자신들이 반란을 일으켜 영국 편을 들겠다는 제안을 한 것이었다. 후세인은 하심 가문이 주축이 되어 중동 땅에서 오스만튀르크에 대항할 의지를 밝혔다.

후세인은 대신 오스만제국이 무너지면 그 공을 인정받기를 원했다.

아랍 통일 왕국을 세워 자신에게 달라는 것이었다. 맥마흔의 보고를 받은 영국 정부는 아랍의 반란 계획을 받아들였다. 사실 후세인의 편지는 영국 처지에서는 매우 반길 만한 제안이었다.

모두 10차례에 걸쳐 서신이 오가며 후세인과 맥마흔은 미래 아랍 왕국의 영토를 논의했다. 레반트 지방과 아라비아반도 전역을 달라는 후세인의 요구는 추후 논의하여 확정하기로 미뤄둔 채 아랍의 반란이 시작되었다. 카이로에서 군사고문관으로 유명한 '아라비아의 로렌스(Lawrence of Arabia)'가 파견되어 아랍 청년들과 함께 튀르키예군을 상대하게 된다. 이때만 해도 아랍은 늙은 오스만제국을 해체하고 자신들이 중동을 대표하는 신흥 정치세력이 되리라 믿어 의심치 않았다. 자기 나라를 세운다는 정치적 꿈이 있어서였는지 아랍은 사막과 광야에서 용맹하게 잘 싸웠고, 영국이 승기를 잡으며 전반적인 전황을 바꾸는 계기가 되었다.

그러나 영국은 아랍을 배신했다. 후세인과 맥마흔 사이에 오간 서신에 담긴 약속과는 배치되는 일을 벌였다. 영국과 프랑스 간의 비밀 약속, 바로 사이크스·피코협정(Sykes-Picot Agreement)이다. 레반트와 아라비아반도 일부지역을 영국과 프랑스가 분할 관리, 통치하자는 협상이었다. 1915년 11월부터 이듬해 3월까지 이어진 비밀협상 끝에 1916년 5월 16일 양국은 정식으로 협정에 서명했다. 협상 기간을 보면 후세인-맥마흔 서신 교환 기간과 거의 일치한다. 영국의 이중 플레이였다.[66]

또 다른 중요한 사건이 있었다. 바로 전술한 1917년 1월 밸푸어선언이다. 밸푸어는 막대한 제1차 세계대전 전비를 제공해준 유대인 로스차일드 가문에 편지를 보냈다. 편지에는 시온주의자들의 오랜 염원을 이

---

[66] 인남식, 「중동 분쟁의 뿌리, 사이크스-피코 비밀협정」, 『시사 IN』 596(2019).

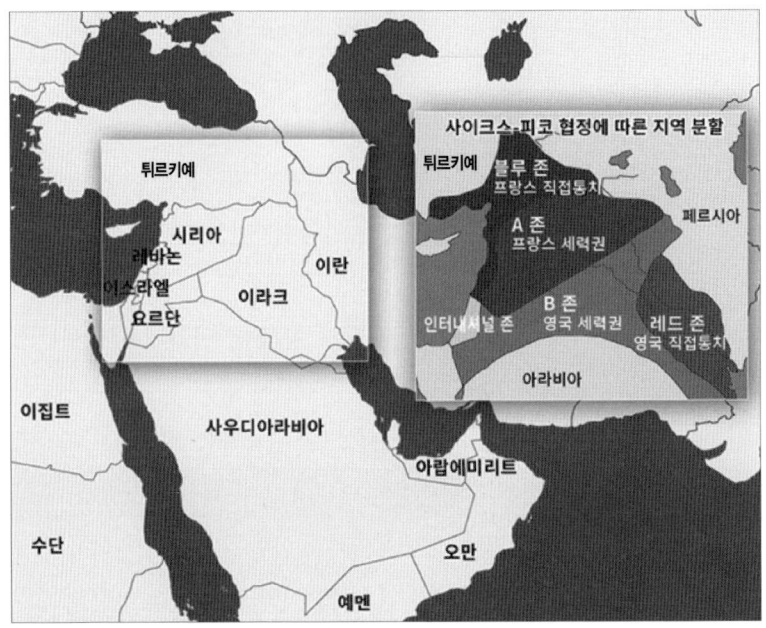

그림 3 **사이크스·피코협정에 따른 지역 분할**
※ 출처: 인남식, 「중동 분쟁의 뿌리, 사이크스-피코 비밀협정」, 『시사 IN』 596(2019).

루어주겠노라는 약속이 담겨 있었다. 팔레스타인 땅을 유대인들의 고향으로 인정하는 선언이었다. 역시 후세인이 간절히 원하던 성지였다. 후세인으로서는 메카와 메디나 그리고 예루살렘 등 3대 이슬람 성지를 관할하는 상징성이 중요했다. 성지의 관리자로서 아랍과 이슬람권을 아우르는 지도자가 되고 싶었으나 좌절된 것이다. 이 선언을 기점으로 영국은 이스라엘 독립의 후원자 노릇을 하게 된다. 이스라엘-팔레스타인 분쟁의 문을 여는 순간이었다.[67]

후세인과 하심 가문은 분노했다. 그러나 이미 대세는 기울어 있었다.

---

67 인남식, 「중동 분쟁의 뿌리, 사이크스-피코 비밀협정」, 『시사 IN』 596(2019).

그림 4 비밀협정의 주인공인 영국 마크 사이크스(왼쪽)와 프랑스 조르주 피코(오른쪽)

아랍으로서는 영국과 프랑스에 저항할 여력이 없었다. 제1차 세계대전이 끝나자 1920년 산레모회의 및 세브르조약에 의해 사이크스·피코의 분할안은 결국 실현되었다. 후세인이 통일 아랍 왕국의 영토로 삼고자 했던 레반트와 아라비아반도는 쪼개졌다. 실질적으로 영국과 프랑스의 영향하에 복속되었다. 성지 예루살렘은 이주 유대인과 팔레스타인 선주민 사이의 분쟁에 휩싸였다. 오스만제국 해체 후 중동은 한마디로 아수라장이 되어가고 있었다. 엎친 데 덮친 격으로 후세인의 하심 가문은 더 수모를 당했다. 아라비아반도 중부 네지드(Nejd) 출신의 사우드 가문에 패퇴하여 메카까지 빼앗겼던 것이다.[68]

산레모회의에서 팔레스타인과 이라크는 영국이 위임통치를 하고, 시리아와 레바논은 프랑스가 맡기로 했다. 이후 본격적으로 제국 해체 작

---

[68] 인남식, 「중동 분쟁의 뿌리, 사이크스-피코 비밀협정」, 『시사 IN』 596(2019).

업이 시작되어 중동과 북아프리카 전역은 통일 아랍 왕국 대신 오늘날 22개 아랍 국가로 재편된다.

단일 왕국 대신 잘게 쪼갠 국가를 만들어놓은 유럽 열강의 논리는 구차했다. 유럽이 30년 전쟁으로 로마 교황의 단일 통치체제 시대를 해체한 것을 예로 들었다. 1648년 베스트팔렌조약으로 근대 국민국가(nation state)체제를 만든 유럽의 발전 경로를 내세웠다. 주권을 가진 국가들이 등장하여 서로 간섭하지 않고 경쟁과 협력을 통해 유럽 전역이 발전했음을 주장한 것이다. 그러나 중동 아랍의 맥락과는 전혀 맞지 않는 논리였다. 유럽은 봉건 제후와 영주들, 그리고 민족 분포에 따라 오랜 투쟁 끝에 국민국가 구도가 형성되었다. 반면 중동의 국가들은 대부분 현지의 문화·종교·역사적 맥락과는 상관없이 갑작스러운 경계 설정에 의해 급조된 사례다. 타자에 의해 강제로 생겨난 국가가 자연스럽게 생겨난 국가와 다를 수밖에 없다는 사실을 무시한 것이다. 결국 속내는 제국의 지위를 유지, 획득하기 위한 영국과 프랑스의 욕심이었다. 사실 영국은 후세인을 애초에는 배신할 의도가 없었다. 다만 서부전선에서 독일과 싸우는 프랑스의 불만을 달래야 했다. 프랑스는 영국이 중동을 혼자 장악하려는 것 아니냐는 의혹과 불만을 피력했다. 이 때문에 영국은 프랑스를 고려한 중동 재편을 추진했고, 이 과정에서 아랍과 틀어진 측면이 있다. 해군장관 출신으로 석유 확보에 몰입한 처칠(Winston Churchill)의 존재도 변수였다. 아랍 왕국 대신 영국·프랑스 분할구도가 확정되면서 영국은 석유 집산지인 이라크 중부의 모술과 키르쿠크 및 남부 바스라 지역을 획득하는 데 진력했다. 쿠웨이트를 포함해 아라비아반도 동부 걸프 해안지역도 영국의 영역으로 못 박았다. 해양대국의 명성을 되찾고 해가 지지 않는 대영제국을 복원하려면 석유가 필수였기 때문이다. 석유가 있어야 산업을 활성화하고 해군력을 키울 수

있는 시대였다.[69]

결국 오스만제국이 무너진 중동은 서양 제국주의의 먹잇감이 되었던 것이다. 프랑스는 지금의 시리아와 레바논을 반드시 차지하려 했다. 유라시아 대륙 진출의 교두보 확보 때문이었다. 오랫동안 프랑스의 영향력 아래에 있었던 지중해 연안 도시 베이루트에서 알레포를 거쳐 유라시아 심장부를 향하고자 했다. 즉, 아나톨리아 남부를 통해 이란 북부 및 중앙아시아로 나아가려는 지정학적 확장의 꿈이 담긴 첫 출발점이 시리아와 레바논이었다.

전통적 해양 강국인 영국이 이미 해양 루트를 통해 인도와 중국 및 동북아시아까지 진출하며 유라시아 끝까지 영향력을 확장했다. 전통적 육군 강국인 프랑스는 유라시아 식민지 경쟁에서 영국에 뒤졌기에 자존심이 상해 있었다. 오스만의 패망을 계기로 내륙을 통해 유라시아 심장부 진출 의지를 품었던 것으로 보인다. 유럽 열강 입장에서 오스만이 무너진 중동은 제국주의 확장의 발판이자 도약대로 여겨졌던 것이다.

맥마흔에게 약속받은 후세인의 단일 왕국 꿈이 무너지고, 그 자리에 사이크스·피코협정에 의해 여러 나라가 생겨났다. 그러나 영국과 프랑스가 약속하고 기대했던 국민국가 건설은 쉽지 않았다. 중동 지역의 국경만 봐도 대략 그 배경을 짐작할 수 있다. 중동 지역 국가들의 국경을 살펴보면 전체 연장선의 52%가 기하학적 국경 획정(geometric border demarcation)의 산물이다. 적지 않은 부분이 직선 국경이다. 누군가 인위적으로 그은 것이다. 역사적 풍상(風霜)을 거치지 않고 갑자기 급조된 나라에서는 분쟁이 일어나기 쉽다. 멀리 갈 것 없이 해방 직후 한반도가 북위 38도선으로 분단되면서 동북아시아의 긴장이 지금껏 이어지고

---

[69] 인남식, 「중동 분쟁의 뿌리, 사이크스-피코 비밀협정」, 『시사 IN』 596(2019).

있다. 하물며 22개 아랍국과 튀르키예·이스라엘·이란 등 비아랍 3개국으로 나뉜 중동의 혼돈과 분쟁은 일찍이 예견할 수 있었다. 직선 국경은 많은 것을 이야기해준다.[70]

영국과 프랑스가 유럽의 경험을 이식한다는 명분으로 추구했던 중동 국민국가 건설, 사이크스·피코의 구상은 결국 갈등과 분쟁으로 귀결되었다. 중동 지역 국가의 번영과 발전보다는 자신들의 이익에 충실하다 보니 시작이 잘못되었던 것이다. 이렇듯 외부 세력이 자신들의 배타적 이익을 추구하면서 뿌려놓은 분쟁의 씨앗으로 인해 100년 넘도록 중동은 '세계의 화약고'라는 오명을 벗지 못하고 있다. 남이 세워준 나라를 온존시키기란 어려운 일이다. 사이크스·피코로 대표되는 식민지 유산은 여전히 살아남아 지금의 갈등과 균열의 원인자로 남아 있다.[71]

사이크스·피코협정의 결과, 결국 1920년 4월 25일 국제연맹은 팔레스타인, 요르단 지역을 위임통치령으로 설정했다. 1921년 영국군은 하심 가문과 협상하여 요르단 지역은 하심 가문의 압둘라 1세(Abdullah I bin al-Hussein; 1882~1951; 후세인의 차남)를 군주로 하는 트란스요르단 토후국이 성립되었다. 또한 후세인의 삼남인 파이살 1세는 시리아와 이라크의 형식적인 국왕이 되었지만 후세인은 생전에 두 나라의 독립을 보지 못했다. 트란스요르단은 영국으로부터 자치권을 부여받았지만,

---

[70] 국가가 급조됨으로써 인위적으로 획정된 국경 안에 이질적인 민족·종파·종족들이 섞여 들어갔다. 이라크, 시리아, 레바논, 이스라엘, 팔레스타인 등 레반트 지역 국가 대부분이 그렇다. 국가로서 정체성 경험이 전혀 없던 이들에게 갑자기 주어진 국가, 국민, 국경, 수도 따위의 개념은 당혹스러울 수밖에 없었다. 이렇게 태동한 인위적으로 만들어진 국가들은 숱한 갈등을 양산했다. 이스라엘·팔레스타인 갈등은 물론, 1970년대 레바논 내전, 1990년 걸프전, 2003년 이라크전쟁, 그리고 2011년 아랍의 봄 이후 시리아 및 예멘 내전의 비극 등이 국가 내 정체성 싸움에서 비롯되었다. 인남식은 '중동의 갈등과 전쟁의 시원(始原)은 열강의 자의적 국경 획정'이라고 해도 과언이 아니라고 주장했다. 인남식, 「중동 분쟁의 뿌리, 사이크스-피코 비밀협정」, 『시사 IN』 596(2019).
[71] 인남식, 「중동 분쟁의 뿌리, 사이크스-피코 비밀협정」, 『시사 IN』 596(2019).

국방권과 외교권은 여전히 영국에 위임되어 있었다. 1922년 국제연맹은 팔레스타인 위임통치안을 승인해 영국의 직할 통치령으로 만들게 했다. 반면 요르단 지역은 하심 가문의 자치령이었다. 1928년 2월에 트란스요르단토후국은 토후국에서 왕국으로 지위가 격상되었다. 1946년 5월 25일 트란스요르단은 영국으로부터 독립해 요르단이 되었다. 또한 트란스요르단의 군주였던 압둘라 1세가 요르단(정식 명칭은 '요르단 하심 왕국')의 초대 국왕이 되었다. 이로써 팔레스타인 위임통치령의 범위는 공식적으로 팔레스타인 지역으로 축소되었다.

(3) 레바논

지중해 동부 연안에 위치한 레바논에 대해 살펴보면, 영국과 프랑스군이 1918년 오스만튀르크를 패배시킨 후 시리아에 편입된 레바논은 프랑스의 위임통치령이 되었다. 1926년 독립운동이 결실을 이루어 시리아에서 분리·독립되었으며, 위임통치하에서 자치권을 획득했다. 1943년 정계 및 종교 지도자 간 국민협약[National Pact; 불문(不文)협약]이 채택되어 독립 후의 정부 각 종파 간 권력 배분 합의가 타결되면서 1944년 1월 독립했다.[72] 그러나 1975년 이후 정치·종교 세력 간 유혈 분쟁으로 내전 상태가 지속되었다. 여기에다 시리아와 이스라엘 등 주변 국가가 내전에 개입하면서 상황은 더욱 나빠졌다. 1978년 3월 유엔은 레바논의 치안 회복과 안정을 위해 이탈리아·스페인 등 8개국으로 구성된 유엔레바논임시주둔군(UNIFIL; United Nations Interim Force in Lebanon)을 창설해 레바논 남부지역에 파병했다. 2006년 레바논

---

[72] "레바논의 역사", 〈두산백과〉(terms.naver.com/entry.nhn?docId=1177473&cid=40942&categoryId=33371, 검색일: 2018년 9월 13일).

남부지역에서 이스라엘과 헤즈볼라(Hezbollah; 레바논 이슬람 무장 세력) 사이에 충돌이 발생해 정세가 악화되자 유엔은 평화유지활동(PKO; Peace Keeping Operations) 규모를 당초 2,000명에서 1만 5,000명으로 대폭 확대하기로 결의하고 회원국들에 참여를 요청했다. 이에 한국은 2007년 7월 동명부대를 레바논 남부 티레(Tyre)에 파병했다. 중동지역에 파견된 한국군 최초의 유엔평화유지군이었던 동명부대[73]는 정전협정을 감시하고 적대행위를 억제했다. 보다 구체적으로 1개 보병대대 총 인원 6,032명이 무장 세력과 불법 무기 유입을 감시하고 인도적 지원을 함으로써 남부 레바논의 평화 정착과 질서 회복에 기여했던 것이다.[74] 그러나 2021년 2월 당시 레바논 정정(政情)은 아직도 불안해서 275명의 동명부대원이 주둔하고 있었다.[75] 위임통치를 거쳐 독립한 레바논은 자치능력 배양을 위해 고안된 위임통치로도 자립적 기반은 갖추지 못했다고 할 것이다. 따라서 위임통치는 피식민지 압박 민중의 독립을 위한 과도기적 조치가 아니라 식민지체제를 온존하기 위한 강자의 방안이라고 할 것이다. 시리아에서 분리된 레바논이기에 시리아와의 미묘한 영토분쟁도 여전히 상존하고 있다.

(4) 아랍에미리트 등 지역 소국

아랍에미리트 지역은 16세기 포르투갈이 지배했으나 17세기 영국이 포르투갈을 몰아내고 점차 보호령화했다. 그러나 번(藩)왕국들은 모두 국내 지배를 자유로이 할 수 있었다. 내치는 자주이고 외교는 영국

---

[73] 이홍주, 『한국군의 해외파병활동(1991~2016)』(국방부 군사편찬연구소, 2018), 167쪽.
[74] 「대한민국 해외파병 이야기: 세상을 잇는 작은 점 하나」(대한민국 국방부, 2018).
[75] 정진우, 「250명 소말리아 향했다, 같은 아픔 겪은 6·25 韓의 PKO(유엔 가입 30주년)」, 『중앙일보』, 2021년 9월 5일자.

이 관장하는 보호국[보호국(a protected state)은 1905~1910년 사이의 대한제국과 같이 주권은 있으나 외교권이 없는 국가이다. 이에 비해 보호령(a protectorate)은 주권은 없고 자치권만 있을 수 있으며 보호하는 국가(종주국)의 속령이다. '국'(예를 들면 공국)은 독립국이고 '령'(예를 들면 공작령)은 독립국이 아니다. 보호국은 반(半)주권국·'불완전독립국'이다]인 셈이다. 1971년 영국이 정권을 이양할 때 바레인(1820년 영국의 보호국)과 카타르(1916년 영국의 보호령)는 분리독립했고, 나머지 7개 번왕국은 연합을 결성해 아랍에미리트연합국(United Arab Emirates)으로 독립했다.

(5) 쿠르드족

한편 제1차 세계대전 당시 영국 편에서 싸웠던 쿠르드족은 아나톨리아 동부 산악지대와 메소포타미아 북쪽 지방, 이란 서북부 등의 광활한 자치권 확보를 기대했다. 그러나 영국은 전리품인 오스만튀르크제국의 영토를 어떻게 분할해야 자국의 이익에 가장 유리할지 고민했다.

신생국 이라크에 쿠르드 남부지역(술라이마니아, 모술, 키르쿠크)을 포함시켜야 한다는 주장이 힘을 얻기 시작했다. 쿠르드의 부족 문화를 볼 때 통합이 힘들고, 향후 내전으로 치달을 가능성이 높다는 이유였다. 속내는 따로 있었다. 산악 민족 쿠르드의 용맹성은 유목 민족 아랍과 비교할 수 없이 강했다. 자칫 영국 이익에 반하는 껄끄러운 국가가 들어설 가능성이 높다고 우려했다. 쿠르드 남부지역 모술과 키르쿠크에 매장된 석유 때문이었다는 분석도 있다. 제1차 세계대전 후 민족주의 확산의 기운과 더불어 쿠르드족도 자기 민족국가를 가질 뻔했고 당시 영국도 우호적이었다. 그러나 메소포타미아 북부 쿠르드 밀집지역 모술과 키르쿠크에서 석유가 쏟아져 나오자 상황이 급반전했다는 설명이다. 게다가 패전국 튀르키예가 쿠르드 독립을 강하게 반대한 것도 쿠르드

독립 실패의 배경이 되었다.[76]

결국 쿠르드는 튀르키예 공화국, 이란, 이라크, 시리아 왕국 네 나라로 흩어졌다. 튀르크, 페르시아, 아랍 치하의 소수민족으로 분열·전락했던 것이다. 이란령에 있는 쿠르드족을 제외하고는 각각 자주독립을 추구하고 있어 역내 불안정 요인으로 작동한다.

이렇듯 제1차 세계대전 당시 영국을 위해 싸우고도 종전 후 독립을 놓쳤던 쿠르드는 2019년 10월 다시 좌절해야 했다. 시리아 북부의 쿠르드족은 미국을 도와 시리아에서 발호한 이슬람국가(IS)를 격멸하는 데 성공했고 그 대가로 시리아에서 분리, 독립할 것을 기대했다. 그러나 미 대통령 트럼프가 이슬람국 격멸 후인 2019년 10월 시리아에서 미군을 철수했다. 이에 시리아 쿠르드족은 튀르키예의 침략을 받아 존립이 위태로운 처지가 되었다. 결국 기존에 적대적이었던 시리아 정부군과 제휴해 튀르키예에 맞섰으며 독립은 요원해졌다.[77]

(6) 이집트

오스만튀르크제국이 명목상의 종주권을 계속 주장하던 이집트도 논의할 필요가 있다. 이집트의 경우 1876년 영국이 보호령으로 만들었고 제1차 세계대전 중인 1914년 영국이 식민지로 전환하려다가 이집트인의 막강한 저항에 부딪혀 명목상으로는 독립은 유지되었으나 군권을 비롯한 여러 가지 권리가 영국에 있었다. 이집트는 1922년 왕국의 이름으로 독립했으나 수에즈 운하(1869년 개통, 1956년 이집트 정부에서 국유화함으로써 이집트 정부로 반환됨)는 제외되었다. 이집트 군대는 1937년

---

[76] 인남식, 「중동 분쟁의 뿌리, 사이크스-피코 비밀협정」, 『시사 IN』 596(2019).
[77] 인남식, 「쿠르드의 비극이 가르쳐 준 국제정치의 본질: 국익 앞에 비정한 강대국 … 피 흘려 싸운 친구도 버린다」, 『중앙일보』, 2019년 10월 23일자.

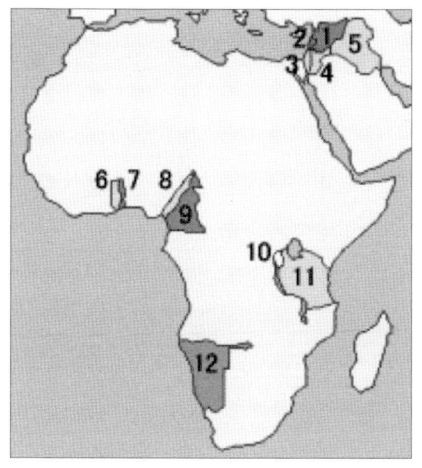

그림 5 아프리카·중동의 위임통치령

1. 시리아(프랑스령), 2. 레바논(프랑스령), 3. 팔레스타인(영국령), 4. 트란스요르단(영국령), 5. 메소포타미아(영국령), 6. 서토골란드(영국령), 7. 동토골란드(프랑스령), 8. 영국령 카메룬, 9. 프랑스령 카메룬, 10. 루안다-우룬디(벨기에령), 11. 탕가니카(영국령), 12. 남서아프리카(남아프리카연방령) 영국령(3, 4, 5, 6, 8, 11), 프랑스령(1, 2, 7, 9), 벨기에령(10), 남아프리카연방령(12)

※ 출처: "국제연맹", 〈위키피디아〉.

영국으로부터 독립했고, 공군도 이때 창설되었다. 제2차 세계대전 이후 유엔에 가입했다.

(7) 아프리카

한편 독일의 아프리카 식민지 ① 탕가니카(수임국은 영국), ② 루안다-우룬디(수임국은 벨기에. 이 책의 부록 1 "르완다-부룬디 사례" 참조), ③ 카메룬, ④ 토골란드(이상 영국과 프랑스에 분배되어 각각 위임통치), ⑤ 남서아프리카(수임국은 남아프리카연방)[78]가 위임통치령이 되었다.

---

[78] 이렇게 된 데는 파리강화회의에 참석했던 스뮈츠의 역할이 컸으며 그는 1919년 초대 남아프리카연방 수상 보타(Louis Botha)가 사망한 후 수상으로 당선되었다. "Jan Smuts", 〈Wikipedia〉(en.wikipedia.org/wiki/Jan_Smuts, 검색일: 2019년 2월 24일). 그런데 원래 스뮈츠는 남서아프리카를 제외한 독일의 아프리카 식민지 주민들이 야만인이며 유럽의 민족자결을 적용시키는 것이 실현불가능하다고 생각해 아프리카를 위임통치 제도의 적용범위에서 배제시키는 안을 가지고 있었다. 그는 러시아제국, 오스트리아-헝가리, 오스만제국에 속한 피압박지역에 위임통치를 실시해야 한다고 주장했다. 이에 비해 윌슨은 러시아를 제외하고 독일의 식민지인 아프리카, 태평양 지역을 위임통

(8) 태평양 섬 지역

　태평양의 독일령 제도(諸島)인 ① 서사모아[79](제1차 세계대전 개전 초기인 1914년 8월 30일 독일령 사모아를 점령한 뉴질랜드가 1920년 국제연맹에서 위임통치권을 부여받아 수임국이 됨), ② (동북)뉴기니(수임국은 오스트레일리아),[80] ③ 마셜–팔라우–캐롤라인[81]–마리아나제도[82] 등으로 구성된 서태평양제

　　치지역에 포함시키자고 주장해 관철시켰다. Jan Christian Smuts(1918), 앞의 책, p. 15. 1886년 이래 독일제국의 식민지인 독일령 남서아프리카가 제1차 세계대전 중인 1915년 대영제국의 일부였던 남아프리카연방(1910년 독립)의 공격을 받고 항복을 선언했으며 1920년 국제연맹에 의해 남아프리카연방을 수임국으로 하여 남서아프리카로 통치되었다. 그런데 제2차 세계대전 종전 이후에는 유엔이 주도하여 신탁통치령으로 전환하려 했으나 남아프리카연방이 반발해 무산되었고 그 나라의 다섯 번째 지역으로 통치되었으며 1990년 남아프리카공화국(1961년 영국 여왕의 통치에서 벗어나 공화국 선포)에서 완전 독립되었다. 1968년 이래로 나미비아로 불렸다.

79　19세기 후반 태평양 한가운데 있는 사모아제도를 차지하기 위해 독일·미국·영국이 각축을 벌였다. 결국 1899년 태풍으로 함대가 침몰하는 사건이 발생한 후 협정을 체결해 서경 171도를 기준으로 독일은 서쪽을 미국은 동쪽을 차지했다. 사바이이(Savaiʻi)섬과 우폴루(Upolu)섬으로 이루어진 서사모아는 면적이 2,842㎢로 제주도의 1.5배가량의 비교적 넓은 크기이다. 여러 섬으로 이루어진 동사모아제도는 총 199㎢로 서사모아에 비해 크기가 작다. 1900년부터 미국이 점령한 동사모아제도는 지금까지도 미국령 사모아로 남아 있다. 현재 서사모아는 독립해 '사모아'라는 국가명을 사용하고 있으며 미국령 사모아와 구별하기 위해 '서사모아'라고도 통칭되기도 한다. 또는 '사모아독립국'이라고 칭해지기도 한다. 미국의 속령(territory)인 미국령 사모아제도는 서사모아와 구별하기 위해 '동사모아'라고도 한다. 동·서사모아는 동일한 문화권에 속한다. 그런데 서사모아는 오세아니아, 아시아와의 교역이 늘어나면서 굳이 멀리 있는 미국과 날짜를 맞출 필요가 없다고 생각해 2011년 12월 날짜 변경선을 섬 동쪽으로 변경하면서 동사모아와 날짜를 다르게 했다.

80　역시 개전 초기인 1914년 9월 11일 오스트레일리아 해군 및 군사파견군(AN&MEF)이 독일령 (동북)뉴기니의 뉴포메른섬(훗날 뉴브리튼섬)에 상륙했고 결국 동북쪽 독일령 뉴기니섬(현재 파푸아뉴기니의 북쪽)을 비롯한 부속도서지역은 오스트레일리아가 수임국이 되는 위임통치령이 되었다. 파리강화회의에 참석했던 스뮈츠와 오스트레일리아 휴스(Billy Hughes)는 제1차 세계대전 후 일본의 부상(浮上)을 우려해 이 지역을 오스트레일리아에 넘겼다. "Jan Smuts", ⟨Wikipedia⟩.

81　제1차 세계대전 전 독일령으로, 대전 중에 일본이 점령했다.
82　일찍이 미국령이 된 괌섬은 제외.

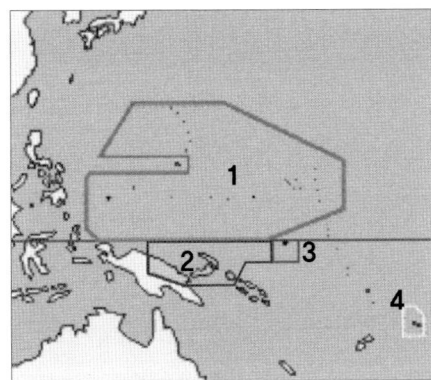

그림 6 태평양의 위임통치령

1. 남양군도(일본령), 2. 동북뉴기니 지역(오스트레일리아령), 3. 나우루(영국·뉴질랜드·오스트레일리아 공동 위임통치령으로 오스트레일리아가 행정관 대표), 4. 서사모아(뉴질랜드)

※ 출처: "국제연맹", 〈위키피디아〉.

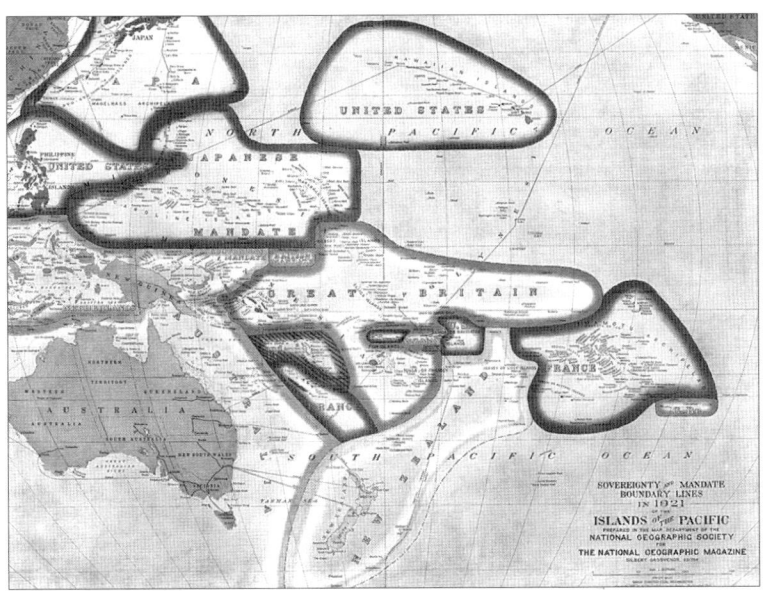

그림 7 1921년 태평양제도의 주권국과 위임통치령 경계

※ 출처: National Geographic Maps(www.natgeomaps.com/hm-1921-sovereignty-and-mandate-boundary-lines-of-the-islands-of-the-pacific, 검색일: 2024년 5월 26일).

도(일본이 수임국),[83] ④ 나우루[84] 등이 전승국인 영연방국가들(아프리카는 영국과 남아프리카연방, 태평양은 영국 외에 영국의 영향력이 남아 있던 오스트레일리아·뉴질랜드가 가담)과 프랑스·벨기에·일본 등에 나누어졌을 뿐이다.[85]

(9) 메멜

아시아·아프리카의 식민지 이외에 유럽 지역에도 잠시나마 위임통치가 실시된 지역으로 메멜(Memel)이 있는데, 이 사례에서도 위임통치가 강대국들의 세력확보책 이상이 아님을 확인할 수 있다.

메멜은 현재 리투아니아의 도시인 클라이페다(Klaipėda; 독일명 메멜)이고, 리투아니아 서쪽 발트해 연안에 위치한 항구도시로 쿠로니아반도의 일부이다. 도시 자체는 12세기 무렵에 발트족이 건설했고 항구는 1252년 게르만계 튜턴 기사단이 건설했다. 당시의 이름은 독일어명 '메멜부르크(Memelburg)'로 19세기 통일된 독일의 최동단에 위치한 도시였다. 메멜부르크가 있던 리투아니아 마이너 지역의 리투아니아인들은 발트 독일인 엘리트들의 지배를 받을 때, 가톨릭을 주로 믿는 다른 리투아니아인과 달리 루터교회를 믿었고 프로이센인으로 동화된 리투아니아인도 많았다. 메멜은 1919년까지 독일령이었으나 독일이 제1차 세

---

[83] 서태평양의 오가사와라제도 남쪽에서 적도 이북에 산재한 2,000여 개의 섬 미크로네시아의 대부분으로서 일본은 '남양위임통치령', 남양군도라고 불렀다. 조성윤, 『남양군도: 일본제국의 태평양섬 지배와 좌절』(동문통책방, 2015). 오가사와라제도는 당연히 남양군도에서 제외된다.

[84] 1888년부터 독일보호령 마셜제도의 일부였던 나우루는 1914년 오스트레일리아가 점령한 후 1920년 영국·뉴질랜드·오스트레일리아의 공동 위임통치령으로 오스트레일리아가 행정관 대표(chief administrator)가 되었다.

[85] Quincy Wright, *Mandates Under the League of Nations* (Chicago: The University of Chicago Press, 1930).

계대전에서 패전의 결과로 맺어진 베르사유조약 이후 프랑스 총독이 관리하는 국제연맹령이 되었다. 위임통치령이 된 것이다. 그런데 국제연맹은 군대가 없었으므로 위임통치령들은 회원국들이 그들의 군대로 운영했다.

1923년 메멜 지역에 주둔하던 프랑스군이 루르 점령으로 빠져나가자 리투아니아 정부의 사주를 받은 봉기로 메멜은 리투아니아의 영토가 되었다. 당시 메멜란트(당시 독일이 메멜을 부르던 명칭) 지역은 독일계 41.9%, 메멜란트계(독일인으로 동화된 리투아니아인) 27.1%, 리투아니아인 26.6%이었다. 이렇게 독일계 주민의 비중이 높은 관계로 리투아니아는 1930년대에 독일인 봉기를 몇 차례 겪었다.

제2차 세계대전이 시작된 해인 1939년 나치 독일이 리투아니아에 최후통첩을 보내며 메멜 반환을 요구했다. 폴란드도 독일과 소련에 의해 분할되어 소멸한 상황에서 아직 독립국이었던 리투아니아는 메멜을 독일에 반환할 수밖에 없었다. 결국 메멜은 다시 독일령이 되었다. 제2차 세계대전 말기에 독일이 소련에 밀리자 동부 독일인들은 동프로이센을 탈출했으며 소련과 보다 더 가까웠던 메멜도 텅 비어버렸고 소련군이 진입해 장악했다. 그런데 메멜은 칼리닌그라드[86]와는 다르게 다시

---

[86] 제2차 세계대전 직후 칼리닌그라드주가 '리투아니아 소비에트 사회주의 공화국(약칭 LSSR)'에 흡수될 뻔했다. 스탈린이 이 지역을 전략적 거점지역으로 간주하여 소련 영토로 흡수하는데, 러시아와 직접 접해 있지 않고 역사적으로도 독일인들이 정착하기 이전에는 발트족들이 주거했던 땅이었으므로 인근에 위치한 구성국이며 소연방의 일원인 LSSR에 흡수시키려 했던 것이다. 그러나 리투아니아의 공산당 지도자인 스니에치쿠스(Antanas Sniečkus)가 거절해서 소연방 내의 러시아 소비에트 사회주의 공화국의 월경지가 되었다. 칼리닌그라드주는 독일인을 추방하고 소련군의 다수를 이루는 러시아계가 이주하게 될 가능성이 높았고 실제로도 그렇게 되었는데, 스니에치쿠스가 리투아니아 안에 러시아계가 늘어나는 것을 꺼려서 거절했다고 한다. 만약 스니에치쿠스가 거절하지 않았다면 소련 해체 시 칼리닌그라드주가 리투아니아의 일부 지방으로 독립했을 것이다. 만약 그랬다면, 러시아인 인구가 리투아니아 인구의 4분의 1 이상을 차지했

리투아니아의 영토로 편입되어 '클라이페다'라는 이름으로 현재에 이른다. 리투아니아가 이미 1940년에 소연방의 한 공화국이 되어 독립을 상실한 채 소련에 복속되므로 메멜의 리투아니아 반환 의미는 결과적으로는 큰 의미가 없는 채 한동안 퇴색되었다. 그렇지만 만약 메멜이 칼리닌그라드와 같이 '러시아 소비에트연방 사회주의 공화국(RSFSR; The Russian Soviet Federative Socialist Republic)'의 월경지(越境地; 국경을 벗어난 영토)가 되었다면 1991년 리투아니아 독립 이후에도 칼리닌그라드와 같이 러시아연방의 월경지가 되었을 것이므로 메멜의 반환 의미가 전혀 없는 것은 아니다. 소련의 입장에서는 리투아니아가 이미 소련의 영토가 된 마당에 일종의 유화책으로 메멜을 소연방의 일원인 '리투아니아 소비에트 사회주의 공화국(LSSR)'에 주어서 소련의 야욕을 감추고 리투아니아인의 반소 감정을 약화시키려 했을 수도 있다.

이른바 '리투아니아 마이너'라고 불린 이 메멜란트 지역의 리투아니아인은 500년간 프로이센의 지배를 받으며 루터교회로 개종한 상황이었기에, 가톨릭이 사실상 국교나 다름없었던 리투아니아에서 이방인이나 다름없었다. 리투아니아 또한 메멜을 반체제 인사들의 유형지쯤으로 간주했다.

현재 메멜을 지배하고 있는 리투아니아의 역사를 살펴보는 것도 참고할 만하다. 리투아니아는 전술한 바와 같이 제1차 세계대전의 결과로 독일 점령지로부터 1918년 독립했다. 이어 1940년 6월 제2차 세계대전 중 소련에 점령되었으며 그해 8월 소련에 의해 소연방 내의 한 공화

을 것이었으므로 러시아인의 비중이 높은 에스토니아, 라트비아처럼 갈등이 커졌을 가능성이 높다. 사실 에스토니아와 라트비아의 예를 들지 않더라도 구소련의 옛 구성국들이 현재까지도 자국 내 러시아계 주민들과의 마찰 때문에 내전 등 각종 갈등을 겪고 있는 것을 보면, 스니에치쿠스가 칼리닌그라드주 흡수를 거부한 것은 합리적인 판단이었다고 평가될 수도 있다.

국인 LSSR로 병합되었다.

1918년 독립으로 리투아니아는 폴란드-리투아니아의 분할 이후 123년 만에 독립을 쟁취했다. 중세 시대에 각각 독립적으로 존속했던 '리투아니아 대공국(1236~1569)'과 '폴란드 왕국(1025~1569)'은 1569년 7월 1일 루블린조약에 따라 합병하여 폴란드-리투아니아연방 공화국이 되었다. 그러나 이 연방국은 1795년 러시아, 프로이센, 오스트리아에 의해 분할(3차 분할)되어 소멸했다. 리투아니아는 프로이센의 영토가 된 남부 일부(네만강 서부)를 제외하고 대부분 러시아 영토가 되었다. 수 세기 전인 13세기 튜턴 기사단에게 정복당해 독일화가 완료된 동프로이센의 메멜 지역은 러시아의 합병에서 제외되었고 동프로이센(이후 독일령)으로 남았다.

1795년부터 123년 동안 지속된 러시아제국 치하에서 리투아니아인들은 민족의식이 강하고 교육열이 유달리 높았다. 1904년 기준 문해율이 70%에 달했으며 러시아 정부의 탄압을 피해 몰래 동프로이센에서 인쇄된 책을 밀반입하여 가정에서 자체적으로 리투아니아어를 교육시켰다 한다.

결국 리투아니아는 20세기 초에 벌어진 제1차 세계대전을 계기로 독립을 쟁취했다. 러시아제국이 1917년 러시아혁명으로 붕괴하면서, 독일에 무조건 양보한 뒤 전쟁을 중단해버렸다(브레스트·리토프스크조약). 독일은 리투아니아에 '리투아니아왕국'이라는 괴뢰국을 설립하고 독일 귀족인 우라흐(Wilhelm von Urach)를 민다우가스 2세(Mindaugas Ⅱ)로 추대했으나, 결국 독일제국조차 얼마 안 가 제1차 세계대전의 패전국이 되었고, 리투아니아인들은 민족자결주의에 의거해 독립 국가를 건설할 수 있었다. 1918년 독일의 항복 이후 괴뢰국 리투아니아왕국은 의회의 결정에 따라 군주제를 폐지하고 공화제를 도입했다. 이를 계기로 독립한 리투아니아는 공화정으로 새 출발할 수 있었다.

소비에트 러시아(Soviet Russia; 1917년부터 소련이 성립한 1922년까지의 국가)는 '붉은 군대'를 통해 구 러시아제국의 영토를 모두 회복하려 했지만 폴란드와의 전쟁으로 리투아니아를 힘으로 정복하기에는 국력이 부족했다. 1918년 적백내전(赤白內戰)이 한창이던 소비에트 러시아가 LSSR을 세웠다. 이렇게 소비에트 러시아가 리투아니아를 포함한 발트 3국을 침공하게 되자 리투아니아 독립전쟁이 발발했다. 리투아니아는 1918년 11월부터 1919년 8월까지 러시아 적군과, 1919년 7월부터 그해 12월까지는 러시아 백군과, 그리고 마지막으로 1920년 8월부터 그해 11월까지는 폴란드군을 차례로 막아내며 독립을 지켜냈다. 그렇지만 자국의 전통적 수도 빌뉴스를 폴란드의 괴뢰국 '중앙리투아니아공화국'에 잃고, 프랑스의 지원을 받던 폴란드가 모든 외교적인 타협안을 무시한 채 수도 빌뉴스를 합병하고도 국제연맹의 그 어떤 제재도 받지 않는 모습을 지켜봐야 했다. 그리하여 리투아니아 정부는 수도를 카우나스로 옮겨야만 했으며 1920~1939년 사이 리투아니아의 수도는 카우나스가 되었던 것이다. 양차 대전 사이의 간전기(間戰期) 중 빌뉴스는 폴란드의 영토에 속하게 되었지만 리투아니아는 이를 인정하지 않고, 빌뉴스를 법적 수도, 카우나스를 임시수도라고 규정했다.

리투아니아가 자신들의 땅이라고 주장하는 폴란드는 유서 깊은 양국 간의 동맹을 깨고 쳐들어와 독립된 지 얼마 안 되어 군사력이 약했던 양국이 싸우면서 상황이 더 악화되었다. 오히려 적대국 소비에트 러시아가 둘을 중재하면서 더 이상 같이 싸운다면 둘 다 침략하겠다고 협박하자 폴란드에서 순순히 물러서기는 했으나 이때 스탈린이 오히려 교묘히 두 나라의 이간질을 배후조종했다는 해석도 있다.

폴란드와의 전쟁 도중 1920년 4월에 세워진 리투아니아 제헌의회는 같은 해 6월 제3차 임시헌법을 제정하고(리투아니아왕국 시절과 독립 직후에도 헌법을 제정함), 1920년 소비에트 러시아와의 평화조약으로 러시아로부터 독립을 인정받았으며 1922년 10월, 리투아니아의 첫 의회가 세워졌지만 그 어떤 정당도 다수를 점하지 못했고 결국 1년을 버티지 못하고 해산되었다. 정치적 위기 와중에도 1923년 리투아니아는 베르사유조약의 결과로 국제연맹의 위임통치령이었던 메멜의 프랑스군이 루르 점령으로 철수하자 봉기를 지원해 합병해버렸다. 제1의회가 해산되고 메멜란트 합병도 끝난 이후 1923년 기독민주당이 다수를 점한 제2의회가 출범했다. 리투아니아 제2의회는 리투아니아 제1공화국 역사상 유일하게 임기 전체를 채웠으며 토지개혁, 사회보장제도 도입, 경제 재건 및 외채 상환 시작 등으로 호평을 받았다.

1926년 세 번째 의회에서는 기민당이 실각하고 농민당과 사회민주당의 연합으로 좌파 연립 정부가 출범했다. 이 정부가 소련과 불가침조약을 맺으면서 리투아니아를 공산화하려 한다는 비판이 반공 반소 기류 속에 퍼졌다. 결국 제3의회하의 연립정부는 군부 쿠데타로 실각했다. 이어 기민당과 국가주의당의 제4의회가 출범했다. 그러나 군부는 이마저도 해산하고 군부를 주축으로 한 제5의회와 스메토나(Antanas Smetona)의 군부독재 정권을 1926년 출범시켰다.

나치당이 집권한 독일은 리투아니아에 메멜란트 반환을 요구하며 리투아니아에 무역 제재를 가했다. 이에 리투아니아 경제는 심각한 타격을 입었다. 1936년 반정부 기조가 강화됨에 따라 1926년 독재정권 수립 이후 최초로 선거를 실시했다. 1926년 이후 국가주의당을 제외한 모든 정당이 해산된 상태에서 1936년 수립된 의회였으므로 그 집행력은 미미한 수준이었다.

1938년 '최후통첩' 협박 때까지 폴란드와 리투아니아 사이에는 국교가 없었고, 교통, 통신, 우편까지도 완전히 차단되었다. 1938년 봄 리투아니아는 폴란드의 최후통첩을 받아들여 국교를 재개했다. 그러나 국교 정상화에도 불구하고 그해 5월의 리투아니아 새 헌법에서도 여전히 빌뉴스를 정식 수도로 규정하고 있었다.

리투아니아 군부는 나치 독일은 물론 소련과도 원만한 관계를 유지하려고 애썼다. 그러나 히틀러와 스탈린 모두 리투아니아를 언젠가는 병합할 나라로 보았고, 결국 1939년, 나치 독일은 항구지역 메멜란트의 반환에 관한 최후통첩을 보냈으며 결국 리투아니아는 메멜란트를 반환할 수밖에 없었다.

1939년 8월 23일 맺어진 몰로토프-리벤트로프조약(Molotov-Ribentrop Pact; 독·소불가침조약. 10년 기한이었지만 1941년 6월 22일 독일의 소련 기습 공격으로 일방적으로 파기되었다)에 이어서 1939년 9월 소련과 독일은 폴란드를 침공해 양분했다(제2차 세계대전 시작). 독·소불가침조약에 의하면 발트 3국 중 에스토니아와 라트비아는 소련이, 리투아니아는 독일이 차지하는 것으로 밀약되었다. 그러나 폴란드 침공 당시 독일군이 조약상 소련령으로 합의되어 있던 바르샤바주 동부와 루블린주까지 차지하자 그 대신 리투아니아를 소련에 넘겨주었다.

독·소불가침조약 직후 소련은 리투아니아에 압력을 가해 '리투아니아·소련상호원조조약'을 체결하게 했으며 소련의 폴란드 침공 직후 리투아니아는 소련의 힘을 빌려 원조 조약의 내용대로 빌뉴스를 포함한 6,800㎢를 수복할 수 있었다. 그렇지만 그 대가로 2만 명에 달하는 소련군이 5개의 소련군 기지에 배치되는 것을 받아들여야 했다.[87] 이에 그

---

87 "German occupation of Lithuania during World War II," *Wikipedia*(en.wikipedia.org/wiki/German_occupation_of_Lithuania_during_World_War_II, 검색일: 2020년 9월 5일); "The Holocaust in Lithuania", 〈Wikipedia〉(en.wikipedia.org/wiki/The_

치지 않고 1940년 소련이 리투아니아에 리투아니아공화국 정부를 해산하고 LSSR의 수립을 받아들이고 소련군의 점령을 허가하라는 최후통첩을 보냈으며, 결국 리투아니아 제1공화국은 멸망했다.

1918년 리투아니아인들이 독립전쟁까지 벌여가며 몰아낸 소비에트 러시아의 LSSR이 1940년에는 '자발적인' 합병 형식으로 부활된 것이다. 형식은 자발적이었지만 내용은 강압적이었다.

리투아니아의 소련 병합 이후 수천 명의 리투아니아인 지식인은 시베리아로 유형당하거나 처형당했으며 강제적인 집단화가 진행되었다. 이런 강압적인 소련의 지배에 불만을 가진 많은 리투아니아인은 1941년 6월 진행된 나치 독일의 점령을 환영했고 나치 점령 초기에는 많은 이가 나치에 부역했다. 그러나 리투아니아를 점령한 독일은 전쟁 이전에 리투아니아에 살던 유대인 및 폴란드에서 피난 온 유대인까지 대략 20만 8000명~21만 명 중 약 19만 5000명을 학살했다. 이러한 홀로코스트로 당시 리투아니아에 있던 유대인 중 92% 이상이 사망했다. 결국 제2차 세계대전 말기인 1944년 여름 소련이 발트 공격에서 승리하기 시작하고 독일이 밀려나면서 리투아니아는 다시 소련의 지배하에 들어갔다. 독일 점령 말기쯤 리투아니아인들은 나치들이 소련과 별반 다를 것 없다는 것을 깨닫게 되지만 소련에 대한 반감 때문인지 발트 3국 지역에서는 전체적으로 나치에 대한 수정주의적 시각을 가진 이들이 있다.

1918년 독립한 리투아니아는 불과 22년 만에 소련의 침공으로 단명했으나 50년이 지난 후인 1991년 9월 6일 독립을 되찾았다. 1918년부터 1940년까지는 리투아니아 역사에서 제1공화국 시기로 여긴

Holocaust_in_Lithuania, 검색일: 2020년 9월 5일).

다. 리투아니아는 발트 3국의 일원인 라트비아, 에스토니아와 같이 1940~1991년에 걸친 소비에트 정권을 소련의 괴뢰 정권으로 보고 점령당하기 이전의 정부를 계승하는 입장이다.

6) 위임통치안의 현실주의적 이면 분석

(1) 국제연맹규약에 의거한 위임통치의 등급

국제연맹규약 제22조 3항에 나오는 위임통치방식은 인민 발달의 정도, 영토의 지리적 상황, 경제적 요건 등에 따라, 즉 현지 주민의 자치(self-governance) 정도에 따라 다음 A·B·C의 3가지 등급으로 분류되었다. 수임국의 지위는 전쟁 중에 해당지역을 점령한 국가가 부여받았다.

A등급은 국제연맹 발족 당시 이미 독립국으로서 가승인을 받을 수 있을 정도로 발달된 나라에 대한 통치방식(국제연맹규약 22조 4항)으로서 구 오스만튀르크제국령의 아랍 지역을 분할 통치하면서 적용되었다. 수임국은 자립에 이르기까지 조언과 협조를 하는 형태이며 이미 독립이 가승인된 상태였으므로 제2차 세계대전 전후(前後)로 (유엔 발족 당시에는 이미) 독립되었다.

B등급은 구 독일 식민지였던 중앙아프리카의 카메룬·토골란드·탕가니카 등에 적용된 방식으로 수임국이 시정에 책임을 지는 방식(22조 5항)이다. 제2차 세계대전 후 신탁통치로 계승되었다.

C등급은 수임국이 위탁통치령을 자국 영토의 일부분으로 통치하면서 전권을 행사하는 방식으로서 구 독일 식민지였던 남서아프리카와 서태평양의 (동북)뉴기니·나우루 등에 적용되는 방식(22조 6항)이다. 제2차 세계대전 후 신탁통치로 계승되었다.

A등급은 수임국이 행정적 조언과 지원을 하면 피수임국이 독립국가

표 1 국제연맹 위임통치 유형과 대상지역

유형	수임국	위임통치령
A형	영국	팔레스타인, 트란스요르단, 메소포타미아
	프랑스	시리아(영역 내 레바논 포함)
B형	영국	탕가니카, 카메룬, (서)토골란드
	프랑스	카메룬, (동)토골란드
	벨기에	루안다 · 우룬디
C형	영연방	서사모아(뉴질랜드가 수임국), 동북뉴기니 지역(오스트레일리아가 수임국), 나우루(영국 · 뉴질랜드 · 오스트레일리아 공동 위임통치령으로 오스트레일리아가 행정관 대표), 남서아프리카(남아프리카연방이 수임국)
	일본	서태평양제도(남양군도)

로 잠정적으로 인정될 수 있는 발전의 정도를 달성한 곳으로, 이 지역 주민들에게는 수임국과는 다른 국적이 주어졌다. B·C등급은 해당지역은 주민의 수준이 자치·독립에 아직 미치지 못한다는 이유로 수임국의 개입이 이뤄졌고 주민들에게 독자적인 국적이 부여되지 않았다. B등급은 종교 외 면에서는 지역 주민의 독자성을 가능한 한 존중하는 것이 요구되어 수임국과는 다른 법 제도에 의한 통치 방법을 취하는 지역이다. C등급은 상대적으로 작은 크기이며 인구가 적고 지역 문화가 수임국의 문화와 공통점이 많으므로 수임국의 구성 부분으로 취급되는 것이 허락되었다. B·C등급 지역 주민에 대해서는 국적은 주어지지 않았다. 이들 유형을 실제 시행된 위임통치령에 배정하여 도식화하면 위와 같다.

〈표 1〉과 같이 실제 위임통치령으로 분류된 나라들은 전승국 영국(영연방인 남아프리카연방, 뉴질랜드, 오스트레일리아 포함), 프랑스, 벨기에 등에 의하여 이미 점령되었고 구 독일령 서태평양제도(일본명 남양군도)는 역시 전승국 일본에 의해 이미 점령통치되면서,[88] 위임통치는 열강의

세력 재분할의 논리적 수단이 되었다. 제1차 세계대전 전승국들이 패전국들의 식민지를 분리시켜 빼앗고 자신들의 식민지로 재편성해 이익을 챙기는 데 그 숨은 의도를 은폐하고 포장하기 위한 그럴듯한 명분(식민지의 자치권 부여 단계로서의 위임통치를 민족자결주의로 포장)으로 내세웠을 뿐이다. "가장된 식민지배(仮装された植民地)"를 위임통치로 포장했을 뿐이었다.[88] 전승국들이 패전국의 식민지를 빼앗아 재편이 이미 이루어지고 난 상황에서 중근동 튀르키예령의 새로운 통치방식으로 제안[90]된 위임통치가 구 식민지와 튀르키예령에 모두 법적으로 적용되어 새로운 식민모국의 등장(식민지 재편)을 합리화하는 수단으로 기능했던 것이다. 실제로 패전국의 영토를 전승국이 박탈하는 것을 강력히 반대한 미국은 이미 독일 식민지를 점령하여 그 처분의 밀약을 행한 일본, 영국, 프랑스, 벨기에 및 영자치령과 타협해 중근동 튀르키예령에 대한 새로운 통치방식인 위임통치안을 독일 식민지(B·C형)와 튀르키예령(A형)에 공히 도입할 것에 대해 마지못해 방관했던 것이 구체적 현실이었다.

(2) 식민화의 대체재로서 위임통치령

그런데 일본은 1914년 해군이 점령한 미크로네시아(당시 명칭 남양군도)를 식민지로 만들고 싶어 했다. 그러나 국제연맹에서는 새로운 영토를 허용하는 분위기가 아니었다. 그 대신 위임통치라는 새로운 제도

88　위임통치 실시는 다음 문서에 기록되어 있다. League of Nations, *Ten Years of World Cooperation* (Secretariat of the League of Nations, 1930), pp. 333-339. 또한 '질서의 회복'이라는 명분으로 위임통치령의 독립운동을 반란(rebellion)이라 규정하여 탄압한 사례는 다음에 나와 있다. League of Nations(1930), 위의 책, pp. 347-350.
89　等松春夫, 『日本帝國と委任統治: 南洋群島をめぐる國際政治, 1914~1947』(名古屋: 名古屋大學出版會, 2011).
90　이한기(1983), 앞의 책, 216쪽.

에 적용시켰다. 1919년 국제연맹은 일본이 미크로네시아를 위임통치 하도록 결정했던 것이다. 그러자 일본은 미크로네시아에 대한 군정을 1920년에 마무리하고 1921년 남양청을 설치해 통치 권한을 계속 유지 했다. 이때부터 일본은 1944년 미군이 점령할 때까지 위임통치했던 것 이다.[91]

한편 국제연맹규약위원회에 일본의 전권대사로 파견된 마키노 노부야키(牧野伸顯)는 1919년 2월 국제연맹규약에 '인종적 차별 철폐(인종평등)' 조항을 넣자고 주장했다. 이로부터 100년이 지난 2019년 10월 4일 일본의 수상 아베 신조(安倍晋三)는 일본 국회 임시국회 본회의에서 행한 소신 표명 연설(개막 연설)에서 마키노의 주장이 인종평등이 미래를 향한 새로운 원칙이었으나 각국의 강한 반대를 받았다고 지적했다.[92] "일본이 내건 큰 이상은 세기를 넘어 지금 국제 인권규약을 시작으로 국제사회의 기본 원칙이 되고 있다"라고도 미화했다.[93] 이는 일본이 서양 식민주의를 반대하고 동아시아를 서양 제국주의의 침략으로부터 지켰다는 역사관에 근거한 합리화이다. 대동아공영권(大東亞共榮圈)과 대동아전쟁을 옹호하는 일본의 전통적인 역사 인식이다.[94] 당시 일본

---

91 조성윤, 『남양군도의 조선인』(당산서원, 2019), 26쪽, 30-31쪽.
92 권태훈, 「아베 "일본, 100년 전 식민지주의 맞서 인종평등 주장" 궤변」, 〈SBS 뉴스〉, 2019년 10월 4일.
93 이하원, 「아베, 한반도 식민지배사 통째로 미화하나: 일 100년 전 식민주의 맞서 인종평등 주장: 임시국회 개막 연설에서 언급: 사실상 대동아공영권 옹호」, 『조선일보』, 2019년 10월 5일자.
94 이하원, 「아베, 한반도 식민지배사 통째로 미화하나: 일 100년 전 식민주의 맞서 인종평등 주장: 임시국회 개막 연설에서 언급: 사실상 대동아공영권 옹호」, 『조선일보』, 2019년 10월 5일자. 대동아공영권 구상은 대아시아주의로 분식(위장)되었지만 그것은 손문이나 안중근 등이 주장했던 것처럼 구미 제국주의의 지배에서 피억압 민족을 해방하기 위한 것이 아니라 일본이 구미열강을 대신한 지배자가 되는 것에 불과했다. 루스벨트는 일본의 대동아공영권에 대응하여 미국의 신질서 구상을 내놓았다. 한반도에 대한 신탁통치안은 루스벨트의 신질서 구상의 한 부분으로 마련된 것이었다. 그런데 세계 피압박 국가

은 한국을 식민지배하면서 한국인들의 독립운동을 탄압하고 불평등하게 대우하는 민족 차별을 자행했다. 그럼에도 불구하고 자신들의 민족 차별에 대해서는 눈을 감고 인종평등을 주장하는 이중적인 태도를 보였던 것이다. 한국의 병합은 한국인의 자발적인 조치였고 일본은 러시아 등 서양세력의 침략으로부터 한국을 지키고 동양의 평화를 도모했다고 강변하는 왜곡되고 전도된 뒤틀린 역사관을 가지고 지금까지도 한국의 식민지배를 합리화하고 있다. 자신들이 한국과 중국 등 아시아를 침략한 역사는 은폐하면서 정당방위로 포장하고 있다. 자국을 지키는 것이야 정당방위로 합리화될 수 있지만, 일본은 자국을 지키는 차원을 넘어서서 타국을 침략했던 것이다. 서양제국이 한국과 중국을 세력권으로 얻으면 일본 등 동아시아 전체가 위험해진다는 주관적인 위협사관을 과장하고 동아시아 전체를 협박해 자신들의 한국, 중국 등에 대한 침략과 지배를 합리화했다. 일본은 겉으로는 인종평등의 이상론을 말하면서도 서양 식민제국들과 같이 전승국으로서 이권을 챙기는 이중적인 국익(national interest) 확장 정책을 추구했던 것이다.

(의 민중)들의 해방을 위해 미국이 구상한 신탁통치안도 자국의 이익을 극대화하기 위한 것이다. 또한 탁치안은 미국 안보와 자본의 자유롭고 안전한 전 세계적 활동을 위한 장치이자 식민지역에 대한 새로운 관리방식으로 고안된 것이었으므로 일본 등 구 제국주의 열강과 완전히 격이 다른 차별성이 미국에 있다고 보기는 어렵다. 다만 후임자 트루먼과는 달리 루스벨트는 구 제국주의자들의 지배하에 있던 식민지 민중들(예를 들면 스페인의 구 식민지였다가 미국에 의해 식민화된 필리핀인)에게 연민의 정을 가졌고 이들에게 자치할 수 있도록 정치적 훈련을 부여하는 것을 이상으로 여겼던 '선한 제국주의자'였다는 점에서 다소간의 차별성이 있기는 했다. 그러나 제국주의 열강 속에 유럽 열강, 일본은 물론 미국도 포함되므로 차이점보다는 공통점이 더 부각될 수도 있다.

(3) 위임통치를 통한 미국의 세력부식적 문호개방 시도와 실패

미국은 서구열강의 식민지에 대해 위임통치를 실시해 미국의 세력을 부식(扶植)시키려 했고 패전국 독일·오스만튀르크제국의 식민지 등에 대한 문호개방을 도모했다. 그러나 미국은 영국과 프랑스의 헤게모니에 밀려 국제연맹에 가입하지도 않았으므로 결국 전후 세계체제 재편에 주도적으로 참여하지 못했다. 스스로 고립하여 좌절을 자초했던 면도 있었다. 미국은 독일 식민지와 오스만튀르크제국 일부의 문호를 제한적으로 개방시켰으나 어느 곳도 위임통치령으로 얻지 못했으며 윌슨식의 수사적 이상주의 이념조차 퇴색시키는 결과를 자초했던 것이다. 자결주의적 이상은 식민주의적 현실에 압도당할 수밖에 없었다.

보다 현실주의적이며 전략적인 시각에서 위임통치안의 본질을 들여다보면 국제연맹의 관여라는 다국적 요소가 미국에는 식민지의 자유로운 접근을 의미했다. 따라서 위임통치안에 문호개방적 성격이 내포되어 있다고 풀이된다. 사실 다국적인 위임통치가 실현된다면 식민지 국민에게는 먼 장래의 독립에 이르는 막연한 후원을 의미했겠으나, 강대국 특히 미국에는 식민지에 대한 자유로운 접근을 의미했을 것이다(그럼에도 불구하고 미국은 국제연맹에 가입하지 않는 등 위임통치제도 운용에 적극적으로 개입하지 않았다).

1945년 미국 국무부 종속지역국장(Director of the Office of Dependent Area Affairs)을 지낸 자유주의자 게리그(Benjamin Gerig)는 1930년에 *The Open Door and the Mandates System: A Study of Economic Equality before and since the Establishment of the Mandate System* (London: G. Allen & Unwin)을 저술했다. 이 책 제목에서 위임통치가 문호개방을 전제하고 있음을 알 수 있다. 위임통치는 무역장벽과 관세 제도를 철폐함으로써 경제적 제국주의에 대항하는 방안이라

는 것이다. 반(反) 경제적 제국주의라는 점에서 신탁통치도 마찬가지라고 주장된다.[95] 그런데 실제로 다국적 요소는 특정한 한 나라를 수임국으로 지정해 희석되었으므로 미국의 문호개방적 의도는 실현될 수 없었다. 미국은 영·불과 같은 식민주의 국가들을 견제하면서 자신들의 자본주의적 이해를 확보할 요량으로 위임통치안의 문호개방적 성격을 이용하려 했지만 결국 실패할 수밖에 없었다. 따라서 후일 위임통치제도를 변형하여 신탁통치안을 입안했던 미국의 정책결정자는 그 안에 다국적 요소를 더욱 강하게 반영하고자 했다.

(4) 이승만의 국제연맹 위임통치 청원: 한국 독립을 위한 전략과 한계

이러한 위임통치안이 가진 논리적 모순은 한반도와 관련해서도 명백히 드러났다. 당시 미국에 있던 대한인국민회(Korean National Association) 대표 이승만과 정한경은 국제연맹에 의한 한반도의 위임통치 청원서를 1919년 2월 25일 작성한 후 3월 3일 지난날의 스승이었던 윌슨 대통령에게 제출했다.[96] 이 청원서에는 한국이 가까운 장래에 완전한 독립을 보장받을 수 있다는 전제(조건)하에 국제연맹의 위임통치하에 두고 일본의 지배에서 해방시켜달라는 취지가 적혀 있었다.[97] 국제연맹의 위임통치가 일본 지배에서 벗어날 수 있는 길이며, 위임통치는 영원히 받는 것이 아닌, 독립의 수단이라고 인식했던 것이다. 이는 위임통치가

---

95 William R. Louis(1978), 앞의 책, pp. 91-92.
96 在上海日本總領事館 警察部第二課 編, 『朝鮮民族運動年鑑』(東文社書店, 1946), 1쪽. 이 일본 관헌 자료는 원래 1932년에 만든 것이다.
97 "The Letter from Syngman Rhee and Henry Chung (Representatives, Korean National Association) to the President of the United States," Washington D.C., February 25, 1919; 방선주, 『재미한인의 독립운동』(한림대학교 아시아문화연구소, 1989), 235-239쪽.

식민지배의 연장에 불과했던 국제정치의 현실을 인식하지 못한 이상적이고 나이브한 인식이었다고 할 수 있다. 그런데 당시 세계인 사이에서 새로 출범한 국제연맹의 평화 체제 구축과 위임통치제도의 식민지 독립 추구에 기대하는 여론이 형성되었으므로 이승만이 약육강식의 냉혹한 국제정치의 현실을 인식했기를 기대하는 것은 무리이기도 하다.

청원서 서명 일자는 3·1운동 전이었지만 이승만과 정한경은 청원서를 제출하려 한다는 사실을 3월 16일 발표해 다음 날 신문에 보도하게 했다.[98] 그런데 광복 후에는 이승만이 "미국에 의한 위임통치를 청원"했다는 식의 소문이 왜곡 전파되었다. 이승만의 이러한 청원에 대하여 1919년 당시 교포사회에서는 절대 독립의 입장에서 이를 비판하는 여론이 조성되었다. 그러나 이승만은 청원한 사실을 후회하지 않았고 여론을 반박했다.[99]

당시 임시정부 대통령이었던 이승만은 김규식이 파견된 파리강화회의에 자신이 직접 가려고 했다. 그가 파리강화회의의 한국 대표를 자임하고 나서자 대한민국중앙총회장 안창호는 이승만을 믿고 한국 대표 자격을 부여했다. 그러나 이승만은 프랑스행 비자를 받지 못했다. 파리강화회의 참석 기회를 놓친 이승만은 이 회의에 참석하는 윌슨에게 청원서를 제출했다.[100] 그 청원서의 내용은 한국이 당장 독립될 가망이 없고 또 독립된다고 하더라도 자치능력이 없으니 미국이 주관해 국제연맹으로 하여금 한국을 당분간 통치하게 해달라는 것이었다. 한편 이동휘가 상하이에서 이승만에게 "대통령이 위임통치를 건의하는 바람에 정부

---

[98] "Koreans Petition Wilson," *The New York Times*, March 17, 1919; 長田彰文 (2005), 앞의 책; 나가타 아키후미 저, 박환무 역(2008), 앞의 책, 155쪽.
[99] 김원용, 『재미한인50년사』(Reedley, Calif.: 김호, 1959), 360-361쪽.
[100] *The New York Times*, March 19, 1919.

대표로 가 있는 김규식 특사가 어려움을 겪고 있어요. 위임통치를 요청하려면 뭐 하러 파리까지 왔느냐는 것이지요. 그러니 불필요한 오해를 낳는 위임통치 청원을 철회한다는 성명서를 내시는 게 어떻겠습니까"라고 말했다. 이에 이승만은 대통령을 비난하는 것은 도리에 어긋나고 위임통치 건은 지나간 일이니 철회할 의사가 없다며 거부했다. 이후 그는 다시 미국으로 떠났다. 임시정부로서도 현지에 근무하지 않는 그를 더 이상 대통령으로 인정하기가 어려웠다. 1925년 이승만이 임시정부에서 탄핵된 것은 바로 이 때문이었다.[101]

한편 1919년 3월 13일 신한청년당이 파리로 파견한 김규식은 12개 항목으로 된 「한국인의 해방을 위한 주장을 표명하는 각서」를 작성하여 4월 5일자로 파리강화회의에 제출했는데, 여기에도 '국제적 감독'이라는 표현이 나온다. 그 내용은 "한국, 만주, 시베리아, 미국 그 밖의 지역에 사는 1870만 명의 한국인을 대표하는 신한청년당에 의하여 파견된 서명자는…"이라는 문장으로 시작되는데, 그 가운데 "일본이 감독의 일원이 아니라는 조건 아래서 한국은 일정한 기간 동안 스스로 국제적 감독에 위임할 것을 바란다"라는 내용이 있다. 따라서 이 내용은 이승만의 위임통치안과 유사한 것이었다. 그러나 김규식의 안은 이승만의 위임통치 청원이 문제가 될 때에도 전혀 거론되지 않았다. 이승만이 윌슨에게 청원서를 제출할 때 대한인국민회 중앙총회장 안창호와 기타 임원들의 검토를 거쳐 승인을 받은 뒤 제출된 만큼 청원서는 미주 한인 사회를 양분한 이승만계와 안창호계의 합작품으로 볼 수 있다는 해석도 있

---

101 김갑수, 「이승만의 멘토는 수학자? … KBS, 농이 지나쳤다: KBS의 〈초대 대통령 이승만〉 3부작 … 독립운동은 과장, 독재는 축소, 범죄는 은폐」, 『오마이뉴스』, 2011년 10월 2일자.

다.[102] 또한 위임통치 청원은 이승만만 제안했던 것이 아니었다. 위임통치 청원 당시 이승만을 이완용과 같은 매국역적으로 몰아간 것은 하와이에서 대립·갈등한 (외교독립론·실력양성론자) 이승만계와 (독립전쟁론자) 박용만계의 세력 갈등에서 비롯된 것이다.[103] 오영섭은 국제연맹의 위임통치가 국제연합의 신탁통치와 같은 성격을 가진 것으로 미군정 통치 3년간이 미국의 실질적인 신탁통치 기간이라고 평가했다. 그렇지만 나카타 아키후미(長田彰文)에 의하면 1919년 2월 5일 이승만은 "헐버트에게 한국 문제를 위임하여 제출하는 것이 어떠냐"라는 편지를 대한인국민회 중앙총회장 안창호에게 보냈다고 한다. 이에 한국 문제를 외국인에게 위임하는 것은 허락할 수가 없다는 안창호의 회신을 받았을 뿐 위임통치 청원에 대한 협의는 없었다고 주장했다.[104]

한편 민족자결주의에 부분적으로 영향받아 범민족적 3·1운동이 전개되었음에도, 한국이 전승국의 일원인 일본의 식민지였기 때문에 위임통치 실시 여부는 거론 대상조차도 되지 못했다. 당시 국제정치의 지배원리는 윌슨이 제창한 민족자결주의라는 이상이 아니라 냉혹한 현실주의였다. 따라서 미국에 기댄 독립운동가들의 외교 활동은 그 한계가 드러났다.[105] 자결주의적 이상이 제국주의적 이해와 결부되어 퇴색한 것이 윌슨식 위임통치안이었다. 따라서 이 안은 '식민지 해방(탈식민지)'이 아닌 '유럽식 식민체제의 보완'이라는 맥락에서 이해해야 한다.[106]

---

[102] 오영섭, 「이승만의 위임통치 청원 논쟁」, 연세대학교 이승만연구원 1차 학술회의 발표논문, 2011년 9월 30일; 오영섭, 「대한민국임시정부 초기 위임통치 청원논쟁」, 『한국독립운동사연구』 41(2012), 92-93쪽.
[103] 오영섭(2012), 위의 글, 138쪽.
[104] 長田彰文(2005), 앞의 책; 나가타 아키후미 저, 박환무 역(2008), 앞의 책, 152-155쪽.
[105] 나가타 아키후미 저, 박환무 역(2008), 앞의 책.
[106] William R. Louis(1978), 앞의 책, p. 4.

(5) 위임통치와 독립의 관계: 식민지배 연장으로 멀어진 독립

 그런데 새로운 지배 형태로서의 위임통치안이 독립과 대립적이냐 아니냐 하는 문제는 이후 제기되는 '탁치와 독립의 관계'라는 문제와 연결시킬 수 있는 중요한 것이라고 할 수 있다. 위임통치의 실시 후 식민지의 독립이 보장되지 않았으므로, 위임통치는 독립과는 배치되는 형태의 지배 양식으로 볼 수 있다.[107] 이에 비해 신탁통치는 실시 후에 독립이 보장되었으므로 독립과 배치되는 것은 아니다. 신탁통치의 발상은 위임통치에서 나왔으며 이를 보완하려 했지만 당시로서는 실제로 해본 적이 없어서 미래가 불투명했다.

 파리강화조약으로 성립된 베르사유체제가 제2차 세계대전을 초래한 실패작으로 재평가되면서, 그 주요 기반이라 할 수 있는 위임통치 또한 구식민주의의 물질적·영토적 기반을 유지하고 전쟁 중 새로이 확보한 지역들을 재편하려는 정치적 타협에 불과했다는 지적이 제기되어왔다. 대표적으로 하스(Ernst Haas)는 독일과 튀르키예가 장악했던 지역들에 대한 국제연맹의 감독 기제를 유럽 각국이 수용한 동기를 고찰했다. 그 결과 특히 영국은 식민지 정책과 관련해 전통 보수주의자들과 자유주의, 노동당 간의 타협을 이끌어내고, 제국의 무분별한 확장을 예방하면서 동시에 연방을 효율적으로 유지하는 전략적·정치적 목적에 따라 국제연맹의 위임통치를 수용했다고 주장했다.[108]

---

[107] 따라서 해방 후 공산주의자들은 위임통치안을 "제국주의적 위임통치"라고 규정하여 모스크바 결정에 의한 신탁통치와는 본질적으로 다르다고 주장했다. 그러나 앞에서 인용한 '위임통치제(mandates system)', '신탁(trust)', '후견(tutelage)' 등의 용어는 모두 혼동해서 쓰는 국제연맹규약 제22조의 용례(이 책 1장 각주 48)에 비추어본다면 공산주의자들의 인식에는 문제가 있는데 후술하고자 한다. 이완범, 「한반도 신탁통치안과 국내정치 1943~1948」, 연세대학교 석사학위논문(1985), 142-144쪽 참조. 반면에 우익은 위임통치와 신탁통치를 구별하지 않았다.

[108] Ernst Haas, "The Attempt to Terminate Colonialism: Acceptance of the United

그러나 서양의 식민지 통치사와 관련해 볼 때 위임통치는 특정 지역들을 관리·운영하는 국제적 체계를 마련하고자 했던 유의미한 시도라는 주장도 있다.[109] 즉, 제1차 세계대전 이후 식민지 문제가 강대국들이 전후에 해결해야 할 당면 문제로 대두된 이후 이를 '국제화(internationalization)'라는 새로운 방식으로 해결하고자 했다는 것이다. 이와 관련해 필리핀 고등판무관과 후일 유엔 신탁통치이사회의 미국 대표를 지낸 세이어(Francis B. Sayre)는 식민지 처리 문제의 해결책을 개별 국가(식민모국)가 아닌 국제적 차원에서 찾도록 하여 식민지를 국제기구나 그 위임을 받은 국가가 관리하게 한다는 점을 들어, '국제적 책임성(international accountability)' 원칙이 처음 발현되었다고 지적한 바 있다.[110]

그러나 실제로 국제연맹 상임위임통치위원회의 국제적인 감독권은 유명무실했고 수임국이 시정(施政)을 좌지우지했다. 결국 식민지 재편 수단으로 전락했으며 피수임국의 입장에서 보면 구 식민지배의 연장 이상이 아니었다. 따라서 국제적 책임성과 자유주의적이고 이상주의적(liberal idealism) 근대성·진보성[111]은 퇴색되었다고 할 수 있다. 말뿐인

Nations Trusteeship System," *International Organization*, vol. 7 (1953).
[109] 위임통치지역의 주권이 위임통치국(수권국)에 부여되지 않았음에도 불구하고, 위임통치국은 이 지역에 대한 주권을 주장하고, 실체적·절차적 의무를 위반했다. 이로 인해 위임통치제도는 식민지 제도와 다를 바 없는 결과를 초래했다. 그러나 위임통치제도는 해당지역의 주권을 위임통치국에 부여하지 않았으며, 다자조약인 국제연맹규약 제22조에 위임통치국의 의무를 명시적으로 규정했다는 점에서 식민지 제도와는 분명한 차이가 있었다. 따라서 이 제도의 창설을 국제법의 탈식민화 과정으로 간주할 수 있다는 주장이 있다. 이서희, 「국제연맹규약의 위임통치제도에 대한 비판적 검토」, 『국제법학회논총』 66-2(2021), 157쪽.
[110] Francis B. Sayre(1948), 앞의 글; 하지은(2015), 앞의 글, 24-25쪽.
[111] 김학재, 「한국전쟁과 자유주의 평화기획」, 서울대학교 박사학위논문(2013), 59-60쪽에서는 20세기 초 부상한 자유주의 근대성의 단면을 위임통치제도에서 살펴보면서도 그것이 약소국 모두에게 정치적 독립의 전망을 충족시켜주지 못했다는 점에서 민족자결

국제화였을 뿐이다.

　민족자결주의라는 이상주의적 전통이 국제정치의 현실주의적·전략적 고려와 만나 퇴색한 결과 위임통치는 자결주의에서 벗어난 세력 확보 수단으로 결국 전락할 수밖에 없었다.

　이렇듯 위임통치 자체는 식민통치의 연장으로 귀결되었다. 그렇지만 제2차 세계대전 종전 전후(前後) 위임통치가 신탁통치로 승계되지 않고 독립된 중동 지역[시리아·트란스요르단·팔레스타인]도 있다(그러나 태평양과 아프리카의 위임통치지역은 신탁통치로 계승되어 독립이 유보됨). 중동 지역은 비록 아직도 정쟁이 불안해 과연 위임통치가 안정화를 달성했는지 의문이 없지 않지만 위임통치가 독립으로 이르는 과도기적 소임을 다했다고 볼 수는 있다. 이 점은 위임통치를 이어받은 신탁통치의 경우도 유사하다(따라서 식민지 문제 해결 방안인 위임통치와 신탁통치는 단절성보다는 연속성이 더 많다고 할 것이다). 신탁통치 실시 이후 태평양 지역은 미국의 영향력이 유지되었지만 아프리카의 경우는 독립이 이루어지기는 했으므로 과도기적 소임을 다한 경우도 없지는 않았던 것이다. 그런데 아프리카의 경우 제2차 세계대전 이후 세계의 경찰로 부상했던 미국 입장에서는 전략적 중요성이 떨어졌으므로 독립이 이루어졌다. 반면 미국의 내해라고 할 수 있는 태평양의 경우는 도서국가라고 하더라도 미국의 세계 경략이라는 면에서 전략적 중요성이 있으므로 독립 이후에도 미국 의존적인 체제를 유지시키면서 다른 방식으로 계속 지배하고 있다고 할 수 있다.

　주의의 차별적 적용임을 비판했다.

3. 보편적 신탁통치안의 이상과 현실

1) 루스벨트의 신탁통치 구상: 반식민주의적 훈정(이상)과 다국적 국익 확보의 결합, 1939~1941년

신탁통치 구상은 '시대 조류의 변화[112]에 부응하여 새로운 국제체제 수립을 목표로 하는 루스벨트 대통령의 거대한 계획'[113]이라고 평가된다. 신탁통치에 대한 안을 비롯한 루스벨트의 구상이 그의 독단적 아이디어였으며 '개인외교'의 산물이었다고 주장되기도 하지만[114] 여러 자료를 종합해 보건대 다소 피상적 관찰로 풀이된다.

먼저 신탁통치는 실제로 시행되고 있던 위임통치의 수정안(a revised and corrected mandate idea)[115]에 불과하다는 평가가 있으므로 루스벨트의 구상이 독창적인 것만은 아닌 측면이 있다. 또한 이상이라는 면에서 윌슨의 이상주의(반식민주의)를 계승했다. 다만 일국적 위임통치를 '다국적 훈정(후견제)'으로 변형시켜 새로운 개념을 창안한 것은 루스벨

---

[112] 이는 전통적 식민지에서 민족해방운동이 고조되어 강압적 방법으로는 식민체제가 존속되기 어려웠던 상황을 지칭한다. 루스벨트는 처칠에게 "세계사에 새로운 시대가 도래했으니" 새로운 신탁통치안으로 대응해야 한다고 말했다. Edward R. Stettinius, Jr., *Roosevelt and the Russians: The Yalta Conference*, edited by Walter Johnson (New York: Doubleday, 1949), p. 237 참조.
[113] Willard Range, *Franklin Delano Roosevelt's World Order* (Athens, Georgia: University of Georgia Press, 1959), p. 49.
[114] Soon Sung Cho, *Korea in World Politics: An Evaluation of American Responsibility* (Berkeley, California: University of California Press, 1967).
[115] "Far Eastern Problems," P Minutes 21, August 8, 1942, RG 59, Records of Harley A. Notter, 1939~45, Records of the Advisory Committee on Post-War Foreign Policy, Box 55, p. 4, US National Archives; Ramendra N. Chowdhuri, *International Mandates and Trusteeship System: A Comparative Study* (The Hague: Nijhoff, 1955).

트만의 독창적인 구상이라고 할 것이다.

윌슨 행정부에서 해군차관보(Assistant Secretary of the Navy; 1913~1920) 등을 역임하면서 윌슨식 이상주의에 공명했던 신윌슨주의자(Neo-Wilsonian) 루스벨트는 민주당원이던 1928년에 발표한 논문에서 '자치 능력을 기르기 위하여 훈정(정치적 훈련)을 행한 필리핀의 경우'를 국제연맹에 의한 위임통치의 선구적 모델 케이스로 언급했다[116](그런데 필리핀은 위임통치령이 아니라 단순 식민지였다). 루스벨트는 윌슨 대통령 아래서 고위관리로 봉직하면서 자유주의에 대한 정치 훈련을 받았던 영향 등으로 영국 식민정책에 대한 혐오감을 갖고 있었다.

여기서 루스벨트 탁치 구상의 뿌리가 기본적으로 위임통치안에서 나온 것이라는 해석이 가능하다[117](탁치제도 자체가 불확정적이었고 아직 실행되지 않았던 1947년 신탁통치는 위임통치제도의 연장이라는 견해가 당시 한국 학계에서도 주장되었다).[118] 1933년 미국의 제32대 대통령이 된 루스벨트는 제2차 세계대전이 끝나면 식민지에서 독립될 지역에 신탁통치라는 새로운 제도를 적용할 것을 1940년대에 구상했다. 물론 신탁통치제도가 언제 누구에 의하여 처음 입안되었는지는 논란의 여지가 있다. 호그(Leonard Hoag)의 미간행 원고(manuscript)에 의하면 1940년 미 국무부에서 미국의 세력권 확보를 위하여 범미주신탁통치안(Pan-

---

116 Franklin D. Roosevelt, "Our Foreign Policy: A Democratic View," *Foreign Affairs*, vol. 6, no. 4 (1928), p. 574. 루스벨트는 1928년 11월 뉴욕 주지사에 당선되었다.
117 따라서 이 책 1장 각주 107에서 나타난 해방직후 한국 좌익의 인식에는 문제가 있다.
118 표해운, 『조선지정학개관: 조선의 과거·현재와 장래』(건국사, 1947), 45-52쪽. 이렇듯 해방 직후부터 한반도의 지정학에 대한 관심이 있었지만 당시 국내 정치세력들은 지정학적 안목과 현실 대안이 결핍되어 신탁통치안에 대한 대응 등에서 좌우대립을 결과했으며 결국 미·소에 의해 미리 짜인 분할구도에 영합하여 분단되었다. 김성보, 「21세기에 돌아보는 1945년 한반도의 지정학」, 『역사비평』 124(2018), 52-85쪽.

American trusteeship scheme)을 정책대안으로 작성했다고 한다.[119]

또한 루스벨트가 다소 독단적으로 정책 결정을 했으므로 그의 외교정책을 개인외교의 산물로 보는 견해가 통설이지만 문서를 통해 심층적으로 고찰하면 한반도 신탁통치안에 관한 한 그가 독단적으로 결정할 수 있을 정도로 정통했다고 보기는 어렵다는 추론에 도달할 수 있다. 실제로 루스벨트는 한국 문제에 그렇게 큰 비중을 두지 않았으며 입안 초기에는 무관심한 태도를 보이기까지 했다. 따라서 보좌진의 자문에 의지할 수밖에 없었다. 개인외교는 외형적 양식일 뿐이다. 따라서 국지적 문제에 대한 실제 결정은 국무부의 담당부서와 대통령 개인보좌관, 루스벨트 3자 간 복잡다기한 상호작용의 산물로 보아야 한다. 그렇다고 루스벨트가 책임 있는 최종결정권자라는 사실을 부인할 수는 없다. 또한 의식의 존재(환경) 구속성을 강조하는 지식사회학적 맥락에서 보면 루스벨트가 그의 대외인식을 완전 독창적으로 창조하기보다는 당시 대중 사이에 광범위하게 공유되어 있었던 의식을 반영·대변한 면이 두드러진다고 할 수 있다. 그렇지만 독창적인 면이 완전히 없었다고 보는 시각도 무리가 있으므로 현실은 독창과 인용 중간에 있다고 할 것이다.

루스벨트는 1939년 4월 20일 구체적으로 미국의 전략지역(이스터 아일랜드와 갈라파고스)[120]과 남극, 그린랜드 등에 미주국가로 구성된 '공동통치(joint inter-American rule)'가 적용될 수 있다고 주장했다.[121] 모두

---

[119] C. Leonard Hoag, "American Military Government in Korea: War Policy and the First Year of Occupation, 1941~1946," Manuscript, Department of the Army, 1970, p. 10; 이완범(1985), 앞의 글, 10쪽 각주 8.

[120] 동태평양에 위치한 이들 지역은 각각 칠레와 에콰도르의 세력권이었다. 미국은 1945년 이후 서태평양 지역까지 전략지역을 확대했다.

[121] *FDR's Press Conference*, #540-A, 20 April, 1939, vol. 13, pp. 16~18, in William George Morris, "The Korean Trusteeship, 1941~1947: The United States, Russia, and The Cold War," Ph.D. dissertation, The University of Texas at Austin (1974), p. 40.

미주대륙에서 가장 가까운 지역이므로 이런 방식을 제안했던 것이다. 루스벨트는 아직 신탁통치라는 방식을 창출해내지 못했으며 단지 '정치적 훈정'이나 '공동통치' 등의 용어를 구사했을 뿐이다. 이러한 원류적 방식을 종합하여 '신탁통치'라는 용어로 구체화한 것은 1년이 경과한 후이다. 루스벨트의 미주국가에 대한 집단적 공동(아직 '신탁'이라는 말은 없었지만 '공동'이라는 말에서 '신탁'을 연상할 수 있으므로 공동은 신탁의 맹아라고 할 수 있다)통치안은 미국 국무장관 헐(Cordell Hull)이 중심이 되어 1940년부터 준비한 '범미주안(Pan-American Scheme)'과 연결될 수 있다. 1940년 7월 22일 쿠바의 아바나에서 열린 미주국가(American Republics)외상회의 2차 회담에서 헐은 루스벨트와 비슷한 취지의 발언을 했던 것이다. 헐은 비미주적인 유럽 식민주의로부터 미주 지역을 지키기 위해 '집단적 신탁통치(collective trusteeship)'체제를 수립할 필요성이 있다고 강조하면서, 미주를 포함한 문제지역 식민지들은 자치능력을 배양하고 유지할 수 있을 때 속히 원래의 주권을 회복하거나 독립을 선포해야 한다고 역설했다.[122] 이는 전술한 바와 같이 호그가 주목한 범미주신탁통치안이라고 할 수 있다. 이렇듯 생성 초기 신탁통치안에는 일국이 아닌 공동으로 행하는 다국적 방식이 처음부터 내포되었다고 할 것이다.

그런데 루스벨트는 사적인 민법상의 신탁(trust)제도에서 신탁통치를 착상했다. 이우진은 루스벨트의 초기 신탁통치 개념이 민법상 신탁(제도) 개념과 동일하다고 주장했다.[123] 1940년 4월 18일 루스벨트는 국내

---

[122] U.S. Department of State, *Postwar Foreign Policy Preparation*, Department of State Publication 3580 (Washington, D.C.: United States Government Printing Office, 1949), p. 35.
[123] 李愚振, 「韓國의 國際信託統治: 그 構想 및 挫折의 記錄」, 『解放5年史의 再照明: 韓國現代史의 政治社會史的 認識』(國土統一院, 1987), 133쪽.

의 일상생활에서는 일반화되어 있는 신탁을 국제관계의 영역에서 '새로운 수단'으로 도입하자고 주장했다. 그는 '수탁자가 민법상의 개인 대신 국가가 되는 것'의 유리한 점에 대하여 역설했던 것이다.[124] 그러나 이때까지 루스벨트의 머릿속에 있었던 것은 '신탁(trust)'이었고 아직 '신탁통치(trusteeship)'는 아니었다.

1941년 봄 루스벨트는 국제적 보호의 원리가 전 세계적으로 적용되어야 하며 국제적 신탁통치는 국제관계에서의 새로운 방법론이라고 주장했다. 이어 그는 1941년 8월 14일 열린 처칠과의 대서양회담에서 대서양헌장(The Atlantic Charter)[125]에 합의해 서명했다. 루스벨트는 대서양회담 직후인 1941년 9월[126] 처칠에게 신탁통치 문제를 거론하기 시작했으며 다음과 같이 후견제의 보편적 이념을 표명했다.

> (금융과 민법 그리고 보육에 적용되는) 사적 신탁통치(제도-인용자)의 원칙을 국제정치에 확대 적용 못할 이유가 없다. 신탁통치는 '이타적인 봉사(unselfish service)' 원칙에 기초하고 있다. 선행의 정신을 발휘해야 하는 선진국과 그 인민이 존재하는 데 비하여 일시적으로나마 선진국을 후견자(trustees)로 삼아 도움받아야 할 인민이 많이 있다.[127]

---

[124] *FDR's Press Conference*, #636-A, 18 April, 1940, vol. 15, pp. 290-291, in William George Morris(1974), 앞의 책, p. 40.
[125] 총 8개 항 중 1~3항을 보면 "첫째, 양국은 영토나 기타 어떤 세력 확장도 추구하지 않는다(No Territorial Aggrandizement). 둘째, 양국은 국민들의 자유롭게 표현된 소망에 어긋나는 어떠한 영토적 변화도 원치 않는다. 셋째, 양국은 모든 국민이 그 속에서 영위할 정부형태[政體]를 선택할 권리를 존중한다. 또 양국은 강압적으로 빼앗겼던 주권과 자치 정부를 인민들이 다시 찾기를 원한다" 등을 주요 내용으로 하고 있다.
[126] 차상철, 『해방전후 미국의 한반도 정책』(지식산업사, 1991), 18쪽.
[127] "Roosevelt's Memorandum to Personal Representative to Pope Pius XII, Myron C. Taylor," September 1941; Ruth B. Russell, *A History of United Nations Charter: The Role of United States, 1940~1945* (Washiongton, D.C.:

그런데 그의 신탁통치안은 단일국가가 시정권자가 되는 '국가적 신탁통치(national trusteeship)'와는 구별되는 '국제적(다국적) 신탁통치(international trusteeship)'였다. 루스벨트는 1942년 6월 1일 몰로토프(Vyacheslav M. Molotov) 소련 외상과의 회담에서 장제스(蔣介石)의 '독립을 지향한 과도기적 국제신탁통치'안을 인용했다.[128] 따라서 다국적 신탁통치 구상의 생성 과정에서 장제스의 방안이 부분적으로 영향을 미쳤다고 할 수 있다.

루스벨트는 제1차 세계대전 후 근절되지 못한 전통적 식민제국의 존재가 장래에 전쟁의 원인이 될 것이라고 예측하여 구 식민지 존속에 반대했다.

제1차 세계대전과 제2차 세계대전 사이의 전간기(戰間期)에 윌슨도 루스벨트와 비슷한 반식민주의적 사상을 가지고 위임통치 구상을 진전시켰지만 제1차 세계대전 후 윌슨이 식민지 재편에 비교적 거리를 두면서 전후 무대를 주도하지는 않았다. 미국은 세계체제의 재편과 같은 전후 구상에 수동적으로 임했던 것이다. 이에 비해 제2차 세계대전 전시 루스벨트는 비교적 적극적으로 그의 사상을 개진하여 관철시키려고 노력했으며 구 식민지 처리 문제를 전후 세계질서의 형성과 연계시켜 논의하려고 했다.

루스벨트는 영국의 감비아(Gambia) 착취나 프랑스의 모로코 반란 진

The Brookings Institution, 1958), p. 43; John Lewis Gaddis, *The United States and the Origins of the Cold War, 1941~1947* (New York: Columbia University Press, 1972), p. 24; Wm. Roger Louis, *Imperialism at Bay: The United States and the Decolonization of the British Empire, 1941~1945* (New York: Oxford University Press, 1978), p. 148.

[128] "Memorandum of Conference Held at the White House, by Mr. Samuel H. Cross, Interpreter," Monday, June 1, 1942, 10:30 a. m., *FRUS*, 1942, vol. Ⅲ, Europe, pp. 580-581.

압 및 인도차이나 지배 등의 현실에 직면하여 유럽 제국주의의 식민지 지배에 대한 부정적 평가를 더욱 심화시켰다.[129] 1943년 초반 루스벨트는 영국 식민지 감비아를 방문한 적이 있는데, 이곳에서 감비아인들이 '가축보다 더 심하게 다뤄지고 있다'는 인상을 받은 이후 영국의 식민통치에 대한 반대의 목소리를 높이기 시작했다. 이 경험은 곧 그의 신탁통치 구상을 공개적으로 표방하는 데 하나의 계기가 되기도 했다.[130] 또한 "프랑스가 인도차이나를 100년간이나 통치했으나 원주민의 생활은 오히려 더욱 빈곤해졌다"라고 단정했다.[131] 교육과 복지 혜택을 받지 못했다고 비판했던 것이다. 루스벨트는 영국(인도 지배)이나 프랑스(인도차이나 지배)에 비해 미국이 필리핀에 "일정 기간(따라서 카이로회담 한국 독립 조항에 'in due course'라는 표현과 연결됨)" 훈정을 실시함으로써 독립이 거의 달성되었다고 주장하여, 필리핀에 대한 미국의 통치방식을 구 식민지의 대안으로서 자부했다[전술한 바와 같이 미국은 필리핀을 식민지가 아닌 속령(territory)으로 분류했다. 미국의 '필리핀 지배'라기보다는 '필리핀 경영'이라고 표현하기도 했다]. 루스벨트는 인도, 인도차이나의 독립을 준비할 필요성을 놓고 스탈린과 비밀리에 논의하기도 했다. 미국이 나섰

---

129 William George Morris(1974), 앞의 책, pp. 37-38, pp. 43-44.
130 Paul Orders, "'Adjusting to a New Period in World History': Franklin Roosevelt and European Colonialism," in David Ryan and Victor Pungong, eds., *The United States and Decolonization: Power and Freedom* (New York: St. Martin's, 2000), p. 71; Victor Pungong, "The United States and the International Trusteeship System," in David Ryan and Victor Pungong(2000), 위의 책, pp, 88-90.
131 "Roosevelt-Stalin Meeting: Bohlen Minutes," Roosevelt Quaters, Soviet Embassy, November 28, 1943, 3 P. M., United States, Department of State, *Foreign Relations of the United States, Diplomatic Papers, The Conference at Cairo and Tehran, 1943* (Washington, D.C.: United States Government Printing Office, 1961; 이후부터는 *FRUS*, 해당연도, 권수 등으로 약칭하여 인용), p. 485에 수록된 1943년 11월 28일 스탈린과의 테헤란에서의 대화 중에 표현된 문장으로서 "이에 비하면 미국은 필리핀을 얼마나 훌륭히 통치했느냐"라는 진의가 숨겨져 있다.

다는 것은 1917년 러시아혁명이 식민지 문제(민족 문제)에 끼친 영향만큼 중요한 일이었다는 역사적 평가가 있다.[132]

카이로회담에서 루스벨트는 장제스에게 인도차이나를 프랑스로 반환해서는 안 되며 국제신탁통치를 받아야 한다고 말했다.[133] 브래들리(Mark Bradley)는 루스벨트의 대(對)인도차이나 인식을 연구하는 일련의 작업 중 1943년 6월 태평양전쟁위원회의 기록을 분석했다. 이에 따르면, 루스벨트는 식민통치 자체에 대한 반대 감정보다는 프랑스가 식민모국으로서 책임과 의무를 다하지 못했다는 인식에 기반해 미국이 인도차이나에 대한 신탁통치국이 되는 방식을 구상했다. 여기서 인도차이나는 미국 통치 이전의 필리핀에 비유됨으로써, 미국식 체제에 "은혜로운 동화(benevolent assimilation)"가 요구되는 지역으로 간주되었다.[134]

또한 윌슨식 자결주의 원칙이 루스벨트의 반식민주의(탈식민지)적 이념 형성에 영향을 미쳤다. 루스벨트는 제2차 세계대전에 참전하기 전인 1941년 3월 2일 "지구상 모든 인종이 자신의 국가에 대한 고유한 권리를 가져야 한다"라고 주장했다.[135] 따라서 그의 신탁통치안에 관철된 이

---

132 J. M. 로버츠·O. A. 베스타 저, 노경덕 외 역, 『세계사 II』(까치글방, 2015), 1276쪽.
133 Elliott Roosevelt, *As He Saw It: The Story of the World Conferences of F.D.R.* (New York: Duell, Sloan and Pearce, 1946), p. 75.
134 Gary R. Hess, "Franklin Roosevelt and Indochina," *The Journal of American History*, vol. 59, no. 2 (1972); Mark Bradley, "Franklin Roosevelt, Trusteeship and US Exceptionalism: Reconsidering the American Vision of Postcolonial Vietnam," Marilyn B. Young and Robert Buzzanco, eds., *A Companion to the Vietnam War* (Oxford: Blackwell, 2006), pp. 132-133.
135 Franklin D. Roosevelt, *The Public Papers and Addresses of Franklin D. Roosevelt*, compiled by Samuel I. Rosenman, in 13 vols, vol. X, 1941 (New York: Harper & Brothers, 1942), p. 69. 루스벨트는 적국의 점령지라는 제한된 지역에만 적용되었던 위임통치제도를 제2차 세계대전 후 적국의 식민지였건 아니건 상관없이 모든 식민지에 확대 적용시키려 했다[Henry L. Stimson and McGeorge Bundy, *On Active Service in Peace and War* (London: Hutchinson, 1947), p. 350 참조]. 이런 의도 면에서 초기의 윌슨과 일맥상통했다.

념은 정치적 훈정론과 반식민주의[136]라고 요약할 수 있다. 이상적 측면에만 주목하면 루스벨트의 신탁통치안은 '뉴딜적인 온정주의(New Deal Paternalism; 뉴딜적인 간섭주의)' 이념과 전제군주정치·귀족제에 대항하는 평등주의적인 '자명한 신의 뜻(섭리)(Manifest Destiny)'[137] 전통을 구현

---

[136] Foster Rhea Dulles and Gerald E. Ridinger, "The Anti-Colonial Policies of Franklin D. Roosevelt," *Political Science Quarterly*, vol. 70, no. 1 (1955), pp. 4-5; John J. Sbrega, "The Anticolonial Policies of Franklin D. Roosevelt: A Reappraisal," *Political Science Quarterly*, vol. 101, no. 1 (1986), pp. 65-84; Kenton J. Clymer, "Franklin D. Roosevelt, Louis Johnson, India, and Anticolonialism: Another Look," *Pacific Historical Review*, vol. 57 (1988), pp. 261-284.

[137] 이 말은 미국의 텍사스 합병(1845)으로 멕시코와의 전운이 감돌 즈음에 미국의 저명한 언론인이자 변호사였던 오설리번(John L. O' Sullivan; 1813~1895)이 처음 사용했다. 오설리번은 점점 공격적이고 팽창적으로 바뀌어가던 미국 정부의 영토 합병 정책(텍사스 합병)을 정당화하려고 이 정책을 '신이 준 권리'라 주장해 합법성을 부여하려 했다. '자명한·명백한·계시된'이라는 의미를 내포한 manifest라는 용어와 사명(운명·섭리)이라는 의미의 destiny라는 말을 결합해 먼로주의의 새로운 응용을 매우 훌륭하게 지칭할 수 있었다. 마치 중세 십자군처럼 신의 섭리(destiny)에 호소했던 것이다. 오설리번은 영토확장론을 옹호한 남부민주당의 기관지 *The United States Magazine and Democratic Review* 1845년 7·8월호에 '해마다 증가하는 우리 수백만 미국인들이 자유롭게 뻗어나갈 수 있도록 하나님께서 할당해주신 대륙을 온통 뒤덮기 위한 명백한 운명을 이행하자'는 취지의 기사를 썼다. 그는 "우리 미국 역사가 인간의 진보를 상징하는 역사임을 확신한다면, 어느 누가 그리고 무엇이 우리의 전진을 막을 수 있단 말이냐"라고 주장했다. 이어 "장차 무한히 펼쳐질 미래는 위대한 우리 미국의 시대가 될 것이다. … 수많은 국가 중에서 우리 국가는 인류에게 하나님의 섭리를 증명하도록 성스러움과 진리로써 우리 하나님에게 지금까지 봉헌한 그 어느 것보다 훌륭한 신전을 지상에 건설하도록 운명지어졌다"라는 명백한 신의 운명(섭리; 원래 destiny라고 썼지만 '섭리'를 뜻하는 providence와 동의어임)을 역설했다. "이제 그 신전의 발판은 서반구가 될 것이며, 지붕의 별빛이 찬란한 천상의 하늘이 될 것이고 신전에 모인 하나님의 민족들은 지상의 모든 공화국으로 하나의 연합체를 구성할 것이며, 이곳에서 행복에 찬 수억의 사람들은 인간이 주인이 되는 요구하지도 소유하지도 않고 오로지 모든 사람에게 평등한 신의 자연법과 도덕 법칙에 의해서만, 그리고 '사람들 사이의 평화와 선의'라는 바로 동포애의 법칙에 의해서만 지배받게 될 것이다"라고 썼다. 이 대목에서 미합중국이라는 국가연합체의 조직원리를 엿볼 수 있다. 이는 기독교 신앙에 기반한 것으로 '수억의 사람들'이라는 말이 상징하듯이 모든 국가들을 개종시켜 한 조직으로 묶으려 했던 국가였다. 후반부에서 "우리는 진보와 개인의 자유와 보통선거의 나라"이며 "권리와 평등은 우리 연방을 구성하는 개별 주정부들에게도 지침이 될 것"이고 "그것은 또한 개개인은 평등하다는 위대한 본보기가 된다"라고 주장되었다. 또한 "한 국가를 해체하거나 또는 다른 국가를 파괴하지 않는다면, 진리의 빛

이 발하는 동안 우리는 결코 퇴보하지 않을 것"이므로 "우리는 반드시 우리의 사명을 완수하기 위해 전진해야만 한다"라고 역설했다. "양심의 자유, 신체의 자유, 상업과 사업의 자유, 자유와 평등의 보편성"이 구현되는 "미국의 숭고한 사례는 왕정과 계서제와 과두정의 전제 정치(전제군주제와 귀족제)에 사형선고를 내릴 것이며 지금 수많은 사람들이 들짐승만도 못한 생활을 하고 있는 곳에서 평화와 선의의 기쁜 업무들을 수행할 것이다. 그렇다면 누가 감히 우리나라가 미래의 위대한 국가로 운명지어졌다는 것을 의심할 수가 있겠느냐"라고 끝맺었다. 구시대적 군주제에 묶여 있는 유럽 등지의 전제군주 정치-귀족제를 개개인은 평등하다는 미국식 평등주의로 맞서려 했다. 존 오설리번, 「명백한 운명(Manifest Destiny)」, 한국미국사학회 편, 『사료로 읽는 미국사』(궁리, 2006), 136-137쪽.

신의 축복을 받은 미국은 세계를 미국식 민주주의로 문명화하기 위해 계속 팽창해야 하고, 그것은 미국의 '명백한 운명(Manifest Destiny)'이었다는 것이다. "아메리카 대륙 전체로(나아가 세계 전역의 모든 사람과 지상의 모든 공화국으로) 팽창하는 것이 신께서(신의 섭리에 따라) 미국에 부여한 운명"이라는 많은 미국인들이 가지고 있던 정서를 표현한 용어이다. 이 말은 미국팽창주의자들이 빈번히 사용하는 수사학적인 단골 메뉴가 되었다. 1840년대 멕시코 영토였던 텍사스로 미국인들이 이주하자 멕시코 정부는 그들이 개척에 도움이 될 것 같아 정착을 허락했다. 그러나 이 지역에서 멕시코인들보다 인구가 많아진 미국인들은 독립을 선언했고 텍사스공화국을 세웠다. 멕시코와 싸워 독립을 인정받은 텍사스공화국은 1845년 미국 연방에 가입했다. 텍사스 합병 소식이 알려지자 멕시코는 미국과 국교를 단절했다. 미국 대통령 포크(James Knox Polk)는 1846년 멕시코 국경에 미군 3,500명을 파견해 멕시코를 자극했다. 결국 1846년 5월 전쟁이 일어났고 또 다른 멕시코 영토인 캘리포니아에서 미국인의 반란이 일어나면서 많은 미국인들이 '명백한 운명'을 인용하게 했다. 오설리번은 "우리 역사에는 전쟁터에서 싸운 기록이 없다"[존 오설리번(2006), 위의 글, 135쪽]라고 썼지만 미국은 미국식 민주주의를 전파하고 전제 정치에 사형선고를 내린다는 명분으로 수행했던 1846~1848년 멕시코와의 전쟁 결과 멕시코와 조약을 맺고 캘리포니아, 텍사스, 유타 등 서부지역을 빼앗아 태평양까지 영토를 확장했으므로 진정한 대륙국가가 될 수 있었다(미국은 미국 시민에게 진 멕시코 정부의 빚을 미국 정부가 대신 갚아주는 것을 조건으로 한 데다가 돈으로 이 지역을 샀다고 주장했지만 그 돈이 1,500만 달러에 불과했으므로 전쟁의 결과로 멕시코 영토 절반 이상을 빼앗은 것이었다). 멕시코는 '명백한 운명' 사상에 따라 "앵글로색슨족의 월등한 기력에 융합되거나 굴복해야 하며 그렇지 않으면 완전히 패망할 수밖에 없는 필연적 운명에 있다"라고 주장되었다. 최웅·김봉중, 「해외팽창」, 『미국의 역사』(소나무, 1997), 212쪽.

이러한 1840년대의 '명백한 운명' 사상은 1892년 공화당에 의해 부활되어 4년 후에 당의 강령으로 채택되었다. 이는 앵글로색슨족 특히 미국인이 전 서반구를 지배할 운명이라는 인종적 편견을 가진 19세기 학설이며 영토 팽창을 정당화하는 이데올로기의 상징이었다. '팽창의 천명'이라고 번역되기도 한다. '명백한 운명' 사상은 1898년 미국이 기존의 고립주의적 기저에서 스페인과의 전쟁을 일으키는 제국주의(팽창주의)로 전환하는 데 중요한 배경이 되었다. 김행자, 「미·서전쟁으로 인한 미국의 제국주의」, 『이대사원』 11(1973),

한 인도주의적 제도이다.[138] 그러나 카이로회담에서 처칠의 반발에 직면해 보편적 원칙이 추축국에만 적용으로 축소되었다. 이에 더하여 루스벨트 사후(死後)에 신탁통치가 실제로 실현된 결과론에만 집중하면 이들 인도주의적 이념은 현실에서는 통하지 않았던 수사에 불과했던 것으로 판명된 측면이 있었다. 따라서 현실주의자들은 루스벨트가 창안한 탁치안이 미국의 국익을 확보하기 위한 수단에 불과하다고 주장해 정설 구축을 선포했다. 이상주의적인 면은 외피에 불과하다는 것이다.

루스벨트는 미국 국내정치에서 뉴딜(New Deal)을 성공시켜 4선에 이르렀으며 트레이드마크로 만들었다. 뉴딜은 해체와 개혁, 공동번영이다. 루스벨트는 이를 국제정치에 투사했다. 개혁 대상은 유럽 식민주의였으며 전시 영국 수상이던 처칠은 자연스럽게 그 주요 대상이 되었다. 공동번영의 대상은 연합국의 일원이었던 소련이었다. 루스벨트는 뉴딜적 이상주의의 설득력을 과신했다. "내가 노블레스 오블리주를 보인다면 스탈린은 민주주의와 세계평화를 위해 함께 일할 것이다"라고 생각했다.[139] 주변의 좌파·진보주의 참모들도 루스벨트의 용공적 입장을 지

58-59쪽.
그런데 미국 제7대 잭슨(Andrew Jackson) 행정부(1829~1837)의 팽창주의적 영토 확장 정책은 훗날의 '명백한 운명'에 비견되는 'Manifest Design' 정책으로 패러디되기도 했다. Thomas R. Hietala, *Manifest Design: Anxious Aggrandizement in Late Jacksonian America* (Ithaca and London: Cornell University Press, 1985). 그리고 실제로는 잭슨 행정부 당시 멕시코로부터 텍사스를 500만 달러에 매입하려고 했다. 이 시도는 실패했고 주(駐)멕시코 임시대리대사 버틀러는 텍사스를 무력으로 점령하자고 제안했지만, 잭슨은 이를 거절했다. 버틀러는 잭슨의 집권 말기에 교체되기도 했다. 전술한 바와 같이, 포크 11대 대통령 시절인 1845년 텍사스를 제28번째 주로 합병하자 멕시코-미국 전쟁이 일어나 오늘날 미국 영토의 4분의 1에 달하는 지역을 빼앗아 합병했다.

[138] Charles M. Dobbs, *The Unwanted Symbol: American Foreign Policy, the Cold War, and Korea, 1945~1950* (Kent, Ohio: The Kent State University Press, 1981). p. 58.
[139] Paul Johnson, *Modern Times: The World from the Twenties to the Nineties,*

지했다(보수적인 인사들은 루스벨트의 뉴딜이 친사회주의적인 정책이라고 비판했지만, 그가 자본주의의 틀에서 크게 이탈하지는 않았다는 것이 대체적인 평가이다). 루스벨트는 당시 국제정치에서 키스톤(keystone)은 소련이고 영국은 부차적 존재라고 여겼다.[140] 따라서 오랜 동맹국의 수장 처칠의 제국주의는 견제하려 했고(반식민주의), 과거의 적 소련은 포용하면서(루스벨트는 대통령이 된 1933년 열강 중 가장 뒤늦게 소련을 승인했다)[141] 스탈린의 팽창주의에 대해서는 애써 외면하거나 간과했다.[142] 루스벨트는 히틀러라는 더 큰 악마를 무찌르기 위해서 또 다른 악마인 스탈린과 손을 잡은 것이라고 합리화했다.

한편 이상주의적인 면에 주목해 루스벨트의 신탁통치안 구상 과정을 살펴보면, 그는 윌슨주의와 뉴딜적 이상주의, 필리핀 통치 경험(훈정)에 대한 자신의 반식민주의적·이상적 해석, 당시 국내 여론으로 조성된 반식민주의와 피압박 민족에 대한 연민 등을 결합해 신탁통치를 창안했다. 그런데 실제로 이러한 이상만 가지고 실현될 수 없었던 현실이 엄

---

revised edition (London: Harper Perennial, 1992).
[140] George T. McJimsey, *The Presidency of Franklin Delano Roosevelt* (Lawrence, KS: University Press of Kansas, 2000); 박보균, 「속임수 천재 스탈린이 보여준 공산주의 협상술의 원형」, 『중앙SUNDAY』, 2018년 9월 1~2일자, 29면.
[141] 柳光烈, 「米, 英, 蘇 陣營의 內訌」, 『朝光』 9-5(1943), 14쪽.
[142] 그러나 루스벨트는 서거하기 직전인 1945년 4월 "스탈린은 (1945년 2월 얄타 등에서 공약한) 약속을 지키지 않았다. 더 이상 같이 일을 못 하겠다"라고 탄식했다고 한다. 박보균, 「속임수 천재 스탈린이 보여준 공산주의 협상술의 원형」, 『중앙SUNDAY』, 2018년 9월 1~2일자, 29면. 루스벨트는 속임수 천재 스탈린의 노련한 진면목을 몰랐다는 주장이 제기되어 있다. 전쟁 당시는 독일에 대항해 연합전선을 구축해야 하는 상황이었고 트루먼 집권 이후 종전기에는 연합전선에 균열이 생기는 상황이었으므로 루스벨트가 소련의 팽창주의적 속성을 몰랐다기보다는 내심으로는 견제하려 했으나 독일 격파라는 당시 시대정신을 위해 애써 외면하려 했다고 보아야 한다. 한편 처칠은 루스벨트보다 스탈린을 더 공개적으로 견제했으나 영국의 영향력은 쇠퇴하고 있었으며 독일은 소련의 저항 덕분에 패퇴했으므로 미국에 소련은 결정적 파트너(동맹국)였고 미국의 오랜 동맹국 영국은 하위 파트너로 전락하고 있었다.

연히 존재했다. 루스벨트가 새롭게 창안한 '훈정(후견제)'을 수식하고 있는 '다국적'이라는 용어는 영국과 소련, 그리고 중국을 견제하여 미국의 국익을 확보하려는 현실주의적 요소의 발현이었다. 식민주의의 영향 아래 현실화되었던 위임통치와 차별되는 반식민주의적인 독립 보장안으로서의 후견제라는 이상과 국가이익을 확보하려는 현실이 결부된 것이 루스벨트식 다국적 훈정이었다. 현실주의(다국적)와 이상주의(후견제)의 결합을 분석적·복합적으로 보면 루스벨트 탁치안을 국익 확보책으로만 보는 기존의 현실주의적 정설은 보완·지양될 수 있을 것이다.

2) 신탁통치의 현실: 보편주의 원칙의 퇴색과 식민지 지배의 연장

(1) 1939~1942년, 미국의 신탁통치 초기 구상

가. 국무부 내 전후계획기구 설립, 1939~1941년

루스벨트뿐만 아니라 국무부 관계자들도 신탁통치안을 구상하고 있었다. 독일의 폴란드 침공 후 3개월이 채 안 된 1939년 12월 27일 미 국무장관 헐은 '전후 미국이 주도하는 바람직한 세계질서'에 관한 계획을 수립하기 위해 국무부 안에 자문기관을 설치할 것을 제의했으며 1940년 1월 8일 '대외관계자문위원회[Advisory Committee on Problems of Foreign Relations, 의장은 국무차관 웰스(Sumner Welles)]'라는 명칭으로 가동되기 시작했다.[143]

비슷한 맥락에서 전후 구상의 중요성 때문에 웰스와 국무장관 보좌관

---

[143] 당시 국무차관 자문위원인 노터(Harley Notter)는 제1차 세계대전 이후 강화조약 체결 과정을 다룬 *The Origins of the Foreign Policy of Woodrow Wilson* (Baltimore: Johns Hopkins University Press, 1938)을 저술하면서 준비 부족으로 인하여 평화 유지가 실패했다고 단정하여 전후계획기관을 국무부 내부에 설치할 것을 제안했다고 한다.

파스볼스키(Leo Pasvolsky)는 조사기관의 설치를 건의했으며 헐은 '비밀명령 919A'를 발의하여 1941년 2월 3일 파스볼스키를 국장으로 하는 특수조사국(Division of Special Research)을 국무부 내에 창설했다.[144]

또한 1941년 12월 22일에는 헐이 루스벨트에게 발의하여 다음 해 2월 12일 국무부 주관의 '전후대외정책자문위원회(The Advisory Committee on Post-War Foreign Policy)'를 설치했다.[145] 국무장관이 위원장인 이 기구는 각계의 전문가가 망라되어 1943년 여름까지 활발하게 활동했으며 자체 작성한 정책건의서를 토대로 루스벨트에게 당면 현안에 대하여 보고했다. 신탁통치안 등은 주로 웰스가 의장인 정치소위원회(Subcommittee on Political Problems)의 소관사항이었다. 이 소위원회는 1943년 6월 19일까지 평균 주 1회 회합하여 총 60차례나 회합했던 중요기관이다.[146] 정치소위원회와 영토소위원회(Subcommittee on Territorial Problems)는 과거 동맹이나 세력균형과 같은 현실주의적 방식이 아니라 강대국들 간의 협조체제를 기반으로 한 새로운 관리체계인 유엔을 통해 구 식민지의 독립이 이루어져야 한다는 점을 계획했다.[147]

1943년 여름 연합국이 전국(戰局)을 유리하게 이끌어 마치 전후세계가 곧 도래할 것으로 예견되자, 헐은 전후대외정책자문위원회의 기능을 실질적으로 정지시켰으며 특수연구국(Division of Special Studies; 1943년 경제연구국을 합병하여 정치연구국이 되었으며 Policy Summaries인 H Document를 생산함)이 이 업무를 떠맡았다. 실제로 정치 문제는

---

[144] 五百旗頭眞, 『米國の日本占領政策』上(東京: 中央公論社, 1985), 61쪽.
[145] 전후대외정책자문위원회에 관련된 문서는 "Notter Files" 중 Records of the Advisory Committee on Post-War Foreign Policy, Records of Harley A. Notter, 1939~45, RG 59, Box 54, US National Archives에 집중되어 있다.
[146] U.S. Department of State, *Postwar Foreign Policy Preparation*, pp. 96-97.
[147] 하지은(2015), 앞의 글, 33쪽.

1943년 여름까지, 경제 문제는 1944년 봄까지 이 위원회가 연구했다. 또한 1943년 여름부터 1944년까지는 국간지역위원회(Inter-Divisional Country and Area Committees)가, 1944년 1월 15일부터 11월까지는 정책위원회(The Policy Committee)·전후계획위원회(The Committee on Post-War Program; 1944년 2월 설립)의 양대 위원회가 왕성하게 활동했다.[148] 국무부 내 전후계획기관의 계보는 대외관계자문위원회(1940.1.) → 전후대외정책자문위원회(1942.2.) → 전후계획위원회(1944.2.)로 이어졌다. 그 후 국무부 전후기획조직들은 군사점령 및 군정수립과 같은 군사안보적 사안과 관련하여 군부와의 협의를 모색하게 되었고, 그 결과 1944년 11월 실무 수준에서 군부와 국무부의 정책조정을 담당하는 '국무·육군·해군 삼부조정위원회(약칭 삼부조정위원회; State-War-Navy Coordinating Committee)'가 설립되었다.

나. 미 국무부의 보편적 신탁통치안 입안, 1942년

1942년 2월 20일 미 국무부 극동국의 랭던(William R. Langdon)이 한국은 당분간 열강의 보호와 지도가 필요하다는 식으로 신탁통치의 원형적(原形的) 안을 처음으로 제기했다.[149] 이어 전후대외정책자문위원회 정치소위원회는 1942년 8월부터 12월까지 수차례 회의를 통해 회의록·

---

[148] U.S. Department of State, *Postwar Foreign Policy Preparation*, p. 63, p. 78, p. 72; Eduard Mark, "History and Significance of the Records of Harley A. Notter, 1939~1945," in *Post World War II Foreign Policy Planning: State Department Records of Harley A. Notter, 1939~1945*, volume I: Bibliography (Bethesda, MD: Congressional Information Services, 1987), p. x 참조.

[149] William R. Langdon, "Memorandum: Some Aspects of the Question of Korean Independence," 20 Feb. 1942, RG 59, General Records of the Department of State, Internal Affairs of Korea 895.01/79, US National Archives; 정용욱, 「해방 이전 미국의 對韓構想과 對韓政策」, 『韓國史硏究』 83 (1993), 102쪽; 정용욱, 『해방 전후 미국의 대한정책』(서울대학교 출판부, 2003), 40-41쪽.

보고서·문서 등을 양산했는데 이 문서들에 의하면 신탁통치가 전 세계 모든 식민지에 적용될 수 있는 원리로서 암암리에 전제되어 있다.[150] 결국 1943년 4월에 작성된 문서의 "국제신탁통치계획" 항목에는 "모든 주요한 식민지역, 보호국, 위임통치령에는 국제기구가 수탁자가 되는 국제신탁통치가 실시되어야 한다"라고 결론지었다.[151]

이러한 보편적 구상에는 식민지에 대한 문호개방적 인식이 배경으로 깔려 있다. 그런데 한반도 문제는 국지적인 이슈였으므로 지엽적으로 다루어지는 데 그쳤다. 1942년 국무부 전후대외정책자문위원회가 일제의 식민지배 아래 있는 한국을 전쟁이 끝난 후 만주와 함께 일본으로부터 분리한다는 구상을 검토했다고 한다. 만주는 중국에 귀속시키되

---

[150] "Far Eastern Problems," P Minutes 20, August 1, 1942, RG 59, Records of Harley A. Notter, 1939~45, Records of the Advisory Committee on Post-War Foreign Policy, Box 55; P Document 31, August 6, 1942, RG 59, Records of Harley A. Notter, 1939~45, Records of the Advisory Committee on Post-War Foreign Policy, 1939~45, Box 54; P Minutes 21, August 8, 1942, RG 59, Records of Harley A. Notter, 1939~45, Records of the Advisory Committee on Post-War Foreign Policy, Box 55; "An International Trusteeship for Non-Self-Governing Peoples (as considered to October 8, 1942)," P Document 118, P-I.O. Document 95, October 21, 1942, RG 59, Records of Harley A. Notter, 1939~45, Records of the Advisory Committee on Post-War Foreign Policy, Box 55; "Tentative Views of the Subcommittee on Political Problems: March 7~October 10, 1942," P Document 121, October 22, 1942, RG 59, Records of Harley A. Notter, 1939~45, Records of the Advisory Committee on Post-War Foreign Policy, Box 54; ["Tentative Views of Each of the Subcommittees"], P Document 151, December 7, 1942, RG 59, Records of Harley A. Notter, 1939~45, Records of the Advisory Committee on Post-War Foreign Policy, Box 54; "International Trusteeship," P Document 123-b, P-I.O. Document 29-h, T-169-a, December 8, 1942, RG 59, Records of Harley A. Notter, 1939~45, Records of the Advisory Committee on Post-War Foreign Policy, Box 61.

[151] P Minutes 50, April 3, 1943, RG 59, Records of Harley A. Notter, 1939~45, Records of the Advisory Committee on Post-War Foreign Policy, Box 55, p. 12.

한국은 국제신탁통치안을 적용하는 구상이었다. 한국이 속한 지정학적 위치가 전략적으로 중요하고 주변국 간의 이해관계가 복잡하므로 어느 한 강대국의 독주를 막기 위해서는 미국 주도하에 지역안보체계를 마련할 필요가 있다고 주장되었다. 이러한 검토를 거쳐 1942년 여름 전후대외정책자문위원회 정치소위원회는 한국에 대해서 일정한 기간이 지난 뒤 독립시키되 연합국 공동관리(국제기구)에 의한 신탁통치를 통해 자치능력을 배양시킨다는 대안적인 구상을 구체화했다는 것이다.[152] 이는 한국을 중심에 둔 연구 결과이다. 그런데 실제로 한국 문제에 대해 미 국무부는 글로벌한 차원이 아닌 로컬한 차원에서 접근했다고 할 수 있다.

다. 루스벨트 사후, 정책에 반영된 미 국무부 초기 구상

요약하자면, 루스벨트는 1939년부터 공동통치를 이상적 관념의 차원에서 구상하기 시작했으며, 신탁통치 문제가 쟁점화되는 1940년대에는 민법상의 신탁통치 개념에 근거하면서 보다 구체적 입장을 가지고 있던 국무부 등의 자문에 의지하여 신탁통치라는 양식으로 구체화했다.

그런데 루스벨트는 신탁통치를 구상함에 있어 주로 자신의 판단과 개인보좌관의 자문에 의존했다. 또한 국무부 내 기관과 대통령 측근인사가 설립한 기관[153]이 서로 충돌하기까지 했으므로 국무부 신탁통치안의 정책 반영에는 한계가 있었다. 따라서 국제적 논의가 진행될수록 루스벨트의 신탁통치안 지지는 확고해졌으며 국무장관은 일방적인 지시를 받았다. 1943년 10월 루스벨트는 연합국 외상회의 참석차 모스크바를

---

[152] 정용욱(2003), 앞의 책, 32-35쪽.
[153] 대령 도노번(William J. Donovan)이 1941년 7월 11일 설치한 정보조정국(Office of Coordinator of Information) 등이 대표적이다.

향하는 헐에게 '미국이 제안한 신탁통치를 광범위하게 적용하는 문제에 대하여 연합국들과 명백하게 합의하기 위하여 노력하라'고 지시했다.[154] 지역을 구체적으로 거명했지만 한국은 빠졌다. 그런데 루스벨트가 사망한 후에는 국무부의 조사 내용이 정책에 반영될 여지가 많아졌다. 따라서 국무부 초기 구상은 훗날 빛을 보았다.

(2) 1942~1945년, 보편주의 원칙의 퇴색과 위임통치의 전철 답습

가. 루스벨트, 장제스의 신탁통치 구상 인용: 일국 위임통치의 대안으로서 다국적 탁치안 제시

미국이 식민지 모두를 신탁통치 실시 지역으로 주목했다는 사실은 태평양에만 국한할 때도 확인된다. 영국령(말레이반도 등의 동인도·홍콩), 프랑스령(인도차이나), 네덜란드령(동인도)과 일본의 식민지·위임통치령(한반도·서태평양제도) 등이 그곳이다.

소련 외상 몰로토프(Vyacheslav M. Molotov)는 유럽 전장에서의 대독일 제2전선 설정(실제로 1944년 6월 6일 아이젠하워 사령관이 지휘하는 미·영 연합군이 북부 프랑스의 노르망디에 상륙하여 제2전선이 열려 독일과 혼자 분투했던 소련을 애먹였으므로 미·소냉전이 전쟁 중에 이미 시작되었다는 냉전의 이른 기원론과 연결된다)을 요구하러 1942년 5월 말 미국을 방문했다.

이에 루스벨트는 1942년 5월 29일 몰로토프와 만나, 전후 "미국, 영국, 소련 그리고 아마도 중국을 포함한 4개국이 세계 경찰 역할"을 담당해야 한다고 주장했다. 처칠은 과거 '국제연맹(The League of Nations)'과 유사한 국제기구의 부활을 선호하지만, 루스벨트는 (100개나 되는)[155] 많은 국가가

---

154 "Memorandum of Conversation with President Roosevelt," [Washington, October 5, 1943.], U.S. Department of State, *FRUS, 1943*, vol. I, General, p. 543.

관여하는 것은 비현실적이라고 평가했다.[156] 이렇듯 루스벨트는 100개 국가가 참여하는 국제연맹 체제가 4대국 공동 관리 체제로 대체되어야 한다고 주장했으며, 만일 "소련과 미국이 이를 강력히 주장할 경우 영국도 동의할 수밖에 없을 것"이라고 강조하면서 소련의 협력을 요청했다.

이에 몰로토프는 4대 강국에 "중국을 포함하는 문제는 향후 강력한 중앙집권적인 정부를 유지하는지 여부에 달려 있는데 아직 의문스럽다"라고 전제하면서, 중국의 참여에는 조건을 달았다. 또한 몰로토프는 프랑스도 포함되는지 문제를 제기했다. 이에 루스벨트는 당초에는 4대 경찰국에는 포함되지 않았으나 향후 위상 변화에 따라 고려해볼 수 있다면서도 경찰관이 너무 많으면 문제가 될 것이라고 다소 유보적인 태도를 보였다.[157]

1942년 6월 1일 루스벨트는 몰로토프와 세 번째(5월 30일 두 번째 면담에서는 몰로토프 방문의 주 목적인 유럽전장의 제2전선 개설 문제가 논의되었다[158])로 만났다(홉킨스와 소련 대사 리트비노프 배석). 이 면담에서 루스

---

[155] "Memorandum of Conference Held at the White House, by Mr. Harry L. Hopkins, Special Assistant to President Roosevelt," May 29, 1942, [7:40 p. m. to 12:00 midnight], *FRUS, 1942*, vol. Ⅲ, Europe, p. 573.

[156] "Memorandum of Conference Held at the White House, by Samuel H. Cross, Interpreter," [Extracts], Friday, May 29, [1942], 7:40 p. m., *FRUS, 1942*, vol. Ⅲ, Europe, p. 568.

[157] "Memorandum of Conference Held at the White House, by Mr. Harry L. Hopkins, Special Assistant to President Roosevelt," May 29, 1942, [7:40 p. m. to 12:00 midnight], *FRUS, 1942*, vol. Ⅲ, Europe, pp. 573-574. 박다정, 「태평양전쟁 초기 중국의 팽창주의와 미국의 한반도 신탁통치 결정(1941~1943)」, 『역사학보』 256(2022), 378쪽에는 5월 29일 처칠의 위임통치제 부활에 대해 루스벨트가 비현실적이라고 언급했다는데, 인용한 572-574쪽에는 '비현실적(impractical)'이라는 표현이 없고, 568쪽 공식 회의록에 국제연맹의 부활을 '비현실적'이라고 비판하는 부분은 있다. 위임통치와 신탁통치는 6월 1일 면담에서 언급되는데, 박다정은 두 면담을 섞어서 기술한 것으로 보인다.

[158] "Memorandum of Conference Held at the White House, by Samuel H. Cross,

벨트는 장제스가 신탁통치 구상안을 제시했다면서 자신의 생각을 개진했다. 먼저 루스벨트는 신탁통치 원칙이 위임통치제의 원칙과 상치된다면서 일본이 태평양상의 독일 위임통치령을 얻어서 강화시켰다고 비판했다. 전후 식민지 해방에 관심을 가졌던 루스벨트는 피식민지역을 어느 한 나라의 위임통치 지역으로 분류해 실행한 국제연맹의 처사가 결국 그 지역을 새로운 지배자에게 넘기는 잘못된 것이었다고 인식했다(그는 1945년 새로운 국제기구인 유엔의 틀 안에서 다자에 의한 신탁통치를 통해 피식민국가들을 독립시켜야 한다고 구상하기에 이르렀다).[159] 태평양상 섬들은 작지만 어느 한 나라에 주어서는 안 된다고 주장했다. 물론 일본에서는 분리해야 하지만 영국과 프랑스에 주어서도 안 된다고도 했다. 영국이 현재 소유하고 있는 섬들도 마찬가지 과정이 적용되어야 한다고도 말했다. 한 나라가 통치하는 것이 아니라 3~5개국이 국제위원회(International Committee)를 구성해 긴 기간 동안 문제를 해결해야 한다는 것이다.

루스벨트는 전후 평화 정착에 대한 그의 예비적 고찰을 소개하면서 식민지 문제를 국제적 신탁통치의 틀에서 해결하자고 제안했던 것이다. 루스벨트는 전후 처리 과정과 관련하여 미·영·중·소 4대 강국의 역할을 언급하는 가운데 처음으로 신탁통치라는 단어를 구체적으로 사용했던 것이다. 미·영·중·소가 강대국 동맹을 이루어 전후 국제적 안정성

Interpreter," [Extracts], Saturday, May 30, 1942, 11. A. M., *FRUS, 1942*, vol. Ⅲ, Europe, pp. 575-578.
[159] 루스벨트는 국제 문제에 대해 '통 큰' 사고방식을 갖고 있었다고도 볼 수 있다. 그는 전후문제를 '큰 틀' 안에서 구상했으며, '작은 틀' 안에서 미국의 국익만을 추구하는 국무부 관리들과는 사고 범위에서 차이가 있었다고 해석된다. 김자동, 「(길을찾아서)"다자공동 신탁통치" 루즈벨트는 타계하고」, 『한겨레』, 2010년 4월 11일자. 국제주의자(internationalist) 루스벨트는 미국의 국익을 우선하는 국가주의자(한국식으로 말하면 민족주의자와 가까움. 미국은 다민족국가이므로 민족주의자라는 말이 어울리지 않음) 트루먼과는 달랐다.

을 보장하는 '네 명의 경찰관(four policemen)'으로 기능하며, 이를 기반으로 식민지역들이 자치 혹은 독립을 위한 국제신탁통치제도의 지원을 받음으로써 평화를 향한 전망이 상당히 개선될 것이라고 주장했다. 여기서 루스벨트는 국제연맹의 위임통치제도를 뛰어넘어야 한다고 주장하면서, 동맹국들에 전략적으로 중요한 모든 식민지 지역에 대한 순수하고 단순한 국제화를 주장했다. 3~5개 동맹국으로 구성된 지역협의회 형식의 위원회를 구성하고 그것이 현지 임시기구를 매개로 실제 행정에 개입해야 한다는 것이었다. 이와 함께 루스벨트는 일본 위임통치령을 병합할 의도가 없으며, 그 지역이 국제적 통제를 받기를 기꺼이 원한다고 말했다.[160]

보다 구체적으로 인도차이나, 샴, 말레이 국가들을 거명했다. 여기에 더하여 거명한 네덜란드령 동인도제도는 네덜란드가 자치를 허용해야 한다고 알고 있으므로 제외하는 듯했다. 또한 이들 지역이 자치할 수 있을 때까지 '과도기적인 국제적 신탁통치(interim international trusteeship)'를 적용하는 것이 가장 바람직한 통치양식이라는 총통 장제스의 주장을 인용했다. 장제스가 언제 국제적 신탁통치안을 주장했는지[161] 몰로토프에게 말하지는 않았지만 루스벨트는 이 구상에 동의하는 듯했다. 그러면서 루스벨트는 이들 여러 식민지역에 20년간의 국제적 신탁통치 실시를 첨언해 기간까지 명시했다. 또한 신탁통치 시정국들(trustees)은 미국이 42년간 필리핀에서 행한 것과 같은 노력을 경주해야 할 것이라고도 했다. 장제스의 신탁통치 원칙은 독립을 지향한 것

---

160 Wm. Roger Louis(1987), 앞의 책, pp. 354-357.
161 진주만 공습으로 일본과 미국이 적대관계에 돌입한 직후, 아시아의 영수로 재등장할 수 있다고 판단한 중국이 당시 일본 영토인 류큐와 일본 식민지인 한국 등 아시아의 일본 세력권 지역에 중·미 공동관리가 실시될 수 있다고 생각해, 장제스가 국제공관이라는 개념을 미국에 제시한 것으로 추정된다.

임을 당시 염두에 두고 있었다고 루스벨트는 다시금 강조했다. 더 나아가, 루스벨트는 백인 국가들은 아시아-태평양 지역에서 자신들의 기존 식민지를 포기해야 하며, 이들 식민지 지역들은 독립에 이르는 과도기 과정으로 국제 신탁통치를 실시하는 것이 가장 바람직하다고 강조했다. 루스벨트는 몰로토프가 스탈린과 이 제안을 토론해줄 것을 희망했다.[162] 몰로토프는 이미 동의를 표명하면서 스탈린 역시 관심이 있을 것이며 연구해보겠다고 약속한 바 있다.[163] 이렇게 몰로토프가 루스벨트의 신탁통치 구상에 동의하고 그것의 실현을 위해 미국을 지원할 의사가 있음을 밝힘으로써 미국의 전후 구상은 더욱 진전될 수 있는 기반을 닦았다고 할 수 있다.[164]

이로써 루스벨트는 아시아 지역 식민지 일반에 대한 정책으로 탁치를 고려했다고 볼 수 있다. 비록 소련과 이익이 교차하는 한반도의 경우 구체적 거명을 피했지만 그 경우에도 국제공관[중국에서 주로 사용되던 '공동관리(共同管理)'의 약자]의 대상이 될 수 있었음을 미루어 짐작하는 것이 과대 확대해석은 아니다.[165] 이렇듯 루스벨트는 식민지 문제를 국제 신탁통치의 틀에서 해결하려는 의사를 소련에 전달한 이래 보편적 적용에 대하여는 여러 경로를 통해 암시했다.

---

[162] "Memorandum of Conference Held at the White House, by Mr. Samuel H. Cross, Interpreter," Monday, June 1, 1942, 10:30 a. m., *FRUS*, 1942, vol. III, Europe, p. 581; Robert Dallek, *Franklin Roosevelt and American Foreign Policy, 1932~1945* (London: Oxford University Press, 1979), p. 342.

[163] "Memorandum of Conference Held at the White House, by Mr. Samuel H. Cross, Interpreter," Monday, June 1, 1942, 10:30 a. m., FRUS, 1942, vol. III, Europe, p. 580.

[164] 안소영, 「태평양전쟁기 미국의 전후 대일 대한정책 및 점령통치 구상: 이중적 대립축과 그 전환」, 『한국정치외교사논총』 31(2010), 181-182쪽.

[165] Robert Dallet(1979), 앞의 책, p. 342쪽; 차상철, 「1941~1945년 미국의 한국 정책」, 『현상과 인식』 12-1(1988), 161쪽.

미국은 서구 제국주의의 식민지 해체에 따른 영국 등 서구 열강의 반발을 억제하기 위해서 소련의 협력이 필요했으며, 식민지를 보유하고 있지 않았던 소련으로서도 전후 식민지 관리에 대한 소련의 참여를 보장하는 루스벨트의 신탁통치 제안에 반대할 이유가 없었다. 이러한 배경하에 1942년 6월 초 미국과 소련은 전후 국제적 신탁통치 구상을 식민지에 보편적으로 적용한다는 원칙에 공감했다.[166] 이러한 공감대는 루스벨트 사망 직전까지 이어졌다.

그런데 루스벨트의 반식민지 원칙에 아직 공감하던 스탈린이 1945년 포츠담회담에서 영국 등 서방세력이 전투를 통해 취득한 이탈리아의 아프리카 식민지 전후 처리까지 참여하겠다고 하여 영국에 맞서자, 반식민지 원칙에서 벗어나기 직전의 신임 대통령 트루먼은 애매한 입장을 보일 수밖에 없었다. 만약 루스벨트였다면 1942년 5월 29일과 6월 1일 몰로토프와의 대화에서 드러나듯, 포츠담회담에서도 미·소 반식민주의 반영 공동 연합전선에 나섰을까? 루스벨트도 대통령으로서 자국의 이익을 추구하는 게 우선이었을 것이므로, 굳이 전쟁도 거의 끝나가는 시기에 미·소동맹에 집착하기보다는 트루먼처럼 방관하면서 자국의 실리를 추구했을 가능성이 높다.

루스벨트가 계획했던 국제적 신탁통치 구상은 사실상 전시 연합국의 식민지를 포함한 전 세계 모든 식민지를 대상으로 했다는 점에서 이전의 위임통치제도와 변별된다고 할 수 있다. 윌슨으로부터 발의된 보편적 위임통치제도가 독일과 튀르키예 등 패전국의 식민지들을 처리 및 관리하는 특수한 것으로 변질되었다면, 루스벨트는 이보다 더 발전되

---

[166] 신탁통치에 대한 미·소 양국 간 합의는 다음에 나와 있다. Ramendra N. Chowdhuri(1955), 앞의 책.

고 확대된 영토관리체제를 확립하고자 했다. 이는 대서양헌장에서 표방했던 바와 같이 영토 불확대와 식민지 제도개혁의 기치를 전 세계 모든 식민지에 대한 일반방침으로 적용하고 강대국들이 차후 동의할 수 있는 국제적 절차를 창출하려는 것이었다. 적어도 루스벨트는 초기 구상 단계에서 신탁통치안을 식민 종속 지역에 무차별적으로 적용시킬 것을 원칙으로 했다.[167]

미 국무부 정책 대안으로 구상되었던 탁치안을 1942년 여름 루스벨트가 결국 받아들임으로써 하나의 권위 있는 정책으로 그 격이 올라갔다.[168] 이후부터 루스벨트는 아시아에서 해방된 국가는 자치능력이 부족하므로 "교육을 통한 준비기"를 거쳐 독립이 달성되어야 한다고 1942년 11월 15일의 라디오 연설(후술함) 등을 통해 공개 석상에서 역설하면서[169] 탁치안을 주도했다. 루스벨트는 필리핀의 경우를 모범 케이스로 들어 약소민족과 국가들의 미래를 위해서 교육의 확산과 경제적 발전을 도모하는 준비 기간과 정치적 자치능력을 축적하는 훈련 기간이 절대적으로 필요하다고 함으로써 독립을 향한 과도기로서의 국제공관과 그 필요성을 강조했던 것이다.[170] 이렇게 아시아의 식민지를 거론했지만 아직 한반도를 꼭 집어서 언급한 것은 아니었다.

---

[167] 정용욱(2003), 앞의 책, 36-37쪽.
[168] 이우진(1985), 앞의 글, 162쪽. 이형철은 루스벨트의 탁치 구상이 대두하기 이전에 국무부의 구상이 먼저 있었으며 양자 간에 상호 의견 교환이 없었다고 주장한다[이형철, 「미국국무성의 한국신탁통치계획(1942~45)」, 『한국정치학회보』 21-2(1987), 275쪽, 284쪽]. 그러나 그의 연구에 의하면 미 국무부 구상 시기가 1942년 10월인데 이것만 가지고 루스벨트보다 먼저 구상되었다고 주장하는 것은 무리가 있으며 양자 간의 상호 교류가 있었다는 증거가 이우진에 의해서 제시되고 있다.
[169] Franklin D. Roosevelt, *The Public Papers and Addresses of Franklin D. Roosevelt, 1942*, vol. XI, edited by Samuel I. Rosenman (New York: Harper & Brothers, 1950), pp. 473-476.
[170] 차상철(1988), 앞의 글, 162쪽.

나. 위임통치·신탁통치안에 대한 영국의 일관된 반대와 보편주의
    원칙의 퇴색

윌슨식 위임통치안의 보편적 적용을 반대했던 식민주의 국가 영국의 제국주의자들은 20여 년이 경과한 1940년대에도 '해가 지지 않는 제국'의 꿈을 못 버려 구질서에 집착했다. 처칠은 1942년 11월 "대영제국은 제2차 세계대전 후에도 기존의 권익을 고수할 것"이라고 천명했다.[171]

그러나 구 식민지체제 비판자 미국의 부상과 식민지 민족주의의 고양이라는 상황 조건 때문에 영국은 식민체제 복귀라는 기존 정책을 강하게 주장할 수만은 없었다. 종주국의 후견권을 인정한 상태에서 지역위원회의 지도를 받는 일종의 신탁통치안을 구상했던 것이다. 1943년 2월 워싱턴 주재 영국대사 헬리팩스(Lord Halifax)는 미국 정부 당국자인 국무장관 헐에게 국제적 지도(international guide)[172]가 필요한 식민지의 경우 단일국가가 신탁통치하는 형태를 적용해야 한다고 주장했다. 그러나 이와 같은 신탁통치안은 식민제도를 연장한 것과 다를 바 없었다.

한편 미국은 1942년 11월의 시점에 이미 영국에 많은 것을 양보했

---

171 Herbert Feis, *Churchill-Roosevelt-Stalin: The War They Waged and the Peace They Sought* (Princeton: Princeton University Press, 1957), pp. 214-215.
172 "Halifax to Hull," 4 February 1943, Cordell Hull Papers, Reel 30, Box 59, Folder 216, Hull Papers, Library of Congress, Washington D.C.; James I. Matray, "An End to Indifference: America's Korean Policy During World War Ⅱ," *Diplomatic History*, vol. 2, no. 2 (Spring 1978), pp. 181-196. 헬리팩스는 나아가 세계평화와 '상업활동의 이해'라는 측면에서 보다 후진적 식민지역에서 사회·경제·정치적 기구를 발전시킬 "신탁관리"국가들("trustee" nations)을 지정해야 한다고 권고하며, 신탁관리 국가들과 여타 이해 국가들이 국제조직하의 지역위원회(Regional Commission)를 구성하고, 관련된 식민국가 및 국제사회의 이해를 증진시키기 위해 상담과 협력을 제공해야 한다고 제안했다.

다. 헐은 루스벨트에게 신탁통치령 대상지역은 ① 국제연맹 위임통치령과 ② 추축국 영토로부터 해방된 지역에 한정하는 것이 좋겠다고 건의했으며, 영국 측에는 식민지 행정에 있어서 기존의 식민모국이 그 권한을 행사해야 한다는 의견을 전달했다.[173]

1943년 3월 루스벨트가 워싱턴을 방문한 영국 외상 이든(Anthony Eden)을 만난 자리에서 한반도 신탁통치 문제가 국제적으로 논의되기 시작했다.

이후 이든은 1943년 8월에 열린 제1차 퀘벡회의에서 "신탁통치안이 독립을 강조하므로 찬성할 수 없다"라고 선언했다.[174] 이든은 미국 측이 국제신탁통치안을 설명하면서 사용한 독립이라는 용어에 대해 상당히 부정적인 반응을 보였다.[175] 영국이 양보할 수 있는 최후의 한계는 식민지의 '자치'였으며 이는 '영연방'이라는 형식으로 대영제국이 보존됨을 의미했다. 영국은 식민지의 '독립'을 제국의 붕괴로 해석했다.[176] 그런데 보다 심층적으로는 신탁통치안이 어느 한 나라의 기득권을 인정하지 않은 상태에서 '다국적' 양식으로 시정(施政)된다는 데 더 극단적으로 반대했던 것이다. 따라서 미국은 동맹자 영국의 반발을 무마하기 위하여 대영제국의 식민지에는 신탁통치를 적용하지 않을 것이라는 확신을 주어야만 했다.

---

173 John Joseph Sbrega, "Anglo-American Relations and the Politics of Coalition Diplomacy in the Far East during the Second World War," Ph.D. dissertation, Georgetown University (1974), p. 794, p. 799; 李愚振(1987), 앞의 글, 134-135쪽.
174 FRUS, The Conferences at Washington and Quebec, 1943, p. 717, p. 914, p. 919.
175 Cordell Hull, The Memoirs of Cordell Hull, vol. II (New York: The Macmillan, 1948), p. 1237; 윤영휘, 「카이로 회담에서 연합군의 군사전략과 전후 국제질서 구상」, 『군사』 105(2017), 277쪽.
176 俞炳勇, 「二次大戰中 韓國信託統治問題에 대한 英國의 外交政策 硏究」, 『歷史學報』 134·135(1992).

그러나 미국은 내부적으로 홍콩 등의 신탁통치 적용을 계속 고려하고 있었다. 1943년 10월 5일에 개최된 백악관회의에서는 다음 지역이 신탁통치 가능지역으로 거론되었다. ① 발틱 수로인 독일의 킬해협(국제신탁통치하의 자유지역화),[177] ② 페르시아만(소련 신탁통치하의 자유지역화), ③ 홍콩(국제신탁통치하의 자유항화; 영국은 홍콩섬과 구룡반도의 주권을 반환할 것을 선언한다면 그 즉시 중국은 홍콩을 국제신탁통치하의 자유항으로 선언할 수 있다), ④ 인도차이나(국제신탁통치), ⑤ 태평양의 일본 위임통치령(국제신탁통치), ⑥ 트루크(Truk; 일본 위임통치령임-인용자)·보닌섬(일본 오가사와라열도의 일부-인용자)·쿠릴열도(비록 실제로는 러시아에 돌아갈 것이지만, 이 대목에서 미국의 대소(對蘇) 견제 심리를 읽을 수 있다-인용자)·라바울 혹은 솔로몬제도의 한 지점[솔로몬제도 북쪽에 있는 부게인빌과 비스마르크 제도 등 구 독일령은 이미 오스트레일리아 위임통치령으로 넘어갔으므로 영국령 솔로몬제도(1978년 영국으로부터 독립)를 지칭한 것으로 추정됨]·네덜란드령 동인도의 적당한 지점·어센션섬(Ascension Island)·다카·리베리아의 한 지점[이상 모두 전략지역(Security points)] 등을 신탁통치 가능지역의 예로서 검토했다.[178] 영국과 프랑스·네덜란드·일본의 식민지역을 언급했던 것이다.

또한 앞의 회의자료를 인용한 것으로 풀이되는 다른 연구에 의하면, 루스벨트는 국제적 안보체계가 수립되어야 할 다음 두 지역을 개별 국가가 아닌 국제연맹과 같은 국제기구가 시정하는 신탁통치령으로 고려

---

[177] 밑줄은 처리 방안.
[178] "Meeting at White House, October 5, 1943," RG 59, Records of Harley A. Notter, 1939~45, Records of the Advisory Committee on Post-War Foreign Policy, Box 54, pp. 2-3; "Memorandum of Conversation With President Roosevelt," [Washington, October 5, 1943.], *FRUS*, 1943, vol. I, General, p. 543.

했다. ① 홍콩, 킬 운하, 페르시아만-이란-소련 간 철도[179] 등 중립화 되어야 할 지점, ② 다카, 어센션섬, 태평양 도서 등이 그곳이다.[180] 그런데 백안관회의 자료와 후속 연구서 모두 홍콩에 대한 언급은 있어도 한반도에 대한 구체적 언급은 없다. 그러나 1942년 8월 8일 미 국무부는 한국을 신탁통치 예정 지역 중 제일 먼저 열거했으므로 한반도에 대해 무관심한 것은 아니었다. 1943년 10월 백악관회의에 참석한 인사들은 한반도에 대한 관심이 그렇게 높지 않아서 누락한 것이지 전반적으로 한반도를 신탁통치령으로 고려하지 않았던 것은 아니다. 루스벨트가 이미 1943년 3월 이든과의 대화에서 한반도 신탁통치를 논의했으므로 이에 무관심했을 수는 없다.

역사학자 킴벌(Warren Kimball)은 1943년 카이로회담 과정에서 루스벨트의 처칠에 대한 발언을 다음과 같이 인용했다.

(처칠 수상에게) 영국은 400년 동안 뼛속까지 팽창 본능을 내재해왔기 때문에, 한 국가가 다른 지역을 차지할 능력이 있음에도 어떻게 그리 하지 않을 수 있는지를 전혀 이해하지 못한다. (하지만) 이제 세계사에 '새로운 시기'가 도래했고, 영국은 이에 적응해야만 할 것이다.[181]

---

[179] 소련의 공화국들인 투르크메니스탄·아제르바이잔과 접경해 친소지역이 될 가능성이 있는 이란의 국제신탁통치는 소련을 견제하려고 검토된 것이었다. "Suggested International Trusteeship to Operate Iranian Railways and Free Port on Persian Gulf," RG 59, Box 3, Records of the Yalta Conference, San Francisco, and Potsdam, p. 1.
전술한 바와 같이 10월 5일 회의에서는 페르시아만은 러시아의 주도권을 인정하면서도 국제신탁통치하의 자유지역화를 검토했다가 이제 이란을 포함해 중립화까지 거론해 소련 견제를 더 심화시켰다고 할 수 있다. 중립지대화는 자유지역화보다 대소(對蘇) 자율권을 부여한 소련 견제 개념이라고 할 수 있다.

[180] Willard Range(1959), 앞의 책, pp. 109-114.

[181] Warren Kimball, *The Juggler: Franklin Roosevelt as Wartime Statesman* (Princeton, NJ: Princeton University Press, 1991), p. 66.

루스벨트의 이 발언에서 '새로운 시기'를 상징하는 것은 바로 국제적 신탁통치 구상이었다. 그러나 처칠은 루스벨트의 진보적 세계관에 시종일관 저항해 신탁통치의 보편적 적용을 철저히 반대했다.

　1943년 11월의 카이로회담이나 1944년 초 미 부통령 월리스(Henry Wallace)의 중국 방문 시, 미국은 전통적인 중국 세력권이었던, 프랑스 식민지 인도차이나가 독립되어야 하고 영국의 조차지 홍콩이 중국에 반환되어야 한다고 중국 당국자에게 주장했다. 이는 장제스가 지도하는 국부(國府) 중국을 국력의 객관적 실재와 무관하게 4대 강국의 하나로 만들려 했던 것으로서 미국의 세력균형적이며 이이제이(以夷制夷)적 대영견제책이 표출된 사례이다. 루스벨트는 전후의 세계가 중국을 포함한 4대 경찰국가 미·소·영·중에 의해 주도되어야 한다고 주장했다. 프랑스를 배제하고 중국을 포함하며, 소련을 배제하지 않은 루스벨트의 전후 구상은 유럽의 식민주의를 혐오해 견제하려 했던 것으로 해석된다. 그런데 유럽 중소 국가들은 중국이 강대국으로 출현하는 것에 대하여 심각한 우려를 표명할 것으로 예견되었다. 결국 루스벨트 사후 트루먼 행정부 시절 프랑스가 포함된 유엔 5대 상임이사국 체제가 마련되었으므로 역시 루스벨트의 이상론은 현실과 만나 수정되었다고 할 수 있다.

　다. 1944년 11월~1945년 2월, 루스벨트의 보편적 원칙 고수와 실패

　루스벨트는 보편적 원칙이 퇴색해가는 분위기 속에서도 이에 계속 집착했다. 1944년 11월 15일 국무부 주최 회의에서 그는 육군과 해군의 태평양제도 확보 주장에 대하여 "그것은 별로 중요하지도 않은 섬의 총독이나 비효율적인 군 장교, 민간인 군속 자리를 더 만들어주는 의미밖에 없다"라고 비판하면서 이러한 상세하고 구체적인 문제에 집착하지 말고 보편적 원칙을 세워 처칠·스탈린과 논의해야 한다고 주장했다.[182]

결국 앞의 루스벨트 의견이 반영되어 1945년 1월 23일과 2월 8일 국무부는 "지금 단계에서는 특정지역에 대하여 논의할 것이 아니라" 일반원칙을 논의해야 한다고 건의했다.[183] 따라서 미국은 얄타회담에서 신탁통치가 실시될 구체적 지역을 더 전면적으로 토의하지는 않았다. 대신 일반적 국제기구(훗날 유엔으로 구체화됨)를 창설하기 위한 덤바턴 오크스 회의(1944.8.21.~10.1.)에서 결정하지 못했던 국제연맹의 위임통치를 대신할 신탁통치체도(일반적 추상론)가 얄타에서 제안되었다.

한편 미국 군부는 태평양의 위임통치령들은 식민지가 아니었기 때문에 국제연합에 의한 신탁통치 아래 둘 필요가 없다고 주장했다.[184] 여기에서 신탁통치 실시에 대해 집착했던 국무부와 보다 현실적인 방안을 선호했던 군부 사이에 의견 대립이 있음을 알 수 있다.

이러한 배경 속에서 루스벨트의 이상적 보편 구상은 현실과 타협할 수밖에 없었다. 1944년에 이르면 미국은 홍콩·인도차이나의 중국 세력권화 계획을 포기하고 영국 등의 재식민지화(再植民地化)를 용인하는 방향을 굳힐 수밖에 없었던 것이다.[185]

---

[182] Department of State, "Memorandum of Conversation: Questions Left at Dumbarton Oaks," November 15, 1944, RG 59, Box 2, Records of the Yalta Conference, San Francisco, and Potsdam, p. 2.

[183] Department of State, "Memorandum on International Trusteeship," January 23, 1945, RG 59, Box 2, Records of the Yalta Conference, San Francisco, and Potsdam; "Points to Take up with the President," February 8, 1945, RG 59, Box 4, Records of the Yalta Conference, San Francisco, and Potsdam.

[184] Hugh Borton 著, 五味俊樹 譯, 『前後日本の設計者ボートン回想録』(東京: 朝日新聞社, 1998), 247-250쪽.

[185] Walter LaFeber, "Roosevelt, Churchill, and Indochina: 1942~1945," *American Historical Review* 80 (December 1985), pp. 1277-1296; Gary R. Hess, "Franklin Roosevelt and Indochina," *The Journal of American History*, vol. 59, no. 2 (1972); John Joseph Sbrega, "Anglo-American Relations and the Politics of Coalition Diplomacy in the Far East during the Second World War," Ph.D. dissertation, Department of Political Science, Georgetown University (1974); John J. Sbrega(1986), 앞의 글, pp. 65-

1945년 2월 8일 루스벨트는 얄타에서 오간 스탈린과의 개인적 담화에서 홍콩이 중국에 반환되거나 국제적으로 관리(신탁통치를 암시함)되어야 한다고 말했다.186 당시 루스벨트는 인도차이나에 대한 신탁통치 적용도 심각하게 고려하고 있었다. 그러나 루스벨트는 버마를 다국 신탁통치 지역으로 뺏길 것을 우려한 식민모국 영국의 반대를 의식해야만 했다.

결국 다음 날인 2월 9일 루스벨트가 전쟁 이후 모든 식민지를 다국적 탁치를 통해 독립시키겠다는 보편적 구상을 천명하자, 처칠은 '네버(never)'라는 강한 부정어를 반복하면서 "대영제국의 국기가 휘날리는 한 한 치의 (대영제국) 영토도 신탁통치와는 관계가 없다. … 신탁통치문제가 우리의 권위에 어떤 영향도 미칠 수 없다"라고 강력하게 반발했다. 또한 처칠은 "생존에 간섭하는 나라들에 대하여 어떤 조건에도 동의하지 않겠다"라고 공언했다.187 이에 미 국무장관 스테티니어스(Edward Stettinius)는 태평양제도와 같이 적국으로부터 탈취한 지역에 신탁통치를 적용하려는 것이며 대영제국에 적용하려는 것은 아니라

84; John J. Sbrega, "Determination versus Drift: The Anglo-American Debate over the Trusteeship Issue, 1941~1945," *Pacific Historical Review*, vol. 55 (1986), pp. 256-280; George C. Herring, "The Truman Administration and Restoration of French Sovereignty in Indochina," *Diplomatic History* 1 (1977), pp. 97-117; Robert J. McMahon, "Anglo-American Diplomacy and the Reoccupation of the Netherlands East Indies," *Diplomatic History* 2 (1978), pp. 1-24; Kenton J. Clymer(1988), 앞의 글, pp. 261-284; D. Cameron Watt, *Succeeding John Bull: America in Britain Place, 1900~1975* (Cambridge: Cambridge University Press, 1984), pp. 222-223.

186 Robert E. Sherwood, *Roosevelt and Hopkins: An Intimate History* (New York: Harper & Brothers, 1948), p. 866; "Roosevelt-Stalin Meeting," February 8, 1945, 3:30 p. m., Livadia Palace, *FRUS, 1945, Malta and Yalta*, p. 770.

187 "Minutes: Plenary session 2/9 4:28 p. m.," RG 59, Box 4, Records of the Yalta Conference, San Francisco, and Potsdam; *FRUS, 1945, Malta and Yalta*, p. 844; Edward R. Stettinius, *Roosevelt and the Russians: The Yalta Conference*, edited by Walter Johnson (Garden City, N.Y.: Doubleday, 1949), p. 238.

고 설명했다.[188] 이렇게 강변했던 처칠이었으나 낙관할 수 없었으므로 1945년 11월 27일의 시점까지도 버마에 미국의 신탁통치안이 적용되는지 안 되는지를 계속 의식해야 했다.[189] 한편 이든은 식민지의 즉시독립을 선호하는 것으로 추측된 소련은 미·영 간 갈등을 즐기면서 관망했다고 회고했다.[190]

한편 미국은 보수적 민족주의 세력이 기타 저항 세력을 누르고 있는 네덜란드령 동인도제도의 경우 반식민주의적 입장에서 독립을 지지했다는 해석도 있다. 반면 좌익이 다른 저항 세력보다 우세한 대중적 기반을 갖고 있는 지역에서 미국은 신탁통치를 지지하든가 혹은 형식적으로는 해방되지만 식민주의가 유지되는 상황을 원했다고 해석된다. 한편 소련은 1945년 8월 이후 북위 38도선 이북 한반도에서 좌익의 절대적인 우세 구도를 구축해놓고 즉시독립을 지지했다.

1945년 2월 23일 루스벨트는 팔레스타인 등의 국제연맹 위임통치령, 프랑스령 모로코 등의 보호령, 인도차이나 등의 식민지, 그리고 침략의 희생물이 될 지역이나 민족주의가 제국주의와의 유대를 약하게 만드는 모든 지역에 신탁통치가 실시되기를 희망했다. '모든 지역'을 운위했지만 홍콩은 제외될 수밖에 없었다.[191] 결국 홍콩 등 영국의 세력권은 신탁통치령에서 제외되는 것으로 귀결되었다.

---

[188] "Minutes: Crimean Conference, Sixth Formal Meeting, Feb. 9, 1945, 4 p. m., Excerpt," RG 59, Box 2, Records of the Yalta Conference, San Francisco, and Potsdam, p. 2.
[189] "Four Power Trusteeship for Korea," F 11704/1394/23, Public Record Office, London.
[190] Anthony Eden, *Memoirs: The Reckoning* (Boston: Houghton Mifflin, 1965), p. 595.
[191] *FDR's Press Conference*, #992, 23 Feb, 1945, vol. 25, pp. 70-73, in William George Morris (1974), 앞의 책, p. 40. 이 경우 한반도는 역시 대체로 무관심했으므로 누락한 것으로 풀이된다.

신탁통치의 구체적 시행

2 장

한반도 신탁통치안은 실시되지 못하고 폐기된 반면에 주로 서태평양 지역 등에서는 미국 등에 의해 신탁통치가 실시되었다. 한국인의 입장에서는 서태평양 지역의 신탁통치가 한반도 신탁통치안과 관계가 없다고 생각할 수도 있다. 또한 그 규모가 상대적으로 작은 서태평양 도서지역에 대한 신탁통치가 그렇게 큰 비중이 있지 않다고 단정할 수도 있다. 그러나 미국이 한국과 서태평양 지역 각각에 신탁통치를 실시하고자 한 이유에는 공통점이 존재한다.

전후 일본이 점령했던 지역에 대한 신탁통치는 미국 점령정책의 불가피한 귀결로 보기도 한다. 그러나 한반도 남부도 미국이 점령했고 그것이 신탁통치라는 형태의 통치 방식으로 자연스럽게 귀결될 뻔했다. 또한 미국이 오키나와 등에서 신탁통치를 시행하려 할 때 유엔 상임이사국 소련의 반대를 의식하기도 했다. 냉전시대 미국은 소련과 중국 등 공산권의 남하를 봉쇄하기 위해 전략적 신탁통치령 대상지역을 설정하고 군사기지를 건설했다. 따라서 미국이 자국의 이익을 위해 신탁통치를 실시하려 했다는 면에서는 공통점이 존재할 수밖에 없다. 여기서는 이러한 공통점을 통해 신탁통치안의 본질적 성격을 규명하고자 한다.

보편적 신탁통치안이 서태평양 지역에 특수하게 적용되기는 했지만 그 적용태는 신탁통치의 일반적 성격을 보여주기에 충분했다.

1. 공동신탁통치 이념의 퇴색: 탈식민화와 점진적 독립 구상의 좌절

한반도는 국제적 신탁통치의 대표적인 적용 대상이자 유엔의 효용성을 실험하는 공간으로 대두되었다. 그러나 1945년 12월 모스크바3상회의에서 확정된 한반도 신탁통치안은 처음부터 국내의 반대에 직면해 표류했다. 이 와중에 식민지 인민들의 즉각적인 독립 요구에 영합하는 움직임을 보였던 소련은 즉시독립을 지지하는 반제국주의운동의 후원자로 부각되기도 했다. 냉전이 출현하면서 미국은 공산주의 진영에 대응하는 자본주의적 자유주의 진영의 통일적 대응과 결속이 필요하다고 생각했다. 미국 제33대 대통령 트루먼(Harry S. Truman; 재임 1945~1953)은 구 강대국들이 유지했던 제국적 권역(imperial milieu)을 일방적으로 해체하는 루스벨트(FDR)의 아이디어[1]에서 완전히 전환해 영국과 프랑스 등의 유럽의 구 제국주의 국가들이 자유주의 진영을 지탱하는 국가로서의 역할을 할 수 있도록 그들의 식민지 이해관계를 보호하는 입장을 확고하게 견지했다.

---

[1] 구 유럽 제국주의의 식민지배나 보호통치의 틀에서 벗어나 국제적·다국적 기구를 바탕으로 한 관리방식을 고안했다. 그러나 본질적으로는 당시 가속화된 급진적 탈식민화 흐름에 대응해 종속지역과 그 주민들을 미국의 헤게모니 질서로 포섭하고 현지 사회를 보다 정당화된 방식으로 통치한다는 '미국식 제국주의 전략'의 반영이기도 했다.

전쟁 중과 1946년 상반기까지는 기존의 루스벨트식 국제주의에 입각해 미국은 아프리카를 포함한 모든 식민지의 신탁통치에 관여해야 한다는 입장이었지만[2] 범세계적 냉전이 본격적으로 시작되려는 조짐이 보이고 태평양 지역이 신탁통치령으로 주목되자 식민지·약소국의 기존 관련국이나 역내 관련국 일국이 시정을 담당하는 쪽으로 노선을 전환했다. 냉전 출현이 가시화된 이후 소련을 봉쇄하고 자본주의·자유주의 진영의 결속을 위해 미국은 국제주의 원칙을 포기하고 자유진영 일국에 의한 신탁통치 시정으로 노선을 전환한 것이다. 이러한 노선 전환은 멀리 떨어져 있으면서 과도한 무력 전개로 다소 부담스러운 아프리카를 포기하고, 큰 무력 전개가 아니라도 자신의 세력권이 될 수 있고 장차 다가올 태평양 진출 시대에 대비해 미국 본토와 비교적 가깝고 바다로 바로 연결되는 태평양상의 전략지역을 확보할 수 있는 방책이기도 했다. 자유진영 결속을 위한다는 명분도 있고 태평양으로의 교통로 확보라는 현실주의적 영역 확보도 담보되는 일거양득의 포석이었다. 이러한 관점은 1946년 7월 4일 해군장관 포리스털이 국무장관에게 보낸 아래 서한에서 확인할 수 있다.

미국이 이들 지역(영국의 식민지)에 관하여 직접 관계할 국가가 되어야 하는지 아닌지를 유엔총회에서 검토해야 하는 문제가 이 시점에서 발생한다. 미국은 그들 지역의 현지 주민들의 복지에 대한 일반적 관심사보다는 이들 지역에 현실적인 이해관계가 없다고 생각한다. 더 나아가, 본인은 미국의 이러한 주장이 우리가 결정적으로 전략적 이해관계를 갖고 있는 태평양섬에 대한 신탁통치에 있어 다른 국가들이 그들의 관심을 주장할 수 있는 선례로 작

---

[2] 하지은, 「국제적 신탁통치구상과 냉전적 변형: 한국 사례를 중심으로」, 서울대학교 석사학위논문(2015), 82-83쪽.

용할 것이라고 우려한다. 태평양섬 신탁통치에서 직접 관계국의 숫자가 최소한으로 유지되어야 한다는 것이 해군부의 주장인 한, 미국이 아프리카 지역에 직접 관계해야 한다고 주장하는 것은 정말 현명하지 못한 처사라고 생각한다.

이렇듯 태평양에 대한 미국 단독의 국가이익을 지키려 했던 포리스털은 탄자니아 등 아프리카의 위임통치령에 대한 미국의 개입을 지양하고 단독 신탁통치령으로 분류해야 한다고 주장했다. 아프리카를 희생하고 태평양을 선택했던 것이다. 이러한 인식을 바탕으로 자유주의 진영의 국가들이 그들과 직접적으로 관계된 지역에 대한 영향권을 유지하도록 방관해야 한다고 주장했던 것이다. 이는 곧 국제적·다국적 관리 원칙이 아닌, 역내 관련 국가가 단독으로 신탁통치를 담당한다는 원칙으로 전환한 것을 의미한다. 신탁통치 구상의 실천 국면에서 다자적·지역주의적 관리 방식에서 기존 식민모국의 통치 권리를 인정한 배타적 관리 방식으로 전환되었던 것이다. 신탁통치는 미국이 기획했던 바와 같이 현실화될 수 있었지만, 그 형태는 탈식민화와 점진적 독립 문제와는 상이한 방향으로 관철되었다. 냉전 초기 미·소협조 관계의 교착이 심화되는 상황에서 미국은 자유주의 진영에 속한 국가들의 이해관계를 보호하기 위해 신탁통치이사회의 강력한 권한보다는 옛 식민모국의 지배 권한을 인정하고 그들에 의한 배타적 신탁통치를 용인하는 태도를 보였다. 신탁통치이사회의 감독권은 형식적이었으며 실질적인 권한은 단일 시정국이 거의 전권을 가지고 행사했던 것이다. 국제적(다국적) 행정이 아니라 '국가에 의한 행정(state-conducted administration)'이 되었으며 '단일국가에 의한 신탁통치(a single-nation trusteeship)'³가 되는 데 그쳤다. 단독 시정국이 종속지역의 통치에서 배타적인 권한을 가졌던 것이다.

또한 이후 미국은 '전략적 신탁통치'라는 새로운 형태를 설정함으로써 구상 단계에서 전제했던 '자치능력을 키워주는 인도적 신탁통치'나 비군사화의 원칙으로부터 벗어나 특정지역의 군사기지화와 임시점령행정을 신탁통치 방식으로 실천했다. 이렇게 본다면 점령은 일종의 신탁통치였던 것이다. 신탁통치는 탈식민화된 사회질서의 형성이 아닌 점령지 내 임시행정과 전후 안정화를 위한 기제로 간주되기에 이르렀다. 글란(Gerhard von Glahn)은 점령이 종식될 때까지의 '잠정적인 통치 방식(temporary right of administration)'을 신탁통치로 간주했다.⁴ 일종의 '신탁통치로서의 점령(occupation as trusteeship)'이라고 할 수 있다.⁵ 따라서 오키나와와 서태평양제도에 대한 미국 통치를 '점령형 신탁통치'라고 규정할 수 있는 것이다. 전후 한국의 경우 점령을 거쳐 신탁통치를 한다고 했지만, 미·소 양군의 점령기를 일종의 신탁통치기로 간주할 수도 있다. 이렇게 본다면 점령기는 곧 훈정기이며 신탁통치기라고 할 수 있다. 오키나와가 탁치에 방점이 찍힌 '점령형 탁치'라면 한국의 점

---

3   Xiaoyuan Liu, *Recast All under Heaven: Revolution, War, Diplomacy, and Frontier China in the 20th Century* (London: Bloomsbury Academic, 2010); 하지은(2015), 위의 글, 85쪽.
4   Gerhard von Glahn, *Law Among Nations: An Introduction to Public International Law* (Boston: Allyn & Bacon: 1996), p. 668; Ralph Wilde, "From Trusteeship to Self-Determination and Back Again: The Role of the Hague Regulations in the Evolution of International Trusteeship, and the Framework of Rights and Duties of Occupying Powers," *Loyola of Los Angeles International and Comparative Law Review*, vol. 31, no. 1 (2009), p. 101(digitalcommons.lmu.edu/ilr/vol31/iss1/5/, 검색일: 2018년 11월 4일).
5   Ralph Wilde(2009), 위의 글, pp. 100-101; Ralph Wilde, *International Territorial Administration: How Trusteeship and the Civilizing Mission Never Went Away* (Oxford: Oxford University Press, 2009).

령통치는 점령에 방점이 찍힌 '탁치형 점령'이라고 규정하고자 한다.

그렇다면 국제적 신탁통치 구상의 성격과 목표가 탈식민화된 사회질서의 형성이 아닌 점령지 내 임시행정과 우호적인 정부수립을 위한 기제로 변용·굴절되었다고 할 수 있다. 구상 단계의 국제적 신탁통치안이 지향했던 탈식민지화 이념은 현실에 직면하면서 거의 화석화한 것이었다.[6] 제2차 세계대전 당시 탈식민화의 자유주의적 모델을 전 세계적으로 보편화하는 차원에서 구상된 국제적 신탁통치 모델은 냉전이 시작되는 조짐이 보이자 그 기본 가치였던 '탈식민화'를 소거하고 '자유진영'을 군사적으로 공고히 하는 방향으로 나아갔다. 즉, 종속지역과 그 주민들을 자유주의적 가치가 보편화된 질서 영역으로 통합하려는 제2차 세계대전 당시와는 달리, 냉전이 시작되는 1947년경부터는 자유진영에 속한 옛 식민모국의 이해관계를 보호하고 자유주의 헤게모니에 부합하는 임시정부를 구성하려고 하는 등 정치적·전략적 이익을 확보하는 차원에 주안점을 둔 것이다.[7]

결국 신탁통치는 영국과 프랑스 등 전승국 식민지는 당초부터 제외되었고 패전국 식민지 한국은 냉전의 출현으로 인한 미·소 대립으로 인해 제외되면서 거의 대부분 구 위임통치령 지역에 실시되는 데 그쳤다. 이 과정에서 국제기구이면서도 '미국의 지지자'에 불과했던 초창기 유엔에 '신탁통치이사회'가 설립되어 그 중요 기능의 하나가 되면서 구체화되었다.

위임통치령 13개 중 이라크는 1932년에 독립했고 서남아시아 3개 지역(시리아·트란스요르단·팔레스타인)은 1945년 전후에 모두 독립하여 태평양과 아프리카 9개 지역만이 남았다.

---

6 하지은(2015), 앞의 글, 83-86쪽.
7 하지은(2015), 앞의 글, 80-81쪽.

이 중 남서아프리카는 1945년 수임국인 남아프리카연방의 거부로 신탁통치령으로 분류되지 못했으며[8] 남아프리카연방의 다섯 번째 지방으로 남았다. 그러나 결국 내전이 발생하여 아래와 같이 '사실상의(법적·형식적으로나 명실상부하게는 아닐 수도 있다는 의미)' 유엔 신탁통치령이 되었다. 남아프리카연방은 국제연맹 해산을 계기로 남서아프리카의 신탁통치령 편입을 거부하고 병합하려 했다. 그러나 1950년 7월 11일 이루어진 국제사법재판소의 권고[9]로 유엔총회가 남서아프리카의 관리 역할을 위임받아 남서아프리카의 신탁통치령 편입을 위한 위원회 'UN Ad Hoc Committee for South West Africa, 1950'을 조직했다. 1956년 위원회는 남서아프리카의 주민들을 대상으로 탄원서의 접수 및 청문회를 개최할 수 있게 했다.[10] 그러나 남서아프리카의 실질적인 통치 권한은 남아프리카연방에 계속 있었다. 이는 1961년 영국 여왕의 영향력을 벗어나기 위한 남아프리카공화국 수립 이후에도 지속되었다. 국제사회의 압력을 무시한 일종의 불법점거였던 셈이다. 1966년 10월 27일 유엔총회는 남서아프리카의 관리 권한 종료를 선언함과 동시에 남아프리카공화국의 통치 또한 중단할 것을 권고했으며,[11] 유엔의 직접 책임하

---

8   Cedric Thornberry, *A Nation is Born: The Inside Story of Namibia's Independence* (Gamsberg, Namibia: Macmillan Publishers, 2004). pp. 9-11.
9   "Admissibility of Hearings of Petitioners by the Committee on s South-West Africa: Advisory Opinion of 1 June 1956," International Court of Justice Case Summaries(www.icj-cij.org/icjwww/idecisions/isummaries/icswasummary560601. htm, 검색일: 2018년 11월 10일; www.icj-cij.org/sites/default/files/case-related/31/9099. pdf, 검색일: 2023년 7월 31일).
10 "Admissibility of Hearings of Petitioners by the Committee on South-West Africa: Advisory Opinion of 1 June 1956," International Court of Justice Case Summaries.
11 "UN General Assembly, res n° 2145 (XXI)," UN. October 27, 1966(documents-dds-ny. un.org/doc/RESOLUTION/GEN/NR0/004/48/IMG/NR000448.pdf?OpenElement, 검색일: 2018년 11월 10일).

에 들어간다는 뜻의 결정을 내렸다.[12] 1967년 5월 유엔특별총회는 남서아프리카 독립의 목표 기한을 1968년 6월로 정했으나, 남아프리카공화국은 남서아프리카 독립에 대한 일체의 협력을 거부했다. 결국 1962년 창단된 남서아프리카인민기구(약칭 스와포; SWAPO; South West Africa People's Organisation)의 무장투쟁으로 이어졌다. 1968년 6월 12일 유엔총회는 남서아프리카를 나미비아로 명칭 변경했음을 선포했고 유엔 신탁통치령으로 재확인했으며,[13] 스와포에 유엔총회 옵저버 지위를 부여했다. 1971년 유엔 안전보장이사회에서 남아프리카공화국이 남서아프리카에서 철수할 것을 재차 권고했으나 남아프리카공화국은 이를 거부했다. 이후 나미비아 독립전쟁을 거쳐 1990년 3월 21일[14] 나미비아

---

12   이한기, 『국제법강의』(수정판)(박영사, 1983), 219쪽.
13   "Legal Repertory of Practice of United Nations Organs," United Nations - Office of Legal Affairs, Repertory of Practice of United Nations Organs, Supplement No. 7 [Revised advance version, to be issued in volume V of Supplement No. 6 (forthcoming) of the Repertory of Practice of United Nations Organs], Volume V, ARTICLE 77, United Nations(web.archive.org/web/20160303172411/, 검색일: 2018년 11월 10일)(legal.un.org/repertory/art77/english/rep_supp7_vol5-art77_e_advance.pdf, 검색일: 2018년 11월 10일). 이 문서에서 나미비아는 신탁통치가 실시되어야 할 지역(과거 위임통치령) 중의 하나로 명시되어 있다. 제2차 세계대전의 결과로 적국으로부터 분리될 수 있는 지역, 시정에 책임을 지는 국가가 자발적으로 그 제도하에 두는 지역이 이외 지역이다. 이 문서 전반부의 원문은 아래와 같다. "1. The trusteeship system shall apply to such territories in the following categories as may be placed thereunder by means of trusteeship agreements: a. Territories now held under mandate; b. Territories which may be detached from enemy states as a result of the Second World War; and c. Territories voluntarily placed under the system by states responsible for their administration." 이는 1945년 2월 얄타회담에서 합의되고 1945년 6월 25일 샌프란시스코회의에서 채택되어 6월 26일 서명된 유엔헌장 77조 1항에 수록된 원칙이다. 『유엔헌장(영문 및 국문)』(www.mofa.go.kr/www/brd/m_3874/view.do?seq=273324, 검색일: 2018년 11월 14일). "2. It will be a matter for subsequent agreement as to which territories in the foregoing categories will be brought under the trusteeship system and upon what terms."
14   "Statement by President Geingob on the Occasion of the 28th Independence Day Celebrations in Tsumeb," 21 MARCH 2018(209.88.21.83/web/office-of-the-

는 남아프리카공화국에서 완전 독립했으며, 1994년 남아프리카공화국에서 월비스베이와 펭귄제도를 반환받았으며 국제사회의 승인을 받았다.[15] 영연방 국가들은 신탁통치를 미국식 제도로 간주했다. 그들은 자국 등의 구 식민주의·제국주의 시스템을 해체하려는 시도로서 신탁통치제도를 인식해 거부감을 가졌으며 이를 표출한 사례가 남서아프리카이다.

실제 시행된 신탁통치를 비판적으로 보면 루스벨트의 이상적 이념은 현실에 적용되면서 사라지고 실패한 위임통치의 제도와 같이 구 식민지의 재편에 불과한 것으로 거의 전락했다고 할 수 있다. 그러나 1945년 당시 영국은 이를 식민지배의 온존으로 받아들이지 않았으며 자국의 식민지를 뺏어 독립시키려는 미국의 영국에 대한 견제책으로 보았다. 따라서 신탁통치는 구 위임통치에 비해 식민지의 자유를 다소 보장하는 측면이 있었다고 할 수 있다.

---

president/statements?p_p_id=110_INSTANCE_3fKtBdS7KNPa&p_p_lifecycle=0&p_p_state=normal&p_p_mode=view&p_p_col_id=column-1&p_p_col_count=2&_110_INSTANCE_3fKtBdS7KNPa_struts_action=%2Fdocument_library_display%2Fview_file_entry&_110_INSTANCE_3fKtBdS7KNPa_redirect=http%3A%2F%2F209.88.21.83%2Fweb%2Foffice-of-the-president%2Fstatements%2F-%2Fdocument_library_display%2F3fKtBdS7KNPa%2Fview%2F515437%3F_110_INSTANCE_3fKtBdS7KNPa_redirect%3Dhttp%253A%252F%252F209.88.21.83%252Fweb%252Foffice-of-the-president%252Fstatements%252F-%252Fdocument_library_display%252F3fKtBdS7KNPa%252Fview%252F471429%253F_110_INSTANCE_3fKtBdS7KNPa_redirect%253Dhttp%25253A%25252F%25252F209.88.21.83%25252Fweb%25252Foffice-of-the-president%25252Fstatements%25253Fp_p_id%25253D110_INSTANCE_3fKtBdS7KNPa%252526p_p_lifecycle%25253D0%252526p_p_state%25253Dnormal%252526p_p_mode%25253Dview%252526p_p_col_id%25253Dcolumn-1%252526p_p_col_count%25253D2&_110_INSTANCE_3fKtBdS7KNPa_fileEntryId=519156, 검색일: 2018년 11월 10일)은 나미비아 대통령 게인곱의 독립 28주년 기념 연설이다.

15 "남서아프리카", 〈위키피디아〉(ko.wikipedia.org/wiki/%EB%82%A8%EC%84%9C%EC%95%84%ED%94%84%EB%A6%AC%EC%B9%B4, 검색일: 2018년 11월 10일).

남서아프리카를 제외한 8개 지역 중 7개는 유엔헌장 77조 1항 b목에 의거[16] 기존의 위임통치 수임국이 계속 유엔의 위임을 받아 통치했다. 탕가니카(1961년 독립)[17]·르완다-우룬디[18](1962년 독립)·서사모아(1962년 독립)[19]·뉴기니(뉴기니섬의 동북지역으로 오스트레일리아의 신탁통치에서 1975년 독립)·나우루[1968년 1월 31일 영국·오스트레일리아·뉴질랜드의 공동 신탁통치령(실제로는 오스트레일리아의 단독 신탁통치령)에서 독립]의 5개국에다 영국과 프랑스의 분리 위임통치령인 카메룬·토골란드가 각각 영국령 카메룬·프랑스령 카메룬[20]/프랑스령 (동)토골란드[21]·영국령 (서)토골란드[22]로 분리되어 도합 9개로 늘었을 뿐이다. 마지막으로

---

16 Ali Maalem, *Colonialism-Trusteeship-Indépendance* (Paris: Défense de la France, 1946), pp. 25-26, p. 75. 미국은 한국에는 이 조항을 적용하려 했다. "States Directly Concerned in Allocation of Territories Stripped from Japan," PR-25, August 8, 1945, RG 59, Records of Harley A. Notter, 1939~45, Records of the Policy and Planning Committees, Records Relating to Miscellaneous Policy Committees, Box 119a, p. 3.

17 T. G. Barnard Chidzero, *Tanganyika and International Trusteeship* (Oxford: Oxford University Press, 1961). 탕가니카는 1961년 영국의 신탁통치에서 독립했다. 잔지바르와 펨바의 두 섬으로 구성된 잔지바르(1890년 영국과 독일의 헬골란트-잔지바르조약에 의거해 영국의 보호령이 됨)는 1963년 영국령에서 독립했고 1964년 탕가니카에 편입되었으며 이 새 연방국가는 국호를 탕가니카와 잔지바르의 첫 글자를 합성해 '탄자니아연합공화국'으로 바꾸었다. 오병헌, 『평화 통일은 가능한가』(문학과지성사, 1996), 149쪽.

18 United Nations, Trusteeship Council, *Report of the Government of Belgium on the Administration of Ruanda-Urundi under Belgian Administration for the Year 1954* (New York: Readex, 1955).

19 기존의 뉴질랜드 위임통치령에서 1947년 뉴질랜드 관할의 신탁통치령으로 선포되었으며 독립운동이 고조되어 1961년 유엔으로부터 독립을 인정받아 그다음 해인 1962년 뉴질랜드의 신탁통치에서 독립. 국명을 '서사모아(Western Samoa)'에서 '사모아독립국(Independent State of Samoa)'으로 1992~1997년 사이에 바꿈.

20 David E. Gardinier, *Cameroon: United Nations Challenge to French Policy* (Oxford: Oxford University Press, 1963). 원래 독일령이었던 카메룬 중 1914년 전체 5분의 4를 차지하는 남부는 프랑스령으로, 5분의 1인 북부는 영국이 점령했다. 영국령은 북카메룬과 남카메룬으로 나누어졌으며, 다 같이 영국령 나이지리아의 통치를 받

일본이 수임국이었던 남양군도는 미국이 태평양전쟁 수행 중 탈취했으므로 미국의 신탁통치령으로 분류되었다.

위임통치령 외에 신탁통치가 실시된 곳은 이탈리아 점유지 중 소말릴란드(현재 소말리아 중 인도양 연안 남부)뿐인데 이탈리아의 단독 신탁통치가 유엔 감독하에 실시되었다.[23] 소말릴란드에 대해서는 이 책의 〈부록 4〉 "소말릴란드 사례"를 참조할 수 있다.

종합하면 제2차 세계대전 직후 11개 지역(아프리카 7개, 태평양 4개)이 유엔하의 신탁통치령에 편입되었는데 10개는 구 위임통치령이었고 소말릴란드만이 서구의 구 식민지였을 뿐이다.

그런데 미분할 상태로 다국적 신탁통치가 실시된 경우는 남태평양 도서 국가 나우루뿐이었다. 이 경우는 역사적 전례가 유지된 관행적 측면이 있다. 제1차 세계대전 후 영국·뉴질랜드·오스트레일리아의 공동 위임통치령이었던 나우루[오스트레일리아가 행정관 대표(chief administrator)]는 1942~1945년에 일본이 점령했으며 1947년에는 유엔의 위임을 받아 3국 공동 신탁통치체제가 복귀했으며, 오스트레일리아가 실무 행정관(actual administrator)이었다(1968년 1월 31일 독립). 이

앉으나, 1961년 국민투표로 북카메룬은 나이지리아에 병합되었다. 한편 남카메룬(이름을 서카메룬으로 바꿈)은 이 국민투표에서 프랑스령 카메룬이 독립하여 이름을 바꾼 카메룬공화국(다시 동카메룬으로 이름을 바꿈)과 통합되어 카메룬연방공화국을 형성했다. 카메룬연방공화국은 1984년 단원제 국가가 되면서 이름을 카메룬공화국으로 바꾸었다. 오병헌(1996), 앞의 책, 149쪽.

21 동토골란드는 1960년 토고로 독립했다.
22 1956년 서토골란드는 국민투표를 시행했다. 그 결과 골드코스트에 흡수되었고 골드코스트는 1957년 3월 6일 '가나(Ghana, 과거 이름은 Garner)'라는 옛 이름으로 독립했다. 정수일, 『문명의 요람 아프리카를 가다 2』(창비, 2018).
23 Lawrence S. Finklestein, *Somaliland Under Italian Administration: A Case Study in the United Nations Trusteeship* (New York: Woodrow Wilson Foundation, 1955).

경우는 공통된 이익을 가진 영연방국가가 공동으로 신탁통치를 행했던 사례이므로 루스벨트식의 '다양한 이익을 가진 나라의 공동 신탁통치'에 부합되지는 않는다. 위임통치령이었을 때부터 오스트레일리아가 대표였으므로 공동 통치는 명분에 불과했으며 실제로는 단독 위임통치령에서 단독 신탁통치령으로 전환된 경우라고 할 수 있다(또한 분할 위임통치령이었던 토고와 카메룬은 신탁통치가 실시되면서 완전히 분리되었다). 미·소·영·중 4개국 공동 신탁통치 혹은 미·소 공동 신탁통치를 실시한 지역은 없었으므로 루스벨트식 신탁통치는 비현실적이라는 것이 판명되었다. 이상주의적 방안이 실제 현실과 만나 실현되지 못한 것이기도 하다.

다시 정리하면 전술한 위임통치령 중에서 남아프리카연방이 반발해 지배하려 했던 남서아프리카를 제외하고 ① 탕가니카(탄자니아)(영국; 밑줄은 신탁통치 시정국. 이하 동일)·② 르완다-우룬디(벨기에)·③ 서카메룬(영국)·④ 동카메룬(프랑스)·⑤ 서토고(가나)(영국)·⑥ 동토고(토고)(프랑스)와 태평양의 독일령 제도였다가 일본의 위임통치령에서 연합국 신탁통치령으로 전환된 ⑦ (서)사모아(뉴질랜드)·⑧ 뉴기니(오스트레일리아)·⑨ 마셜-팔라우-캐롤라인-마리아나제도 등으로 구성된 서태평양제도(미국)·⑩ 나우루(영국·뉴질랜드·오스트레일리아의 공동 신탁통치령으로 오스트레일리아가 행정관 대표) 등이 위임통치령에서 신탁통치령이 되었으며 여기에다 ⑪ 이탈리아령 소말릴란드(소말리아)가 유일하게 추가되어 11개 지역에서 신탁통치가 실행되었던 것이다. 독일의 식민지에서 제1차 세계대전 직후 위임통치령으로 분류된 지역이 신탁통치령으로 거의 자동적으로 전환되어 그 시정국이 대체로 유지되었으며 일본으로 시정국이 넘어갔던 위임통치령이 미국의 신탁통치령으로 전환되어 외세의 바뀜 현상이 있었고 제2차 세계대전 전 이탈리아의 식민지 중에서 소말릴란드가 신탁통치령으로 추가되었을 뿐이다. 이탈리아가 시정국으로 유지될 수 있었던 것은 독일보다 일찍 항복해 연합국 편에 섰고 소련의 아프리카 지역에 대한 팽창 야욕을 막기 위해 배려되었다고 할 수 있다. 이렇듯 실제로 신탁통치가 적용된 지역에는 추장이 관할하는 태평양 지역의 섬 등 부족(部族)국가 수준의 작은 나라와 아프리카의 식민지가 주류였다. 우리 입장에서는 한국이 이들 나라와 같은 자치능력 부족(不足)국가의 반열에 올랐다는 것 자체가 받아들이기 어렵다. 그렇지만 국제정치적 현실은 우리의 자치능력을 평가하는 데 혹독했다. 우리의 경우는 신탁통치 적용 국가의 대표적 모델 케이스였으나 민족 내부의 반대로 탁치 실행이 무산되었으므로 이렇듯 비교적 비중이 약한 국가나 섬나라로 탁치 적용이 제한되었던 것이다.

위임통치와 비교할 때 신탁통치의 법적인 차별점은 다음과 같다.

첫째, 감독 권한의 강화이다. 시정권자에 대한 감독 업무를 수행하는 신탁통치이사회는 3년에 한 번씩 각 지역을 시찰하고 주민에 대해 인권 침해와 착취를 하고 있는지, 자치 독립을 위한 시정을 하고 있는지를 조사한다.

둘째, 지역 주민이 유엔에 직접 민원을 넣을 수 있는 제도를 창설했다. 위임통치는 주민으로부터 청원을 수리하는 것이 수임국의 역할이었으나 일부 수임국은 국제연맹 이사회에 제출하지 않았다.[24] 반면, 신탁통치는 주민으로부터 청원을 유엔이 직접 접수해 시정권자의 부정을 감지하고 이를 바로잡고자 했다.

셋째, '군사 이용 허가'이다. 위임통치에서는 지역의 군사 이용은 금지되었다. 그러나 신탁통치는 '전략지구'로 지정받은 지역에서 국제 평

---

24 이서희(2021), 앞의 글, 155쪽.

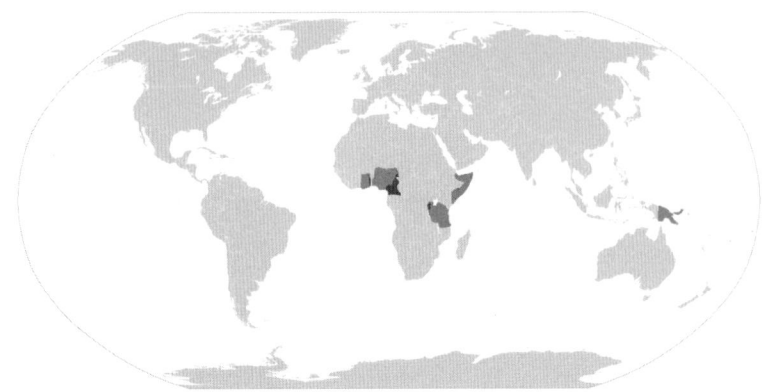

그림 8 유엔 신탁통치령의 후속 국가
※ 출처: "신탁통치령(United Nations trust territories)", 〈위키피디아〉.

화를 목적으로 한 군사 이용이 인정되었다.

세 번째는 오히려 퇴보한 것이다. 또한 첫 번째 감독 권한은 위임통치제와 마찬가지로 형식적인 것에 그쳤다. 그렇다면 차별성이 그다지 부각될 수 없다. 다만 두 번째 청원서 직접 접수는 독립 청원과 같은 경우에 이용되었으므로 피신탁 주민의 의사를 반영하는 조치라고 할 수 있다. 전반적으로 보면 패전국의 식민지, 구 위임통치령 등 신탁통치령이 모두 독립했으므로 독립으로 가는 도정에서 일부 기능했던 제도라고 할 수 있다. 비록 형식적인 독립에 그치고 아직도 신탁통치 시정국의 영향력에서 벗어나지 못하는 경우가 있지만 말이다.

결국 신탁통치제도가 구 식민지의 점진적 독립과 안정적 관리제도로 기능했다는 것이 대체적인 평가일 수 있다. 따라서 유엔신탁통치제도를 새로운 정치 사법적 모델로 주목하고 이를 분쟁지역의 관리[평화재건활동[25]·평화유지활동(PKO; Peace Keeping Operations)]에 적용시켜야 한다는 주장이 등장하기도 했다.[26] 그러나 신탁통치는 당초 루스벨트가 의도했던 탈식민지화의 방략으로 기능했다기보다는 시정국의 점령을 합리화하고 식민통치를 연장하는 데 그 기능을 다하지 않았을까 하는 부정적이고 비판적인 평가도 가능하다. 국제주의 대신 단일국가에 떠맡기게 되었으며, 탈식민화 대신 '자유진영'을 군사적으로 공고히 하는 방향으로 나아갔던 것이다. 특히 가장 장기간 유지되었던 태평양 지역 신탁통치제도는 미국이 장기간 점령하기 위한 수단으로 이용했던 측면이 없지 않았다고 할 것이다. 루스벨트는 당시 가속화된 급진적 탈식민지화 흐름에 대응해 종속지역과 그 주민들의 해방을 위해 다국적 신탁통치를 창안했지만 신탁통치가 적용된 지역은 시정국에 우호적인 정부가 수립되었으며 결국 미국 등 특정 시정국의 헤게모니 안에 포섭되고 말았다. 신탁통치에 나타난 초기의 탈식민지화 이념은 퇴색하고 팽창주의 국가들의 우호적인 세력 확보(우호적인 정부 수립; 시정국 헤게모니 안에 포섭)를 위한 수단으로 변용·굴절되었다고 할 수 있다.[27] 윌리엄스의 표현대로 신탁통치는 '제국적 반(反)식민주의'의 수단에 지나지 않았던 것이다.

---

25 Seung-Young Kim, "The Rise and Fall of the United States Trusteeship Plan for Korea as a Peace-maintenance Scheme," *Diplomacy & Statecraft*, vol. 24, no. 2, (2013).

26 Paul Kennedy, "UN Trusteeship Council Could Finally Find a Role in Postwar Iraq," *Daily Yomiuri*, May 9, 2003; 「폴 케네디, 이라크 유엔 신탁통치로…」, 『조선일보』, 2003년 4월 10일자.

27 하지은(2015), 앞의 책, ii쪽.

2. 유엔이 실시한 신탁통치 사례: 미 태평양제도 신탁통치령의 역사

대륙별로 크게 나누면 아프리카와 태평양제도의 두 지역에서 신탁통치가 실시되었는데, 이 중 미국이 단독으로 시정권자로 참여한 태평양제도가 특기할 만하다. 세계 제국으로 등장한 미국이 시정에 참여해 독립을 부여한 지역이므로 국제정치 연구에서도 그 중요 사례로 간주될 수 있기 때문이다. 여기에서는 그중에서도 가장 주목할 만한 서태평양제도와 오키나와의 경우를 중심으로 살펴보고자 한다.

실제로 시행된 유엔 신탁통치의 경우 '국제기구에 의한 신탁통치'처럼 여겨지지만 실제로는 유엔헌장에 따라 시정국이 지정되었다. 따라서 국제기구는 시정국의 요청에 따라 적당히 지지만 할 뿐이었다. 주민들의 청원서 직접제출과 유엔시찰단의 정기적인 파견 등의 형식적인 절차가 있다는 사실이 국제연맹에 의한 위임통치와 달라진 점일 뿐이다. 영토는 이론상 유엔에 귀속되어 신탁통치이사회가 관리하지만 실질적으로는 통치 각국에 양도된 것이나 다름없었다. 만약 1943년 10월 5일 백악관회의 논의처럼 루스벨트가 국제기구에 대한 신탁통치를 계속 일관되게 주장했다면 국제 신탁통치안에 미국의 세력확보 의도가 없다고도 볼 수 있다. 그러나 1943년 11월 이후 루스벨트는 국제기구에 의한 신탁통치안보다는 '미국이 주도하고 참여하는 다국적(국제적) 탁치'를 염두에 두었으므로 '국제 신탁통치안'에는 세력확보 의도가 없다는 미국의 주장은 설득력이 없다.

또한 중장 웨드마이어(Albert C. Wedemeyer)가 중국과 한국을 시찰한 후 대통령 트루먼에게 1947년 9월 19일 제출한 정책 보고서인 소위 "웨드마이어 보고서(Wedemeyer Report; 정식 명칭은 Report to the President: China-Korea)"에 의하면 이미 미국의 세력권으로 확보된 남한에서는 신탁통치안의 폐기를 전제로 남조선 단정 수립에 대비한 군사력 강화를 요청했음에 비해[28] 가만히 놔두면 소련의 위성국가(orbit; 영향권)가 될 것으로 전망되던 만주에서는 '후견제나 신탁통치(Guardianship or Trusteeship)' 실시가 건의되었다(이 보고서는 1947년 7월 9일 트루먼의 지시에 따라 극동 지역을 두 달간 사실 확인차 여행한 후 작성된 것이다).[29] 이렇게 일관성이 없는 대목에서 신탁통치안은 미국의 세력확보 수단 이상이 아니었다고 평가할 수 있다. 보다 구체적으로 웨드마이어는 만주의 경우 유엔이 적대행위를 끝낼 수 있는 즉각적인 행동을 해야 한다고 건의했다. 그 후 후견제나 신탁통치가 실시되어야 한다고 했다. 후견국으로는 중국, 소련, 미국, 영국, 프랑스(이상 모두 유엔 안전보장이사회 상임이사국)가 참여할 것이라면서 후견제는 빨리 시작되어야 하며 중국 단독으로 할 수 있을 것이라고 주장했다. 그런데 이들 시정국 중 어느 한 나라라도 후견국 참여를 거부한다면 중국은 유엔총회에 유엔헌장(1945년 10월 24일 발효) 규정에 따른(under the provisions of the Charter) 신탁통치 실시를 요구해야 한다고도 했다.[30] 한마디로 만주가 소련의 위성국가가 되는 것을 막기 위한 '미국 주창의 중국(국민당 정부) 주도 후견제-신탁통치안'이었다. 냉전 출현기 미국의 소련 견제안이었다. 웨드마이어는 후견제와 신탁통치를 비슷한 것으로

---

28 정용욱, 「(정용욱의 편지 현대사 23)해방기 지성 오기영의 통찰: "조선을 방공지대로 구상" … 미국 '동아시아 전략' 간파한 시대의 지성」, 『한겨레』, 2019년 11월 16일자.

29 "A. C. Wedemeyer's Memorandum for the President," 19 September 1947, in Albert C. Wedemeyer, "Report to the President: China-Korea," September 1947, Harry S. Truman Library and Museum(archive.history.go.kr/image/viewer.do?system_id=000000939017, 검색일: 2019년 11월 17일).

30 Albert C. Wedemeyer, "Report to the President: China-Korea," September 1947, Harry S. Truman Library and Museum, p. 6.

인식했다. 단지 신탁통치가 유엔이 주도하는 것 정도만 알고 있을 뿐이었다. 어떻게 보면 루스벨트도 이를 구별하지 못했을 가능성도 있다.

결과적으로 반식민주의적이며 보편주의적인 원칙이 포기된 루스벨트의 신탁통치안은 위임통치의 전철을 답습하여 그 재판(再版)으로 전락했던 것이다. 미국은 루스벨트의 구상대로 식민정책을 극복하여 새로운 세계질서를 구축했던 것이 아니라, 신탁통치를 통해 서태평양제도에 전통적 제국주의를 연장할 수 있었던 것이다. 군정에서 미국 단독 신탁통치로 전환된 이 제도의 경우 군정과 별 차이가 없었기 때문이다. 이를 보다 심층적으로 고찰하면 다음과 같다.

1) 서태평양 제도에 대한 전략적 신탁통치

(1) 전략적 신탁통치(속)령

미국의 군사 지도자들과 대중들(the public)은 제1차 세계대전 이후 일본이 독일로부터 획득한 태평양 도서를 위임통치하면서 위임통치의 비군사화(非軍事化; de-militarization) 이상(理想)을 짓밟고 타 지역 공격을 위한 군사기지로 만들었다고 비판했다.[31] 국제연맹의 위임통치조약은 위임통치령의 군사적 이용, 즉 군 병력 주둔, 군사기지의 설치, 현지 군대의 활용 등을 금지함으로써 비군사화 원칙을 견지해왔다. 이는 유엔의 국제신탁통치제도에서도 부분적으로 계승하고 있는 원칙이다. 유엔헌장 제84조에서 "신탁통치령이 국제평화와 안전 유지에 있어 그 역할을 하는 것을 보장하는 것이 시정권자의 의무이다"라고 전제되어 있

---

31 William George Morris, "The Korean Trusteeship, 1941~47: The United States, Russia, and the Cold War," Ph.D. dissertation, The University of Texas at Austin (1974), p. 38.

다. 이어서 "이 목적을 위하여, 시정권자는 이 점에 관하여 시정권자가 안전보장이사회에 대하여 부담하는 의무를 이행함에 있어서 또한 지역적 방위 및 신탁통치령 안에서의 법과 질서의 유지를 위하여 신탁통치령의 의용군(volunteer forces), 편의 및 원조를 이용할 수 있다"라고 명시하고 있으나, 이는 신탁통치이사회와 유엔총회의 검토를 거쳐 결정될 수 있는 사안이었으며 유사시 현지 지원군을 활용하는 것 이상의 군사적 행위를 실행할 수 없도록 했다.[32]

그러나 미국은 패전국이 소유한 영토에 대한 점령, 그리고 점령 이후의 지위를 규정하는 문제에서 국제평화와 안보의 유지를 명목으로 '전략지역(strategic area)'을 설정했다. 보다 구체적으로 제2차 세계대전 직후인 1947년 4월 2일 태평양의 신탁통치령을 유엔 안전보장이사회가 종국적 책임을 지는 미국의 '전략적 신탁통치(속)령(Strategic Trust Territory)'으로 분류했다.[33] 즉, '태평양제도신탁통치(속)령[TTPI; (The United Nations) Trust Territory of the Pacific Islands; 그런데 법적으로는 미국의 속령이 아니라 유엔의 속령으로, 미국이 시정국임]은 전략적 신탁통치령 대상지역이 되었던 것이다. 이 지역은 크게 3개로 나눌 수 있는데 ① 마셜제도(1946~1958년까지 67차례나 진행된 원폭실험의 기지가 되었던[34] 비키니섬과

32　하지은(2015), 앞의 글, 93-94쪽.
33　이 지역을 '미국 협정안의 유엔 안전보장이사회 통과'라는 형식적 위임하에 전략적 신탁통치령 대상지역으로 분류했던 것이다. "Territorial Adjustments and Trusteeships in the Japanese Empire," SWNCC 59, 13 March 1945; "Interim Government For the Former Japanese Mandate Island," SWNCC 365, 29 April 1947, pp. 1-2 참조. 이 지역의 경우 점령-해군 임시군정-신탁통치의 단계를 거쳤다. 1947년 4월 시점에는 신탁통치가 어떤 형태로 시정될지는 미정이었다.
34　1946년 원폭실험을 위한 기지가 설치되어 전체 주민 167명의 강제 이주가 시행되었으며 총 23차례에 달하는 원자폭탄과 수소폭탄 실험이 주로 1954년부터 1958년 사이에 시행되었다. 1960년대 말에야 섬에 대한 정화가 시작되었고 1969년 비키니섬 주민 중 일부는 고향으로 돌아왔다. 그러나 방사능 오염의 정도가 너무 심해 1970년대 말 다

에니웨톡섬 포함)와 ② 북마리아나제도와 ③ 캐롤라인군도 등이 그것이다. 그런데 전략지역이라는 이름은 이 지역을 군사기지화하기 위한 명칭이었을 뿐 일반 신탁통치령과의 현격한 차이점은 별로 없다.[35] 그렇지만 미국이 이 지역을 일반 신탁통치령으로 하지 않고 전략적 신탁통치령에 배당함으로써 집단안보 개념을 보강하고 국제사회에서 그들의 도덕적 위신과 협상력 모두를 증진시킬 기회를 상실했다는 것이 미국 외교사학자 마키(John M. Maki)의 평가이다. 일반적 신탁통치제도를 확립함으로써 미국은 국가적·일방적인 전략적 고려를 희생하고 집단안보체제라는 개념에 양보할 수 있는 순수한 이상을 구현할 수 있을 것으로 기대되었으나, 결국 드러난 것은 세계권력을 가진 정부가 외교정책의 두 가지 모순되는 요소들인 이상과 현실 사이에 갇혔을 때 무엇이 발생하는지를 생생하게 보여주었다. 즉, 새로운 국제기구를 효과적으로 작동시켜 도덕적·이념적 위신을 확보하는 것과 잠재적 적을 방어하는 현

른 지역으로 주민 이주가 재차 행해졌다. 1980년대 초까지만 해도 주민들이 되돌아 올 수 없을 정도로 심하게 오염되어 있어서 주거지 재조성 사업은 실패로 돌아갔다. 아픈 역사를 담은 핵실험지는 2010년 유네스코 세계문화유산으로 지정되었다. 이런 역사를 가진 마셜제도는 핵무기 반대 목소리를 높여왔다. 2014년 마셜제도 정부는 미국·러시아·북한 등 핵을 보유하거나 개발한 아홉 나라를 유엔사법재판소에 제소했다. 이 나라들이 핵확산방지협약 준수를 위반하고 군비 경쟁에 몰두하고 있으니 중단시켜야 한다는 취지였다. 같은 취지로 오바마 당시 행정부도 미 연방법원에 제소했다. 재판 실효성과 별개로 핵실험으로 고통받은 작은 섬나라의 결기는 국제사회의 주목을 받았다. 정지섭, 「(데스크에서)'한때 미 核실험장'이던 나라?」, 『조선일보』, 2021년 7월 30일자.

[35] 유엔헌장 제82조에 의거한 전략적 신탁통치령은 군사기지의 설치가 허용되며 안전보장이사회가 최종 감독한다. 미국의 입장에서 전략적 지역은 '자원을 가지고 있는 작은 국가가 호전적 국가와 결합되어 미국의 안보에 중대한 영향을 미칠 수 있는 지역'이다. FDR's Press Conference, #540-A, 20 April, 1940, vol. 13, pp. 16-18, in William George Morris(1974), 앞의 글, p. 40 참조. 일반 신탁통치령은 시정국과 총회 사이에 협정이 맺어지지만 전략지역은 안전보장이사회와 협정을 맺게 된다. 또한 전략지역은 안보리와의 협정에 의거 안보적 이유 때문에 다른 지역과 격리된다. 그러나 이러한 격리가 지켜진 적은 없었다. 따라서 일반 신탁통치령과 전략지역 간의 차이점은 별로 없다.

실 사이에서 끊임없이 동요하는 모습을 나타내며, 결론적으로는 후자를 위해 전자를 희생시키는 결과가 초래되었다는 지적이다.[36]

'전략지역'이라는 말은 군사기지의 설치가 허용된다는 표현이다. 일본의 위임통치 제도(諸島)를 미국이 탈취하여 위임통치제도(制度)를 신탁통치로 변형시켜 적용했던 것이다. 전략적 신탁통치 문제는 1945년 샌프란시스코회의를 전후로 많은 논란이 전개된 사안이었다. 결과적으로 유엔헌장 제83조 1항에서 "전략지역에 관한 국제연합의 모든 임무는 신탁통치협정의 조항과 그 변경 또는 개정의 승인을 포함하여 안전보장이사회가 행한다"라고 별도로 규정했다. 이는 미국이 태평양 도서지역을 의식해 만든 것으로 추정되며 실제로 미국의 시정이 이루어졌을 때 비군사화 원칙을 저버리고 군사기지화에 이용했던 것이다.

실제 성립된 협정의 조항들은 신탁통치령의 군사기지화 현상의 단면을 더욱 적실하게 보여준다. 협정 제7조는 "관리국가로서 미국은 오직 공적 질서와 안보의 요구에 입각해서만 언론, 표현, 집회의 자유를 보장한다"라고 언명하고 있다. 또한 유엔신탁통치 조항 제87, 88조에서 지역으로부터의 보고와 청원의 기회를 제공하며 유엔 대표가 지역을 방문할 것을 명시하고 있음에도 불구하고, 미국의 협정 제8조는 "관리국가는 이러한 방침의 적용 정도를 안보적 이유로 인해 축소하도록 결정할 수 있다"라고 밝히고 있다. 마지막으로 제15조에서 "현재의 합의 조항은 관리국가의 동의 없이 변경, 수정, 종결될 수 없을 것이다"라고 규정함으로써, 미국은 자국의 동의 없이 자국이 위임받은 어떠한 권력도 포기하지 않을 것임을 확언하고 있다.[37]

---

36 John M. Maki, "U. S. Strategic Area or UN Trusteeship," *Far Eastern Survey*, vol. 16, no. 15 (August 13, 1947).
37 하지은(2015), 앞의 글, 89쪽.

전략적 필요에 의거, 군사기지를 구축하여 소련의 팽창을 제어하고 원폭실험까지 했으므로 '원주민의 자치능력을 키워주는 인도적 신탁통치'(유엔헌장의 이상적이며 원론적 규정에 의거)가 아닌 전략적 신탁통치를 행한 것이다. 미국 본토에서 가장 멀리 떨어져 있어서 원폭실험의 피해로부터 안전하므로 이 지역이 전략적 지역으로 지정되었던 것이다. 만약 원폭실험을 위한 용도가 아니라면 태평양 중앙의 고립된 이 지역이 전략적으로 고려될 만한 실제적인 이유는 별로 없었다. 따라서 전략적 지역이라는 분류도 강대국의 이익에 따라 붙여지는 자의적인 것이다. 소련은 이를 "전략적 개념의 공격적 속성"이라고 비난했다.[38] 전략적 신탁통치제도하의 단독 시정국이 종속지역 통치에서 배타적인 권한을 가지면서 실제 시행된 신탁통치제도는 미국의 신식민지화 수단으로 전락하고 말았다.

실제로 미국에 의하여 신탁통치령의 자치가 행해지고 독립을 요구하는 정당의 결사가 허용되었으나 주민투표 결과는 독립보다는 미국에 "종속", 즉 현상 유지를 지지했으므로 거의 40년 동안이나 신탁통치가 실시될 수 있었다. 또한 독립 후에도 미국과의 연관관계 지속을 원하는 국가들이 대부분이었다. 이는 미국의 시정이 원주민들의 자립을 어렵게 만들었기 때문이 아닐까? 위임통치령에서 신탁통치령으로 전환된 이들 지역의 경우는 형식적 지위만 변화했을 뿐 실질적인 내용 면에서는 전통적 식민지[39]에서 별로 변화하지 않았으며 정치적 독립(독립이 아니라

---

[38] "The Novikov Telegram: U.S. Foreign Policy in the Postwar Period, Washington, September 27, 1946," in *Diplomatic History*, vol. XV, no. IV (Fall, 1991), p. 530.
[39] 전쟁장관 스팀슨(Henry L. Stimson)은 이 지역이 그 자체로서 보유 가치가 있는 '식민지(colonies)'로서가 아니라 상대방에게 넘어갔을 때 위험하므로 이를 견제하기 위하여 보유할 만한 가치가 있는 '전초부대(outposts)'라고 주장했다. "Memorandum for Secretary of State," January 23, 1945, in Henry L. Stimson and McGeorge Bundy, *On*

자치만 허용한 경우도 있었음. 주민들의 힘과 국제사회의 압력에 밀려 결국 정치적 독립을 허용할 수밖에 없었음)만 허용하고 경제·군사·문화적으로 의존적인 체제를 온존한 '가면을 쓴 신식민지'로 변형되었다고 결론 내릴 수 있다.

그런데 1933년 국제연맹을 탈퇴한 일본은 1934년 12월 워싱턴조약의 폐기를 통지하면서 워싱턴조약의 유효기간 2년이 지난 1936년 말부터 군비 제한을 제거한 이른바 '무조약(無條約) 시대'를 열면서 태평양제도(남양군도) 방어에 대한 현상 유지라는 제한을 제거하고 이 지역에 군사시설을 본격적으로 구축하기 시작했다. 이는 위임받은 영토에 군사기지를 금지하는 국제연맹규약 위반이었다.[40] 당시 마리아나제도 남단의 괌, 마셜제도 북방의 웨이크섬,[41] 미국령 피닉스제도 북서쪽의 하울란드섬[42](1937년 이래 비행장이 건설되었음) 등에 주둔해 있던 미국을 공격하기 위한 잠재적 군사시설이었으며 실제로 1941년 12월 일본의 진주만 기습으로 태평양전쟁이 발발하면서 미국 침략의 전진기지로 활용되었다.[43] 따라서 1947년 이후 미국이 일본 등의 잠재적 공격을 가상하면서 서태평양 지역의 섬들을 전략적 신탁통치령 대상지역으로 설정했다

Active Service in Peace and War (London: Hutchinson, 1947), p. 350 참조.
40 아르투어 누스바움 저, 김영석 역, 『국제법의 역사』(한길사, 2013), 419쪽.
41 1588년 에스파냐의 탐험가 멘다냐데네이라가 발견했으며, 1796년 영국의 웨이크가 이 섬을 찾은 후부터 웨이크섬이라고 했다. 오랫동안 무인도였는데, 1898년 미·서전쟁 때 마닐라 원정 중의 미국 함대가 점령한 후부터 미국령이 되었다. 1935년부터 태평양 횡단 항공로의 중계기지로서 개발되기 시작했으며, 1939년 미국 해군기지로서 시설이 확대되고 전략상의 가치가 증대되었다. 제2차 세계대전 중 일본군이 점령하여 해군·공군 기지로서 이용되기도 했으나 전후에 미국령으로 복구되었다
42 하울란드섬은 1822년 미국에 의해 발견되었다. 1825년 역시 미국에 의해 발견된 베이커섬과 함께 영국령인 피닉스제도에서 분리되어 미국령으로 간주되었다. 현재는 미국의 군소 외곽 도서(the U.S. Minor Outlying Islands) 중의 하나이다.
43 심재욱, 「전시체제기 시바우라(芝浦)海軍施設補給部의 조선인 군속 동원」, 『한국민족운동사연구』 97(2018), 202-203쪽.

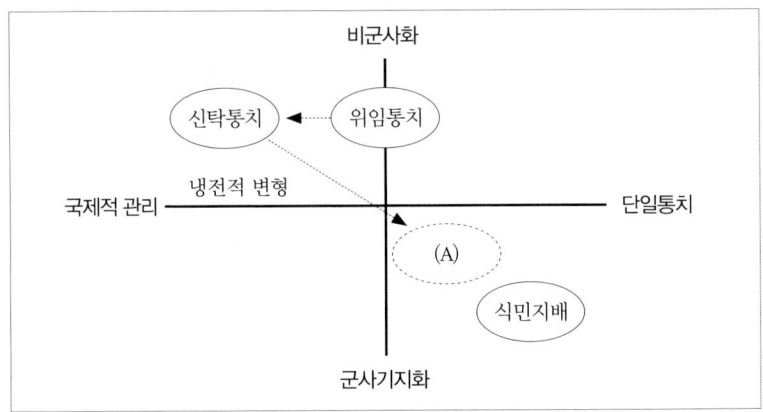

그림 9 **국제적 신탁통치 구상의 변화 경로**
※ 출처: 하지은(2018), 앞의 글, 16쪽.

면 이해될 수 있는 측면이 전혀 없지 않다.

제2차 세계대전 당시 신탁통치 구상 단계에서는 비군사화가 전제되었으므로[44] 전략적 신탁통치를 채택한 지역은 비군사화에서 벗어나 특정 국가의 군사기지가 되었다.[45] 이는 단순 변용이 아니라 당초 이념의 말살이라고까지 할 수 있는 모순되고 전도된 상황이다. 이를 도식화하면 〈그림 9〉와 같다.

〈그림 9〉는 통치의 방식을 '국제적 관리'와 '단일국의 통치'라는 변수로 이원화하여 x축을 설정했고 '군사기지화'와 '비군사화'로 양분해 y축을 설정했다. 그림에서 보는 바와 같이 '위임통치'는 국제연맹의 위임을 받았으나 일국(一國)이 시정국으로 위임되어 단일통치와 국제성이 혼재

---

44 예를 들면 1945년 12월 17일 모스크바3상회의에 제출된 미국의 한반도 신탁통치안 '한국에서의 통일시정기구(Unified Administration for Korea)'에는 비군사적 행정이라는 표현이 나온다.
45 하지은(2015), 앞의 글, ii쪽.

되었으며 비군사화를 지향했다. 위임통치를 부분적으로 계승한 루스벨트의 신탁통치는 비군사적이며 국제적인 다국적 신탁통치안이었다. 그러나 루스벨트 사후 미국이 서태평양제도 등에서 시행한 실제 신탁통치는 '군사적 단일 신탁통치'로서 이는 오히려 루스벨트가 혐오한 구 유럽제국의 식민지(직접)지배(식민주의)에 근접하는 것이다. 그리하여 식민지배, 위임통치와 명확한 차이를 드러내고자 했던 루스벨트식 신탁통치 구상은 발현된 당시의 원형(이상형) 실현이 좌절되고 변형된 방식 '(A)'로 제도화, 실천되는 모습을 보였던 것이다.[46] 결국 실제 구현된 신탁통치는 냉전시대의 현실과 타협해 개악된 것이었다. 유럽 제국의 균열과 미국 주도의 세계권력 재편이라는 거시적인 정세의 변화를 배경으로 입안된 신탁통치안은 유럽 제국의 식민주의를 반대하여 등장했지만 냉전이 심화되어 미국이 소련과 경쟁하면서 세력권을 확장하는 도구로 전락했다. 결국 유럽의 구식민주의에서 별로 달라지지 않은 '신제국주의적(신식민주의적) 반(反)구(舊)식민주의'로 변질되었다.

11개의 전체 신탁통치령 대상지역 중 미국의 탁치령이었던 서태평양제도(TTPI; 적도 이북, 180도 이서 지역에 약 15만 명이 거주)를 제외한 10개 지역이 1957~1975년에 독립했고, 서태평양제도는 1947년부터 미국의 관할하에 유엔신탁통치가 시정되었다. 서태평양제도 지역은 미크로네시아로 통칭되는데(그 일부인 캐롤라인제도 등이 중심이 되어 트루크제도 등을 포함해 1979년 미크로네시아연방으로 분리되었는데 이는 넓은 미크로네시아의 중앙에 위치한 일부임) 이를 중심으로 보다 자세하게 고찰해보고자 한다.

---

[46] 하지은(2015), 앞의 글, 17쪽.

(2) 미국 단독 신탁통치

가. 미크로네시아 식민사

미크로네시아는 마리아나제도, 캐롤라인제도, 마셜제도 등으로 구성되어 있으며, 일본이 지배하던 시절에는 '남양군도'로 불리었다.

괌을 포함한 마리아나제도는 여타 미크로네시아와 함께 스페인의 식민지(1565~1898)였다. 미·서전쟁(美西戰爭)의 패배로 1898년 마리아나제도 남부의 가장 큰 섬 괌을 미국에 빼앗긴 스페인은 재정난으로 허덕이던 차에 독일에 북마리아나제도(괌을 제외한 나머지 마리아나제도)를 비롯한 미크로네시아의 거의 전부를 1898~1899년에 팔았다.[47] 후발국 독일은 다른 유럽 선진국들의 식민지 획득 경쟁에 뒤늦게나마 참여하기 위해, 그리고 다가올 태평양시대에 그 지역에서 거점을 확보하려고 구입했다고 한다.[48] 독일은 1885년 마셜제도를 보호령으로 선포했으므로 1899년 이전에 이미 미크로네시아 일부를 스페인과 공유했다. 독일은 이 지역에 이민을 장려하여 광활한 야자농장을 건설했으며 사이판에 행정기관을 설치했다. 제1차 세계대전이 발발하자 일본 해군은 1914년 10월 북마리아나와 기타 마리아나제도들을 점령했다. 이는 전쟁이 일어날 경우를 대비해 영국과 맺은 비밀협정에 의거한 조치였다. 협정은 아시아의 평화를 위한다는 거창한 명분을 내걸었지만 실제로는 세력확보를 위한 꼼수에 불과했다. 결국 제1차 세계대전이 끝난 직후인 1919년 6월 28일에 체결된 베르사유조약에 의거하여 일본은 북마리아나 등을 비롯한 미크로네시아의 거의 전부를 할양받았다. 1920년 12월

---

[47] 마리아나 관광청 편, 『Marianas: Paradise for Everyone』(마리아나 관광청 한국 사무소, 2018), 18쪽에 의하면 1899년 독일이 스페인으로부터 사이판을 사들였다고 한다.
[48] 조성윤 편, 『남양 섬에서 살다: 조선인 마쓰모토의 회고록』(당산서원, 2018), 285-286쪽.

17일에는 이 지역이 국제연맹의 위임통치령으로 분류되었다. 괌을 점유하고 있던 미국은 1922년 2월 11일 괌을 제외한 북마리아나제도에 대한 국제연맹의 위임통치(실질적으로는 일본의 위임통치) 실시를 승인했다.

일본은 제1차 세계대전 참전으로 승전국 지위를 점한 데다가 국제연맹 최고이사회(Supreme Council) 상임이사국 타이틀까지 거머쥐어 떠오르는 강국이 되었다. 결국 독일의 제1차 세계대전 패전 결과 독일 위임통치령 미크로네시아가 일본에 넘어갔으며 일본은 남양청을 설립해 지배했던 것이다.

그 후 국제연맹이 리턴 조사단[Lytton Commission; 국제연맹이 만주사변과 만주국을 조사하라고 조직한 국제연맹 중일분쟁조사위원회의 통칭. 영국의 빅터 불워-리턴(Victor Alexander George Robert Bulwer-Lytton)이 단장을 맡았다]의 보고서(1932년 9월 4일 국제연맹 사무국, 중화민국, 일본 등에 전달)[49]를 통해 일본제국의 만주 침공과 만주국 수립을 문제 삼았다. "만주국(리턴 조사단이 만주로 들어오기 직전인 1932년 3월 1일 급하게 수립을 선포-인용자)은 일본의 괴뢰 정권이며, 만주 지역은 중화민국의 주권 아래 있어야 한다"라고 주장하는 중화민국의 입장을 지지해 일본 정부를 비난했던 것이다. 일본은 이에 대한 항의 표시로 1933년 3월 27일 국제연맹을 탈퇴[50]한 후에도 위임통치령 남양군도를 계속 점유했다.

한편 1919년 상하이 프랑스 조계에서 수립될 당시 대한민국임시정부는 최초의 헌법 격인 '대한민국임시헌장' 제7조를 통해 "국제연맹에

---

49 이 보고서의 원문 명칭은 "Report of the Commission of Enquiry"이며, 원문은 *Series of League of Nations Publications*, 1932, Ⅶ. 12. (Official No: C. 663. M. 320)에 수록되어 있다. 한국어로는 Lytton 저, 박영석 역, 『리턴 보고서』(탐구당, 1986)로 번역되었다.
50 『동아일보』, 1933년 3월 28일자.

가입함"을 명시했다. 국제연맹 수립 이후 가입을 위해 노력했지만 국제연맹을 주도하던 일본을 비롯한 제1차 세계대전 전승국들의 비호의적 태도로 말미암아 뜻을 이룰 수 없었다. 1931년 만주사변이라는 위기는 대한민국임시정부에 기회가 될 수 있었다. 이승만 등이 주도한 국제연맹 외교를 통해 국제사회에 한국의 독립 의지를 전달하고, 일본의 불법행위를 고발했던 것이다. 만주족의 민족자결주의를 내세우며 '만주국'을 승인받고자 했던 일본의 외교적 기도는 역시 민족자결주의를 내세운 대한민국임시정부의 도전에 직면해야 했다. 「리턴 보고서」의 부당성을 주장하는 국제연맹 일본 측 대표 마쓰오카 요스케(松岡洋右)의 서신이 1933년 2월 14일 국제연맹 사무총장에게 전달되었다. 한편 만주 한인들의 부당한 처지와 일본의 불법성이 포함된 이승만의 성명서는 2월 22일 국제연맹에 제출되었고 만주국 수립에 항의하는 뜻에서 배포·회람되었다. 이틀 후 열린 국제연맹총회에서 「리턴 보고서」가 42대 1의 표결로 채택되었고, 이로 인해 일본이 청제국의 황제 푸이를 꼭두각시로 내세워 수립한 '만주국'의 정당성은 국제사회에서 부정되었다. 일본은 회의장에서 퇴장했고, 동년 3월 27일 국제연맹을 탈퇴하며 평화체제 이탈을 공식화했다.[51] 대한민국임시정부의 국제연맹 외교가 주된 원인은 아니었다 하더라도, '만주국' 승인 기도는 결국 좌절되었고, 일본은 이에 반발하여 국제연맹을 스스로 탈퇴하는 외교적 자충수를 두었던 것이다.[52]

일본이 위임통치령을 가진 것은 국제연맹의 후원 덕분이었다.

---

[51] Thomas W. Burkman, *Japan and the League of Nations: Empire and World Order, 1914~1938* (Honolulu: University of Hawai'i Press, 2008), pp. 190-193; 김정민·김명섭, 「만주사변 발발 이후 대한민국 임시정부의 국제연맹외교: 이승만의 외교활동을 중심으로」, 『한국정치학회보』 53-1(2019), 23쪽.
[52] 김정민·김명섭(2019), 위의 글, 25쪽.

1920년 국제연맹 출범 당시 최고이사회 4대 상임이사국으로서 아시아·태평양 지역 강대국으로 인정받았기 때문에 위임통치령을 가졌던 것이다. 창립 당시 상임이사국은 일본제국, 프랑스, 영국(창립 당시에는 그레이트브리튼 아일랜드 연합왕국), 이탈리아 왕국 4개국이었다. 당초 구상인 5대 상임이사국 중 하나인 미국은 가입하지 않았으며 일본과 이탈리아는 추후 탈퇴해 최고이사회는 국제연맹 자체와 함께 유명무실해졌다.

일본은 사이판 등에서 사탕수수를 재배했고 군사 요충지로 만들었다.[53] 일본은 원주민들의 정치 참여를 허용하지 않는 직접통치 방식을 채택했다. 일본법이 적용되었으며 일어가 상용되었다. 일본은 북마리아나의 완전고용을 이루었으며 경제적으로 어느 시기보다 생산성이 높았다고 선전했다. 또한 병원이 건설되었으며 공중보건의 지표도 향상되었다고 주장했으나 원주민들이나 이주민들이 느끼는 체감 개선 효과는 크지 않았다고 한다.

진주만 공습으로 태평양전쟁을 도발한 직후인 1941년 12월 12일 일본은 괌까지 무단 점령함으로써[54] 마리아나제도는 모두 일본이 점유하게 되었다. 일본은 남방과 동방으로 진출하기 위한 기지를 이 지역에 건설했다. 일본은 미크로네시아의 수많은 섬을 군사 요새화했던 것이다.[55] 캐롤라인제도의 트루크 환초(축섬)에는 일본 연합함대 사령부가 설치되었고, '태평양의 지브롤터'라 불리었을 정도로 일본의 태평양 방위의 중심이 되었다.

---

53 마리아나 관광청 편(2018), 앞의 책, 18쪽.
54 Wakako Higuchi, *The Japanese Administration of Guam, 1941~1944: A Study of Occupation and Integration Policies, with Japanese Oral Histories*, Forewords by Donald Denoon and Goto Shinhachiro (Jefferson, NC: McFarland, 2013).
55 마리아나 관광청 편(2018), 앞의 책, 18쪽.

그러나 일본은 미국의 물량 공세를 당해낼 재간이 없었다. 남양군도 내 '불침항모' 같은 여러 섬들에 대한 미 해군의 공격이 시작된 것은 1943년 중순이었다. 1943년 일본이 미크로네시아에서 전력을 상실할 조짐이 보였다. 니미츠 제독의 미 태평양함대는 마셜제도를 완전히 제압한 후 1944년 2월부터 미크로네시아의 트럭섬과 마리아나의 괌, 사이판, 티니안을 공습하기 시작했다. 결국 미군은 1944년 6월 사이판에서의 혈전을 거쳐 7월에 괌과 티니안을 장악했다. 미군은 이들 섬을 점령해 전시점령을 시행했고 이어 미 해군은 니미츠 포고로 미군정을 설치했다.[56] 이 도서지역의 장악은 조그만 섬 자체로서의 의미보다 더 큰 전략적 의미를 가진 사건이었다. 3개 주요 섬은 미국의 공군기지가 되었는데 1944년 11월 24일 B-29 100대가 일본 본토 공습을 위하여 사이판에서 발진하기 시작했다. 또한 히로시마와 나가사키에 대한 원폭 투하는 티니안에서 발진했던 것이다.

나. 괌 식민사

괌은 다른 마리아나제도와는 다른 독특한 경우이다. 괌은 1521년 세계일주 중이던 포르투갈의 마젤란이 도착하면서 서방세계에 처음 알려졌다. 이후 300년 이상 스페인이 지배하다가 1898년 미·서전쟁 결과 필리핀과 함께 미국이 지배하게 됐다. 자치권을 점차 부여받는 등 정치적 훈정기를 거친 후 1946년 독립한 필리핀과 달리 괌은 미국의 영토가 됐다. 인구도 많고 비교적 큰 섬들이 모여 있는 필리핀을 직접 지배하는 것은 비용이 많이 들고 원주민의 저항을 초래해 신경 쓸 일들이 많이 발생하지만 자그마하고 인구도 적은 한적한 섬 괌은 그런 비용을 지

---

[56] 조성윤, 『남양군도: 일본제국의 태평양섬 지배와 좌절』(동문통책방, 2015).

출하지 않고서도 미국의 아시아·태평양 지역 전략을 구현할 수 있는 전략적 중요성이 인정된 셈이다.

괌은 1898년부터 1950년까지는 미국 대통령이 해군장교 중에서 임명하는 총독에 의해 통치되었으며[50여 년간의 해군 통치; 미국이 괌을 제외한 북마리아나제도의 국제연맹 위임통치(국제연맹이 관장하지만 이는 형식상이며 실질적으로는 일본의 위임통치)를 시행 첫 해 부터인 1922년 승인했으므로 괌도 위임통치양식을 의식해 미 해군이 계속 통치했다고 할 수 있다] 1950년부터는 미 해군이 재판권을 가지면서 미 내무부(Department of the Interior)가 통치하는 속령이 되었다. 따라서 신탁통치가 행해진 적은 없었다. 1970년대에 들어와서 괌은 자치의 방향으로 발전했다. 1970년 선거에 의한 주지사가 선출되었고 의결권이 없는 하원의원 한 명이 미국 하원에 1972년부터 파견되었다. 1978년 미 상원은 자체 헌법을 가질 수 있는 권리를 부여했다. 괌은 1982년 자치령·연방지위(commonwealth status; 연방체; '연합체'라고 번역될 수도 있지만 미크로네시아의 예와 같이 free association에서 association을 '연합'으로 번역하고 commonwealth는 영연방의 경우처럼 '연방'으로 번역함; 코먼웰스는 이론적으로는 국방과 외교를 제외한 모든 분야에서 자주적 결정을 할 수 있음)에 관한 주민투표에서 과반수 미달인 48%만이 지지했으므로 연방체가 되지는 못했다. 주민들은 자치나 독립의 방향을 지지하기보다는 미국에 의존하는 것을 원했던 것이다. 그런데 괌 주민은 1950년 미국의 도서지역 속령(United States island territory of Guam)이 되면서 미국 시민권을 얻었지만 미국 연방 대통령과 상원의원 선거에 참여할 수 없다. 또한 괌 의원은 연방 하원에 파견되지만 표결권을 행사하지는 못하며 분과별

위원회 투표권만 가졌다.[57]

유엔의 식민지해방위원회는 괌을 비자치령으로 분류했다. 괌에서는 괌을 푸에르토리코나 북마리아나제도와 비슷한 자치주로 만들자는 운동이 벌어졌다. 여기에 맞서 괌을 독립국으로 만들자는, 즉 괌이 미국에서 정치적으로 온전히 독립하여 개별 국가를 이루거나 북마리아나제도와 함께 자치주를 구성할 것을 주장하는 이들이 있다[스페인이 미국과의 전쟁에서 패하여 1898년 마리아나제도의 일부인 괌이 미국에 넘겨지고 나머지 섬은 1898~1899년 스페인에 의해 독일에 팔리는 등 마리아나제도가 열강에 의해 분할(분단)되었다는 주장도 있다].[58] 그런데 전술한 바와 같이, 1982년 코먼웰스 찬반을 묻는 주민투표가 과반의 지지를 넘지 못해 부결된 전례가 있었다. 또한 미국 연방정부는 자치운동을 부정적으로 여겼다. 연방정부는 괌의 독립이 현실적이지도 유리하지 않으며, 괌이 아직 독립국가를 이룰 정도로 경제적·사회적으로 안정되지 못했다고 보았다. 이들은 미국이 괌에 얼마나 많은 수입을 가져다주며 괌의 경제가 얼마나 여기에 의존하는지를 근거 자료로 제시하며, 괌이 자치주가 되는 것이 과연 미국에든 괌에든 득이 될지 의문이라는 견해를 밝혔다.[59] 그런데 2017년 당시 괌에서 독립을 요구하는 주민투표가 2018년 행해질 것이라는 전망도 있었다.[60] 괌에는 미군기지가 설치돼 있어 미군의 아시아 전략에 주요 거점 역할을 해왔지만 이 때문에 직접적인 위협에도 노출돼왔다. 특히 2017년 8월 북한이 중장거리탄도미사일(IRBM; Intermediate-Range Ballistic Missile) '화성-12형'을 통해 괌 포위사격을

---

57 박정은, 「미국령 괌, 내년 '독립' 주민투표 하나」, 『전자신문』, 2017년 7월 16일자.
58 Don A. Farrell, *History of the Mariana Islands to Partition* (Saipan: Commonwealth of the Northern Mariana Islands Public School System, 2011).
59 "괌", 〈위키피디아〉(ko.wikipedia.org/wiki/괌, 검색일: 2018년 1월 28일).
60 박정은, 「미국령 괌, 내년 '독립' 주민투표 하나」, 『전자신문』, 2017년 7월 16일자.

경고하자, 괌 정부는 특별위원회를 설치해 ① 현 상태 유지, ② 미국에서 독립, ③ 독자 군사·외교권 확보 방안 등을 놓고 주민투표를 실시하는 방안에 대해 논의했다.[61] 이런 주민투표가 통과되더라도 미 의회의 승인을 받아야 하는데, 미국은 중국을 견제할 수 있는 전략적 요충지 괌의 독립을 원하지 않을 것이라고 관측되었다. 결국 2018년 주민투표는 실시되지 않았다.[62]

다. 미국의 미크로네시아 단독 신탁통치

마리아나에 일본이 구축했던 경제 구조와 시설 등은 제2차 세계대전 중 완전히 파괴되었으므로 미국은 니미츠 포고로 미군정을 설치했던 1944년부터 재건을 도모하기 시작했다. 1944년은 미 국무부의 지역별 자문위원회 중 하나인 '식민지문제위원회'가 국제신탁통치 구상을 발전시키던 시기였다. 1944년 3월 니미츠가 마셜제도 점령을 선포하자, 식민지문제위원회는 미 해군이 점령하고 있더라도 "국제적인 동의에 의해 새로 배치될 때까지 법적으로는 국제연맹의 관리하에 있다는 것"을 인식해야 하며, 미군의 "단독 탈취는 … 적국(일본; 잠재적 적국 소련은 아직 동맹국임-인용자)의 프로파간다 재료로 활용되어 태평양과 아프리카에 대한 미국의 정책을 해칠 수 있고 … 장래 국제신탁통치 계획의 신

---

[61] 이혜영, 「"미국 때문에…" 北위협에 커지는 괌 독립 목소리」, 『아시아경제』, 2017년 8월 23일자.
[62] 미국령 사모아도 괌과 마찬가지로 51년간(1900~1951)의 미국 해군 통치를 거쳐 1951년 속령이 되었다. 미국이 모든 관리를 지명했는데 원주민들이 반발하자 1977년 원주민들의 선거에 의한 주지사가 선출되었다. 현재 하원의원은 선거에 의해 선출되며 (괌과 같이 연방 대통령과 연방 상원의원 선거 투표권은 없다) 국방을 제외한 모든 분야에 자치가 주어져 있다. 이렇듯 독자적인 자치의회와 정부수반(지사)을 선출하고 독자적인 사법부를 거느리며 미국 대통령은 이 지역 지사에 임명장을 주는 역할만 한다. 따라서 미국령 사모아는 코먼웰스의 지위와 유사하다고 평가될 수 있다. 따라서 같은 속령이라고 해도 자치권의 확보 정도가 모두 똑같은 것은 아니다.

뢰를 손상시킬 위험이 있다"라는 의견을 제출했다.[63] 미 해군의 미크로네시아 '병합' 요구를 예상하고 경계한 조치였던 것으로 평가된다. 5월 22일자 "일본 위임통치령의 처우와 이에 해당하는 종속지역 일반 정책"[64]은 이를 확인했다. 미국이 일본의 위임통치령을 '병합'하는 것은 반식민주의적 리더십을 해치는 것이며, 위임통치령을 갖고 있는 다른 국가들도 병합을 시도할 것이라는 것이다.[65]

미국 국무부가 '병합'이 아닌 국제기구의 틀을 통한 관리를 강조했지만, 국제적 안전보장을 유지하기 위한 기지를 이 섬들에 설치할 것을 상정하고 있었던 것은 분명하다. 이 시기 전후 구상과 관련해 국제기구의 창설과 종속지역의 미래, 안전보장의 확보 문제들은 서로 긴밀히 관계를 맺은 채 전개되고 있었다.

문제는 미크로네시아를 국제신탁통치제도 안으로 위치시킬 때 군사기지를 설치할 수 없다는 점이었다. 미 해군은 이 태평양 섬들에 대해 일찍부터 배타적인 전략 지배를 요구해왔다. 미국 본토에 대한 장래의 공격을 방지하기 위해 최선책으로 하와이에서 필리핀, 일본, 서아시아를 잇는 병참선(communication line)상의 태평양 섬들에 (방어)기지들이

---

63 Committee on Colonial and Trusteeship Problems Minutes 42, March 10, 1944, Record Group 59, National Archives, Washington, D.C., Records of Harley A. Notter, 1939~45, Records of the Advisory Committee on Post-War Foreign Policy, 1944, p. 2. 미 국무부의 '식민지문제위원회'는 1944년 3월 '종속지역문제위원회'로 개칭된다. 강성현, 「전후 미국의 '점령형 신탁통치'의 성립과 냉전적 변형: 조선, 미크로네시아, 류큐제도를 중심으로」, 『사회와역사』 112(2016), 79쪽.

64 Committee on Dependent Area Problems Documnets 165, "Disposition of the Japanese mandated islands in relation to general policy for dependent areas," May 22, 1944, Record Group 59, National Archives, Washington, D.C., Records of Harley A. Notter, 1939~45, Records of the Advisory Committee on Post-War Foreign Policy, pp. 2-4; 강성현(2016), 위의 글, 79쪽.

65 강성현(2016), 앞의 글, 79-80쪽.

필요하다고 주장했다. 최소한 미국인이 피를 흘린 섬들에 대해서는 직접적인 주권을 확보해야 한다는 주장까지 나왔다.[66]

첫 번째 유엔총회 기간인 1946년 1월 15일 미 대통령 트루먼은 기자회견을 통해 "우리 군에 의해 정복된 이 나라의 장래 안전보장에 있어서 사활적인 것으로 간주되는 적국의 태평양을 단독의 신탁통치에 둘" 것이라는 성명을 발표했다.[67] 미크로네시아에 대해 국무부와 군부(특히 해군부) 사이에 '주권 획득(병합)'과 전략적 신탁통치의 적용을 두고 경합과 갈등이 계속되고 있던 상황이었다. 무엇보다 구체적으로 태평양 어디가 사활적인 지역인지 분명하지 않았다. 1월 16일 국무장관 번스는 합참과 국무부에게 태평양 지역의 신탁통치에 관한 검토를 개시하도록 요청했다.[68]

이에 국무부는 1946년 6월 24일 "구 일본 지배하의 위임통치령과 작은 낙도의 신탁통치와 기타 처리 방법에 관한 정책"[69]을 삼부조정위원회에 제출했다. 미크로네시아와 관련해서 국무부는 유엔헌장 81조(단독 시정권자), 82~83조(전략지역 설정)를 활용해 미국을 유일한 시정권자로 하는 전략적 신탁통치 설정을 제안했다. 그리고 류큐제도에 대해서는 일본의 주권으로 반환되어야 한다고 주장했다.

이와 달리 1946년 6월 28일 삼부조정위원회에 제출된 합참안 「태평

---

66 Hal M. Freedman, *Creating an American Lake: United States Imperialism and Strategic Security in the Pacific Basin, 1945~1947* (Westport: Greenwood Press, 2001), p. 18; 강성현(2016), 앞의 글, 80쪽.
67 *The New York Times*, January 16, 1946; 강성현(2016), 앞의 글, 80쪽.
68 강성현(2016), 앞의 글, 80쪽.
69 "Policy Concerning Trusteeship and other Methods of Disposition of the Mandated and Other Outlying and Minor Island Formerly Controlled by Japan," SWNCC 59/1, June 24, 1946; 강성현(2016), 앞의 글, 80쪽.

양에서의 전략지역과 신탁통치」[70]는 미크로네시아를 병합해 미국 주권으로 두도록 제안했다. "미국의 안전보장에 관한 사활적 이해는 일본 위임통치령에 대한 미국의 배타적이고 무제한적인 전략적 지배의 보유를 요구"하며, 이 목적을 실현시키기 위한 가장 적극적인 수단이 바로 '주권 획득'이라는 것이다. 보고서는 미크로네시아 현지 주민의 인구가 적고 흩어져 있어 정치·경제적으로 아직 발전하지 않은 것에서 자치를 달성할 수 없다는 인식도 '주권 획득'의 논거로 들고 있다.[71]

국무부 안과 합참 안을 조정하기 위해 1946년 7월 11일 삼부조정위원회 제42차 회의가 열렸고, 미크로네시아와 전전(戰前) 일본의 영역에 관한 조사 목적을 위한 '임시위원회' 설치를 결정했다. 1946년 7월 15일에는 미국 국무부 체이스(Eugene P. Chase)와 보튼(Hugh Borton), 육군부 기픈[Sidney L. Giffen; 대령(Colonel)]과 링컨(George A. Lincoln, 준장), 해군부 대니슨[Robert L. Dennison, 대령(Captain)]이 임시위원회 각부 대표로 참여해 국무부와 합참 안을 종합 검토했다. 그 결과 8월 7일 보튼이 국무부 신탁통치협정안을 제출했고,[72] 8월 24일 미 해군부도 신탁통치협정안을 제출했으며, 최종적으로 9월 20일 미크로네시아에 관한 「신탁통치협정안」[73] 초안(총 16조)이 완성되었다.[74]

---

[70] "Strategic Areas and Trusteeship in the Pacific," SWNCC 59/2, June 28, 1946. 이 보고서는 합참이 JCS 1619/1(May 24, 1946)로 통과시킨 것을 삼부조정위원회에 제출한 것이다. 강성현(2016), 앞의 글, 81쪽.

[71] 강성현(2016), 앞의 글, 80-81쪽.

[72] Robert Eldridge, *The Origins of the Bilateral Okinawa Problem: Okinawa in Postwar US-Japan Relations, 1945~1952* (New York: Garland, 2001), p. 100 (books.google.co.kr/books?id=BYiYKCIdz28C&printsec=frontcover&hl=ko#v=onepage&q&f=false, 검색일: 2018년 12월 4일).

[73] "Draft Trusteeship Agreement," SWNCC 59/6, September 20, 1946; 강성현(2016), 앞의 글, 82쪽.

[74] 강성현(2016), 앞의 글, 81-82쪽.

주요 내용을 보면, 제1조는 미크로네시아를 전략지역으로 지정하고 신탁 영역을 언급한 후 제2조와 3조에서는 "미국의 불가분한 부분으로서" 신탁 영토에 대해 행정, 입법, 사법에 대한 시정권을 갖는다고 규정했다. 제5조는 신탁 영역에 해군, 육군, 공군 기지 건설과 군 병력의 배치 및 주둔을, 제6조는 "자치를 향한 신탁 영역의 주민의 발전을 촉진"시킬 것을 규정하고 있다. 유엔헌장 제76조 b항과 비교하면, '독립'이라는 단어가 삭제된 것이 주목된다. 그리고 제13조에서는 안전보장을 이유로 한 폐쇄지구 설치가 인정되었다.

이케가미 다이스케(池上大祐)는 미크로네시아 영유권 문제에 대한 국무부의 신탁통치안과 합참의 주권획득안이 반드시 대립 관계에 있었던 것이 아니라, 양쪽 모두 미국의 미크로네시아에 대한 군사전략적·배타적 성격이라는 측면에서 상당한 공통점을 가지고 있었고, 이는 이「신탁통치협정안」초안에 잘 드러나 있다고 평가한다.[75]

트루먼은 이 초안에 의거해 1946월 11월 6일 "미국은 일본의 위임통치령과 제2차 세계대전의 결과로 책임을 떠맡은 모든 일본 섬을 미국을 관리국가로 하여 신탁통치를 실시할 것이다"라는 성명을 발표했다.[76] 트루먼은 냉전이 본격적으로 출현하기 직전 미크로네시아에 대한 '전략적 신탁통치'를 선언해 미국 방침을 최종적으로 대외적으로 공표했던 것이다. 마지막으로 영국 및 소련과의 교섭과 조정, 승인이 남았다. 문제는 1947년 들어 미·소협조노선이 급격하게 사라지고 있다는 데 있었다.

1947년 1~2월 말 미국은 영국과 협정안을 협의 조정했다. 쟁점은 폐쇄지구의 설치를 규정한 제13조였다. 영국의 우려는 만약 안전보장

---

75 池上大祐, 『アメリカの太平洋戰略と國際信託統治(American pacific strategy and international trusteeship): 米國務省の戰後構想 1942~1947』(京都: 法律文化社, 2014), 129쪽.
76 Robert Eldridge(2001), 앞의 책, p. 104.

상의 이유로 어느 지역이 폐쇄되어버리면, 신탁 영역의 섬들뿐 아니라 그 해역도 폐쇄되는 것은 아닌지였다. 이에 미국은 신탁통치령의 범위에 있는 해역은 국제법상 관습에 의해 규정된다고 답함으로써 전략지역 내 폐쇄지구의 설치에 대한 비판을 피해나가려 했다.[77]

더 큰 장애물은 소련이었다. 전략적 신탁통치의 경우 유엔총회가 아닌 안보리의 승인을 받아야 했는데, 소련이 거부권을 행사하면 미국을 단독 시정권자로 하는 미크로네시아의 전략적 신탁통치 결정이 좌절될 수도 있었다. 소련 대표는 미국의 신탁통치협정 초안에 대해 세 가지 수정을 요구했다. 첫째, 제3조 "미국의 불가분한 부분으로서"에 대한 삭제, 둘째, 제6조 "자치를 향한" 문구 뒤에 "또는 독립"을 삽입, 셋째, 제15조의 "아래 협정 조항은 시정권자의 허가 없이 변경, 해제되지 않는다"를 "아래 협정 조항은 안보리의 결정에 따라 변경, 수정 또는 해당 조항의 효력이 정지된다"라는 문장으로 바꾸라는 것이었다. 이에 대해 미국은 강하게 반발하며 반론했지만, 1947년 4월 2일 3조와 6조에 대한 수정 요구 사항은 받아들이는 대신 15조 수정 요구는 거부해 미국안을 관철시켰다.[78]

1947년 당시 거부권을 심사숙고했던 소련 대표 그로미코(Andrei A. Gromyko)는 "미국이 대일전쟁에서 다른 연합국과 비교할 수 없을 정도로 엄청난 희생을 지불했다는 것을 고려"했다고 미사여구를 늘어놓았지만, 실상은 비밀리에 쿠릴열도와 미크로네시아를 맞바꾼 것이었다. 이런 이면거래에 힘입어 조선의 신탁통치가 파산을 선언할 즈음 미크로네시아 신탁통치는 미·소협조의 막차를 타고 성사되었다.[79] 쿠릴은

---

77 강성현(2016), 앞의 글, 82-83쪽.
78 "United States Position on Soviet Proposal for Amendment of Draft Trusteeship Agreement," SWNCC 59/10, March 1, 1947; 강성현(2016), 앞의 글, 83쪽.
79 강성현(2016), 앞의 글, 83쪽.

1945년 2월 소련의 대일전 참전 조건을 확정 지은 얄타비밀협정으로 소련 반환이 약속되었지만 일본과 가까운 북방 4개 도서는 돌려주지 않는다든지 신탁통치령 대상지역으로 분류될 것이 고려되는 등 그 해법이 확정되지 않았으므로 그로미코로서는 미크로네시아와 바꿀 만했다. 미크로네시아와 쿠릴에 대한 이면거래로 쿠릴은 소련으로의 무조건 반환(북방 4개 도서 포함이 이면거래의 핵심 쟁점 사항인 것으로 추정됨)이 확정되는 듯했지만 그보다 전인 1943년에는 신탁통치 검토지역으로 고려되기도 했고 1949년 강화조약 초안 마련 시까지도 신탁통치나 북방 4개 도서의 일본 귀속 등 다른 방안이 미국에 의해 검토되었다. 따라서 쿠릴과 미크로네시아는 미·소 간에 세력 확대 전쟁(power struggle)이 물밑에서 이루어지는 태평양 도서지역이었으며 세력균형의 현장이었다. 1947년 당시에는 일단 쿠릴과 미크로네시아 교환이 합의되는 중이었다고 할 것이다. 그러나 이러한 합의가 문서화되지 않았으므로 미국은 이를 잠정적인 것으로 간주해 무시하려고 일방적으로 노력하면서 비밀리에 다른 궁리를 이어갔다.

장시간의 논쟁과 우여곡절 끝에 1947년 5월 2일 유엔 안보리는 캐롤라인·마셜·북마리아나제도와 같은 이전 일본 위임통치령이었던 제도들을 전략적 지역으로서 신탁통치하에 둔다는 내용의 미국 정부에 의해 제출된 합의안을 만장일치로 승인했던 것이다. 이어 미 의회는 1947년 7월에 승인했다.[80]

1947년 7월 18일 트루먼은 유엔과 신탁통치협정을 체결했는데 미크로네시아의 거의 대부분인 태평양 도서가 유엔신탁통치(속)령(TTPI)으로 분류되었던 것이다. 미 해군이 시정의 책무를 가지고 이 지역으로

---

[80] *UN Yearbook*, 1946~1947, p. 389.

파견되었다. 현재의 북마리아나연방, 마셜제도, 미크로네시아연방, 팔라우 등이 하나의 단위로 통치되었다.[81] 이들 지역에 사실상 미 해군의 군정이 실시되었던 것이다. 서태평양제도의 수도는 사이판에 두었다. 실제로 사이판 옆의 티니안에 살았던 전경운은 "유엔 신탁 미 해군 정부"라고 표현했다.[82] 결국 1947년 7월 18일 미군 통치가 시작된 이후 순차적으로 독립되어 1994년 11월 10일 팔라우가 독립될 때까지 미국은 태평양제도에 신탁통치를 실시했던 것이다.[83] 1951년 9월 8일 일본과의 샌프란시스코평화조약[84]이 체결된 직후 유엔하의 신탁통치 책임은 미국 내무장관에게 위임되었다. 미 대통령에 의하여 임명된 고등판무관

---

81 Marianas Visitors Authority(www.mymarianas.com/html/display.cfm?sid=1046, 검색일: 2008년 2월 27일).
82 조성윤 편(2018), 앞의 책, 295쪽.
83 「주(州)와 준주(準州) 지역」, 미국 국무부, 『미국의 여행: 미국의 개관』(2004)(terms.naver.com/entry.nhn?docId=1714413&cid=43938&categoryId=43950, 검색일: 2016년 3월 1일).
84 그러나 제2차 세계대전이 끝난 이후 유럽에서 이탈리아 등과는 파리조약이 맺어졌으나 독일과는 평화협정이 체결되지 않았다. 평화조약 없이 전쟁이 종결된 이유는 제1차 세계대전의 결과로 1919년 6월 28일 독일과 연합국이 서명한 베르사유조약이 독일에 과도한 보상금을 부과했으며 결국 독일의 반발을 불러와 세계대전 재발의 원인이 되었던 점을 들 수 있다. 1938년 9월 30일 체코슬로바키아의 분할을 통해 평화를 구걸했다고 평가받는 영·독·불·이 뮌헨(평화)협정이 1년 후인 1939년 9월 1일 독일의 폴란드 침공으로 제2차 세계대전으로 이어졌던 것도 이유가 될 수 있다. 또한 독일이 분단되었으므로 어느 쪽에 배상금을 물려야 할지가 어려웠다. 동·서독 쌍방 모두 부를 수 있었지만, 냉전의 출현으로 동·서 양 진영의 합의가 어려워졌다. 실제로 샌프란시스코평화회의에 참여한 51개 연합국과 당사국인 일본 중 공산권 국가 3국[소련(소련과 일본은 1956년 10월 19일이 되어서야 종전에 관한 연합 선언에 서명하고, 외교관계를 복원했다), 체코슬로바키아, 폴란드] 모두는 서명하지 않았으며, 참여했던 필리핀은 1956년 서명해 결국 46개 연합국과 일본만이 서명했다. 한편 인도, 버마 및 유고슬라비아도 초대되었지만, 참가하지 않았다. 인도는 1952년 6월 9일 "일본과 인도 간 평화조약"이라는 별도의 조약을 맺었다. 한국은 대한민국과 북한 중 어디가 전체 한국인을 대표하는지 문제에 더해 일본의 일부(식민지)였다는 이유로 초대받지 못했다. 미국이 일본을 챙기려고 한국의 참가를 배제했다는 주장도 있다. 한국을 참여시키면 다른 일본 피해국들의 배상 문제가 일본에 부담이 된다는 이유였다. 미국은 한국에 대한 일본의 배상 문제에 대해

이 사이판에서 6개 행정구역을 관장했다.

서는 '일본의 한반도 식민지배가 한반도 근대화에 크게 기여해 36년간의 일본 강점으로 발생한 손해보다 그 기여 액수가 크다'는 자료를 내놓는 식으로 일본 편을 들었다. 미국은 일본의 태평양전쟁 배상을 가볍게 해주기 위해 관련 피해국들과 일본의 개별 협상 형식을 취하도록 만들었다. 고승우, 「미국, 일본 챙기려 샌프란시스코강화조약에서 한국 철저히 배제 ① (연재)고승우의 '미국의 한반도 개입 151년'(24)」, 『통일뉴스』, 2022년 6월 2일자; 고승우, 「한미관계 151년은 미 국익 추구 과정: 시급히 정상화해야 (연재)고승우의 '미국의 한반도 개입 151년' (42-최종회)」, 『통일뉴스』, 2022년 8월 4일자 입력(www.tongilnews.com/news/articleView.html?idxno=205792, 검색일; 2023년 2월 5일). 6·25전쟁이 한창이던 1951년 4월 요시다 시게루(吉田茂; 아소 다로 전 재무대신의 외조부) 당시 수상 겸 외상이 덜레스(John F. Dulles) 미국 국무부 특별고문이자 샌프란시스코평화조약 담당 특사와 비밀회담을 갖고 한국을 조인국에서 배제한다는 내용의 '한국과 평화조약'이라는 비망록을 건넸다. 처음엔 덜레스 고문도 "한국이 조인국으로 참여해야 한다"라는 이승만 당시 한국 대통령의 강력한 주장을 지지한 것으로 알려졌다. 그러나 요시다 수상은 '한국 참여 불가론'을 담은 문서를 제시하며 미국을 설득하는 데 성공했다는 것이다. 한국은 일본과 전쟁 상태나 교전 상태에 있지 않았기에 연합국으로 인정할 수 없으며, 만일 한국이 조인국이 되면 재일조선인과 한국인들은 연합국 시민들과 동등하게 재산과 보상금의 권리를 주장할 텐데 거의 100만 명에 달하는 재일교포들이 증명할 수 없는 과잉 보상 청구를 해오면 혼란을 피할 수 없다는 주장이었다. 게다가 재일한국인 거주자의 대부분이 공산주의자라는 사실까지 지적했다. 이어서 일본 정부는 일본이 한국에 대한 모든 권리, 권원, 청구권을 포기하고(미국 초안 제3장 영토 3조), 일본이 한국의 완전 독립을 승인하는 것으로 평화조약을 제한하며, 양국 간의 정상 관계 수립은 현재 한국 사태가 해결되고 반도에 평화와 안정이 회복될 훗날에 체결될 조약으로 남겨두는 것이 최상이라고 확신한다고 구체적으로 부기했다. 결국 일본의 뜻대로 태평양전쟁의 최대 피해국의 하나였던 한국은 그 전쟁을 청산하는 강화조약에서 완전히 없는 나라로 간주됐다. 중국과 함께 그 회의 참가를 거부당했다. 조약 체결일이 얼마 남지 않은 1951년 8월 22일 덜레스 특사는 양유찬 주미 한국대사와 면담했다. 양유찬은 미국이 한국을 대일평화조약에 서명국으로 초청하는 건지, 아니면 옵저버로 초청하는지의 여부를 문의했다. 덜레스는 서명국이나 옵저버 자격이 모두 아니라고 답했다. 회담에 옵저버 지위를 두지 않기로 결정되었기 때문이라는 것이다. 한국은 단지 샌프란시스코평화회담에 비공식 자격(an informal capacity)으로 참석할 수 있을 것이라고 했다. 양유찬은 회의 진행과 관련해 한국에 어떠한 공식적 자격을 줄 수 있느냐고 물었지만, 덜레스는 없다고 대답했다. 전술한 바와 같이 미국이 처음부터 그랬던 것은 아니다. 당시 주한 미국대사 무초는 "한국은 (중일전쟁에서) 교전국이었다고 주장했으며, 한국정부의 위상을 제고하고 미국과 유엔의 의지를 확인하는 차원에서도 한국은 '일본조약'에 서명국으로 참여해야 한다"라는 의견을 국무부에 올렸다. 이태진, 「한국참가 문제를 둘러싼 미국과 영국의 의견 차이」, 김영호 외 편, 『샌프란시스코체제를 넘어서: 동아시아 냉전과 식민지·전쟁범죄의 청산』(메디치미디어, 2022).
덜레스조차 한국이 중국과 만주 등에서 일본군과 싸운 교전국이며, 한국을 조약 서명국

(연합국)에 넣는 것이 6·25전쟁을 수행하는 데도 유리할 것이라고 봤다. 그리고 처음에는 조약 초안에 한국을 서명국(전승국) 명단에 올렸다. 냉전이 격화하면서 전쟁범죄 면죄부를 받고 전후에 다시 부활한 일본 보수세력과 홍콩·중국에 대한 이권, 한국이 서명할 경우 북한 문제가 불거지면서 소련과의 알력이 커질 것으로 계산하고 한국의 조약 참여에 반대한 영국의 철저한 제국주의적 계산을 따라 미국은 궤도를 수정했다. 그리하여 한국은 사실상 없는 나라였고, 독립국으로 인정받게 되는 것은 요시다 시게루가 얘기한 대로 1965년 한일협정을 통해서였다. 샌프란시스코조약에서 일본에 침략과 전쟁, 식민지배 책임을 묻지 않은 미국은 한일협정에서도 기본 조약 제2조에 일본 패전 이전까지 맺은 온갖 불평등조약이 모두 국제법적으로 합법이었다는 일본 쪽 해석을 받아들였다. 정병준, 『독도 1947』(돌베개, 2010); 한승동, 「한반도 분단은 미국에겐 '신의 한 수'? (창간기획: 신냉전, 판을 바꾸자) ④-1 샌프란시스코 1.0체제: 일본 보수우익에겐 '천우신조': 분단됐기에 분열했나, 분열 때문에 분단됐나: 한반도 분단 덕에 미국은 한국·일본을 다 얻었다: 한일관계는 미국이 깔아 놓은 기울어진 운동장: 에즈라 보걸, 웬디 셔먼 등 지식인들의 일본편향 "한국은 없었다"」, 『민들레』, 2022년 11월 23일자 (www.mindlenews.com/news/articleView.html?idxno=411, 검색일: 2023년 3월 6일); 박주연, 「1951년 '샌프란시스코 강화조약' 체결」, 『경향신문』, 2010년 9월 6일자 (m.khan.co.kr/people/people-general/article/201009072147185#c2b, 검색일: 2023년 3월 5일); 정병준, 『샌프란시스코평화조약의 한반도관련 조항과 한국정부의 대응』(경인문화사, 2020).

한편 이탈리아는 반파시스트 주의자인 피에트로 바돌리오 내각이 종전 직전인 1945년 7월 14일에 대일선전포고를 했지만, 초대받지 못했다. 파키스탄(자치령)과 실론(자치령)은 제2차 세계대전 당시에는 국가로서 존재하지도 않았음에도 불구하고, 일본과 항쟁을 벌인 영국령 인도를 계승했다는 이유로 초대를 받았고 참가했다. 포르투갈은 전쟁 당시 자국의 영토였던 동티모르가 일본에 침략을 당해 1942~1945년에 지배받았으나, 전쟁에서 중립을 유지해 초대받지 못했다. 그런데 일본의 점령지 필리핀(1942~1945년 일본 지배), 인도네시아, (남)베트남(1945년 일본 지배), (일본 점령 이전에는 프랑스령 인도차이나의 일부였던) 캄보디아·라오스(양국 모두 1945년 일본 지배), 버마(1942~1945년 일본 지배)는 초대받았다. 이들 중 참가를 거부한 버마를 제외하고는 모두 서명했으나 필리핀과 인도네시아는 강화조약과 별도로 배상 협상이 진행되어야 한다고 주장했다. 의회에서 조약 비준이 부결된 인도네시아, 배상청구권을 포기하지 않은 필리핀과 남베트남, 그리고 조약에 초대받지 않은 중화인민공화국, 남북한과의 협상 문제가 남았다. 일본은 1955년부터 1959년에 걸쳐 버마(1955년 배상협정 후 1963년 경제-기술협정으로 준배상 추가), 필리핀[1956년 5월 배상금 협정(배상-경제협정)에 서명한 후 7월 16일 샌프란시스코조약 비준], 인도네시아[샌프란시스코조약을 비준하는 대신 1958년 1월 20일에 배상금과 평화협정(평화-경제협정)에 일본과 양자 서명을 함], 남베트남(1959년 배상-경제협정)에 대해 배상했다. 일본이 정식으로 침략 피해에 대해 배상한 것은 이 네 나라뿐이다. 다른 나라에 대해서는 경제원조를 하거나 무상 경제 협력을 하는 것으로 대신했다.

과연 서태평양제도 주민들은 신탁통치 결정과 초기 시행에 대해 어떻게 대응했을까? 즉시독립을 바라는 한국인의 감정적인 반탁 저항과 대조적으로 미크로네시아섬 주민들의 큰 저항은 없었다.[85]

조성윤에 따르면, 그저 미국이 하는 대로 따라가야 했고, 미국의 요

중화인민공화국(영국이 초청 원함)과의 경쟁적 관계(국공내전; 남북한의 동시 비초청에 비교됨) 때문에 모두 초청받지 못했던 중화민국(미국이 초청 원함)은 샌프란시스코조약과는 별도 조약인 Sino-Japanese Peace Treaty를 1952년 4월 28일에 서명했으나 1972년 9월 베이징에서 일본 정부와 중국 공산당의 공동성명이 발표된 이후부터 일본이 무효로 간주했으며 이 조약은 '타이페이조약'으로 불렸다. 중국과 대만은 일본과의 관계 개선을 위한 더 유리한 입지를 확보하기 위해 모두 대일배상청구권을 포기했다고 평가된다. 라오스·캄보디아의 경우 강화조약 체약국이었지만 배상청구권을 포기하는 대신 1958년과 1959년 10억 엔과 15억 엔을 무상으로 제공하는 경제기술협력협정(준배상)을 일본과 체결했다. 조진구, 「일본의 전후 아시아 배상외교와 역사인식」, 『일본역사 연구』 51(2020).
한국에 대해서는 1965년 한일기본조약에 따른 '한·일청구권협정(韓日請求權協定)'을 맺어 일본은 한국에 대해 조선에 투자한 자본과 일본인의 개별 재산 모두를 포기하고, 3억 달러의 무상 자금과 2억 달러의 차관을 지원하고, 한국은 대일(배상)청구권을 포기하는 것에 합의했다. 배상 대신 경제원조(일종의 준배상)를 하는 것이었다.
1978년 일본과 중화인민공화국과의 중·일평화우호조약 체결로 양국 관계가 정상화되자, 마지막으로 북한만이 미해결로 남아 있다. 김숭배, 「샌프란시스코평화조약과 동북아시아 비(非)서명국들: 소련, 한국, 중국과 평화조약의 규범 보전」, 『일본비평』 22(2020).
1957년 영국으로부터 독립된 말레이시아와 1965년 말레이시아로부터 분리·독립된 싱가포르는 아직 독립국가가 아니었으므로 평화회의에 당연히 초청받지 못했다. 1942년 일본과 동맹을 맺은 태국은 처음부터 참여가 배제되었다. 그러나 태국과는 1955년, 싱가포르(1942~1945년 일본 지배)-말레이시아와는 각각 1967년, 미크로네시아와는 1969년 경제적 지원을 위한 협정(태평양제도 신탁통치지역에 관한 일본국과 미합중국 간의 협정; 18억 엔의 경제협력자금 제공)을 맺어 준배상이 시행되었다. 「(전쟁배상)일본의 동남아국가에 대한 전쟁 배상-보상금액(버마·필리핀·인도네시아·베트남 등)」, 『도무재닷컴』, 2019년 7월 27일, vvvvvvvv.tistory.com/2356, 검색일: 2023년 3월 4일).
미크로네시아 등 일본의 구 위임통치령에 대해서는 1951년 평화조약에서 향후 주권에 대해 명확히 하지 않아 분쟁의 소지를 없애지 않았으며 미국의 이익을 보존했다고 할 수 있다.

[85] 역사적으로 보면, 스페인과 독일의 지배에 대해 저항했던 섬 주민들은 일본의 위임통치 시기에는 크게 저항하지 않았다. 조성윤은 일본이 섬 주민들을 통제하고 사회문화적으로 차별하기는 했지만, 이전 제국과 달리 가혹하게 다루지 않았으며, 현지 주민과 이민 온 일본인의 네트워크가 섞이지 않고 따로 작동했다고 논의한다.

구에 따라 움직여야 했다. '신탁통치'라고 이름은 붙었지만, 초기에는 사실상 '군정'이었고, 미군의 필요에 따라 일부지역을 지정해서 군사적으로 이용할 뿐 다른 지역은 방치 상태였다.[86] 섬 주민들의 저항은 1950년대 내내 계속된 핵폭탄 실험과 그로 인한 강제 이주, 기지로 인한 사회 문제가 누적되면서 가시화되었다.[87]

1952년에 발효된 신탁통치(속)령 법규(The Code of the Trust Territory)[88]에 의하면 태평양제도신탁통치(속)령은 6개의 행정구역으로 나누어 선거보다는 미국에 의해 지명된 관리(고등판무관)들에 의해 통치된다고 나와 있었다. 그런데 이에 대한 유엔 신탁통치이사회와 미국 내의 비판 여론 때문에 미국은 1965년 미크로네시아의회의 의원을 선출하여 입법권을 부여하기도 했다. 1968년 미국 연방정부를 모방한 삼권분립제도가 확립되었다. 1970년에는 푸에르토리코(Puerto Rico)[89]와 같은 연방체

---

[86] 조성윤(2015), 앞의 책, 200쪽. 한편 오세종, 『오키나와와 조선의 틈새에서』(소명출판, 2019)에서는 오키나와와 남한, 북한의 사이에서 어디에도 속할 수 없고 오갈 데 없는 오키나와에 사는 재일조선인의 삶을 다루었다.

[87] 강성현(2016), 앞의 글, 84쪽.

[88] 최종기, 『현대국제연합론』(박영사, 1983); 박관숙, 「신탁통치제도」, 『考試界』 5(1960); 田畑茂二郞, 『國際連合の硏究』 第1卷(東京: 有斐閣, 1962).

[89] 푸에르토리코는 서인도제도(카리브해)의 대안틸레스제도에 있는 미국의 자치령[독립된 자치국; 원칙적으로 '령'은 다른 나라(국)의 영토이며 '국'은 독립된 나라이나 혼동되기도 한다]이다. 1493부터 400년간 스페인의 식민지배를 받다가 미서전쟁의 결과로 1898년 미국에 할양되었다. 미국은 원래 푸에르토리코를 침공, 점령할 의도가 없었으나 쿠바로 진군하는 길목에 푸에르토리코가 마침 위치하고 있었고, 내친김에 푸에르토리코도 침공했다. 리베라(Rivera)가 이끌던 푸에르토리코 정부는 1898년 미국의 침공에 의해 친미정부로 교체되었고, 정권교체 이후 푸에르토리코의 커피 소작농은 사라지고 미국인 소유의 대규모 제당농장이 설립되었던 것이다. 푸에르토리코는 1917년 미국으로부터 제한된 자치를 부여받게 되어 주민에게 시민권이 부여되었으며 1952년 연방체(commonwealth; 이론적으로는 국방과 외교를 제외한 모든 분야에서 자주적 결정을 할 수 있으므로 독립 국가임)가 성립되었다. 미국 선거에 대한 투표권은 없다. 원칙적으로는 unincorporated organized territory이므로 미국 연방의 자치법에 근거하기는 하지만 미국 연방의 주로서 편입을 전제로 하지는 않는 속령(자치령)이다. 스페인어로 Estado Libre Asociado de Puerto Rico(푸에르토리코 자유연합주), 영어로

(commonwealth; 이론적으로는 국방과 외교를 제외한 모든 분야에서 자주적

는 Commonwealth of Puerto Rico이다. '코먼웰스'가 스페인어로는 '자유연합주'로 번역된다[이 대목에서 필자가 '연합'으로 번역하는 '어소시에이션'과 '연방'으로 번역하는 '코먼웰스'가 혼동되고 있음을 확인할 수 있다. 통상 미국의 'federation'은 '연방'으로 'confederation'은 '연합'으로 번역되기도 한다. 'confederation'도 '연방'으로 번역되기도 하므로 역시 혼용된다고 할 수 있다. 그런데 1861년 미국 남북전쟁 당시 남부연합은 Confederacy이며 북부연방은 Union이었다. 미국은 1776년 독립을 전후해 동부 13개 주가 각각 독립성을 지니고 우호와 친선 관계를 유지하는 국가연합(confederation)의 형태를 취하다 영국과의 전쟁을 거치면서 독립된 주들이 하나의 국가로 뭉칠 필요성을 느끼고 1789년부터 연방국가(federal states) 형태로 발전했다. 필자는 국가연합(confederation; 북한은 자신의 연방제안을 confederation으로 번역했다), 연방(federation), 연방국가(federal state), 연방(commonwealth: 한국의 통일원은 남북연합을 이 단어로 번역했다), 연방제(federalism)로 번역하고자 한다]. 그런데 제도 면에서는 국방을 위탁하는 반(半)독립국 자유연합보다 국방과 외교를 위탁하는 코먼웰스는 독립의 강도가 약한 편이다. 푸에르토리코에서는 미국 연방 편입에 관해 1960년대부터 몇 차례 주민투표가 행해졌다. 급기야 1998년 미국으로의 완전 편입에 대한 주민투표가 실시되었으나 부결되어 기존 체제를 유지했다. 이어 21세기에 행해진 주민투표에서는 미국의 주(state)로 편입시키자는 의견이 더 많았다. 2012년 주민투표에서 60% 넘게 주 편입에 찬성했다. 따라서 이 지역은 자발적으로 미국의 51번째 주가 되려는 비교적 규모가 큰 지역이지만 자신의 문화적·역사적 정체성을 유지하려는 사람들도 많으므로 여론은 분열되어 있는 편이다. 스페인어가 주로 사용되며 연방 소득세 등 연방세를 내지 않고 지방 정부에만 세금을 낸다. 이에 미국은 푸에르토리코의 정치적 분열과 이에 따른 주 유지 비용을 고려해 주 편입에 대해 유보적 태도를 보이고 있다. 미 연방정부는 주민투표가 연방법 절차에 따라 이루어지 않았다는 이유로 그 효력을 부정했다. 오바마 행정부는 투표 과정이 불투명하고 무효표가 50만 표 넘게 나왔다는 등의 이유로 수용을 거부했다. 2018년 8월 리카르도 로세요 푸에르토리코 지사는 도널드 트럼프 대통령에게 편지를 보내 푸에르토리코를 정식 주로 편입시켜달라고 요구했다. 2017년 6월에 치러진 주민투표에서도 푸에르토리코 주민들은 주 편입을 압도적으로 찬성했다. 당시 주민투표는 푸에르토리코의 미래 지위를 묻는 다섯 번째 투표였다. 2017년 1월 주민투표 시행 공약을 내걸고 당선된 리카르도 로세요 지사는 그해 5월 미국 방문길에 미 연방의회에 주민투표 결과가 주 편입으로 나오면 이를 승인해달라고 요청했지만, 연방의회는 이를 거부했다. 한편 2018년 8월 트럼프는 푸에르토리코의 정식 주 편입을 요구하는 목소리에 대해 2017년 9월 거쳐 간 허리케인 마리아 대응과 관련해 자신을 비판하는 사람이 있는 한 이런 요청을 받아들일 수 없다고 밝혔다. 푸에르토리코는 여러 차례의 주 편입 주민투표와 독립운동에도 주로 승격되지도 독립이 부여되지도 않은 채 여전히 미국 영토로 남아 있다. 이혜정, 「미국(美國), 미국(迷國), 미국(未國): 약속, 절망과 위선의 연대기」, 『창작과비평』 49-1(2021), 20-21쪽. 미국이 전 세계를 영도하고 있는 팍스 아메리카나(Pax Americana)의 지구촌 시대에 전략적 위치가 그렇게 돋보이지 않는 지역의 경우 병합만이 능사가 아니라고 생각해서일까? 한편 주(州)가 되기에는 작은

결정을 할 수 있음)의 자격을 주려 하는 미국의 제안이 태평양제도신탁통치령 현지인들에 의해 거부되었다. 미국은 원주민이 자치 혹은 독립 중 어느 쪽을 원하든지 이를 중시하겠다고 표명했다. 1969년 태평양제도 신탁통치령 대표자와 미국 간의 정치적 지위에 관한 회담이 시작되었으며 북마리아나는 1973년 독자적으로 미국과 협상했다. 미국의 제안이 거부된 1970년 이후 미국은 하나의 단위로 협상을 하지 않고 지역을 잘게 쪼개어 협상에 임했는데 이것은 지역적 특성을 고려한 것이기도 하지만 비판적으로 보면 분열 책동이었다. 이러한 일종의 분할지배 방식이 주효했다고 할 수 있다. 결국 독립을 원하는 초기 분위기가 시간이 갈수록 의존적인 분위기로 변화한 데는 미국의 선전이 작용했거나 현지인들이 미국의 정책이 좋다고 생각했기 때문일 것이다.

  1972년 북마리아나 주민들은 미국이 제안한 괌과 같은 미국의 속령 계획(미국의 외교·국방 통제하에서의 자치)에 찬성했다. 한편 1971년에는 태평양제도의 완전한 독립을 추구하는 범미크로네시아정당이 결성되기도 했다. 1973~1974년 미크로네시아의회는 이 지역이 독립에 이르게 될 헌법제정의회의 지침을 채택했다. 북마리아나는 1975년 주민 투표를 시행하여 미국의 '자치연방체(a self-governing commonwealth; 이론적으로는 국방과 외교를 제외한 모든 분야에서 자주적 결정을 할 수 있음)'를 수립하기로 결정했다.[90] 결국 1976년 1월 북마리아나는 이러한 지위가 부분적으로 발효되어 다른 지역과 분리되었다(다른 지역은 다시 6개 행정구역으로 나누어졌다). 1977년 북마리아나 헌법이 제정되

    속령 괌의 경우는 독립되거나 코먼웰스가 되기를 원하기도 했다. 그러나 미국은 이러한 괌의 독립/자치 변화 움직임에 대해 반대 여론을 조성해 계속 속령에 준하는 위상을 유지하려고 했다.

[90] 〈Marianas Visitors Authority〉(www.mymarianas.com/html/display. cfm?sid=1046, 검색일: 2008년 2월 27일).

었고 주지사와 부지사, 상하 양원 의원이 선출되어 다음 해인 1978년 1월 새 정부가 가동되었다. 미국 자치연방인 '북마리아나제도연방(The Commonwealth of the Northern Mariana Islands)'이 수립된 것이다.[91] 또한 북마리아나의 자격 있는 영주권자는 미국 시민이 되었다. 미국은 1986년 11월 4일 이 지역의 신탁통치가 끝났음을 선언했다.[92] 북마리아나 지역의 가장 큰 섬인 사이판에는 1962~1986년간 태평양군도 내 미국이 통치하는 유엔 신탁통치령의 본부가 존속되었다.

한편 1978년 북마리아나와 괌을 제외한 나머지 지역을 하나로 묶는 미크로네시아연방(The Federated States of Micronesia) 안에 대한 투표가 행해졌다. 캐롤라인군도 내 4개 지역[코스라에(Kosrae), 폰페이(Pohnpei; 포나페), 트루크(Truk), 야프(Yap)]에서는 이 안이 가결되었음에 비해 마셜제도와 팔라우에서는 부결되었다. 가결된 지역에서는 1979년 미크로네시아연방이 수립되었다. 마셜은 1979년에 독자적 헌법을 채택하여 공화국을 수립했고 팔라우는 두 차례의 부결을 겪은 후 1980년 11월 헌법을 채택하여 1981년 공화국을 수립했다. 미크로네시아연방은 1983년에 주민투표를 거쳐 미국과 자유연합[Free Association(미국 정부가 국방을 책임지고 반독립국, 사실상 준독립국·완전 자치국이 되는 지위) with the United States]협정(Compact)을 체결했다. 또한 마셜공화국과 팔라우공화국은 1982년 미국과 협정을 먼저 맺은 후에 1983년 주민투표로 추인했다. 이들 협정에 의하면 각 국가는 내정에서는 완전한 자치를 행하며 외교 면에서도 실질적인 권한을 갖는

---

91 그런데 마리아나 관광청의 공식 가이드북에서는 1945년부터 지금까지의 역사를 '미국 자치연방 시대'로 구분했다. 마리아나 관광청 편(2018), 앞의 책, 18쪽. 1976년 이래의 역사를 1945년까지 소급해서 적용한 것이다. 신탁통치 기간에 자치가 행해졌다고도 볼 수 있으므로 이런 시각에 이해되는 측면이 전혀 없는 것은 아니다.
92 "History in The Marianas", 〈Marianas Visitors Authority〉.

다. 그러나 안보와 국방 면에서는 수년간 전적으로 미국 책임하에 둔다고 규정되었으며 미국의 재정적 지원이 명시되어 있다. 양국 간 지위를 둘러싼 관계 설정은 원주민의 국민투표(주민투표)에 의하여 언제라도 변경할 수 있다. 또한 미크로네시아가 1983년에 주민투표로 통과시킨 협정안에는 15년을 협정 기한으로 하며 상호 간 합의에 의해 연장할 수 있다고 나와 있다. 마셜공화국의 협정에는 미사일 시험장의 설치 규정과 원폭실험에 대한 보상 규정도 있다. 이들 국가와의 협정을 보다 심층적으로 고찰하면, 미국은 이 지역에 군사기지를 가지는 대신 이들 국가에 경제원조를 제공하는 것이 주요한 초점임을 알 수 있다.

미 대통령 레이건(Ronald Reagan)은 1986년 10월 21일 마셜제도공화국, 1986년 11월 3일 미크로네시아연방, 북마리아나제도와 태평양제도신탁통치협정이 더 이상 효력을 발휘하지 않는다고 일괄 선포했다.[93] 당시까지만 해도 소련과 대결하고 있었던 미국은 안전보장이사회에 정식 안건으로 처리하여 탈식민화 과정에 대한 소련의 방해를 유발하기보다는 신탁통치협정의 종료를 일방적으로 선언한 후 신탁통치이사회의 단순 다수결로 승인받으려 했던 것이다. 이 과정을 거친 후 안보리에 통지했지만 1987년 말까지 안보리에서 아무런 승인도 얻지 못했다. 이로서 북마리아나(1986), 마셜(1987), 미크로네시아(1987)는 독립되었다.[94]

---

[93] [Ronald Reagan], Proclamation 5564--Placing into full force and effect the Covenant With the Commonwealth of the Northern Mariana Islands, and the Compacts of Free Association With the Federated States of Micronesia and the Republic of the Marshall Islands, Source: The provisions of Proclamation 5564 of Nov. 3, 1986, appear at 51 FR 40399, 3 CFR, 1986 Comp., p. 146,(www.archives.gov/federal-register/codification/proclamations/05564.html, 검색일: 2018년 1월 28일).

[94] 畑博行 外 編, 『南太平洋諸國の法と社會』(東京: 有信堂高文社, 1992).

그런데 팔라우는 최종단계에서 핵 적재 함정과 비행기의 작전을 금지하려는 팔라우의 입장과 미국의 팔라우 지역의 핵무기 확인불가(neither confirm nor deny the presence or absence of nuclear weapons in Palau) 입장이 맞서 미 의회에서 통과되지 않고 보류되었다. 따라서 1986년 이후에도 유엔의 신탁통치령으로 남아 있었다. 1981년에 채택된 팔라우 헌법 조항에는 핵무기를 갖춘 선박에 대한 금지 조항이 있다. 이를 폐지하기 위해서는 75%의 지지가 필요했으나 다섯 번의 국민투표에서 모두 실패했다. 경제적으로 더욱 어려워진 팔라우인들은 마침내 1987년 이 금지 조항을 철폐하고 미국과의 자유연합협정을 인가했다. 결국 합의가 도출되어, 미국은 1994년 11월 1일 유엔 신탁통치이사회에 팔라우공화국의 독립을 통보했으며 같은 달 10일 유엔 안전보장이사회는 이 지역의 독립을 승인했다. 유엔신탁통치이사회는 시간이 갈수록 점점 더 시정국의 독립에 더 많은 비중을 두었으며 결국 최후의 독립국을 만들고 그 사명을 다했다. 이는 신탁통치이사회가 안정적으로 기능하기 시작한 1950년대 초 이래 국제정치의 새로운 정치세력으로 등장한 '제3세계' 국가들이 위원회 내에서 더 힘을 얻으면서 미국식 헤게모니에 저항해 모든 국가가 비록 점진적이었지만 점차적으로 독립했던 것이 아닌가 한다. 이는 루스벨트의 탈식민화 이념이 우회적이고 간접적으로나마 부분적으로 달성한 결과가 아닐까?

최후의 신탁통치령인 팔라우가 독립함으로써 현재 유엔신탁통치이사회가 관리하는 신탁통치령은 하나도 없다. 또한 장기간 신탁통치되었던 곳은 미국의 시정지역 외에는 없었던 것이다.

결국 미크로네시아연방(1986.11.3. 발효)과 마셜(제도)공화국(1986. 10.21. 발효), 팔라우공화국(1994.10.1. 발효)은 '자유연합협정(The Compact of Free Association; The Compacts of Free Association with the Federated States of Micronesia and the Republic of the Marshall Islands; The Compacts of Free Association with the Republic of Palau)' 이라는 형식으로 미국에 안보를 의존하는 (완전)자치국(반독립국)이 되었다. 자유연합협정을 맺은 나라는 (국방을 제외하고) 외교에서는 법적으로 자립적이므로 미 대사관이 설치되어 있다.[95] 이들 미크로네시아연방, 팔라우, 마셜제도와 같이 미국과의 자유연합협정으로 결속된 나라는 독립국으로 미국 속령은 아니지만 미국에 국방을 완전히 위탁하므로 국제사회에서는 보호국으로 간주되기도 한다. 미국은 독립국으로 간주하지만 국제사회에서는 완전자치국, 반독립국, 준독립국(조금 더 비판적으로 보면 보호국·속국)으로 간주되는 것이다. 그러나 자유연합협정으로 결속되는 완전자치국(반독립국)은 반주권국, 불완전독립국인 보호국보다는 조금 더 독립국에 가깝다고 할 수 있다.

라. 속령, 자치주, 자유연합

북마리아나제도(Northern Mariana Islands)는 (자치)연방협약(covenant; The Covenant With the Commonwealth of the Northern Mariana Islands; 1986.11.3. 발효)의 형식으로 미국 연방의 일원[commonwealth; 북마리아나제도연방]이 되었다.[96] 이렇게 이들 태평양제도의 경우 독립 후에도 미국과 연관관계 지속을 희망하고 있다. 이들과 괌을 포함한 태평양 도서지역들은 그 지위가 속령(괌), 자치주(북마리아나; 전형적인 속령인 괌보다는 독립적이지만 속령의 일종으로 간주되기도

---

[95] "Republic of Palau", 〈미국 내무부〉(www.doi.gov/oia/islands/palau, 검색일: 2018년 11월 28일).
[96] 「주(州)와 준주(準州) 지역」, 미국 국무부, 『미국의 여행: 미국의 개관』(2004)(terms.naver.com/entry.nhn?docId=1714413&cid=43938&categoryId=43950, 검색일: 2016년 3월 1일).

한다), 자유연합협정으로 조직되는 독립국(미크로네시아, 마셜, 팔라우)으로 조금씩 다르지만 모두 미 내무부(U.S. Department of the Interior) 산하의 도서지역사무국(Office of Insular Affairs)이 관리하고 있다. 다음은 이 기구의 홈페이지에 나오는 섬의 목록이다.

American Samoa

Guam

Northern Mariana Islands (CNMI)

U.S. Virgin Islands

Republic of the Marshall Islands (RMI)

Federated States of Micronesia (FSM)

Republic of Palau (ROP)[97]

다만 위 7개 지역 중 아래 3개 자유연합협정국은 위 4개 속령과는 달리 한 줄 띄고 후반부에 배치되어 있어, 그 독립성이 더 높은 것을 표상하고 있다.

또한 〈위키피디아〉 영문판에는 5개의 자치 속령이 아래와 같이 나열되어 있다.[98] 미국 연방정부가 정식으로 해당지역에 대한 자치법 제정의 입법 시점이 괄호 안에 나와 있다. 5개의 자치 속령 중 크기가 가장 작은[99] 미국령 사모아는 아래와 같이 미국 연방정부의 자치법을 제정하

---

[97] "Share Islands We Serve", 〈미국 내무부〉(www.doi.gov/oia/islands, 검색일: 2018년 11월 28일).

[98] "Political divisions of the United States", 〈Wikipedia〉(en.wikipedia.org/wiki/Political_divisions_of_the_United_States, 검색일: 2019년 2월 6일).

[99] 푸에르토리코(1379만㎢), 미국령버진아일랜드(1,910㎢), 괌(544㎢), 북마리아나(464㎢)

지 않는 독특한 경우이며 '자치(self-governing)'로 규정되어 있으므로 이 차원에서 보면 속령 중 가장 독립적이다.[100]

American Samoa (AS) (unorganized; self-governing)

Guam (GU) (organized under Organic Act of 1950)

Northern Mariana Islands (MP) (commonwealth, organized under 1977 Covenant)

Puerto Rico (PR) (commonwealth, organized under Public Law 600 of 1950)

United States Virgin Islands (VI) (organized under Revised Organic Act of 1954)

'자치주'·'연방체'로 번역되는 '코먼웰스(북마리아나, 푸에르토리코, 1935년 미국이 주도하여 출범한 필리핀 등)'의 경우는 법적으로 국방과 외교를 제외한 모든 분야에서 자주적 결정을 할 수 있다. 실제로 필리핀은

에 비해 미국령 사모아(199㎢)는 크기가 작은 편이다. 또한 3개의 '자유연합협정국'을 크기 순으로 나열하면 Federated States of Micronesia(702㎢), Republic of Palau(459㎢), Republic of the Marshall Islands(181㎢)로 미크로네시아연방은 비교적 큰 편이다. 따라서 크기가 작다고 미국이 자치를 허용하는 것은 아니며 크기와 더불어 지역민의 독립의지 등이 복합적으로 작용해 미국의 독립 부여 정도가 결정된다고 할 수 있다. 그런데 지역민의 독립의지가 강하다고 해도 미국에 전략적으로 중요한 지역의 경우 하와이와 같이 강제로 복속시켰으므로 역시 가장 중요한 변수는 미국 국가이익에 비추어 본 전략적 가치라고 할 것이다.

100 미국 본토, 하와이, 알래스카, 괌, 푸에르토리코, 북마리아나제도, 미국령 버진아일랜드와는 달리 미국령 사모아 토박이들은 미국 국민이지만 미국 시민은 아니다. 미국에서 국민(national)과 시민(citizen)은 완전 일치하지 않는다. 국민이 시민보다 큰 개념이다. 비시민권자 미국 국민은 미국 본토에서 6개월 이상 계속 거주하면 대개 시민권이 주어진다. 푸에르토리코, 괌, 미국령 버진아일랜드도 한때 비슷한 지위에 있었지만 20세기 초·중반을 거치면서 출생자에게 미국 시민권을 자동으로 부여했는데, 미국령 사모아는 그러한 지위를 갖지 못할 정도로 독립적이다.

1902년 속령에서 1935년 코먼웰스의 지위를 거쳐 10년 후인 1946년 독립했다. 따라서 코먼웰스는 독립으로 가는 과도기일 수도 있다. 그러나 필리핀과 북마리아나의 경우는 다르다. 필리핀은 속령을 부여받았을 1902년 당시부터 '주로 합병되지 않을(비교적 독립된-인용자) 미국의 속령(unincorporated US Territory)' 지위였으며 1935년 시한부 코먼웰스의 지위를 획득했다. 자치를 위한 속령이자 코먼웰스였다는 말이다. 이에 비해 북마리아나의 경우는 독립으로 가는 준비 기간을 정하지 않고 무기한의 코먼웰스의 지위에 올랐으므로 자치로 가는 방안이 아니라 연합을 위한 코먼웰스였다고 할 것이다. 한편 현재 속령인 괌과 미국령 사모아, 미국령 버진아일랜드 등은 모두 '주로 합병되지 않을 미국의 속령'이다. 연방체인 북마리아나도 합병되지 않을(unincorporated) 상태이다. 'unincorporated territory'라는 규정은 주(州; state)로 편입할(완전히 합병할) 지역이 아니라는 표현이다. 이보다 상대적으로 더 독립적인 자유연합협정으로 결속되는 독립국(미크로네시아, 마셜, 팔라우)도 물론 합병에서 거리가 더 멀다.

한편 푸에르토리코의 경우는 '합병되지 않을 미국의 속령'에서 출발했으며 1952년 이래로 코먼웰스의 위치에 있으나 시한부는 아니며 미국이 완전한 합병 혹은 주로 승격을 원하는 것도 아니다.

그렇다면 미국의 해외 영토, 즉 속령은 다음과 같이 나눌 수 있다. 이 중 'unincorporated territory'가 아닌 'incorporated territory'를 준주라고 부를 수 있는데 1959년에 알래스카, 하와이가 주로 승격되어 지금은 팔미라 환초[Palmyra Atoll; 북태평양 적도지역(하와이에서 1,600km 남쪽)에 있는 12km² 크기의 작은 무인도; 1898년 하와이가 미국에 합병되면서(incorporated) 이 섬의 소유권에 관한 국제적 분쟁은 자연스럽게 미국의 소유로 종결되었고 1959년 하와이가 미국의 정식 주로 합병되면서 이 섬은 별도의 연방 직속 영토로 분리되어 국토부가 관리하게 되었으므로 유일한 'incorporated territory'가 됨] 외에는 'incorporated'에 해당하는 지역이 없다.

> incorporated organized territory: 후에 주로 승격시킬 의도로 (incorporated) 자치를 허용하며 미국 연방정부가 정식으로 해당지역에 대해 자치법을 제정함(organized).
> incorporated unorganized territory: 후에 주로 승격시킬 의도로 (incorporated) 자치를 허용하나 미국 연방정부가 정식으로 해당지역에 대해 자치법을 제정하지는 않음(unorganized).
> unincorporated organized territory: 후에 주로 승격시킬 의도 없이 자치를 허용하나(unincorporated) 미국 연방정부가 정식으로 해당지역에 대해 자치법을 제정함(organized). 푸에르토리코, 괌, 북마리아나제도, 미국령 버진아일랜드.
> unincorporated unorganized territory: 후에 주로 승격시킬 의도 없이 자치를 허용하며(unincorporated) 미국 연방정부가 정식으로 해당지역에 대해 자치법을 제정하지 않았다(unorganized). 미국령 사모아.

종합하면 미국은 서태평양 지역 중 상대적으로 넓은 괌(544㎢)을 일찍이 1898년 식민지화하여 직할령-속령(미국령; territory)으로 삼았고, 비교적 전략적으로 중요하며 괌보다는 작지만 비교적 큰 사이판(115㎢) 등이 있는 북마리아나제도(총 464~480㎢ 정도)는 신탁통치를 거쳐 괌 속령과 거의 같은 급으로 삼으려 했다[그런데 법적으로 북마리아나제도는 자치주(commonwealth; 연방체; 이론적으로는 국방과 외교를 제외한 모든 분야에서 자주적 결정을 할 수 있음)이며 전술한 바와 같이 괌 속령은 1982년 코

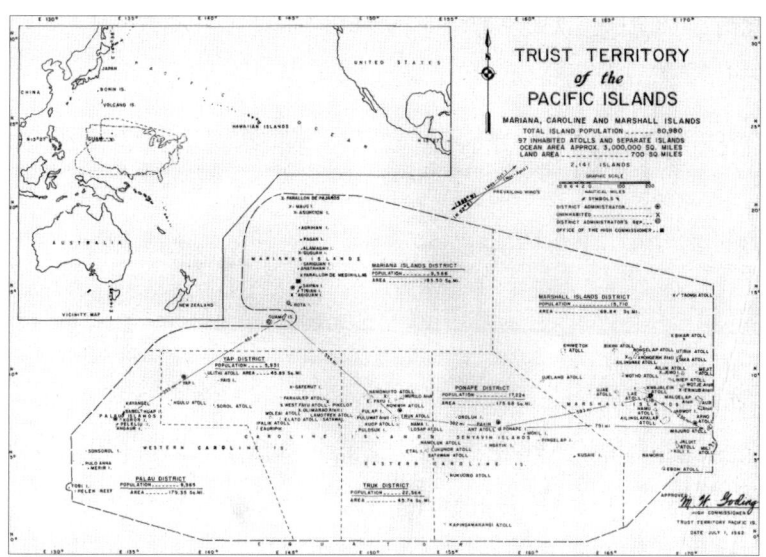

그림 10 **서태평양제도 신탁통치령의 지역 구분**
미국의 신탁통치지역을 중심으로 그려졌다.
※ 출처: 〈위키피디아〉.

먼웰스 주민투표가 부결되었으므로 현재 미국과의 결속력이 가장 높은 편이다. 크기가 더 크므로 전략적으로 더 중요하기도 한 괌이 미국에 더 종속적이다]. 또한 마셜제도, 미크로네시아연방, 팔라우는 자유연합의 형식(국방은 미국에 위탁하고 화폐는 미국 달러 사용)으로 미국의 세력권으로 확보했다. 미국은 결국 서태평양의 미크로네시아 전역을 확보했다고 할 수 있다.

이케가미는 저서를 통해 미크로네시아 등 태평양 지역을 신탁통치령으로 설정한 사실에 대해 분석했다.[101] 그는 1942~1947년을 집중적인 연구 대상 시기로 잡았다. 그의 책에 따르면 미국은 미크로네시아에 대한 전략구상을 마련하면서 영토신탁통치 초안을 작성했으며(86쪽), 전

---

101 池上大祐(2014), 앞의 책.

2장 신탁통치의 구체적 시행 | 175

략지구 개념이 국무부와 합동참모본부 간의 이견을 조정하면서 등장했다는 것이다(90쪽). 또한 조차지역은 신탁통치 적용을 배제하려 했고 폐쇄지구라는 개념도 등장했다고 한다. 이외에도 남태평양위원회(SPC) 등의 창설 등을 다루었는데(101쪽), 미국은 태평양 신탁통치 구상을 통해 태평양을 미국의 호수로 만들려 했다고 평가했다(145쪽). 실제로 미국은 미크로네시아, 북마리아나제도 등을 신탁통치함으로써 태평양을 미국의 내해(內海; 혹은 호수)로 만들 수 있었다. 결국 식민지 재편에 성공적으로 간여해 세력을 확보했다고 할 수 있다. 그런 점에서 태평양 지역에 대한 미국식 신탁통치는 자국의 세력을 확보하려는 안이었다고 할 수 있다.

마리아나 관광청 안내 책자에서는 일본이 군사요충지화했다고 비판한다.[102] 그러나 미국의 전략신탁통치가 군사기지화의 수단이었다는 점에 대해서는 눈감는 이중적인 잣대를 가지고 있다.

미국의 해외 세력권 중에 하와이는 주이며 속령,[103] 자치주, 자유연합(Free Association; 국방은 의존적이나 외교는 자주적인 독립국으로 간주됨; 미크로네시아연방, 마셜제도, 팔라우 등)이 있는데 이는 독립의 정도가 약에서 강으로 배열된 것이다. 다른 유형까지 포함하면 식민지, 준주, 보호령, 속령, 자치주, 보호국, 자유연합, 독립국의 순이다.

---

[102] 마리아나 관광청 편(2018), 앞의 책, 18쪽.
[103] 속령을 뜻하는 territory를 '준주(혹은 속주)'라고 번역하기도 하지만 의역이며 명실상부한 영토나 주(州)로 승격(합병)시킬 의도가 있는 incorporated territory가 준주의 의미와 가장 가깝다. 괌 등은 unincorporated territory로 현재로서는 주로 합병할 의도가 없는 지역으로 속령 중 하나이다. 따라서 괌을 유일한 준주로 보는 견해 "미국의 준주", 〈위키피디아〉(ko.wikipedia.org/wiki/%EB%AF%B8%EA%B5%AD%EC%9D%98_%EC%A4%80%EC%A3%BC, 검색일: 2018년 1월 28일)는 잘못된 것이다. 푸에르토리코와 북마리아나와 같은 자치주를 모두 미국의 준주로 분류하기도 하지만 역시 잘못된 확대해석이다.

독립의 정도가 약한 순으로 배열하면 아래와 같다.

1. incorporated territory(준주): 현재 팔미라 환초가 유일함
2. unincorporated territory(합병할 의도가 없는 단순한 속령): 괌. 여기까지 속령(territory)이라는 단어가 들어 있으므로 명목상 속령으로 볼 수 있으나 미국은 아래 3까지 속령으로 간주함
3. commonwealth(국방·외교를 미국에 의존하는 자치주): 북마리아나, 푸에르토리코
4. Free Association(국방만 의존하는 자유연합): 미크로네시아, 마셜, 팔라우

2) 오키나와에 대한 점령형 탁치

오키나와는 전통적으로 류큐(琉球)라고 불렸다. 이 지역의 류큐왕조는 1429년 성립했으나 1879년 메이지 정부가 류큐 왕을 폐하고 오키나와현을 설치함으로써 450년 만에 멸망했다.[104]

---

[104] 이 과정을 상술하면, 먼저 11세기 무렵 '아지(按司; あじ)'라고 불리는 호족이 각 지역을 지배했으며 14세기 중반 남산(南山), 중산(中山), 북산(北山)의 3개 소국가로 분립된 삼산(三山)이 성립되었다. 삼산은 중국 명나라에 조공을 바치고 중국 황제로부터 왕위를 수여받는 책봉관계에 있었다. 그러다가 1406~1429년 나하(那覇) 슈리를 거점으로 세력을 형성한 쇼하시(尙巴志)가 삼산을 통일해 류큐왕국을 탄생시켰다. 류큐는 중국과 진공(進貢; 조공)무역을 하고 지리적인 위치를 살려 일본·조선·동아시아·포르투갈 등과 중계무역을 해 해양 왕국으로 번영했다. 류큐는 외교 면에서는 조선·안남국(安南國)과 같은 급으로 중화체제 아래서의 속번(屬藩; 琉球藩)이었으며 내치 면에서는 독립된 조공국(朝貢國; 독자적인 왕조 국가)이었다. 1609년 도쿠가와 이에야스는 지금의 가고시마에 근거를 둔 사쓰마 지역의 영주 시마즈를 시켜 조총부대 3,000명을 이끌고 류큐를 침공했다. 군사력이 거의 없었던 류큐왕국은 슈리성(首里城)을 점령당하고 패했다. 류큐를 점령한 시마즈는 류큐왕국을 유지시키는 정책을 취하고 막부 통제하에 중국과의 진공무역을 지속시켰다. 중국과의 중계무역에서 발생하는 이익을 얻기 위하여 이 조그만 왕국을 배후에서 조종했던 것이다. 결국 류큐는 형식적으로는 중국과 책봉관계에 있었고 실질적으로는 일본 도쿠가와 막부의 통치를 받는 이중지배하의 왕국이 되었다.

일본은 1879년 160여 명의 경찰관과 400여 명의 군대를 동원해 무력으로 슈리성을 장악한 다음 류큐왕을 폐하고 오키나와현을 설치했다. 일본은 이른바 '류큐처분'[105]을 통하여 번을 폐지하고 일본의 한 지방임을 나타내는 현을 창설하는 폐번치현을 단행했던 것이다. 류큐는 오키나와가 되었으며, 류큐의 국왕은 귀족으로 강등되고 인질로서 도쿄에 강제이주당했다.[106] 이로써 450년간 이어온 류큐왕국(琉球藩)이 막을 내

류큐는 청나라와 사쓰마번에 양속(兩屬)되는 처지가 되었다. 그런데 류큐왕국은 일본과의 관계를 중국에 은폐했다. 정민정, 「류큐 왕국 멸망과정을 통해 본 중화 질서의 동요」, 『한국외교사논집』 2(2021), 171쪽. 전통시대 오키나와, 즉 류큐는 명나라에 사신을 제일 많이 보낸 고정적인 책봉국이었다(2위는 안남, 10위 조선, 13위 일본이었음). 류큐는 통일국가를 이룩하고 책봉체제에 들어가 동아시아 공동체의 일원이 되었다. 중국과 류큐의 이해관계가 합치되어 조공무역에서 특별한 위치를 차지했다. 중국과 동남아 각국의 물산을 교차 공급하는 구실을 맡아 막대한 이익을 남긴 덕분에 번영을 구가했으며 이때가 류큐의 전성기였다. 17세기 이후 류큐는 주권을 상실하고 일본의 부용국(附庸國)이 되어 시련기에 들어섰다. 일본은 중국과 류큐의 책봉관계를 1879년까지 폐지하지 않고 그대로 두면서 조공무역의 이익을 탈취했다. 조동일, 「책봉 관계」, 조동일·이은숙, 『한국문화, 한눈에 보인다』(푸른사상, 2017); 조동일, 『한국민족문화대백과사전』의 나아갈 방향」, 한국학중앙연구원 한국학지식정보센터 백과사전편찬실 주관 학술대회, 『한국민족문화대백과사전 편찬 사업의 회고와 전망』, 2017년 6월 22일, 39쪽.
1853년 근대의 파도가 류큐왕국을 덮쳤다. 미 제독 페리가 상하이를 떠나 류큐의 나하에 입항했고, 이듬해인 1854년 미국과 통상조약을 맺었다. 이것이 류큐가 형식적으로 독립 왕국임을 나타내는 징표였다. 정근식, 「아, 슈리성」, 『다산포럼』 982(2019) (edasan.org/sub03/board02_list.html?bid=b33&page=&ptype=view&idx=7500, 검색일: 2019년 11월 6일).
류큐의 불행은 메이지유신 이후에 다가왔다. 일본 메이지 정부가 들어서면서 귀속을 둘러싼 정치적 문제가 발생했던 것이다. 1868년 메이지유신으로 봉건 무사 정부인 막부 체제가 무너지고 새로운 메이지 정부가 발족한 후인 1872년 일본은 중국 황제가 했던 것처럼 류큐 국왕을 번왕으로 책봉했다. 정근식(2019), 위의 글. 청나라보다 일본에 더 가까워졌던 것이다. 이 와중인 1871년 '미야코섬 조난사건'이 일어나자 일본은 이를 기화로 1874년 타이완을 침략했다(타이완 침략; 중국명 牡丹社事件). 그 결과 '청일 양국 호환조약'이 체결되었으며, 일본은 청나라로부터 배상까지 받아 유리한 위치를 점유했다.

105 波平恒男, 『近代東アジア史のなかの琉球併合: 中華世界秩序から植民地帝國日本へ』(東京: 岩波書店, 2014); 윤경원·박해순 역, 『근대 동아시아 역사 속의 류큐병합: 중화 세계질서에서 식민지 제국 일본으로』(진인진, 2019).
106 정근식(2019), 앞의 글.

리고 일본령이 되었다.[107] 류큐처분 후 일본 정부는 류큐 사람들을 일본화하기 위해 류큐 언어 사용을 금지시키고 창씨개명을 강요했다. 이 시기를 상세하게 연구한 류큐대학 교수 나미히라 쓰네오(波平恒男)는 '류큐처분'이라는 용어는 일본의 입장만 반영한 것으로, 보다 객관적으로 말하려면, 조선병합이라는 용어처럼 '류큐병합'이라고 말해야 한다고 주장했다. 일본은 류큐는 '처분'이라 했고 타이완은 '할양'했으며 조선은 '병합'이라는 이름을 붙이는 각기 다양한 방식으로 수단과 방법을 가리지 않고 식민화했다.

일본은 류큐처분을 반대하는 청과 1880년 베이징에서 협상을 벌였다. 일본은 오키나와를 일본령으로 하고, 야에야마제도와 미야코섬을 중국 영토로 하는 '섬 나누기 안'을 제시했다. 그러나 청은 원래 두 섬의 영유권은 바라지 않았고, 책봉관계 유지를 위한 두 섬을 류큐에 반환한 상태에서의 류큐왕국 재건을 주장했다. 또한 섬 나누기에 대한 류큐인의 반대도 있어서 서명에 이르지 못했다. 류큐의 귀속 문제가 청·일 간에 최종적으로 해결된 것은 청·일전쟁에서 일본이 승리를 거둔 후 1895년 시모노세키조약을 통해서였다.[108]

당시 오키나와는 정식 일본의 영토가 아니고 전통적으로는 중국에 조공을 바치던 나라였는데 1871년 '미야코섬 조난사건'과 1874년 일본의 타이완침략은 오키나와가 일본의 영토인가 아닌가를 결정하는 분수령이 되었다. 일본은 배상금을 얻어내고 중국으로부터 오키나와가 일본 영토라는 간접적인 승인을 얻어냈다. 만약 오키나와가 중국

---

[107] 양수지, 「琉球王國의 滅亡: 琉球王國에서 日本의 沖繩縣으로」, 『근대중국연구』 1 (2000), 15-28쪽.
[108] "타이완 침략", 〈위키피디아〉(ko.wikipedia.org/wiki/%ED%83%80%EC%9D%B4%EC%99%84_%EC%B9%A8%EB%9E%B5, 검색일: 2017년 12월 3일).

영토라면 일본이 간섭할 문제도 아니고 배상금을 지불할 이유가 없었다. 정상적인 상태의 중국이라면 당시 일본과 전쟁을 했어야 옳지만 프랑스가 베트남을 둘러싸고 중국과 전쟁을 하는 통에(청·불전쟁 시기인 1884~1885년에는 프랑스 함대가 타이완 북부의 공략을 꾀함) 중국이 일본과 전쟁을 할 수 있는 상황이 아니기도 했다.

일본은 류큐처분으로 류큐를 병합한 후, 1894~1895년 청과의 전쟁을 통하여 타이완마저 식민지화했고, 1905년 러시아와의 전쟁을 통하여 조선의 외교권을 강탈했다. 이어 영친왕을 볼모로 잡아갔고, 결국 조선을 병합했다. 일본은 만주 침략과 함께 내부의 식민지를 보다 공고한 제국의 일부로 만들기 위해 황국신민화를 추진하면서 다른 한편으로는 중요한 역사 유적들을 문화재로 지정하여 식민지 주민들의 자존심을 세워주는 정책을 실시했다. 일본은 슈리성을 1933년 국보로 지정했다.[109] 그러나 슈리성의 언덕 부지는 일본군 제6사단의 사령부가 차지하여 태평양전쟁을 준비하기 시작했다.

오키나와는 '태평양의 요석(keystone)'이라고 평가될 만큼 지정학적 요충지에 위치했고, 일본의 가장 큰 해군기지인 사세보에서 740㎞ 떨어져 있었다. 1945년 3월부터 미 육군과 해군의 오키나와 공격이 시작되었고, 6월 22일 일본군 수비대의 조직적 저항이 완전히 붕괴되어 점령되었으며, 9월 7일 항복 서명이 이루어졌다.[110] 그 와중에 미군의 함포사격으로 슈리성 부근에 있던 일본군 사령부와 슈리성은 완전히 파괴되었다.

미국은 제2차 세계대전 당시 일본 본토 공격을 위한 전초기지 역할로

---

[109] 조선총독부는 그 이듬해에 남대문을 보물 1호로 지정됐다.
[110] 정영신, 「오키나와의 기지화·군사화에 관한 연구」, 정근식 외 편, 『기지의 섬, 오키나와: 현실과 운동, 오키나와 미군기지의 정치사회학 1』(논형, 2008).

서의 오키나와가 가진 전략적 중요성을 인식했으며 현재까지도 그 전략적 위치를 인식하고 있다. 1948년 3월 당시 국무부 정책기획본부장(Director of Policy Planning) 케넌(George F. Kennan)은 오키나와가 "서태평양 지역에서 우리의 공격적 타격력의 중심"이라고 규정했다. 이어서 "미국 안보지대(US Security Zone)는 알류산열도, 류큐열도, 일본이 점령하고 있던 섬들, 그리고 괌을 포함하는 U자 모양으로 이루어지며 그 중심이면서 동시에 가장 전초적(前哨的)인 위치가 오키나와이다. 대륙지역의 동부 중앙이나 동북아시아의 어떤 항구로부터든 상륙해 오는 군대의 집결과 출격을 저지하기 위해 우리는 오키나와에 기지를 둔 공군력과 전진 배치된 해군력을 이용할 수 있다"라고 말했다. 이러한 개념을 갖고 케넌은 1948년 3월 도쿄를 방문해 맥아더와 협의했다. 이때 맥아더가 케넌의 개념에 동의하면서 동아시아 방위선을 제시했다. 그것은 알류산열도, 미드웨이섬, 일본이 점령했던 섬들, 오키나와, 필리핀, 오스트레일리아, 뉴질랜드, 그리고 남서태평양의 영국 및 네덜란드 식민지 섬들로 구성되는 것이었다. 맥아더 역시 케넌과 마찬가지로 오키나와를 중심적인 요충지로 삼는다는 점을 강조했다.¹¹¹ 미국의 이 같은

---

111 이삼성, 「21세기 동아시아의 지정학: 미국의 동아태지역 해양패권과 중미관계」, 『국가전략』 13-1(2007), 17쪽. 당시 한국은 아직 정부가 수립되지 못했으므로 '케넌의 미국 안보지대'와 '맥아더의 미국 동아시아 방위선'에서 벗어나 있었다. 한국이 방위선에서 제외된 것은 1950년 1월 애치슨라인에서도 일관되게 적용되었다고 할 수 있다. 애치슨라인에서 제외된 대만의 경우도 유사하다. 그런데 일본의 진주만 공습 이후, 미국은 기존의 안보 개념에서 벗어나 대서양과 태평양에 가상 적국의 접근을 차단하는 소위 '심층방어(defense in depth)' 개념을 수립했다. 이러한 심층방어 개념에 따라, 1944년 미국은 대서양과 태평양에 '전략적 경계선(strategic frontier)'을 설정했으며, 경계선 내 지역에 대해서는 미국의 절대적인 군사적 우위를 확보하고 경계선 이외의 지역에 대해서는 자신의 공군력을 이용하여 적의 위협을 차단하고자 했다. 그리하여 1944년 루스벨트는 알류샨 열도-일본-오키나와-필리핀에 이르는 태평양방어선을 승인했으며, 여기서 한반도는 제외되었다. 전시 미국의 '심층방어' 구상과 관련된 연구로는 다음이 있다. Melvyn P. Leffler, *Safeguarding Democratic Capitalism U.S. Foreign Policy and*

안보지대를 위협하는 상륙부대들의 출발점이 될 수 있는 북부아시아의 항구들을 미국은 오키나와로부터 통제할 수 있다는 것이었다.[112] 이렇듯 오키나와 도서의 운용은 미국의 동아시아 전략 구상의 바탕이 되었던 것이다.[113] 미·중 대결의 주요 2개국(G2) 시대에 오키나와는 대만과 더불어 미국이 중국을 직접 겨누고 있는 전략적 위치에 놓여 있다.[114]

1945년 90일간 약 20만 명(오키나와 주민인 민간인 약 10만 명, 미군 약 1만 2,000명, 일본군 약 8만 명, 징용으로 끌려온 조선인 701명 이상)이 죽거나 실종된 오키나와 전투를 통해 미군은 이 섬들을 손에 넣었다. 미군은 태평양전쟁 과정에서 오키나와에 주둔하기 시작해 1950년 초까지 임시적인 조치로 점령행정을 수행했다. 1946년 1월 29일 오키나와를 포함한 북위 30도 이남은 일본에서 분리되었다.[115] 제2차 세계대전 기간 동안 일본 영토 내에서 전투가 벌어진 곳은 오로지 오키나와뿐이었다.

따라서 일본 군국주의자들은 오키나와를 군인들이 국가를 위해 싸우다 죽은 장소로서 야스쿠니 신사 못지않게 중요한 민족의 성지로 간주하고 있다. 그러나 정작 오키나와 주민들은 이 전쟁을 전혀 다른 시각에서 본다. 그들은 당시 일본의 패전이 이미 기정사실화된 상황이었는

National Security, 1920~2015 (Princeton, NJ: Princeton University Press, 2017), pp. 123-125; Stacie L. Pettyjohn, "Chapter Eight: Perimeter Defense in Depth, 1943~1949," *U.S. Global Defense Posture, 1783~2011* (Santa Monica, CA: Rand Corporation, 2012)(www.rand.org/pubs/monographs/MG1244.html, 검색일: 2023년 11월 24일). 이는 미국이 대륙에 거점을 마련하기를 꺼리면서 태평양상 섬을 방위하는 '도서방위전략'의 일관된 표현이다.

112 John Lewis Gaddis, *The Long Peace: Inquiries into the History of the Cold War* (New York: Oxford University Press, 1987), pp. 73-74.

113 정창윤·최호재, 「한반도 전략도서 개념, 판단과 운용방안」, 『군사연구』 147(2019), 77-78쪽.

114 이삼성(2007), 앞의 글, 18쪽.

115 메도루마 슌 저, 안행순 역, 『오키나와의 눈물』(논형, 2013), 148쪽.

데도 항복 조건을 유리하게 만들기 위해 오키나와 주민들을 희생시키는 전쟁을 계속했으므로 오키나와 주민들은 전쟁의 최대 희생양이라고 생각한다. 오키나와 주민 사상자는 10만 명 이상으로 군인보다 많다. 이렇게 주민이 많이 죽은 것은 주로 미군의 엄청난 폭격 때문이지만 동시에 일본군이 주민들에게 집단자결을 강요하고 주민을 끌어들여 방패막이로 삼았던 옥쇄(玉碎)작전 때문이기도 했다.[116] 따라서 오키나와 주민들은 미국에 대해서 좋은 감정을 가지고 있지는 않았지만 일본 본토인에 대해서도 감정이 좋지 않았던 분리주의적이며 일종의 무국적 지향 의식이 강했다고 할 수 있다.

오키나와 점령과 군정 실시는 한국 및 미크로네시아와 달리 일본 주권지역에 대한 것이었다. 게다가 연합군의 공동 점령이 아니라 미군의 전시 단독 점령이었고, 군정도 미 해군 태평양함대 사령관 니미츠의 포고에 의해 설치되었다. 전시인 1945년 3~9월에는 미 육해군의 공동 군정이 점령 즉시 설치되었고, 1945년 9월~1946년 7월 1일에는 미 해군 군정이 설치되어 실시되었으며, 그 이후 1950년 12월까지는 미 육군의 류큐군정(USMGR) 시기였다.[117] 이 와중에 1946년 1월 29일 일본으로부터 오키나와를 분리시킨 맥아더의 연합국최고사령관지령(SCAPIN) 제677호(독도를 한국령으로 분류한 내용도 포함)도 나왔는데, 이는 일본의 오키나와에 대한 주권을 인정하지 않으려는 미국 일각의 분리주의적 목소리를 반영한 것으로 1951년 이후에는 주권 인정으로 돌아섰다.

그런데 보다 세밀하게 오키나와 문제의 종국적 해결 과정을 들여다보

---

[116] 조성윤, 「전쟁의 기억과 재현: 오키나와 현립 평화기념 자료관을 중심으로」, 『현상과 인식』 30-1·2(2011), 80쪽.
[117] 강성현(2016), 앞의 글, 85쪽.

면 다음과 같이 미국 정부 내에서 일본 주권 복귀론과 분리주의를 놓고 1946년부터 1950년 사이에 비교적 지난한 논쟁을 거쳤음을 알 수 있다. 미국의 오키나와 점령 목적은 일본 침략 역량의 파괴였다. 그러나 일본이 무조건 항복해 궤멸했음에도 불구하고 미군에 의한 점령은 계속되었고, SCAPIN 677에 의해 미군 단독의 분리점령과 군정이 실시되었다. 전쟁은 끝났지만, 태평양 병참선(communication line)을 확보하는 '요석(keystone)'으로 오키나와에 건설된 미군기지는 유지되어야 한다는 군부의 주장이 크게 힘을 발휘했으며 전술한 분리주의까지 나오게 된 것이었다.[118]

미 군부[특히 합동참모본부(JCS; Joint Chiefs of Staff)]와 국무부가 오키나와를 포함해 류큐제도를 구체적으로 어떻게 처리할지 삼부조정위원회에서 본격적으로 논의한 것은 1946년 미크로네시아 등 태평양의 전략지역 도서와 함께였다. 미크로네시아를 둘러싸고 합참과 국무부가 전략적 신탁통치를 합의한 것과 달리 류큐제도에 대해서는 팽팽한 의견 대립이 계속되었다. 미국이 단독 점령해서 군정을 실시하고 있는 지역에 대해 미국의 정책담당자 간에 합의가 이루어지지 않은 상태에서 류큐 문제가 유엔에서 논의될 여지는 없었다. 미크로네시아 처리가 결정된 1947년 4~6월까지도 북위 29도 이남 류큐제도에 대한 신탁통치는 결정되지 못했다.[119]

1946년부터 미 합참의 류큐제도 처리의 기조는 '전략적 신탁통치'였다. 미국의 '이익선'과 안전을 보장하는 '태평양의 요석'인 오키나와에 미크로네시아와 마찬가지로 미군기지를 건설하고, 이 지역을 폐쇄구역

---

[118] 강성현(2016), 앞의 글, 85쪽.
[119] 강성현(2016), 앞의 글, 85-86쪽.

으로 설정해 유엔에 의한 시찰로부터 자유로워야 한다고 주장했다. 류큐제도 중 아마미제도는 일반적 신탁통치로 하더라도 오키나와제도만큼은 반드시 전략적 신탁통치로 두어야 한다고 강조했다.[120]

이와 달리 미 국무부는 1946년 6월 말 비군사화를 조건으로 한 류큐제도 전체의 일본 보유를 주장했다. 류큐인은 역사적·문화적·인종적으로 일본인에 가깝고 종속적이었으며, 미국이 류큐를 통제하는 것은 재정상 부담이 클 뿐 아니라 혼란을 가져올 것이며, 오키나와에 영구적인 미군기지를 설치하는 것은 심각한 국제적 반향을 일으킬 것이므로 부적절하다는 의견을 제출했다.[121]

합참과 국무부 간 입장 차이가 확인된 상황에서 신탁통치협정임시위원회가 1946년 7월 11일 제42차 삼부조정위원회회의에서 구성되었다. 합참과 국무부는 일본 구 위임통치령 미크로네시아에 대한 전략적 신탁통치만을 합의했고, 류큐제도 등 나머지 섬들의 처리는 미루었다. 이는 미크로네시아 신탁통치협정안이 발효되는 1947년 6월 시점에도 마찬가지였다.

류큐제도 처리를 둘러싼 팽팽한 대립과 미결정 상태의 배경과 관련해 미국의 안전보장 및 이익선을 추구하는 미 합참(군부)과, 미국의 반식민주의적 헤게모니 및 국제주의를 표방하는 미 국무부의 대립 결과로 볼 수도 있지만 이는 전형적인 이분법적인 왜곡이라는 평가도 가능하다. 미 국무부 내에도 전쟁을 치르면서 미국의 안전보장과 이익선, 군사전략에 대한 현실주의적 이해가 증대해왔고, 그 결과 국제신탁통치안에 전략적 신탁통치 관계 조항을 삽입하게 했다. 미 국무부도 결코 자

---

[120] SWNCC 59/2; 강성현(2016), 앞의 글, 86쪽.
[121] SWNCC 59/1; 강성현(2016), 앞의 글, 86쪽.

국의 안보를 소홀히 하지 않았다는 평가가 가능한 대목이다. 그런데 왜 1943년부터 1947년 초까지 미 국무부는 유독 류큐제도에 대해서만 비군사화되어 일본 보유의 부속도서로 간주되어야 한다는 입장을 개진했을까? 이에 대해 미 국무부 내 일본통인 지일파[그루(Joseph C. Grew), 두만(Eugene Dooman), 보튼, 피어리(Robert A. Fearey), 시볼드(William J. Seabald), 비숍(Max W. Bishop)]가 일본에 우호적인 방향으로 사고했기 때문이라는 해석이 있다. 피어리가 작성했던 류큐 처리에 대한 두 개의 비망록이 이를 잘 보여준다. 피어리는 그루가 일본 대사였을 때 개인 비서를 했고 미 국무부 극동국 일본과와 동북아과를 거치면서 대일평화조약 초안 작성에 깊이 관여했던 인물이다. 두 비망록은 미 국무부의 입장을 유지하면서도 미 합참의 입장을 고려해 제시된 일종의 타협안의 산물이다. 첫 번째 비망록에서는 아마미제도의 일본 보유와 오키나와제도의 일반적 신탁통치를 제시했고, 두 번째 것에서는 기지 임차안을 제기했다. 미 합참의 입장에서 보면 전자(前者)는 검토할 일고의 가치도 없는 것이지만, 후자는 당시 미 육군 내 일각에서 흘러나왔던 아이디어 중 하나여서 타협에 여지가 없는 것은 아니었다.[122]

이와 관련해 류큐제도 처리를 둘러싼 또 다른 행위자인 일본 정부와 천황에 주목한다면 보다 다차원적인 이해가 가능하다. 일본은 무조건 항복했지만, 미국의 단독 점령, 간접 군정통치가 시행되었으므로 일본 정부가 유지될 수 있었다. 일본 정부는 1946년부터 외무성을 중심으로 중앙연락사무국, 재무성 등의 부처 간 조정위원회를 조직하고, 연합군

---

[122] Robert D. Eldridge, *The Origins of the Bilateral Okinawa Problem: Okinawa in Postwar US-Japan Relations, 1945~1952* (New York: Garland, 2001), pp. 169-176(books.google.co.kr/books?id=BYiYKCIdz28C&printsec=frontcover&hl=ko#v=onepage&q&f=false, 검색일: 2018년 12월 4일); 강성현(2016), 앞의 글, 88쪽.

의 영토 획정에 대한 대응을 준비하기 시작했다.[123]

식민지와 위임통치령의 분할은 결코 피할 수 없는 현실이었지만, 일본 영토의 분할은 막고자 했다. 일본 정부는 한편으로 류큐제도 등에 대한 미국의 전략적 필요성에 대한 인지했고, 다른 한편에서는 그럼에도 불구하고 일본 영토의 분할을 최대한 피하고자 노력했다. 이에 1947년 일본은 미국과 연합군총사령부(GHQ)에 대해 본격적으로 교섭하기 시작했다. 1947년 9월에는 천황이 움직였다. 천황을 대리해 데라사키 히데나리(寺崎秀成)가 시볼드와 만나 천황 메시지를 전했는데, 그 내용은 미국에 오키나와를 25~50년, 또는 그 이상의 장기 임차를 주고 그 대신 주권은 일본이 보유하는 것이었다. 기지임차권은 대일평화조약이 아닌 미·일 양자 조약으로 체결하기를 희망했다.[124]

류큐 처리를 둘러싼 국무부와 합참의 갈등은 대일평화조약 영토 조항 작성과 검토 과정에서 그대로 재연되었다. 국무부 극동국 대일조약작업단이 작성한 최초의 영토 조항 초안은 1947년 1월에 피어리에 의해 만들어졌다. 내용은 일본 영토를 1894년 1월 1일 이전의 영토로 한정한다고 규정했고, 류큐제도를 일본령에 포함시켰다. 이 규정은 1949년까지 지속되었다.[125] 이에 대해 합참은 유럽 경제 및 사회의 악화와 소련 위협론을 더욱 부각시키며 류큐제도에 대한 전략적 신탁통치를 반드시 확보해야 한다고 답변했다. 1947년 9월 천황 메시지가 국무부 극동국을 통해 합참에 전달되었지만, 최종적으로는 기지 임차로 충분하지 않고, 궁극적으로 류큐제도 전체를 전략적 신탁통치령으로 획득해야 한다

---

[123] 강성현(2016), 앞의 글, 88쪽.
[124] Robert D. Eldridge(2001), 앞의 책, pp. 144-151; 강성현(2016), 앞의 글.
[125] 정병준(2010), 앞의 책, 402-403쪽; 강성현(2016), 앞의 글, 89쪽.

고 답했다.[126]

국무부 내에 합참의 군인들과 유사한 세계 인식과 소련 인식이 등장한 것도 특기할 만하다. 케넌의 정책기획본부(PPS; Policy Planning Staff)은 "궁극적 류큐 처리에 대한 특별 권고"(PPS 10/1)를 통해 종래의 국무부 입장과 달리 일본 영토에 북위 29도 이남의 류큐제도를 분리시켰다. 분리된 류큐제도 처리와 관련해서는 미국의 전략적 신탁통치로 하든 일본 보유를 전제로 한 기지 임차로 하든 삼부조정위원회가 최종 권고를 할 때까지 논의를 중단할 것을 제안했다.[127]

이후에도 논의들이 계속되었고, 미국이 류큐제도를 장기 전략적 통제하에 두는 것은 합의되었지만, 어떤 형식으로 할지 대일평화조약 이전에 최종 결정을 할 수 없다는 것은 명확해졌다. 어차피 합참이 강하게 주장하는 전략적 신탁통치는 소련이 비토권(거부권)을 갖고 있는 유엔 안보리를 통과할 수 없었다. 미크로네시아 문제가 비밀 교환으로 끝났던 1947년 봄에 비해 이제 냉전이 본격적으로 출현했으므로 미·소 타협은 더 어려웠다.

6·25전쟁 발발이 이 교착 상황의 돌파구가 되었다. 전쟁 발발로 기지 건설에 막대한 자본이 투여되었다.[128] 1950년 8월 7일 작성된 대일평화조약 덜레스 초안에서 "류큐제도와 보닌제도의 일부에 신탁통치체제를 적용"한다는 문구가 삽입되었다. 1950년 9월 미 국무장관과 국방장관은 미·일 양자 간 안보조약 체결과 류큐제도 신탁통치 등을 조건으로 하는 대일평화조약의 협상 개시에 동의했다. 동아시아 내 미국 안보이익의 위기가 발생하자 류큐제도에 대한 처리를 둘러싸고 군부와 국

---

126 Robert D. Eldridge(2001), 앞의 책, p. 189.
127 Robert D. Eldridge(2001), 앞의 책, pp. 190-193; 정병준(2010), 앞의 책, 425-426쪽.
128 남기정, 『기지국가의 탄생: 일본이 치른 한국전쟁』(서울대학교 출판문화원, 2016), 98쪽.

무부 간 갈등이 일거에 봉합되었다. 대일평화조약 1950년 9월 11일자 초안에 이어 11월 24일 국무부가 공식 발표한 대일평화 7원칙에도 명시되었다. "류큐와 보닌에 대해 미국을 시정권자로 하는 유엔의 신탁통치에 동의하고, … 조약 발표 후 1년 이내에 어떤 결정도 없으면 유엔총회가 결정한다"라는 것이었다.[129] 안보리를 통과해야 하는 전략적 신탁통치령 미크로네시아와는 달리 '전략적'이라는 표현을 떼버리는 꼼수를 통해 안보리 대신 유엔총회를 이용하려 한 것이다. 그렇게 하면서도 사실상으로는 전략지역으로 이용할 수 있게 도모했다.

이러한 류큐제도 처리는 최종적으로 1951년 9월 8일 52개 참가국 중 49개 국가가 서명한 대일평화조약 영토 조항 제3조에 반영되었다.

이렇듯 1951년 샌프란시스코평화조약(Treaty of Peace with Japan; San Francisco Peace Treaty)을 체결함에 따라 오키나와에 대한 일본 반환이 이루어지는 1972년까지 오키나와에 대한 '점령형 신탁통치'가 본격적으로 실시되었다.[130] 1945년 미군 점령 이후로 기산하면 미국 지배는 27년 동안 이어졌는데 이 중 1951~1972년의 통치는 오키나와를 신탁통치 예정지역으로 설정한 아래 샌프란시스코평화조약의 3조에 의거하여 이루어졌다.

다음은 샌프란시스코평화조약의 관련 구절이다.[131]

---

129 정병준(2010), 앞의 책, 504쪽, 510쪽; 강성현(2016), 앞의 글, 90쪽.
130 하지은(2015), 앞의 글, 92쪽.
131 "Treaty of Peace with Japan [including transcript with signatories: Source attributed: United Nations Treaty Series 1952 (reg. no. 1832), vol. 136, pp. 45-164]," Taiwan Documents Project(www.taiwandocuments.org/sanfrancisco01.htm, 검색일: 2016년 6월 20일).

제2장 영토

제2조 … (d) 일본은 국제연맹의 위임통치제도와 관련된 일체의 권리와 소유권 및 청구권을 포기하고, 신탁통치를 이전에 일본의 위임통치권하에 있었던 태평양제도에 이르기까지 확대하는 1947년 4월 2일의 유엔 안전보장이사회의 조치를 수용한다[132](이 구절과 뒤의 3조 일부 조항을 종합하면 "남태평양의 구 위임통치령은 미국이 신탁통치하며, 오키나와와 오가사와라제도는 미국의 신탁통치령 예정지역으로 삼는다"라고 해석된다).[133] … (f) 일본은 남사군도와 서사군도에 대한 일체의 권리와 소유권 및 청구권을 포기한다.[134]

제3조 일본은 (오키나와섬들과 대동제도를 비롯한) 북위 29도 남쪽의 남서 제도와 [보닌제도(일본명으로는 오가사와라제도; 小笠原諸島), 로사리오섬(니시노섬(西之島) 및 화산열도(火山列島); 일본식으로 읽으면 Kazan Rettō; 영어명 Volcano Islands)를 비롯한] 소후칸 남쪽의 남방제도, 그리고 오키노토리섬(沖ノ鳥島; Parece Vela)과 미나미토리섬(南鳥島; Marcus Island)을 유일한 통치 당국인 미국의 신탁통치하에 두려는 미국이 유엔에 제시한 어떤 제안에도 동의한다. 그러한 제안과 그에 대한 긍정적인 조치가 있을 때까지 미국은 그 영해를 포함한 그 섬들의 영토와 주민들에 대한 일체의 행정·입법·사법권을 행사할 권리를 가진다.[135]

---

132 원문은 다음과 같다. "Japan renounces all right, title and claim in connection with the League of Nations Mandate System, and accepts the action of the United Nations Security Council of 2 April 1947, extending the trusteeship system to the Pacific Islands formerly under mandate to Japan."

133 "샌프란시스코강화조약", 〈위키피디아〉(ko.wikipedia.org/wiki/%EC%83%8C%ED%94%84%EB%9E%80%EC%8B%9C%EC%8A%A4%EC%BD%94_%EA%B0%95%ED%99%94_%EC%A1%B0%EC%95%BD, 검색일: 2016년 6월 20일).

134 원문은 다음과 같다. "Japan renounces all right, title and claim to the Spratly Islands and to the Paracel Islands."

135 원문은 다음과 같다. "Japan will concur in any proposal of the United States to the United Nations to place under its trusteeship system, with the United States as the

제3조는 한시적인 성격이 짙었으며 일본의 '잔존주권(residual sovereignty)'을 허용하는 방침의 일환이었다. 샌프란시스코평화조약 제2조 a, b, c항의 조항[(a) 일본은 한국의 독립을 인정하고, 제주도, 거문도 및 울릉도를 비롯한 한국에 대한 일체의 권리와, 소유권 및 청구권을 포기한다. (b) 일본은 타이완과 펑후제도에 대한 일체의 권리와 소유권 및 청구권을 포기한다. (c) 일본은 쿠릴열도에 대한 그리고 일본이 1905년 9월 5일의 포츠머스조약에 의해 주권을 획득한 사할린의 일부와 그것에 인접한 도서에 대한 일체의 권리와 소유권 및 청구권을 포기한다]¹³⁶에 적시되어 있듯이 한국, 타이완 및 펑후제도, 쿠릴과 사할린에 대해서는 일본의 주권(영토의 최종처분권으로서의 잔존주권은 물론 통치권으로서의 주권까지)은 완전히 포기되었다고 명시했으나 오키나와·오가사와라제도 등은 이에 포함되지 않았다. 대신 제3조에서 별도로 오키나와 등을 언급했으므로 이에 대한 영토처분권은 포기되지 않았다고 보아야 한다. 이렇듯 일본이 오키나와에 대한 영토의 최종처분권은 보유했기 때문에 미국의 초기 오키나와 점령은 반환이 전제된 점령이었다. 오키나와에 대해서는 일본의 잔존주권을 허용했고 이는 미국의 단독 신탁통치계획과 결합되었던 것이다. 이와 관련하여 1951년 9월 미 국무부 고문이면서 대일평화조약의 미국 특사로서 대일평화회담에서 연설한 덜레스는 제3조에 내재된 의미를 다음

---

sole administering authority, Nansei Shoto south of 29deg. north latitude (including the Ryukyu Islands and the Daito Islands), Nanpo Shoto south of Sofu Gan (including the Bonin Islands, Rosario Island and the Volcano Islands) and Parece Vela and Marcus Island. Pending the making of such a proposal and affirmative action thereon, the United States will have the right to exercise all and any powers of administration, legislation and jurisdiction over the territory and inhabitants of these islands, including their territorial waters."

136 "샌프란시스코강화조약", 〈위키문헌〉(ko.wikisource.org/wiki/%EC%83%8C%ED%94%84%EB%9E%80%EC%8B%9C%EC%8A%A4%EC%BD%94_%EA%B0%95%ED%99%94%EC%A1%B0%EC%95%BD, 검색일: 2018년 12월 1일).

과 같이 설명했다.

> (오키나와 통치와 관련하여) 미국은 관리기구(administering authority)(를 책임진 국가-인용자)로서 오키나와에 대한 유엔의 국제적 신탁통치를 가능하게 하면서, 일본이 잔존주권을 유지하는 것을 허용하는 것이 최선의 방법.[137]

통치권으로서의 주권과 그 부분으로서의 잔존주권(영토의 최종처분권으로 제한됨)이 구별되었고, 전후 일본이 대일평화조약 체결까지 오키나와에서 보유하게 될 것으로 예견되던 법적 주권은 후자인 잔존주권에 해당한다. 덜레스의 연설에 나타났듯이, 일본이 오키나와에 대해 잔존주권인 영토의 최종처분권을 보유한 상태에서 미국의 신탁통치가 가능했던 것이다. 대서양헌장에 입각해 추축국의 영토를 편입하는 식민주의적 팽창을 거부했던 연합국으로서는 패전국이라고 해도 국가의 주권을 연합국이 박탈할 수 없다는 정신을 반영해야 했다. 덜레스의 표현은 오키나와가 일본의 완전한 주권이 보장된 지역은 아니었지만, 그렇다고 완전히 박탈한 지역은 아니었고 일본의 잠재주권(潛在主權)은 남겨둔다는 것을 의미했다. 이런 점에서 오키나와는 미국이 합병한 영토는 아니었다. 일종의 임시적인 조차지였다고 할 수 있다.

잔존주권은 "일정한 영토에 대하여 그 시정권한(施政權限)이 영유국(領

---

[137] 원문은 다음과 같다. "The United States felt that the best formula would be to permit Japan to retain residual sovereignty, while making it possible for these islands to be brought into the U.N. trusteeship system, with the United States as administering authority." "John Foster Dulles's Speech at the San Francisco Peace Conference," May 9, 1951; David Tobaru Obermiller, "The U.S. Military Occupation of Okinawa: Politicizing and Contesting Okinawan Identity 1945~1955," Ph.D. dissertation, University of Iowa(2006); 하지은(2015), 앞의 글, 92쪽.

有國) 이외의 국가에 장악되어 있을 경우 영유국에 남겨져 있는 당해 영토에 대한 권한"을 말한다. 잠재주권이라고도 한다. 예를 들면 영국의 시정하에 놓여 있던 튀르키예령 사이프러스(1878~1914), 오스트리아·헝가리의 시정하에 놓여 있던 튀르키예령 보스니아 및 헤르체고비나(1878~1908), 그리고 1898년 독일(자오저우만 99년간)·러시아(뤼순·다롄 25년간)·프랑스(광저우만 99년간)·영국(주룽반도 99년간, 웨이하이웨이 25년간)이 중국으로부터 조차(租借)한 조차지 등이 그에 해당한다. 시정국(施政國)은 영토의 점유·시정권을 보유하지만 당해 영토의 최종처분권은 없다. 잔존주권이란 결국 이 최종처분권과 시정국이 시정권을 상실했을 경우의 시정권을 회수할 수 있는 권한을 의미한다.[138] 'Residual sovereignty'라는 용어를 '잔여주권'으로 번역하기도 하지만 이는 박탈을 강조하는 역어이며 잔존주권이라는 역어는 잔존이라는 측면을 강조하는 말이다. 즉, 잔여주권이라는 말은 탁치 시정국의 입장에서 주권의 일부인 시정권을 박탈했으므로 주권이 일부밖에 남아 있지 않는 제한적인 주권이라는 시각에서 보는 것이다. 이에 반해 잔존주권은 일부 주권을 빼앗겼지만 영토의 최종처분권(흔히 영토주권으로 등치된다.[139] 그런데 '완전한 주권-시정권=잔존주권'이므로 영토주권에 +α가 있지 않을까 한다)은 여전히 가지고 있다는 의미로 완전한 주권 상실은 아니며 언젠가는 주

---

[138] "잔존주권(residual sovereignty, 殘存主權)", 〈두산백과〉(terms.naver.com/entry.nhn?docId=1138084&cid=40942&categoryId=31656, 검색일: 2019년 3월 29일).
[139] 영토주권을 잔여주권과 등치시키는 연구는 아래와 같다. 나가사와 유코(長澤裕子), 「일본 패전 후의 한반도 잔여주권(殘餘主權)과 한일 '분리' 신탁통치안 및 대일강화조약의 '한국포기' 조항을 중심으로(1945~1951)」, 『아세아연구』 150(2012), 55-84쪽; 장박진, 『허구의 광복』(경인문화사, 2017). 이들 연구에 따르면 일본은 패전부터 강화조약 체결에 이르기까지 한반도에 대해서도 영토주권을 포기하지 않으려 했으므로 국제법적으로 한반도에 대한 일본의 식민지 지위가 샌프란시스코평화조약 조인 시까지 유지되었다는 것이다.

권이 회수될 것이라고 간주하는 희망적·긍정적 역어이다. 이런 맥락에서 일본의 잔존주권이 보장된 오키나와는 일본으로부터 주권을 완전히 박탈한 지역이 아니며 언젠가는 회수(회복)될 지역으로 분류된 것이라는 해석이 가능하다.

 잔존주권이 일본에 제한적·임시적으로 남겨진 오키나와는 미·일안보조약에 따라 일본이 미국에 공여하는 일본 본토의 단순한 '기지 및 구역'과도 달랐다. 이는 매우 '새로운' 형태의 종속지역이 되었고 이후의 미군 오키나와 점령통치는 아주 '특이한' 점령이었다.[140]

 결국 북위 29도 이남 류큐제도에 대해 미국이 행정·입법·사법 권력을 행사하는 시정권자로 지정되었다. 많은 미군기지가 기지 조차가 아닌 신탁통치의 방법을 활용해 온존되거나 추가로 건설되는 것이었으므로 이 신탁통치는 사실상 '전략적 신탁통치'였다. 그렇지만 '전략적'이라는 단어를 떼버리는 꼼수를 통해 유엔 안보리가 아닌 대일평화조약을 통해 일거에 해결할 수 있었다. 이 조약을 주도했던 덜레스는 샌프란시스코 대일평화회의에서 오키나와에 대한 일본의 잠재주권(residual sovereignty)이라며 위와 같이 입에 발린 말을 하는 것도 잊지 않았다. 미국이 병합한 영토도 아니고, 일본이 미국에 공여한 일본 본토의 기지구역과도 구별되는 점령형 신탁통치가 류큐제도에서 전개되었다. 점령기구와 관련해서 1950년 12월 15일 '류큐열도 미국 민정부에 관한 지령'에 따라 당시까지 존재했던 류큐열도 미국 군정부[미군정(USMGR)]를 폐지함과 동시에 새로운 '류큐열도 미국 민정부(USCAR; United States Civil Administration of the Ryukyu Islands; 류큐미민정)'를 설치했다.[141]

---

[140] 정근식 외(2008), 앞의 책, 81-82쪽.
[141] 강성현(2016), 앞의 글, 91쪽.

샌프란시스코평화협정,[142] 미·일안보조약이 발효되었던 1952년 4월 28일 미국 점령에서 독립한 일본은 오키나와를 일본에서 분리시켜(미국에 맡겨)[143] 오키나와에는 미군정이 실시되었다. 1952년 4월 1일에 오키나와(일본식 이름) 정부가 아닌 '류큐 정부'가 발족되었다.[144] 샌프란시스코평화조약으로 오키나와 등은 미국에 주고 대신 일본은 독립국으로 지위를 회복했던 것이다. 오키나와가 일본 독립을 위한 희생물이 되었다고도 할 수 있다.

더불어 1957년 6월 5일 미 대통령 아이젠하워(Dwight D. Eisenhower; 미국 제34대 대통령; 재임 1953~1961)가 오키나와 통치에 관한 기본법으로 '류큐열도의 관리에 관한 대통령행정명령 제10713호'를 발포했는데, 이로 인해 오키나와 통치 류큐열도 미국 민정부의 최고 책임자가 종래의 민정부 장관에서 고등판무관으로 바뀌었다. 1969~1972년에 피어리가 류큐미민정에서 장관급 민사 행정관(Civil Administrator with personal rank of

---

[142] 샌프란시스코평화협정 자체는 일본에 대한 제한이 별로 없고 내용도 비교적 관대한 것이었다. 그러나 미국 상원은 샌프란시스코평화협정과 같은 내용의 평화조약을 타이완 국민당 정부와 맺고 중화인민공화국을 고립시켜 경제적으로 봉쇄하려는 미국의 강경노선에 보조를 맞출 것을 강요했다. 그렇게 하지 않으면 대일평화협정을 미 의회에서 비준하지 않겠다는 것이었다. 중국 본토의 고립은 일본의 기업가와 경제 전문가에게는 충격적인 일이었다. 일본 기업인은 강화 후 언제든지 다시 중국시장에 진출할 수 있을 것으로 생각하고 있었기 때문이었다. 존 다우어 저, 최은석 역, 『패배를 껴안고』(민음사, 2009), 722쪽. 이러한 일본 기업의 꿈은 1970년대 초까지 20년을 미루어야 했다.

[143] 따라서 일본 공산당 등 좌익세력들은 1952년 5월 1일 메이데이 집회에서 1952년 4월 28일 샌프란시스코평화협정이 발효된 날이 국치일이라면서 오키나와 분리 반대, 군국주의 부활 반대, 전쟁 반대, 미군기지 반대, "고 홈 양키" 등의 반미 구호 등을 메이지 신궁에서 외치면서 격렬한 시위를 벌였으며 경찰이 경고 없이 최루가스와 총을 사용해 도청 직원 한 명과 대학생 한 명이 사망하는 등 '피의 노동절'이 되었다. 다우어는 분열된 국가라는 자기의식을 일본인들에게 각인시켰다고 평가했다. 수상 요시다 시게루는 분단된 한반도의 상황에 빗대어 미군 점령은 일본인의 마음속에 38선을 그어놓았다고 말했다. 존 다우어 저, 최은석 역(2009), 앞의 책, 724-725쪽.

[144] 메도루마 슌 저, 안행순 역(2015), 앞의 책, 148쪽.

Minister)을 지냈고, 1982년 오키나와 반환의 공로로 일본 정부로부터 훈2등 서보장(瑞宝章)을 받았다.[145]

국방장관의 관할하에 두었던 류큐열도 미국 민정부의 장은 고등판무관으로 명명했다.[146] 이러한 조치들은 남한 점령정책에서 미 국무부가 표방했던 정책 방향과 유사하다. 즉, 점령 구조를 민정부 중심으로 개편하고 민간 고등판무관을 임용하여 민정부의 점령통치를 총괄하도록 한 것이었다.[147]

이 과정에서 오키나와 현지 통치권의 변천 및 정부 구성 형태의 변화를 살펴보면, 전쟁 이전 지방자치적·분권적 제도와 기구 들이 미국 단독으로 통치하는 정부를 수립하기 위해 대부분 퇴색되는 모습이 나타난다. 1951년 이후 통치 기간 동안 행정체제는 중앙집권적인 통치 수단의 행정체제로 이행되었다.[148] 즉, 일본 정부의 오키나와에 대한 통치권의 상실에 따라 오키나와 통치기구는 미국의 영향하에 단독 정부 형태로 구성되는 과정을 거치면서, 일본 본토에서 지방자치제도가 확립되어 가는 것과 달리 오키나와의 통치 구조는 지방자치제적 성격보다는 독립된 국가적 성격의 체제를 구축한 것이다. 이는 실질적으로 미국에 귀속된 종속적 성격을 띤 정부의 제도화 과정이라고 평가할 수 있다.[149]

미군은 1953년 토지수용령을 발령하고 오키나와 주민들과 합의 없이 강제로 토지 접수를 강행해 극동 최대의 미군기지를 구축했다. 단 한 번의 보상으로 예고 없이 집과 땅을 빼앗긴 주민들은 미국 정부에 직접 소

---

[145] 강성현(2016), 앞의 글, 91쪽.
[146] 정영신(2008), 앞의 글, 245쪽; 아라사키 모리테루 저, 정영신·미야우치 아키오 역, 『오키나와 현대사』(논형, 2008).
[147] 하지은(2015), 앞의 글, 93쪽.
[148] 정근식 외(2008), 앞의 책, 242쪽.
[149] 하지은(2015), 앞의 글, 93쪽.

송달을 파견하는 등 끈질기게 저항했다. 이에 1회 보상 원칙은 파기되고 결국 1958년부터 군용지료(軍用地料; 땅값)를 매년 지불하기로 합의했다.

오키나와섬 주민들에게는 초기 전쟁 통에서 생존 자체가 중요한 문제였고, 전시점령이라는 특수한 상황하에서는 무엇보다 섬 주민들이 포로수용소 및 민간인수용소에 강제수용된 상황에서 기지 건설을 위해 토지까지 수용되었으므로 미군기지 건설 및 미국을 시정권자로 하는 신탁통치에 대해 대중적으로 강력하게 저항하기 어려웠다. 무엇보다 오키나와를 일본 본토 결전을 위한 사석(捨石; 버림 돌)으로 삼은 데 대해, 우군이라 생각했던 일본군이 주민들을 집단학살하거나 '강제적 집단자결'로 몰아놓고 자신들만 살아남은 데 대해 심한 배신감을 느끼고 분노했다. 미군정이 일본과 오키나와를 분리시키기 위해 '류큐' 정체성을 창출했던 것도 초기의 대중적 저항을 와해시키는 요소로 작용했다. 그러나 전시점령 아래 섬 주민들의 모든 권리가 박탈당한 상태에서 미군에 의한 '섬 전체의 기지화'가 진행되었고, 섬 주민들이 점차 예전 거주지로 돌아오는 상황에서도, 그리고 대일평화조약 발효 이후에도 상황이 나아지지 않았기 때문에 섬 주민들의 저항 의식은 고양되기 시작했다. 류큐 미민정은 조약 발효 이후 전시점령 때 강제수용했던 토지들을 계속 수용하기 위해 관계 규정과 제도들을 구축했지만, 곧 섬 주민들의 심각한 저항에 직면했다. 1950년대 중·후반에 시작되어 베트남전 반대운동까지 이어졌던 '섬 전체 투쟁'은 이처럼 섬 주민들의 토지 강제수용 저항과 반기지운동에서 비롯된 것이었다.[150]

미군기지 건설과 미국을 시정권자로 하는 신탁통치 결정은 직결되는 문제였다. 그러나 당시 섬 주민들의 저항이 1950년대 반기지운동을 넘

---

[150] 정영신(2008), 앞의 글, 187-196쪽; 강성현(2016), 앞의 글, 92쪽.

어 신탁통치 반대로 표출되기는 어려웠다. 다만 주목되는 하나의 사례는 있다. 그런데 이 사례는 단순한 신탁통치반대운동만이 아니라 일본 복귀운동, 좌파운동이 결합된 복합적 차원에서 발생했다. 1951년 4월 결성된 일본복귀기성회는 대일평화회의 개최 직전인 8월 28일에 "우리들의 비원(悲願), 모국 일본으로의 즉시 복귀, 신탁통치 절대 반대"를 주장하면서 탄원서와 서명 등을 샌프란시스코 대일평화회담 참가국 전권대사에게 송부했다. 당시 유권자의 72.1%가 이 서명에 참여했고, 서명자의 86%가 일본 복귀를 희망했다.[151] 소위 '본토 복귀론'의 차원에서 반탁 구호가 등장했던 것이다. 이 안에는 전승국에게 빼앗긴 북쪽의 지시마(千島), 남쪽의 오키나와 오가사와라를 탈환해 일본의 완전한 독립을 이루자는 보수파의 주장과 미제의 식민지 상태에서 벗어나기 위한 해방 투쟁을 전개하여 완전한 민족 독립을 이루자는 좌파들의 주장이 공존했다.[152]

오키나와섬 주민들의 투쟁은 섬 전체의 기지화로 인해 피해자가 되었다는 인식과 함께 미국 신탁통치하의 미군기지의 섬에 사는 한 구조적으로 가해자(미국)의 편에 서게 된다는 인식이 얽혀 들어가면서 더 강렬해졌다. 오키나와섬의 미군기지들이 6·25전쟁과 베트남전쟁의 후방 출격 기지가 되는 것을 목도했기 때문이다. 1972년 미국이 오키나와 신탁통치를 종식시키고 일본에 반환한 것은 미·일 양자 관계가 아니라 오키나와 주민들의 섬 투쟁을 포함하는 다중 스케일 관계에서 이해되어야 진정한 심층적인 이면을 발견할 수 있을 것이다.[153] 강성현(2016)은

---

[151] 정영신(2008), 앞의 글, 187쪽; 강성현(2016), 앞의 글, 92-93쪽.
[152] 임경화, 「오키나와와 북한에 전후는 없다: 기지의 섬과 38선 이북, 그 슬픈 인연들(1)」, 『레디앙』, 2013년 7월 17일(www.redian.org/archive/57999, 검색일: 2018년 12월 1일); 강성현(2016), 앞의 글, 92-93쪽.
[153] 강성현(2016), 앞의 글, 93쪽.

오키나와의 일본 복귀가 이루어졌음에도, 현재까지 일본 내 미군기지의 74.6%가 기지 조차 방식으로 오키나와에 집중되어 있는 것은 참으로 아이러니하다고 말했다.

결국 오키나와 사람들은 일본에서 버림을 받았으며 미군정의 신식민지라고 생각하는 인식이 주류를 형성했던 것이다. 오키나와는 미국의 중요한 핵 기지였으며 무기한으로 신식민주의적 지배로 들어갔다는 것이다.[154] 미국의 오키나와 지배(미군 점령)는 신탁통치로 간주될 수 있다. 실제로 1951년 9월 8일 조인된 샌프란시스코평화조약 제3조에 의하면 오키나와는 신탁통치령 대상지역으로 분류되었다. 법적으로는 신탁통치였지만 실제적으로는 미국의 점령통치(직접지배; 군사정부; 미군정)가 시행되었다고 할 수 있다.[155] 따라서 미국의 군사점령을 점령(대개 자국민의 의사와는 반하여 강제로 이루어지는 것이므로 독립에 반하는 것)과 신탁통치(루스벨트의 방안은 독립을 부여하기 위한 것)가 모순적으로 결합한 '점령형 신탁통치'라고 부르기도 한다. '신탁통치로서의 점령(occupation as trusteeship)'으로 본다면 점령기는 곧 일종의 신탁통치 기간이라고 할 수 있으므로 점령형 신탁통치라는 신조어도 전혀 모순적이지 않다.

또한 미국에 의해 서태평양제도에 실제로 시행된 신탁통치는 국제평화와 안보의 유지를 명목으로 '전략적 신탁통치령(Strategic Trust Territory)'이라는 이름을 붙여 군사화되었다.[156] 신탁통치제도가 군사기

---

[154] 존 다우어 저, 최은석 역(2009), 앞의 책, 722쪽.
[155] 하지은(2015), 앞의 글, 90-93쪽.
[156] 원래 국제연맹의 위임통치조약은 위임통치령의 군사적 이용, 즉 군 병력 주둔, 군사기지 설치, 현지 군대의 활용 등을 금지함으로써 비군사화원칙을 견지해왔으므로 탁치제도에 전략적 신탁통치령을 추가함으로써 탁치는 위임통치에서도 후퇴했다. Tom Parker, "The Ultimate Intervention: Revitalizing the UN Trusteeship Council for the 21st Century," Sandvika, Norway: Center for European and Asian Studies, Norwegian School of Management, 2003(academia.edu/4460618/The_Ultimate_Intervention_

지를 만드는 데(기지 구축에) 악용된 것이라고도 할 수 있다. 신탁통치는 약소국이나 종속지역에 대한 강대국의 '외부 개입'을 합리화하는 메커니즘이 되었다. 군 병력이 특정지역에 잠정적으로 주둔하여 일시적으로 주권을 정지하고 질서를 회복시키며, 그 과정에서 신탁통치 방식으로 현지 주민들을 지원·교육함으로써 현지 임시정부를 구성하여 독립정부가 되도록 한다는 일련의 프로그램이 정식화되기도 했다. 그래도 이런 프로그램이 실행된다면 약소국은 독립을 달성할 수 있으므로 긍정적인 측면이 없지 않다고 할 수 있지만, 이 과정에서 주권 제약을 감수해야 하며 독립된 주권국가에 알맞은 군사적·경제적·정치적 능력을 갖추기에는 역부족하므로 독립 후에도 종속성을 벗어나기 어렵다.[157] 강성현·하지은(2014)은 군사점령이 신탁통치의 한 유형이 되어 양자가 혼재된 지배형식을 '신탁-점령(trustee-occupation)'이라는 개념으로 이해하고자 했다.[158] 벤베니스티(Eyal Benvenisti)는 "효과적인 통제를 행사하는

    Revitalizing_the_UN_Trusteeship_Council_for_the_21st_Century, 검색일: 2018년 10월 18일); Tom Parker, "The Ultimate Intervention: Revitalizing the UN Trusteeship Council for the 21st Century," Michael P. Scharf and Paul R. Williams, eds., *The Law of International Organizations: Problems and Materials*, 3rd Edition (Durham, NC: Carolina Academic Press, 2013), pp. 676-681; 하지은(2015), 앞의 글, 93쪽.
    파커에 따르면 그러한 전략적 신탁통치 관련 규정은 태평양제도와 오키나와에 대한 전략적 신탁통치협정이 처음으로 맺어지기까지 사실상 불투명한 의미를 가진 것이었으나, 미국이 이를 현실화함으로써 태평양 지역의 군사기지를 연결하는 일련의 고리를 수립하게 되었다고 설명한다.

157 국가임(statehood)에는 틀림없지만 국가다움(stateness)을 완성하지 못한, '절반의 국가 형성' 과정에 그쳤다고 평가된다. 하지은(2015), 앞의 글, 98쪽.
158 하지은(2015), 앞의 글, 94쪽; 강성현·하지은, 「미국의 점령형 신탁통치에 관한 비교역사사회학: 한국, 오스트리아, 오키나와를 중심으로」, *Comparative Research on Cold War in Europe and Asia*, 서울대학교 아시아연구소 국제학술회의, 2014년 12월 12~13일; Kang SungHyun and Ha JiEun, "Comparative Historical Sociology of the United States 'Occupational Trusteeship': Focusing on Korea, Austria and Okinawa," *Continuous Wars in East Asia, Post Colonial State Formation and the Cold War*, Seoul National University Asia Center, 2015; 강성현(2016), 앞의 글,

권력은 오직 평화로운 해결이 이루질 때까지의 기간 동안 오직 임시적인 관리 권력(managerial powers)을 갖는다. 제한 기간 동안, 점령국은 주권자를 대신하여 영토를 관리한다. 그리하여 점령자의 지위는 신탁자(trustee)로서 이해될 수 있다"라고 주장했다.[159] 즉, 점령국은 신탁자로서 임시적인 시정을 할 수 있다는 것이다. 이렇게 '점령형 신탁통치'가 이루어진다면 일견 모순되어 보이고 양립 불가능해 보이는 점령과 신탁통치는 양립 가능하며 실제로 3년간 실행된 미군정도 신탁통치라고 공식적으로 규정된 것은 아니었지만 점령형 신탁통치의 변용된 형태로 간주할 여지도 있는 것이다.

1964년 6월 4일 류큐 미국 고등판무관 지명자(USA High Commissioner Designate of the Ryukyu Islands) 맷슨 2세(Albert Matson II) 중장 일행은 베이컨(Leonard L. Bacon) 미 국무부 동아시아국장 대행 등을 만났다. 베이컨은 미국의 지배(control)는 물론 일본의 조종(handling)으로부터도 모두 더 많은 자율성을 얻으려는 류큐인들의 요구가 현안 문제라고 설명했다. 미군 주둔이 안보에 도움이 된다고 생각하는 일본인들은 미국이 오키나와로부터 철수하는 것을 바라지는 않는다는 지적이 이어졌다. 그렇지만 일본 정부는 류큐의 반환을 바라는 민족주의적 요구를 공개적으로 지지한다고도 했다. 동석한 동아시아국 차장 대행 피어리는 "류큐인들이 가려우면 일본 사람들이 긁어준다"라는 속담을 인용했다. 참석자들은 1960년대 말에 다가올 오키나와 반환에 관련해 미국의 군사적 이익을 보호하는 것이 중요하다는 인식도 공유했다. 일본 자민당이 이끄는 보수당 정부가 1960년대 말까지 지속될 것이며 민족주의자

49-99쪽.
[159] Eyal Benvenisti, *The International Law of Occupation* (Oxford: Oxford University Press, 2012); 하지은(2015), 앞의 글, 96쪽.

나 좌익 분리주의자보다는 이들과의 관계를 지속해나가야 한다는 점도 강조되었다.[160] 류큐인들이 미국의 지배는 물론 일본의 간섭도 의식하고 있음을 보여주는 대목이다.[161]

1967년 11월 14일부터 15일까지 미 대통령 존슨(Lyndon B. Johnson; 제36대 대통령; 재임 1961~1963)과 일본 수상 사토 에이사쿠(佐藤榮作)는 워싱턴에서 가진 정상회담 직후 제2차 공동 코뮤니케를 발표했는데 이에 의하면 "미국은 오가사와라제도를 조속히 일본에 반환하는 한편 류큐열도를 차후 일본에 반환케 될 새로운 조치를 취하기"로 합의했다는 것이다. 오가사와라제도는 1년 내에 반환될 것이며, 류큐열도의 반환 시기는 확정되지 않았으나 지위 문제에 대해 부단히 공동으로 검토할 것이 합의되었다.[162] 오가사와라제도는 1968년 일본에 소유권이 이전되기 전까지 미국의 신탁통치 지배하에 있었다. 이어 1969년 사토와 존슨은 오키나와를 일본에 반환하는 것에 합의했다. 결국 오키나와에 대한 일본의 독립 요구는 1971년 6월 17일 오키나와 반환 협정이 조인되고 1972년 5월 15일 일본으로 반환됨으로 결실을 맺었다.[163] 미국이 오

---

160 "Memorandum of Conversation: U. S. Policy toward the Ryukyu Islands," June 4, 1964 (Confidential)(nsarchive2.gwu.edu//dc.html?doc=4998679-Document-1-U-S-Policy-toward-the-Ryukyu-Islands, 검색일: 2018년 10월 17일).
161 Robert Wampler, "Okinawa: Perennial Flashpoint in the U.S.-Japan Alliance: Declassified U.S. Record Spotlights Historical Roots of the Issues," *National Security Archive Electronic Briefing Book #644*, Published: Oct 16, 2018, National Security Archive(nsarchive.gwu.edu/briefing-book/japan/2018-10-16/okinawa-perennial-flashpoint-us-japan-alliance, 검색일: 2018년 10월 17일).
162 「小笠原·琉球返還키로」, 『경향신문』, 1967년 11월 16일자.
163 가야 오키노리(賀屋興宣)는 CIA와 일본 정계의 밀접한 관계를 나타내는 상징적인 인물로 오키나와 미군기지 철수 문제에 관여했다. 가야는 제2차 세계대전 당시 전시 내각에서 대장대신(현 재무장관)을 역임해 A급 전범으로 종신형을 선고받았으나 1955년 가석방되어 1957년 사면을 받고 1958년 중의원에 당선되었다. 그는 중의원 당선 시기 전후로 CIA 요원으로 선발되었다. 미국의 베트남 폭격을 위한 가장 중요한 기지였으며 핵무기 저장소였던 오키나와 미군기지의 철수 문제를 일본 야당이 제기했던 1968년 10월

키나와 지주에게 지불해야 하는 반환지 원상회복비 400만 달러를 일본이 떠맡는 조건으로 일부 미군기지를 제외한 모든 지역이 다시 일본령이 되었다. 1972년 5월 25일 전후 첫 오키나와현 지사 선거에서 혁신당의 야라 쵸보가 당선되었다. 그러나 일부지역에서 미군은 완전히 물러가지 않았고 거기다가 일본자위대까지 점거에 가세해 오키나와를 공동 지배했다. 미군에게 기지용 토지를 빌려준 오키나와 지주들은 일본 정부와 재협상을 했다. 전쟁을 반대하는 반전 지주 3,000여 명은 다른 나라 사람을 괴롭히는 침략 기지에 한 평의 땅도 빌려줄 수 없다고 주장했지만 일본 정부는 동의하지 않았다. 오키나와 사람들은 아직도 기지 이전 문제로 일본 정부는 물론 미국과 갈등을 겪고 있다.[164] 오키나와 미군기지는 1972년 이후에도 미·일지위협정에 입각한 시설 및 구역으로서 미군에 제공되었다. 오키나와에는 동북아 최대 미군기지인 가데나 공군기지, 오미탄 보조비행장 등 비행장, 후텐마 미 해병대 기지, 화이트 비치 훈련장, 북부 훈련장 등 훈련장, 나하 군항, 마키미나토 보급기지, 헤노코 탄약창 기지, 가데나 탄약창 기지 등 후방지원시설이 있다. 일본에 있는 미군기지의 75%가 오키나와에 있으며 이는 오키나와 본도의 약 20%를 차지한다.[165]

일본의 잠재주권만이 인정되고 실질적으로 일본과 분리되었던 오키나와는 베트남전쟁의 와중에서 1972년 일본으로 '복귀'했던 것이다.[166]

지역 선거에서 가야는 자민당 승리를 도모하는 CIA 비밀공작의 핵심 역할을 했다. 이 공작은 실패했고 오키나와는 1972년 미군정의 지배에서 벗어나 일본 정부의 지배를 받게 되었지만, 미군 기지는 아직도 그대로 남아 있다. 팀 와이너 저, 이경식 역, 『잿더미의 유산: 한국전쟁에서 이라크전쟁까지 세계 역사를 조정한 CIA의 모든 것』(랜덤하우스코리아, 2008), 204-205쪽.

164 박윤숙, 『오키나와』(시공사, 2014), 326-327쪽.
165 정창윤·최호재(2019), 앞의 글, 78쪽.
166 정근식(2019), 앞의 글.

오키나와는 1945년부터 1972년까지 미국의 직접지배를 받다가 일본의 반분리주의 캠페인 덕분에 1972년 미국에 '종속적 독립'[167]을 부여받았으나, 일본과 미국의 이중지배 아래 놓이게 되었으며 분리·독립의 꿈은 요원한 실정이다. 미국은 일본에 오키나와를 반환하면서도 실제 이용 가능한 섬 토지의 3분의 1 이상을 군사기지로 사용함으로써, 오키나와 주민들은 여전히 미국과 일본 군사기지의 희생양으로 있다.[168] 오키나와는 미국과 일본의 이중적 '기지국가' 체제 아래 놓여 있다고 할 수 있는 것이다. 그렇지만 현재 오키나와는 일본 지배 아래에서 가장 독립적인 현으로 평가받기도 한다. 일본의 중앙집권적인 통치가 아니라 미국의 중앙집권적인 통치를 거쳤기 때문이다. 일본에서 독립된 국가로서의 성격을 가진 단독정부의 체제를 거쳤기 때문이다.

오키나와에 관련해 보면 주권은 '통치권으로의 주권'과 '탁치 이후에 회수될 주권(잔존주권; 영토의 최종처분권)'으로 나눌 수 있다. 오키나와에 대한 미국의 점령형 신탁통치 기간 동안 통치권으로서의 주권은 미국이 가지고 있었음에도 불구하고 나머지 잔존주권인 탁치 이후 주권(영토의 최종처분권)은 일본이 가지고 있었다[탁치 이후의 회수될 주권(잔존주권)을 일본이 보유했으므로 임시적이며 과도기적 탁치가 끝나면 통치권도 회복될 전망이었다]. 그런데 다른 서태평양제도는 오키나와와 같이 잔존주권이 보장된 지역(샌프란시스코평화조약 3조)이 아니라 동 조약 2조에 의해 일본이 주권을 총체적으로 포기한 지역이었다. 이렇듯 서태평양제도는 신탁통치 기간 이후에 회수될 주권으로서의 잔존주권이 논의될 차원이 아니

---

[167] 상당수 일본인은 미국의 군사점령이나 종속적 독립 사이에 큰 차이가 없다고 느꼈다고 한다. 존 다우어 저, 최은석 역(2009), 앞의 책, 723쪽.
[168] 임영태, 「일본의 조기항복과 미소의 한반도 분할 점령: (연재)임영태의 '다시 보는 해방 전후사 이야기'(23)-제2부 해방과 외세(4)」, 『통일뉴스』, 2020년 10월 5일자.

었으므로 모든 주권을 미국이 행사했다. 같은 점령형 탁치령으로 분류될 수 있는 지역 중 일본의 영토처분권을 인정한 오키나와(오가사와라제도 등 포함)와 이를 인정하지 않은 서태평양제도는 차이가 있다.

한편 2005년부터 2007년까지의 류큐대학 린취안중(林泉忠) 부교수가 실시한 '귀속 의식' 설문조사 결과에 따르면, 2005년의 질문에 답한 1,029명의 류큐인 중 40.6%는 자신들이 오키나와인이며, 일본인과는 뚜렷하게 구별된다고 답했다. 21%는 그들 스스로를 일본인이라 생각하고 있다고 답했으며 36%는 일본인과 오키나와인 양쪽 모두 다 해당된다고 답했다. 2007년의 경우 대다수인 64.7%의 류큐인은 독립해서는 안 된다고 했고 20.6%가 독립해야 한다고 답했다.[169]

3) 쿠릴열도에 대한 미국의 신탁통치 구상

캄차가 반도 남쪽에서 일본 북해도 북단까지 연결되어 있는 쿠릴열도는 원래 러시아의 영토였는데 러·일 최초의 국경협정인 1855년 2월 러·일통싱우호조약 이후 북방 4개 도서는 일본령이 되었고, 1875년 러·일 쿠릴 및 사할린 교환조약(상트페테르부르크조약) 체결로 당시 양국이 공동관리하던 사할린[일본명 가라후토(樺太)]이 러시아에 양도되면서, 그 대신 일본은 쿠릴열도 전체를 차지하게 되었다. 이후 일본은 1905년 러·일전쟁에서 승리한 후 사할린 남부지역(북위 50도 이남)까지 차지하게 되었다. 이후 얄타협정에 의거하여 소련 반환이 예정되어 있었다. 1,200㎞에 걸쳐 있는 호상열도(弧狀列島; 활등처럼 굽은 모양을 하고 있는

---

169 "류큐 독립운동", 〈위키피디아〉(ko.wikipedia.org/wiki/%EB%A5%98%ED%81%90_%EB%8F%85%EB%A6%BD%EC%9A%B4%EB%8F%99), 검색일: 2019년 3월 10일).

열도)로서 30개 이상의 큰 섬과 수많은 작은 섬으로 이루어져 있다.

 1949년 11월 2일 미 국무부가 작성한 대일평화조약 초안에 의하면 쿠릴열도는 소련에 반환한다면서도 이투루프, 쿠나시르, 그리고 소 쿠릴제도(Lesser Kuriles; 일본명 小千島列島; 7~10개 섬으로 구성된 하보마이 군도와 시코탄; 쿠릴열도의 일환이기보다는 북해도와 연결된 섬들이라고 일본은 주장함-인용자), 즉 북방 4개 도서는 누가 보유할지에 대한 결론이 아직 나오지 않았다고 적었다. 만약 일본이 이 문제를 제기할 경우 미국은 긍정적으로 답변할 것이라고도 했다. 또한 만약 소련이 쿠릴열도를 신탁통치체제하에 두도록 미국이 제안하는 것은 어떨지 고려가 필요하다고도 했다.[170] 사실 쿠릴열도 전체는 소련에 반환되어야 할 지역이지 신탁통치를 할 지역은 아니었다. 또한 1947년 5월 미크로네시아에 대한 미국 단독의 신탁통치협정이 유엔 안보리를 통과할 때 거부권을 가진 소련이 쿠릴열도에 대한 점유를 확인해주는 대가로 미국 측 안에 만장일치로 찬성하는 표결에 나섰던 적이 있었으나, 냉전 출범 이후 미국은 소련의 기득권 보장을 견제하려는 숨은 구상을 아직도 포기하지 못했다. 일본식 표현으로 북방 4개 도서는 현재까지도 러시아와 일본 사이에서 영토 논쟁이 진행되고 있는 지역이지만[171] 그렇다고 신탁통치를

---

[170] 정병준(2010), 앞의 글, 452-454쪽.
[171] 일본은 홋카이도 이북에 있는 쿠나시르, 이투루프, 하보마이군도, 시코탄은 1855년 조약을 근거로 일본의 영유권을 주장하면서 소련에 잘못 환수되었으니 반환해달라고 계속 요구하고 있다. 1956년 소련과 일본은 공동선언을 마련했다. 소련은 일본에 시코탄과 하보마이 등 쿠릴열도 2개 섬을 돌려주겠다고 제안했고 대신 일본은 나머지 2개 섬에 대한 영유권을 주장하지 않겠다고 합의했던 것이다. 평화조약 체결 후 하보마이와 시코탄은 반환하기로 합의했던 것이다. 그러나 소련은 1960년 체결된 미·일안보조약에 반발해서 1956년 공동선언에 담긴 쿠릴열도 관련 내용을 무효화했다. 원래 쿠나시르와 이투루프는 쿠릴열도에 연결되어 일본의 홋카이도 북방까지 내려왔으므로 쿠릴열도의 섬이다. 그러나 하보마이·시코탄은 홋카이도와 연결되어 있어 쿠릴열도에 포함된 섬들은 아니라는 주장이 있다. 2001년 일본 수상 모리는 러시아 대통령 푸틴과 회

행할 지역은 아니다. 더 나아가 북방 4개 도서 이북의 쿠릴열도는 명백히 소련에게 반환될 지역이므로 신탁통치를 논의한다는 것은 소련을 자극할 우려가 있는 미국의 대소 견제책 이상의 것이 아니었다. 그럼에도 불구하고 일본이 이 문제를 제기해줄 것을 바라는 것이 소련을 견제하려는 미국의 속내였으며 더 나아가 신탁통치 적용 검토는 신탁통치를 대소 견제책으로 활용하려는 미국의 숨은 한 수(일종의 꼼수)였다고 할 수 있다.

　루스벨트의 신탁통치는 미국의 국가이익을 확보하려는 수단이기는 했지만 유럽식 구식민주의에 반대하고 독립을 위한 훈정의 성격이 있었지만 루스벨트 사후 냉전시대 트루먼 집권하의 신탁통치는 독립을 향한

담하면서 우선적으로 2개 섬을 반환받고 나머지 2개 섬은 교섭해나간다는 타협안을 만들었다. 1956년에 맺은 공동선언은 유효하다는 내용을 담은 '이르쿠츠크 성명'을 발표한 것이다. 이로써 논쟁이 해결되는 듯했지만, 이후 집권한 일본의 고이즈미 준이치로 내각이 4개 섬 동시 반환, 즉 일괄반환론으로 급선회하면서 쿠릴열도에 대한 논쟁은 다시 불붙었다. 현재는 일괄반환론이 일본의 공식 입장인 가운데 일본 공산당은 쿠릴열도 전체를 돌려받아야 한다고 주장한다. 1875년 상트페테르부르크조약으로 사할린을 포기하는 대가로 쿠릴열도 전체의 일본 영유가 확정되었기 때문이라는 것이다. 러시아는 쿠릴열도에 포함된 섬들은 엄연하게 러시아 영토이기 때문에 돌려줄 수가 없다고 반대하고 있어 결론이 나지를 않고 있다. 일본이 1855년 제정러시아와 체결한 조약을 통해 쿠릴열도의 영유권을 갖게 된 이후, 제2차 세계대전 전까지 1만 7,000명의 일본 주민이 쿠릴열도에 살고 있었다. 그러나 제2차 세계대전 이후 일본이 패전국이 되고 영유권이 러시아로 넘어가면서 현재 3만 명의 러시아인이 쿠릴열도에 거주하고 있고 이투루프섬에는 러시아의 군사 기지도 있다. 그런데 쿠릴열도의 주인이 바뀐다면 현재 거주하고 있는 러시아 주민들이 섬을 떠나야 하는 상황이므로 러시아 측은 영유권을 포기하지 못한다는 입장이다. 거기다 쿠릴열도 아래에는 풍부한 어족 자원이 있고 특히 쿠릴열도 해저에는 많은 양의 석유와 천연가스가 매장된 것으로 알려졌다. 러시아는 2006년 쿠릴열도의 지하자원 개발과 시설 확충을 위해 6억 3000만 달러를 투자한 바 있었다. 독특한 화산지형을 가지고 있기에 관광 수익도 가져다주는 경제적인 이유가 분쟁에 개재(介在)되어 있다. 또한 러시아로서는 동쪽으로 패권을 뻗어갈 수 있는 길목이 바로 쿠릴열도이고 한국, 중국과도 영토분쟁을 벌이고 있는 일본으로서는 전략적으로 포기할 수 없는 곳이다. 따라서 쉽게 해결되기 힘든 영토분쟁지역으로 꼽히고 있다. 김현숙, "(뉴스따라잡기)쿠릴열도(북방영토) 분쟁", VOA, 2016년 8월 29일(www.voakorea.com/a/3484865.html, 검색일: 2018년 12월 4일).

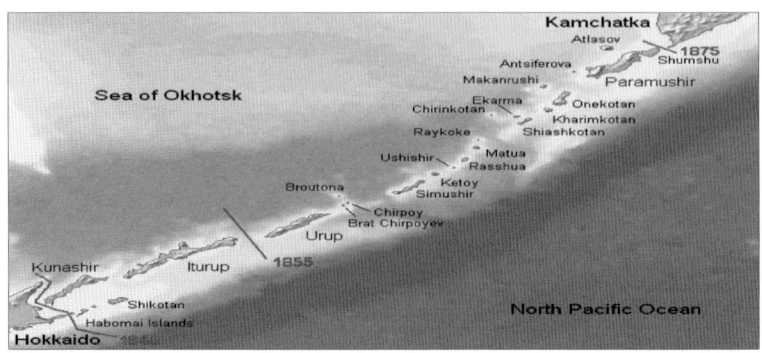

그림 11 **쿠릴열도**
1855년 러·일 간의 국경, 1875년 일본이 사할린을 러시아에 내주고 쿠릴열도 전체 점유, 1945년 소·일 국경
※ 출처: 〈위키피디아〉.

과도기(독립을 위한 훈정기)로 가는 수단으로서의 성격(목적은 독립, 탁치는 수단)보다는 일본의 위임통치령 등을 잠정적(오키나와, 오가사와라 등 구 일본제국에 가까운 지역)이든 영구적(북마리아나, 팔라우, 캐롤라인, 마셜 등 미국과 일본이 각축하든 지역)이든 미국의 세력권으로 만들려는 목적이 더 강해졌다. 이에 더하여 미국과 각축하는 일본의 위임통치령 등 남태평양의 섬들뿐만 아니라 소련과 일본이 각축하는 북방 4개 도서의 경우 소련을 견제하기 위해 신탁통치 적용을 검토하는 등 미국은 무원칙적이고 명분 없는 방향으로 나아가려고도 했다. 이렇듯 미국은 소련의 단독 지배를 막기 위한 수단으로 신탁통치안을 활용하려고 하는 등 냉전시대 미국식 신탁통치안은 전시와는 달라졌다. 전쟁 당시의 루스벨트는 소련과 연합해 영국 등 유럽의 제국주의를 견제하려 했으므로 탁치안에는 반식민주의적 성격이 있었다. 트루먼 시대에는 이러한 루스벨트식 반식민주의에서 탈각해 세력확보와 세력균형의 목적으로 활용되었다. 결국 초창기 신탁통치안이 갖고 있던 반위임통치적인 진보적이고 이상적 취

지는 냉혹한 국제정치의 현실과 만나 완전히 퇴색하고 제국주의적이고 팽창적인 국가이익에 복무하는 수단이 되고 만다. 또한 태평양 도서 등을 미국이 영구 점령하는 데 신탁통치가 활용되었다는 비판까지 가능하다. 쿠릴열도와 서태평양 도서지역은 한반도처럼 자치능력을 배양할 필요도 그다지 많지 않았으므로 단순한 세력확보책 차원에서 탁치가 검토된 것이라는 비판에서 역시 자유로울 수 없다.

4) 전시점령에서 전후 점령관리로의 전환

18·19세기 전쟁에 대한 국제관습법은 무력 정복을 통해 타국 영토의 강제 취득, 병합과 식민지배를 허용했다. 20세기 들어와서는 "육전(陸戰)법규 및 관례에 관한 헤이그조약"(1907)을 계기로 무분별한 정복과 식민지배의 한계를 설정하려는 시도가 전개되었다. 헤이그조약은 정복과 다른 '전시점령(belligerent occupation)'을 규정하고, 점령당국의 임시적인 군사적 조치로만 허용했다. 구체적으로 헤이그조약 제43조에 따르면, 점령당국은 피점령지역의 치안 유지와 군사적 필요를 넘어선 정치 영역에 개입할 수 없다.[172]

따라서 전쟁 중에는 적국을 점령하는 것이 정당화될 수 있다. 그런데 전쟁이 끝난 후에는 철수하는 것이 헤이그육전조약을 준수하는 길이다.

그러나 전시점령지역에 전쟁이 끝난 후 계속 주둔해 자국에 우호적인 체제를 수립하려는 움직임을 보이게 마련이다. 소련의 스탈린이 유고의 질라스(Milovan Djilas)와 가진 인터뷰에서 시인했듯이 "이 전쟁(제2차 세계대전-인용자)은 제도를 이식하는 전쟁이며 한 영토를 점령하는 자는

---

[172] 강성현(2016), 앞의 글, 55쪽.

또한 자기 자신의 사회제도를 그곳에다 강요"하는 법이다.[173]

문제는 이것이 헤이그육전조약상의 군사점령 관계 규정에 저촉되지 않으면서 전후 점령연장이 전개되어야 했다. 미국이 태평양전쟁 전후로 점령한 지역을 예를 들자면 일본 본토는 포츠담선언에 근거해 전후 점령관리(occupation control)가 가능했다. 일본 위임통치령이었던 미크로네시아와 류큐제도는 전시점령을 일본의 무조건 항복 이후에도 계속하는 방식으로 실질적인 점령관리를 전개했다. 미국에 병합될지, 신탁통치 아래에 놓이게 될지를 둘러싸고 미국 안에서는 국무부와 군부가 이견을 표출하며 경합·갈등하면서 결론이 열려 있었다. 이와 달리 적국으로 병합되었다가 분리된 식민지 조선의 '해방-점령'은 유엔헌장(제12장)상의 국제신탁통치에 의해 뒷받침되었다.[174]

그런데 전시점령이 점령유지 내지는 점령관리로 전환되었다가 보다 장기화되어 변용된 것이 '점령형 신탁통치'라고 할 수 있다.

점령관리는 일본에 대한 미국의 점령이 전형적이고 대표적인 예이다. 미국이 주도한 대일 포츠담선언에 나오는 '무조건 항복'의 본질은 '파시즘 철학'의 파괴에 있었다.[175] 이는 점령을 통한 적국 사회와 인간에 대한 전면 개조를 예고하는 것이었다. 미국은 정치·사상(군국주의 타파와 전범 처벌, 민주적 경향의 부활·강화, 사상의 자유 보장, 기본 인권 존중), 경제(재벌 해체, 농지개혁), 사회(교육의 자유화·민주화, 종교·언론의 자유 보장, 노동조합 조성, 여성해방) 등 전 분야에 대한 '개혁'의 메스를 가했다. '점령관리'라고 하는 국제정치사에서 유례를 찾을 수 없는 독특한

---

173 밀로반 질라스 저, 오용웅 역, 『스탈린과의 대화』(여명문화사, 1962), 100-101쪽.
174 강성현(2016), 앞의 글, 60쪽.
175 도요시타 나라히코 저, 권혁태 역, 『히로히토와 맥아더: 일본의 '전후'는 어떻게 만들어졌는가』(개마고원, 2009), 172쪽.

실험이었다고 평가된다.[176]

한국은 1945년 시작된 점령(관리)이 1946년 다국적 탁치로 전환될 예정이었다. 그러나 미국이 탁치안을 통해 소련 견제를 달성하는 것이 불가능하다고 판단해 일방적으로 탁치안을 폐기하고 1948년 한국에 독립을 부여함에 따라 탁치형 점령(혹은 단기적 점령관리)이 짧게 시행된 경우이다. 따라서 3년간의 미군정에 의한 한국점령관리는 탁치가 전제된 '탁치형 점령'이며 오키나와 등의 '점령형 탁치'와 비교된다. 한국의 경우는 피수식어인 명사 '점령'에 강조점이 있으며, 오키나와와 태평양도서 미국 지배 지역은 '탁치'에 강조점이 있으나, 점령관리였다는 면에서는 공통점이 있다.

---

[176] 다케마에 에이지 저, 송병권 역, 『GHQ: 연합국 최고사령관 총사령부』(평사리, 2011), 252쪽; 강성현(2016), 앞의 글, 59쪽.

오늘날로 소환된 신탁통치

3 장

1. 신탁통치에 대한 글로벌한 쟁점

제2차 세계대전 기간 동안 부상한 국제적 신탁통치 구상은 미국 주도의 헤게모니 구축 전략이었다. 이는 국제연맹의 제도적 유산과 윌슨 행정부 이래 발전해온 이상주의적 사상을 바탕으로, 영토와 주권 침탈로 점철된 구 유럽 제국주의의 폐단을 해결하고 구 식민지의 현지 사회를 보다 정당화된 방식으로 통치, 개조하려는 임시 관리 모델로 마련되었다. 여기에는 20세기 초·중반 가속화된 탈식민화 흐름에 대응하여, 이와 같은 급진적인 민족주의 열망을 적절히 제어해야 한다는 문제의식이 반영되었다. 그런데 국제적 신탁통치 구상에는 기존 유럽 강대국들의 제국적 통치 모델과는 다른 국제정치적 기초를 마련해야 한다는 인식이 크게 작용했다. 단일한 국가가 특정지역의 배타적 지배를 존속해왔던 기존의 식민통치의 방식에서 벗어나서, 새로운 미국식 헤게모니의 틀과 연합국 간 협조체제의 기조를 창출, 유지해가려는 의도에서 구상되었던 것이다. 그러나 냉전이 시작되는 조짐이 보였던 1945~1946년 구상 단계로만 존재했던 신탁통치 계획이 연합국들 사이에서 현실적이고 당면한 문제로 논의되면서 다양한 논쟁과 의견 대립으로 인하여 당초 기획된 정책 기조와 방향이 일정한 변화를 겪었다. 특히 1945년 4월 샌프란시스코회의에서 신탁통치령의 적용 범위, 국제적 관리기구의 형태 및 기능 등 세부적인 사항을 둘러싼 논쟁이 불거지면서, 미국 주도의 자유주의 헤게모니 전략과 연합국 간 세력균형 원칙을 내포한 기획의 딜레마가 나타났다.[1] 이미 전시부터 영국의 식민지는 탁치 적용에서 제외되었으며 이후 프랑스의 식민지까지 제외되면서 결국 전승국의 식민지는 제외되었다. 탁치의 보편적 원칙은 무너졌으며 다국적 원칙까지 일국지배로 변용되는 양상을 보였다. 이후 1946~1947년의 한반도가 유엔과 신탁통치의 효용성을 실험하는 공간으로 대두되면서 결국 세계정치의 뜨거운 이슈가 되었다. 미국의 국제적 신탁통치 구상은 미·소관계의 교착과 한국 사회의 급진적 독립 요구(반탁운동)와 마주함으로써, 탈식민화된 사회질서의 형성이 아닌 점령지 내 임시행정과 우호적인 정부 수립을 위한 기제로 변용되었다. 1947년 폐기된 한반도 탁치안은 미군정과 소련점령통치('준신탁통치'로 볼 수 있다)로 굴절되면서 이후 오키나와에서 구현된 '점령형 탁치'의 선례가 되었다(그렇다면 소련 점령지대에서의 통치는 미국의 신탁통치 구상과 비교해 역시 '준신탁통치'로 해석될 수 있지 않을까 한다. 소련의 동구 점령도 역시 준신탁통치가 아닌가 한다).

한반도 신탁통치 구상의 전환은 기존 구상 단계에서 설정된 신탁통치의 성격과 목표 자체를 변형, 소진시키는 결과를 낳았다. 탈식민화의 자유주의적 모델을 전 세계적으로 보편화하는 차원에서 구상된 신탁통

---

[1] 하지은, 「국제적 신탁통치구상과 냉전적 변형: 한국 사례를 중심으로」, 서울대학교 석사학위논문(2015), 101쪽.

치 모델은 그 기본 가치였던 '탈식민화'를 소거하고 '자유진영'을 군사적으로 공고히 하는 방향으로 나아갔다. 즉, 종속지역과 그 주민들을 자유주의적 가치가 보편화된 질서 영역으로 통합하려는 이전 국면과 달리, 자유진영에 속한 구 식민모국의 이해관계를 보호하고 자유주의 헤게모니에 부합하는 임시정부를 구성하는 등 정치적·전략적 이익을 확보하는 차원에 주안점을 둔 것이었다.[2]

결국 전 지구적인 신탁통치 구상이 (소말릴란드를 지배했던 이탈리아를 제외하고는 비록 전승국이었지만) 구 식민모국을 단독 관리국가로 하는 배타적 관리 메커니즘까지 용인함으로써 기존의 국제주의적·다국적 원칙에서 일탈했다. 또한 이는 종전 이후 냉전이 시작되면서 '임시점령행정'으로 명확해졌으며, 특히 군사점령을 통해 잠정적인 정부를 구성하는 방식을 갖추었다. 이는 결국 기존의 자유주의적 탈식민화라는 기조보다는, 서구 자유주의 진영의 공고화 및 안정화와 함께 약소국이나 종속지역에 대한 강대국의 '외부개입'을 강화하는 메커니즘이 되었다. 군 병력이 특정지역에 잠정적으로 주둔하여 일시적으로 주권을 정지하고 질서를 회복시키며, 그 과정에서 신탁통치의 방식과 같이 현지 주민들을 지원·교육함으로써 현지 임시정부를 구성하여 독립정부가 되도록 한다는, 일련의 프로그램이 정식화되었던 것이다.[3]

지금까지 논의한 쟁점을 정리하면 우선 일본령 오키나와에 대한 미군 점령은 (일견 형용모순처럼 보이지만) 점령·신탁통치가 결합된 '변형된 신탁통치(점령형 신탁통치)'라고 할 수 있다. 또한 전술한 바와 같이 미군정 3년과 소련 점령 3년도 점령형 신탁통치의 변용된 형태라는 주장도 가

---

2 하지은(2015), 위의 글, 102쪽.
3 하지은(2015), 앞의 글, 97쪽.

능하다. 유엔하의 신탁통치나 한반도에 대한 다국적 신탁통치안이 신탁통치의 원래 모범적인 양식이라면 '한 나라의 군대가 점령하여 시정하는 단독 신탁통치'는 '변형된 신탁통치'라고 할 수 있다. 미군정기와 소련 점령 시기는 실제로 신탁통치협정에 따라 신탁통치가 실시되지는 않았지만 1952~1972년 오키나와의 미군 지배와 비슷한 점이 있다. 따라서 오키나와를 '점령형 단독 신탁통치'라 한다면 한반도의 남부와 북부 각각의 점령군에 의한 분할통치도 신탁통치적인 요소가 있는 독립으로 가는 과도기적 같은 통치양식이므로 '준신탁통치기'로 볼 수 있다. 오키나와를 '점령형 탁치'라고 본다면 한국의 점령통치는 '탁치형 점령'이라고 규정할 수 있다는 것이 필자의 주장이다. 탁치형 점령의 경우는 이후 역사에서 시행된 점령통치의 경우에도 광범위하게 적용 가능한 개념이 아닌가 한다.

또한 오가사와라 등의 신탁통치 실시 문제에 대해서도 보다 상세하게 탐구하면 현재 오가사와라촌(小笠原村)은 일본 최동단의 행정 구역으로 오가사와라제도에 속하는 30여 개의 섬으로 이루어져 있다. 사람이 사는 곳은 지치지마섬(2,300명)과 하하지마섬(500명)뿐이며 가잔열도의 이오섬(硫黃島)의 공군기지에는 400명의 일본 해상자위대원들이 주둔하고 있다. 일본의 세력권이었던 오가사와라제도는 태평양전쟁 말기 이오섬 등이 다음과 같이 미국에 점령되면서 신탁통치를 거쳐 다시 일본에 귀속되었다. 1945년 2월 19일 미군 해병대가 이오섬에 상륙하기 시작했다. 3월 17일에 미군은 섬을 장악했으며, 거의 모든 일본군 부대가 전멸했다. 3월 21일에 일본제국 대본영은 3월 17일에 이오섬에 있던 일본군이 '옥쇄'했다고 발표했다. 3월 26일, 대장 구리바야시 다다미치 이하 남은 300명의 일본군이 마지막 돌격을 했으나 전멸했다. 이것으로 인해 조직적인 전투는 종결되었다. 태평양전쟁이 일본의 항복으로 끝나고 오가사와라제도는 1946년 미국군의 직접통치하에 들어갔다. 1952년 샌프란시스코평화조약에 따라 오가사와라제도는 일본 정부의 행정 관할에서 분리되어 미국의 신탁통치령이 되었다. 1968년 6월 26일 미국군에서 일본으로 반환되면서 오가사와라제도는 일본으로 편입되었다.[4]

지금까지 글로벌한 차원에서 1994년까지 시행된 신탁통치제도에 대해 학술적으로 정리하고자 했다. 이에 더하여 제2차 세계대전 종결 후 오스트리아에서 시행된 10년(1945~1955)의 과도기[연합국 점령기(소련 점령은 말기인 1955년[5]까지 이어짐)]가 신탁통치와 어떻게 다른지도 문제일 수 있다. 오스트리아 군정의 방식이 신탁통치적 관리의 형태로 추진된 사례로 보기도 한다. 나인균(2003)은 오스트리아를 '4대국 공동 지배'로 간주했다. 그는 독일에서도 연합국 공동 지배가 행해졌다고 규정

---

[4] 이에 더하여 6·25전쟁 당시와 그 직후 강원도 지역의 38선 이북·휴전선 이남의 수복지구(원래 38선 이북의 북한 땅이었다가 전쟁 중 유엔군 관할지역으로 넘어온 강원도 속초와 같은 지역)에 대한 과도기적·잠정적 유엔의 점령통치가 신탁통치와 어떻게 비교될 수 있을지도 역시 새로운 과제이다. 우리의 상식적 판단에 따르면 전시 수복된 지역에는 당연히 대한민국이 즉시 접수해 통치했을 것으로 생각되지만, 사실은 대한민국이 아닌 유엔이 상당 기간 지배했다. 당시 이곳은 유엔의 신탁통치지역으로 간주되었다. 수복된 지역 외에 유엔군 지배하의 한반도에 대한 전시 지배권도 유엔이 가지고 있었다. 이러한 유엔군 지배는 유엔군정 내지는 유엔신탁통치로 간주되었다. 혹은 유엔 한국부흥위원단(UNKRA; United Nations Korean Reconstruction Agency; 1950년 유엔총회의 결의에 따라 6·25전쟁으로 파괴된 한국 경제의 재건과 복구를 목적으로 설립된 기구)의 통치로 간주될 수도 있었다. 일종의 '탁치형 점령'이라고 할 수 있다. 만약 북한에 급변 사태가 발생하여 통일이 된다고 할 때, 힘의 공백기를 관리할 과도기적 통치로서 유엔의 신탁통치도 하나의 대안일 수 있다. 북한이 중국의 우려대로 대한민국에 흡수되지 않고 유엔의 신탁통치지역으로 분류될 것이라고 하면 중국의 반대를 무마시킬 가능성이 있다. 따라서 미국과 중국 등이 현상 유지가 아닌 통일에 동의할 수 있는 방안일 수 있다. 물론 이러한 유엔의 신탁통치는 주변국들을 무마하고 북한의 지역민들을 진정시키기 위한 과도기적 방안이며 종국적으로는 우리가 관리해야 마땅할 것이다.

[5] 「소련-오스트리아 중립화 각서」(1955.4.15.), in *The New York Times*, no. 22, May 28, 1955, Special Supplement; 홍정표 역, 『평화통일을 위한 남북한 공영방안: 중립화통일론』(신구문화사, 1988), 176-178쪽.

했다.[6] 그렇다면 독일의 잠정적인 연합국 점령통치[7]도 유사 신탁통치, 준신탁통치일까? 탁치형 점령은 아닐까? 독일과 오스트리아는 당시 국민들의 자치능력이 결여된 것은 아니고 단지 패전국이었으므로 점령된 경우이므로 신탁통치와는 다르다. 다만 점령형 신탁통치와는 유사한 점이 있다. 그런데 점령형 신탁통치의 전형이 오키나와인데, 독일·오스트리아는 오키나와와는 달리 자치능력이 있는 국가가 이전부터 존재했으므로 신탁통치라기보다는 단순한 점령통치로 보아야 할 것이다. 다만 '공동점령통치'(를 지향한 실질적으로는 분할점령통치)이므로 신탁통치의 초기 원안이 가지는 '다국적 공동 신탁통치'와 유사한 부분이 조금 있을 뿐이다. 따라서 제2차 세계대전 직후 독일·오스트리아[8]의 경우는 오키나와의 '점령형 탁치(탁치에 강조점)'와는 다른 '탁치형 점령(점령에 강조점)'인 것이다.

보다 구체적으로는 신탁통치이사회가 성립된 이후 그 내부 이사국들이 다양한 논쟁과 논의를 벌였으므로, 이에 대한 본격적 분석이 추후 연구 과제로 남는다. 신탁통치이사회가 안정적으로 기능하기 시작했던 1950년대 초 국제정치의 새로운 정치세력으로 등장한 '제3세계' 국가들이 위원회 내에서 어떠한 위치를 부여받았으며 어떤 방식으로 영향력을 미쳤는지도 확인해야 할 필요성이 있다.

---

6   나인균, 「한반도 점령정책의 국제법적 고찰: 연합국에 의한 한반도 점령의 법적 성격을 중심으로」, 『국제법학회논총』 48-1(2003), 117쪽. 오스트리아는 제2차 세계대전 이후 4개 점령국(미·영·프·소)에 맞서 국내정치세력이 레너(Karl Renner) 중심으로 단결하여 임시정부를 구성하고, 결국 1955년 4개 점령국과 국가조약을 맺어 독립한 사례이다.
7   1945~1949년. 독일에 대한 연합국 통치가 종료되자 서독과 동독은 각자의 길을 가게 되었다. 단, 체크포인트 찰리 등에 주둔한 연합군 및 소련군 병력은 계속 '점령군' 성격으로 1990년 독일 통일 시까지 주둔했다.

2. 유엔 신탁통치의 종언과 부활

제2차 세계대전 당시 전후 식민지 문제 등을 해결하기 위해 고안된 신탁통치는 종전 후 유엔 신탁통치로 구체화되었으며 이제 그 사명을 다했다. 국제연맹의 위임통치제도가 설정했던 비군사적 통치 원칙에서 일탈해, 일정 기간 동안의 점령통치를 통해 잠정 정부를 구성하여 서구 민주주의체제 이식과 기지 구축을 수행하는 방식으로서, 신탁통치구상의 이념과 현실 간의 긴장을 드러내고 그 종식을 고했던 것이다.

---

8   오스트리아가 한반도 분단 극복의 귀감이 될 수 있다. 반사실적 가정이므로 무리가 있지만 우리의 경우 만약 좌우가 단결했다면 오스트리아의 경우와 같이 통일되었을 가능성이 높았다고 생각하기 때문에 검토할 가치가 있다. 또한 1945년부터 10년간의 오스트리아가 과연 신탁통치 기간이었는지도 관심 대상이다. 오스트리아에 대해서는 다음 연구가 있다. 유명철, 「오스트리아의 중립화 가능조건의 충족문제」, 이병희 외, 『민족의 분단과 통일: 한반도 통일과 통일교육』(형설출판사, 1998), 249-266쪽, 363쪽; 황의서, 「좌우합작의 실패와 성공: 한국과 오스트리아의 사례」, 『國民倫理硏究』 59(2005), 377-396쪽; 안병영, 「오스트리아 중립화협상」, 김학준 외, 『분단국의 대화』(동아일보사, 1979), 155-194쪽; 안병영, 「오스트리아: 대연정으로 민족분열 막아」, 『신동아』 5월(1987); 안병영, 「세계사 속의 통일접근사례: 오스트리아의 예」, 『국제정치논총』 271(1987), 31-50쪽; 안병영, 『왜 오스트리아 모델인가: 협의와 상생, 융합과 재창조의 국가모델』(문학과지성사, 2013); 모세원, 「전환기의 통일문제: 오스트리아의 영세중립화연구」(대왕사, 1990); 전득주, 「오스트리아의 분할과정 고찰」, 『사회과학논총』 2(숭실대학교 사회과학연구소, 1999); 전득주, 「오스트리아의 통일과정 분석」, 『사회과학논총』 3(숭실대학교 사회과학연구소, 2000); 전득주, 「강대국의 합의에 의한 분할점령: 오스트리아」, 『세계의 분단사례 비교연구: 한국·독일·팔레스타인·베트남·예멘·중국·오스트리아』(푸른길, 2004), 415-416쪽; 유시민, 『유시민과 함께 읽는 오스트리아 문화 이야기』(푸른나무, 1998); 정미영, 「오스트리아 중립화 문화가 남북한에 주는 합의와 교훈」, 『남북문화예술연구』 6(2010); James Jay Carafano, *Waltzing into the Cold War: The Struggle for Occupied Austria* (College Station, TX: Texas A&M University Press, 2002); Peter Thaler, *The Ambivalence of Identity: The Austrian Experience of Nation-building in a Modern Society* (West Lafayette, Ind.: Purdue University Press, 2001); Alice Hills, *Britain and the Occupation of Austria, 1943~45* (New York: St. Martin's Press, in association with King's College, London, 2000); Günter Bischof, *Austria in the First Cold War, 1945~55: The Leverage of the Weak* (New York: St. Martin's Press, 1999);

Isabella Ackerl and Hans Vasek, *The Rebirth of Austria* (Vienna, Austria: Federal Press Service, 1995); Günter Bischof and Anton Pelinka, eds., *Austria in the Nineteen Fifties* (New Brunswick, N.J.: Transaction Publishers, 1995); Donald R. Whitnah and Edgar L. Erickson, *The American Occupation of Austria: Planning and Early Years* (Westport, Conn.: Greenwood Press, 1985); William E. Wright, ed., *Austria since 1945* (Minneapolis: Center for Austrian Studies, University of Minnesota, 1982); Richard Hiscocks, *The Rebirth of Austria* (London: Oxford University Press, 1953); Masha Williams, *White among the Reds* (London: Shepheard-Walwyn, 1980).

도이칠란트(Deutschland; 독일)와 독일(남)동쪽에 위치한 외스터라이히(Österreich; 오스트리아) 사람은 같은 서게르만계의 일파인 도이치인이다. 같은 도이치어를 쓰고, 같은 연방을 이룬 역사가 있었다.

제1차 세계대전 이후 패전국 독일이 극우 민족주의로 치달으면서 같은 패전국인 오스트리아 역시 아래와 같이 급격히 독일에 동화되는 과정을 거쳤다. 패전국인 오스트리아·헝가리 대제국은 전쟁 직후 해체되고 제국지역 중 독일어 사용지역에서는 1918년 사회민주당이 주도하여 '독일계 오스트리아(공화국)(독일어: Republik Deutschösterreich, 혹은 독일어 Deutsch-Österreich)'를 수립해 독일공화국의 한 부분이 되고자 했다. 전쟁 패배로 경제난이 극심해졌으므로 같은 게르만 민족끼리 합치지 않는 한, 살 방도가 없다고 믿었으므로 오스트리아가 독일과 병합을 추진했던 것이다. 그러나 전승국들은 강력한 독일을 원하지 않았다. 패전국과의 조약인 1919년 생제르맹조약에 따라 독일계 오스트리아는 해산되는 대신 오스트리아를 '오스트리아 공화국'으로 부르도록 결정되었다. 이렇게 신생 오스트리아 제1공화국이 1919년 9월 새로 출범했으나 줄곧 정체성 위기에 시달리면서, 극심한 정치적 내쟁(內爭)에 휘말렸다. 특히 이념적 갈등이 심화되어 천주교 보수세력을 대표하는 '검은 진영'과 오스트로 마르크시즘을 표방하는 '붉은 진영'은 전 국민을 둘로 가르고 극한적으로 투쟁하다가 끝내 시민전쟁까지 일으키는 비극적 상황을 연출했다(이때 경험이 1945년 이후 좌우 단결의 계기를 제공하기도 했다). 결국 1934년 오스트리아 제1공화국이 무너졌는데 이것은 또다시 독일과 병합하자는 전체주의 세력이 정권을 잡았기 때문이었다. 결국 독일과 오스트리아는 나치 독일의 지도자 히틀러(오스트리아 출신)에 의해 1938년 3월 13일 '대독일'로 합병됐으며 히틀러의 지지도는 상승했다. 자의든 타의든 오스트리아는 독일 본토의 일부분으로 충실한 역할을 했다(따라서 오스트리아가 제2차 세계대전의 준전범국이라는 견해도 있음). 제2차 세계대전 종전이 가까워졌을 때, 오스트리아와 관련해 연합국들이 가장 중요하게 여긴 과제 중 하나가 독일과의 분리였다. 박수희, 「오스트리아식 영세중립화 통일방안의 한반도 적용 가능성에 대한 재고」, 『한국과 국제사회』 5-2(2021), 289-312쪽.

세계평화를 위해서라도 다시는 게르만 민족이 합치려고 꿈도 꾸지 않게끔 한 민족 두 국가로 끊어두고 싶었을 것이다. 김순덕, 「文이 오스트리아를 방문한 진짜 이유」, 『동아일보』, 2021년 6월 17일자.

전세가 연합국 측으로 기울기 시작하자 1943년 11월 1일, 미·소·영 3국 외상이 회동하여 모스크바선언을 채택했다. 이 선언에서 오스트리아는 히틀러의 야욕에 의해 희생된 피해자임을 명백히 했으나, 아울러 전쟁 참가의 책임을 얼마간 패전국과 함께 나눠야 한다는 유보적 문구가 첨가되었다. 이렇듯 모스크바선언은 전후 오스트리아가 처하게 된 특수한 입장을 집약적으로 표현한 것이다. 이후 1945년 얄타회담은 위의 모스크바선언을 재확인하고, 이를 부연하여 '국민 중 모든 민주적 요소가 광범위하게 대표되는 임시정부의 수립'과 '자유선거의 조속한 실시'를 명문화했다.

제2차 세계대전 패전 이후 오스트리아는 책임을 회피하는 과정에서 연합국의 바람대로 영구분단을 인정했다. 중립화로 연합국 분할점령을 극복하고 소국으로 통일된 오스트리아는 더 이상 독일과의 통일을 표방하지 않는다. 따라서 1945년 이후 독일과 오스트리아 분리는 영구분단이었다는 평가가 지배적이다. 그런데 제2차 세계대전 발발 직전인 1938년 3월 13일 히틀러가 영국 수상 체임벌린의 묵인 아래 오스트리아를 합병했으므로, 오스트리아인들은 제2차 세계대전 종전 후 독일과 오스트리아 분리는 분단이라기보다는 오스트리아인들이 바라는 '원상태 회복'이었다고 바라보고 있다.

오스트리아는 결국 아래와 같이 소련, 미국, 영국, 프랑스 4개국에 의해 1945년 분할점령되었으며 1937년 이전 상태의 오스트리아 영토로 복귀시켰다.

제2차 세계대전이 막바지에 접어든 1945년 3월 30일 오스트리아에 진입하기 시작한 소련군은 4월 13일에 빈을 점령했다. 동부전선에서 물밀듯이 쇄도해 들어와 나치 독일 군대를 괴멸시킨 소련군은 오스트리아 국토의 절반 정도를 점령했다. 이것은 제2차 세계대전 후반기 소련군이 점령한 유럽 국가들에 대한 스탈린의 공산화 야심을 눈치채고 그를 혐오했던 영국 수상 처칠이 우려한 부분이었다. 늦었지만 오스트리아 서쪽은 미군이 점령했다. 만약 당시에 소련군이 미군에 앞서 오스트리아를 완전히 점령했다면 오스트리아의 역사는 달라졌을 것이다.

소련군이 진주하자 오스트리아 동부지역의 수도권인 빈 지역을 중심으로 전전(戰前) 제1공화국의 대표적 정치세력이었던 천주교 보수계와 사회주의계가 기존 조직의 재정비에 나섰고, 군소정치세력의 하나였던 공산당도 유리하게 전개되는 정치 상황에 맞춰 독자적 세력 구축에 나섰다. 소련은 빈을 함락하자마자 (온건) 사회(민주)주의자 레너(Karl Renner) 박사를 수반으로 한 사회당, 국민당, 공산당의 오스트리아 임시연립정부를 서둘러 수립하게 해 4월 27일 오스트리아 공화국을 발족시켰다. [스툭은 1945년 봄 소련이 오스트리아에 진격하여 재빨리 오스트리아 임시정부를 수립할 수 있을 정도로 오스트리아 공산주의자들이 단결되어 있었다고 평가한다. William Stueck, *Rethinking the Korean War: A New Diplomatic and Strategic History* (Princeton: Princeton University Press, 2002), p. 25; 윌리엄 스툭 저, 서은경 역, 『한국전쟁과 미국 외교정책』(나남, 2005), 43쪽. 따라서 오스트리아의 경우 좌익과 소련의 영향력이 우익과 미국의 영향력을 초기에는 압도했던 경우라는 평가도 가능하다. 그런데 소련이 임시정부 수립을 배후조종했다는 설보다는 오스트리아 국내정치세력들이 좌파인 레너를 앞세우면서 단합된 힘으로 임시정부를 설립하여 소련을 안심시켰다는 평가가 더 정당한 것이다.]

다른 연합국이 진입하기 전 자국의 영향력을 굳히려는 속셈이었던 소련은 4월 29일 역시 거의 즉각적으로 이를 승인했고 7월 4일 런던 유럽자문위원회(European Advisory

Commission)에서 제1차 점령관리협정(first control agreement)이 체결되어 4개국 분할점령이 현실화되었다. 영국은 분할점령에 가장 적극적이었으며 그다음은 소련이었고 미국은 피동적 역할을 했다. 제1공화국 초기에 수상을 지냈던 레너는 단일 행정권으로 단결되었던 임시정부를 이끌어 오스트리아 전역을 통합시키는 데 결정적 역할을 했다. 기실 레너의 임시정부는 소련 점령지역에 자리 잡고 있었으며, 소련의 본래 의도는 사회주의자 레너를 앞세워 오스트리아를 공산화하는 것이었다. 전득주, 「오스트리아식 중립화 통일과정에 관한 평가」, 한국정치외교사학회 편, 『한국 민족주의와 민주주의의 갈등구조』(평민사, 1990), 307쪽.
3당(국민당/OeVP, 사회당/SPOe 및 공산당/KPOe) 간의 임시연립정부는 처음에는 소련에 의해서만 승인되었고, 그 정치적 영향력도 소련군 진주 지역에 한정되었다. 서방 연합군이 진입한 서부 및 남부 지역의 정치지도자들은 당초 레너 정부에 대하여 얼마간 회의적이었다.
이미 제1공화국 초기 수상을 지냈던 경륜을 바탕으로 여러 정치세력으로부터 폭넓은 존경과 신뢰를 받고 있던 레너는 소련의 속셈을 쉽게 간파하고 오스트리아를 공산화로부터 지키는 데 온 힘을 쏟았다. 그는 한때 적대세력이었던 천주교 보수계의 국민당과 더불어 공산당을 적절히 견제하면서, 임시정부 관할권 밖의 제주(諸州)의 정치지도자들과 유대를 강화하는 데 주력했다.
1945년 7월 연합국 4개국은 모스크바선언에 준거하여 이른바 제1차 통제협약을 체결하고, 이에 의해 4개국 분할지역을 확정했다. 아울러 분할통제의 정상기관으로 연합국 평의회가 구성되었다. 연합국의 분할점령에도 불구하고 레너의 임시정부는 단일의 행정권 아래 오스트리아 전역을 통합시키기 위한 노력을 계속했다. 소련은 임시연립정부를 소위 '인민전선'으로 전환시켜 오스트리아 공산화의 전위대로 활용하려 했으나 레너는 이 기회를 오스트리아 전역에 걸치는 통일적 행정체제 구축과 정치세력 간의 합의를 높이는 데 역이용했던 것이다. 또한 레너의 속내를 보수계와 서방 연합군이 간파하고 그를 도왔다.
마침내 레너 정부의 관할권은 전국적으로 확대되고, 1945년 10월 연합국평의회는 이를 각서의 형식을 빌려 최종 승인했다. 레너는 소련의 괴뢰가 아니었음을 입증했으며 미·영·불은 임시정부를 승인했던 것이다. William Stueck(2002), 앞의 책, p. 24; 서은경 역(2005), 앞의 책, 42쪽.
레너의 주도로 연합국의 분할점령에도 불구하고 이 나라 전역을 관할하는 단일정부가 수립되었다는 사실은 이후 오스트리아가 분단의 단애(斷崖)를 넘어 진정한 독립과 통일로 향하는 주요한 계기를 마련한 것으로 평가된다. 레너는 공산화가 바로 소련의 예속에 불과하다는 인식 아래 천주교 보수계인 국민당 지도자, 여러 주의 대표들과 격의 없는 접촉을 통해 4개국 점령지역을 횡단하는 정치지도자 간 합의 도출에 크게 기여했던 것이다.
연합국으로부터 중앙임시정부 수립을 허락받은 오스트리아인들은 1945년 11월 25일 전후 최초의 자유선거로 정부를 구성했다. 레너(제2공화국 초대 대통령에 취임)를 중심으로 민족 내부의 단결을 도모하여 공산당까지 포괄한 거국내각 대연정[국민당 85석,

제1공화국 당시 사회민주당의 후신인 사회당 76석, 공산당 4석의 의석을 바탕으로 수상은 국민당의 피글(L. Figl), 부수상에는 사회당의 셰르프(A. Schärf), 기타 내각 구성에는 국민당 8석, 사회당 6석, 무소속 2석, 공산당 1석]을 구성했다. 전득주(1990), 앞의 글, 308쪽.
피글의 "결속된 국내정치만이 최상의 외교정책"이라는 언급이 국내정치세력의 단합을 상징했다. Leopold Figl, "Geschlossene Auβenpolitik Innenpolitik war anch die beste Auβenpolitik," *Österreichische Zeitschrift für Auβenpolitik* 5 Jahrgang (1965), Heft 2, p. 64.
소련의 간접적인 지원에도 불구하고 공산당은 선거에서 예상 외의 부진을 보인 이후 쇠퇴 일로를 걸어 군소정당으로 전락하고 말았다. 1947년 공산당은 내각에서 스스로 물러나면서 오스트리아에서는 공산당을 제외한 좌우합작이 가능했다. 공산당의 탈퇴를 계기로, 국민·사회 양대 당을 축으로 하는 좌우합작의 대연정 시대가 바야흐로 막을 열었던 것이다.
공산당은 중도적 정치공간에서 연립정부의 형태로 구축된 좌우합작 세력에 밀려 군소정당으로 전락했고 소련은 오스트리아에 공산주의 전초기지를 세우는 데 실패했다.
레너는 대통령으로 선출되어 1950년 서거할 때까지 그 자리를 지켰다. 전후 국민당과 사회당의 정치지도자들이 보여준 가장 두드러진 특징은 그들이 종래의 교조주의적 이데올로기의 멍에서 자신을 해방시키고, 중도를 향하여 다가왔다는 사실이었다. 이러한 과정에서 레너는 살아 있는 전범(典範)이었다. 무엇보다 이들은 제1공화국 시대의 치욕적인 시민전쟁에 대해 깊이 반성하고, 히틀러의 폭정 아래에서 양 진영의 지도자들이 수용소에서 함께 체험한 고난으로부터 새로운 공감대와 교훈을 얻었다. 이들은 극단적인 이념 투쟁의 소용돌이 속에서 벗어나 오스트리아의 완전 독립을 위해 서로 협력할 것을 다짐했던 것이다. 역사로부터 교훈을 얻어내는 슬기를 터득한 것이다.
분할 점령된 동서 냉전의 핵심지대를 통일된 정치 공동체로 전환시키는 데 가장 큰 역할을 한 인물은 역시 레너이다. 그는 오스트리아의 학자, 정치인이었다. 그는 구 제정 오스트리아의 가난한 농부의 열여덟 번째 자식으로 태어나, 비엔나대학 재학 중 사회민주당에 입당했다. 레너는 법사회학자로서도 명성을 얻고 오스트로 마르크시즘의 대표적 우파 논객으로, 1907년 하원의원으로 시작하여 1919~1920년 오스트리아 제1공화국[1918~1934; 오스트리아·헝가리제국이 제1차 세계대전에서 패하자 헝가리와 분리되어 1918년 11월 11일 공화국이 됨; 1919년 9월 생제르맹(St. Germain)조약으로 확인됨] 초대 수상이 되었고, 1931~1933년 의회 의장을 지냈으나, 1934년 나치스파에 의한 쿠데타[기독교 사회주의자이며 나치를 불법단체라고 규정한 수상 돌푸스(Engelbert Dolfuss) 살해] 이후 투옥되는 고초를 겪었다.
국민당과 사회당 양당 지도자들은 종전 후 동구를 석권하면서 동진(東進)을 획책하는 공산주의의 그림자를 심각하게 인식하고, 이에 강력 대응하기 위해서는 (자유)민주주의를 일종의 상위 이데올로기로 승화시켜야 하겠다는 다짐을 분명히 했다. 이에 따라, 사회당은 종래의 오스트로 마르크시즘에서 크게 후퇴하여 온건한 민주사회주의를 표방하기 시작했고, 국민당 역시 종교와 밀착된 교조주의적 입장에서 벗어나 사회적 다원주의를 표방하는 국민 정당으로 환골탈태했다.

1946년 2월 오스트리아의 완전독립을 위한 조약 체결을 둘러싼 연합국 간 접촉이 시작되었으나, 처음부터 난항이었다. 바로 이즈음 노정객 레너는 오스트리아의 통일과 독립을 보장하기 위해서는 스위스식 중립화안이 바람직하다는 뜻을 피력했다. 같은 해 10월, 오스트리아 사회당은 새로운 정강을 발표하면서 중립화 방식을 지지했다. 국민당도 조심스럽게 중립화안에 대한 선호를 내비쳤다. 그러나 국내 정당들의 의지가 연합국 간의 협상 과정에서 구체적으로 반영될 기미는 전혀 보이지 않았다.

오스트리아 임시정부는 1947년 소련의 견제를 무릅쓰고 마셜플랜에 참가했고 서유럽의 경제적 통합을 추구하는 유럽경제협력기구(OECC)에 가입하여 번영의 기초가 마련되었다. 국토 일부가 소련 점령하에 있는 나라로서는 상상할 수 없는 결단이었다. 전득주(1990), 앞의 글, 312쪽. 임시정부는 제1공화국 시절의 좌우대립과 정쟁을 타산지석으로 삼아 대화와 타협 그리고 합의 문화 창출에 몰두하여 국가조약 협상 과정에서 드러난 미·영·프 블록과 소련 간 여러 대립을 극복했다. 양극화 현상을 보이는 와중인 1947년 1월 레너 대통령은 오스트리아의 통일과 독립을 보장하기 위한 중립화 방안을 제안했으며 이후 보수적인 국민당과 독일 민족주의 계열의 주변적 정치세력까지도 중립화에 동의하여 국론으로 채택할 수 있었다.

1948년 2월 이후 오스트리아를 둘러싼 국제환경은 크게 술렁이기 시작했다. 무엇보다 충격적인 사건은 체코슬로바키아의 공산화였고, 베를린 봉쇄 역시 연합국 협상 테이블에 검은 그림자를 드리우게 했다. 스탈린과 티토의 관계에도 금이 갔다. 이러한 숨 가쁜 상황 속에서 오스트리아는 주위 상황에 적극적으로 대처하기 시작했다. 바야흐로 냉전질서가 정착되기 시작하는 국제적 상황 속에서 오스트리아는 이러한 일련의 조치를 통하여 이 나라가 이념적으로나, 경제정책적 차원에서 볼 때, 분명 서방문화권에 속하고 있음을 대외적으로 분명히 했다. 이처럼 오스트리아는 그들이 추구하는 이념적 가치 정향을 분명히 밝힘으로써 소련의 지나친 욕심을 사전에 견제, 공산화 포기로 유도하고자 했다. 레너는 1950년 12월 오스트리아의 완전독립과 통일을 보지 못하고 눈을 감았다. 제 정당의 합의를 창출한 오스트리아 정부는 1953년 10월 중순 중립화 통일 방안만이 소련을 설득시킬 수 있는 유일한 방안임을 인지했다. 이를 통해 오스트리아가 서방의 전초기지화되는 것을 사전에 방지함으로써 소련의 의구심을 해소시킬 수 있었던 것이다.

한편 1954년 1월 24일부터 25일까지 연합국 외상 간에 베를린회담이 열렸다. 오스트리아 전 수상 피글이 4대 외상과 동등한 외상 자격으로 참여해 미 국무장관 덜레스의 군사동맹 가담 요구를 거절하여 미국으로부터도 거리를 유지했다. 피글은 만약 오스트리아가 지정학적 위치로 보아 어느 동맹체제에 가입한다면 분단을 초래하기 때문에 통합성을 유지하기 위해서 부득이 중립화 노선을 견지해야 함을 덜레스에게 설득했던 것이다. 베를린외상회담이 끝나기 전 피글은 연합국 4개국 외상들에게 오스트리아는 차후 어떠한 외부의 군사적 영향력으로부터도 자신을 지킬 것이며 더 나아가 자국 영토 내에 어떠한 외국 군대의 기지도 허용하지 않을 것임을 약속함으로써 중립화에 대한 결의를 분명히 했다. 전득주(1990), 앞의 글, 316-317쪽.

스탈린 사후 등장한 흐루쇼프가 대외정책을 수정하면서 소련도 1955년 4월 15일 오스트리아 중립화를 고려했다. 전득주(1990), 앞의 글, 318쪽; 「소련-오스트리아 중립화 각서」, 1955년 4월 15일 in *The New York Times*, May 28, 1955, Special Supplement; 홍정표 역, 『평화통일을 위한 남북한 공영방안: 중립화통일론』(신구문화사, 1988), 176-178쪽.

결국 우여곡절 속에 1955년 5월 15일 중립체제를 전제조건(서독, 동독과 통일할 수 없고 생화학무기를 생산할 수 없다는 내용)으로 하는 '오스트리아 국가조약'을 4대국이 승인했다. 6월 7일 오스트리아 의회는 만장일치로 영세중립을 선포했다. 빈의 유서 깊은 벨베데레궁전에서 오스트리아 외상 피글과 연합국 4대국 외상이 서명했던 것이다. 이로써 나치 침략으로 주권을 잃은 1938년 3월 13일부터 17년 만인 1955년 9월 27일 독립국가로서의 완전한 주권이 오스트리아에 재건되었다. 1955년 10월 25일 모든 점령군의 철수가 달성되어 10월 26일에는 영세중립국임을 표명했다. 점령 10년 동안 국민 내부의 단결을 도모한 후 점령국의 신뢰를 얻을 수 있었기에 통일이 가능했던 것이다.

현재 스위스와 더불어 알프스산맥의 대표적인 영세중립국인 오스트리아는 제2차 세계 대전 이후 소련 공산주의의 영향력에서 벗어날 수 있었던 국가가 되었다. 오스트리아의 중립화 통일은 냉전시대에 기록된 가장 반(反)냉전적 정치 협상의 산물이었다.

1919~1934년 좌우대결이 극심해 제1공화국이 무너졌던 과거에서 교훈을 얻었던 오스트리아 정계는 1945~1955년 기간 동안 좌우가 비교적 단결했다. 따라서 후자의 시기는 내인(內因)이 그다지 심각하지 않았던 경우이며 내적 단결이 통일을 추동했던 케이스이다. 유럽의 중심국가 오스트리아는 이미 (의회)민주주의를 경험한 나라였으며 단결할 경우 통일이 가능하다는 교훈을 가지고 있었다고 할 수 있다[이에 비해 한국은 (의회)민주주의를 경험하지 못했으므로 1945~1948년에 정치적 단결이 불가능했다는 평가도 가능하다. 이렇게 지도자들이 단합하지 못했고 훌륭한 지도자를 민중들이 내세우지 못했으므로 내인이 중요하다는 해석도 가능하지만, 필자는 외세의 압도적 규정성이 더 중요하다고 생각한다, 내인이 있지만 외인(外因)이 없었다면 한국도 프랑스·이탈리아처럼 통일되었을 것이기 때문이다].

1945~1955년의 오스트리아 10년사를 '사실상의 신탁통치 기간'으로 보는 경우도 있지만 법적인 차원에서 신탁통치가 실시되지는 않았으며 일종의 과도기를 거쳤다고 할 수 있다. 이 10년에 걸친 과도기는 미·소 양 진영의 분할점령(4대국 분할점령에서 서방 3국은 일단 철수했고 소련만 자신의 점령지역에서 1955년까지 잔존)을 통한 오스트리아 임시정부의 통치 시기라고 규정할 수 있다. 동방의 소련과 서방의 미국(-영국-프랑스) 양 진영은 임시정부를 자기 진영으로 끌어들이려(규정하려) 했으나 임시정부는 중립화를 내세워 외세의 압도적 규정력을 극복한 경우라고 할 것이다.

한국도 좌우합작을 꾀할 수 있었다면 하는 아쉬움이 남지만, 오스트리아는 한국과 달리 입헌정치를 실시했던 전력이 있으며 지정학적으로도 독일에 비해 덜 핵심적인 지역이므로 미·소·영·불이 통일을 양해할 수 있었다. 한국이 일본에 비해 덜 핵심적인 지역이었기 때문에 지정학적인 면에서는 비슷하지만 중부유럽에서 더 핵심적인 독일이 분할되고 오스트리아가 통일되었음에 비해, 동북아에서 핵심적인 일본이 미국의 독점욕에 따라 통일된 반면 한국은 분할되어 희생양이 된 모순적인 경우이다.

그러나 정정(政情)이 불안한 '취약(파탄)국가(fragile state;[9] vulnerable state)[10]' 및 '실패국가(failed state)'[11]가 중동의 분쟁지역과 아프리카의 내전지역 등이 존재하는 상황에서 신탁통치를 부활하게 해 이들 국가들에 실시해야 한다는 주장이 등장했다. 이들 국가들은 국제사회의 평화재건 활동이 이루어져야 할 주된 대상이다. 기아와 빈곤, 정부의 무능[12]이 초래한 불안정한 국가의 안정화를 위해 그 기능이 종료된 유엔 신탁통치제도의 재평가 필요성을 제기하는 논의들이 나왔던 것이다. 과거 제2차 세계대전 당시의 신탁통치 기획이 현재의 평화유지활동과 연결되어 재

이탈리아와 프랑스는 비교적 이데올로기 대립이 심했던 경우지만 내전을 거치지도 않았으며 사회체제 내에서 잘 해소되었다.

9 싱크탱크 '평화기금'과 미국 외교전문지 『포린폴리시(Foreign Policy)』는 2005년부터 매년 '취약국가지표(fragile state index)'를 발표하고 있다. 분쟁평가체계(conflict assessment system tool)를 통해 179개 국가의 취약성을 평가해 지수화하고 그것을 바탕으로 순위를 매기는데 해마다 조금씩 변화가 있다. 2018년을 기준으로 취약국가지표에 따른 가장 파탄 상태에 이른 10개국은 남수단공화국, 소말리아, 예멘, 시리아, 중앙아프리카공화국, 콩고민주공화국, 수단, 차드, 아프가니스탄, 짐바브웨였다. 2020년은 예멘, 소말리아, 남수단공화국, 시리아(이상 very high alert), 콩고민주공화국, 중앙아프리카공화국, 차드, 수단, 아프가니스탄(이상 high alert) 순이었다. 짐바브웨는 alert의 수위 국가로 분류되었다(2021년 5월 발표된 2021년판도 이상 순위는 변동 없음). alert에 속한 북한은 전체 30위였다. stable에 속한 남한은 32점으로 159위였다. 최고로 취약하지 않은 나라들은 30점 미만으로 sustainable인데 양호한 순으로 핀란드, 노르웨이, 스위스, 덴마크, 아이슬란드, 뉴질랜드, 스웨덴, 캐나다, 룩셈부르크, 오스트레일리아, 아일랜드, 네덜란드, 독일, 포르투갈, 오스트리아, 슬로베니아, 싱가포르, 벨기에이다. "Fragile States Index," Fund for Peace(fundforpeace.org/, 검색일: 2021년 11월 25일).
미 국무부는 2021년 7월 의회 보고서를 발표하면서 중국·미얀마·에티오피아·시리아·이라크·남수단을 잔혹 행위를 일삼는 국가(잔혹국가)로 지명했다. 정지섭, 「'울지마 톤즈' 나라 남수단, 美에 잔혹국가로 지정: 독립 10주년 맞은 남수단에 국제사회 잇단 경고」, 『조선일보』, 2021년 8월 19일자.
10 이택선, 『취약국가 대한민국의 탄생: 국가건설의 시대 1945~1950』(미지북스, 2020), 12쪽.
11 민병원 외, 「실패국가와 취약국가의 개념」, 통일연구원 편, 『탈냉전 이후 국제관계와 북한의 변화』(통일연구원, 2009).
12 배준용, 「황금의 땅 서아프리카, 어쩌다 테러의 땅 됐나: 최근 부르키나파소-니제르 등서 연쇄 테러 38명 사망」, 『조선일보』, 2019년 5월 18일자.

소환되고 있다.¹³ 오키나와와 미크로네시아에 적용된 '점령형 신탁통치 기획'이 21세기 '평화유지(군)'활동에서 부활하고 있는 것이다.¹⁴ 한편 미군정에 의해 수립된 신생 대한민국이 무너지지 않았으며 중견국가로 부상했으므로 미국에 의한 한국의 근대국가 건설 경험이 모범적인 사례이며, 반면교사와 롤모델로 간주되고 있다는 평가가 있다.¹⁵ 그렇지만 미군정의 직접통치는 신탁통치 없는 정치적 과도기였으며 국가 건설에 필요한 충분한 자원이 투입된 것도 아니었다. 또한 당시 미군정의 군인들은 1947년 여름까지만 해도 소련과의 협상을 통한 미군 철수에 집중하느라 정치적 신념과 사명감을 가지고 한국인의 정치적 훈련(훈정)에 주력하기보다는 하루라도 빨리 개입을 끝내고 귀국하려고 했다. 점령은 과도기적 임시적 조치이므로 당연히 조속한 철군이 이루어질 것으로 상정했으며, 다음 단계인 4대국 신탁통치를 통해 정치적 훈련이 이루어질 것이라고 생각했다. 반면 북한에서는 광복 직후부터 소련의 지원하에 신속하게 국가 건설이 진행되고 있었다. 이에 미군정은 1947년 가을 단독정부 수립으로 방침을 바꾸어 한국에 대한 경제원조를 증가시켜 남북 간의 불균형을 개선하려 했으나¹⁶ 큰 성과를 거두지 못했다. 실제로 1948년 미완성된 국가를 건설하고 1949년 서둘러 철수했으며 결

---

13 William Bain and Roberts Jackson, *Between Anarchy and Society: Trusteeship and the Obligations of Power* (Oxford: Oxford University Press, 2003); William Bain, "The Political Theory of Trusteeship and the Twilight of International Equality," *International Relations*, vol. 17, no. 1 (March 2003), p. 59.
14 강성현, 「미국의 '점령형 신탁통치'와 냉전적 변형: 조선, 미크로네시아, 류큐제도를 중심으로」, 강성현·백원담 편, 성공회대학교 동아시아연구소 기획, 『종전에서 냉전으로: 미국 삼부조정위원회와 전후 동아시아의 '신질서'』(진인진, 2017), 108쪽; 강성현, 「전후 미국의 '점령형 신탁통치'의 성립과 냉전적 변형: 조선, 미크로네시아, 류큐제도를 중심으로」, 『사회와 역사』 112(2016), 95쪽.
15 이택선(2020), 앞의 책, 12쪽.
16 이택선(2020), 앞의 책, 37쪽.

국 전쟁이 발발하게 만드는 데 일조했다. 그러나 결과적으로 한국은 전쟁의 상처를 딛고 기적적으로 성장했으며(따라서 한국식 성공 모델은 미군정에 의한 것이 아니라 1960·1970년대에 만들어진 것으로 볼 수 있다) 북한은 그렇지 못했으므로 미군정의 통치 경험이 재조명되고 있는 것이다. 국가 내부의 복잡한 갈등이 얽혀 있어 취약국가가 된 나라들이 자주적으로 개혁할 수 있다면 최선이겠지만 이것이 불가능하여 내전이 발생했으므로 외세가 개입하는 것은 어쩔 수 없는 현실이며 차선책이기도 하다. 따라서 이러한 취약국가를 정상국가로 만들려고 할 때 미군정 통치가 하나의 모범적 사례로 소환되고 있지만 이 모델이 문제가 없는 것은 아니다. 미군정 통치는 전쟁을 결과했으므로 한국의 역사적 궤적 중 긍정적으로 조망할 수 있는 부분은 미군정기가 아니라 전후 복구 과정과 그 이후에 이룩한 산업화·민주화 병행 발전 과정이라고 할 수 있다. 물론 미군정이 서구 민주주의를 이식했고 민주주의의 법적·제도적 기틀을 닦은 면은 인정할 수 있기는 하다. 그렇지만 이승만 집권기 민주주의가 유린되었으므로 미군정이 도입한 민주주의 기틀이 취약했던 것도 사실이다. 민주주의는 일조일석(一朝一夕)에 꽃을 피울 수 없는 제도라는 평범한 진리를 일깨울 수 있는 대목이기도 하다.

신탁통치를 검토했으나 영국[트리폴리타니아와 치레나이카(Cirenaica)]과 프랑스(페잔)의 분할통치를 거쳐 1951년 12월 24일 '리비아연합왕국'으로 독립한 리비아를 보면 자치를 위한 확실한 준비기로서의 신탁통치방안에 대한 실제 실행 가능성과 효용성에 의문부호를 남기게 한다. 제2차 세계대전 종전 국면에서 이 지역에 검토되던 신탁통치안이 자치를 위한 훈정기 설정을 위한 확고한 방안이었다면 미국 등에 의해 확고히 실시되었어야 했다. 그러나 이를 세력확보안으로 보아 경원시하던 영국과 프랑스가 소련의 신탁통치 참여를 견제한다는 명분 아래 현실적인 방안인 분할통치 후 독립안을 제시했다. 결국 냉전기 소련을 견제하려는 미국의 묵인 아래 보다 확실한 세력확보안인 분할통치를 거쳐 독립시켰던 것이다. 이 과정에서 아프리카의 이탈리아 세력권 중에는 소말릴란드만이 신탁통치를 거치는 것으로 결정되었다. 신탁통치를 거친 소말릴란드도 역시 정정(政情)이 불안해 유엔평화유지군이 파견되었으므로 탁치의 효용성에 의문부호를 가져다준다.

리비아의 경우 독립 후 1969년 군사쿠데타로 집권한 카다피 독재정권이 2011년 민중봉기로 무너진 후 내란이 연이어 발생하는 내전 상황에 빠졌다. 사실상의 무정부 상태인 리비아는 서부 트리폴리타니아, 동부 치레나이카(키레나이카), 남부 사막의 페잔 등 세 지역으로 할거되어 있으며 다시 270여 개의 부족지역으로 분열되었다. 2019년 당시 전국에 1,700여 무장 정파가 할거하고 있었다. 이에 더하여 내란, 테러, 쿠데타, 기아, 경제난 등으로 살기가 어려운 사하라 이남 국가들(니제르, 나이지리아, 남수단 등)의 이주민 66만 명이 지중해를 통해 이탈리아 등 유럽국가로 가기 위해 몰려들어 리비아의 상황은 더 악화되었다.[17] 리비아 등 아프리카 분쟁지역은 종족 갈등은 물론 그보다 하위에 있는 부족들 간의 갈등까지 내포되어 있어 해결이 쉽지 않은 상황이다. 내전이 심한 종족들은 분리독립이 방법일 수 있지만 그 하위 부족까지 독립시킨다면 수많은 (부)족)국가가 탄생할 텐데 자치를 할 수 있을지 의문이다. 역사적 배경이 상이한 동부의 치레나이카와 서부의 트리폴리타니아를 통합시켜 출범한 리비아의 경우 예전과 같이 분리시키는 것도 해결방안일 수는 있다. 현재도 세속주의자들의 근거지인 벵가지 동쪽 '투브

---

[17] 채인택, 「내전 중인 리비아에 66만 아프리카 이주민이 몰려왔다」, 『중앙일보』, 2019년 6월 5일자.

루크 정부[리비아국민군(LNA)을 거느린 총사령관 하프타르(Khalifa Haftar) 장군[18]을 2015년 군 사령관으로 임명]'와 이슬람주의자들이 중심이 된 트리폴리 소재 '리비아 통합정부(GNA; 2016년 유엔 중재로 설립되었으나 투브루크 정부가 참여 거부)'로 분단되어 있다.

2003년 4~5월 국제정치학자 케네디(Paul Kennedy)는 유엔 신탁통치이사회가 폐지 논의의 와중에서도 여전히 존속하고 있다면서 이라크의 혼란한 정국에 대해 이 기구와 신탁통치제도가 하나의 해결책으로 기능할 수 있다고 지적했다.[19] 데이워트(Brian Deiwert)는 미국의 이라크 점령행정을 '사실상의 신탁통치령(de-facto territorial trusteeship)'이라고 규정했다. 그에 따르면 영국·오스트레일리아·폴란드를 포함한 미국 주도의 국가연합은 국제법에 근거한 합당한 의무와 책임을 다한다는 도덕적 언명을 선취함으로써 이라크 국민에 대한 개입과 통치를 수행해 왔으며, 그중에서도 연합군의 주둔 기간 동안 현지 임시정부를 구성하고 행정권의 점진적 이양을 모색하고자 했는데, 이 노력이 신탁통치 방식이라고 주장했다.[20] 국제 엠네스티 소속 노셀(Suzanne Nossel)은 "핵심적 국제기구 중 하나인 (유엔)신탁통치이사회를 활성화함으로써 미국이 지고 있는 단독 강대국의 지위와 책임을 유엔이 분담할 수 있을 것"이라

---

18 오애리, 「리비아, 왜 다시 내전상황됐나 … 하프타르 사령관 누구?」, 『뉴시스』, 2019년 4월 8일자.
19 Paul Kennedy, "UN Trusteeship Council Could Finally Find a Role in Postwar Iraq," *Daily Yomiuri*, May 9, 2003(www.globalpolicy.org/component/content/article/168/34794.html, 검색일: 2018년 10월 28일); 「(해외칼럼)이라크, 유엔 信託통치로 … 폴 케네디」, 『조선일보』, 2003년 4월 10일자.
20 Brian Deiwert, "A New Trusteeship for World Peace and Security: Can an Old League of Nations Idea Be Applied to a Twenty-First Century Iraq?" *Indiana International and Comparative Law Review*, vol. 14, no. 3 (2004), p. 771(journals.iupui.edu/index.php/iiclr/article/view/17825/17595, 검색일: 2018년 10월 29일); 하지은(2015), 앞의 글, 2쪽.

고 주장했다.[21] 이 주장들은 2003~2004년 당시 미국의 이라크 개입이 초래한 혼란상을 해결하기 위해 신탁통치를 대안으로 제시한 것이다.

불안정한 국제정세 속에서 국제정치학 및 국제법 연구자들은 과거 구식민지의 점진적 독립과 안정적 관리제도로 기능한 바 있는 유엔 신탁통치를 부활시켜야 한다는 주장을 단속적(斷續的)으로 제기해왔다.[22] 그중에서도 주로 (비교)국제정치학자나 민주평화론을 주장하는 학자들은 '통치 불가능한' '정부 없는 국가(state without government)'에서 더 나은 국내정치적·행정적·법적 거버넌스를 구축해야 하며, 그 일환으로 '새로운 형태의 신탁통치(neo-trusteeship)'를 통한 '집합적 주권'의 양식을 만들어내서 세계 안보의 위협을 근본적으로 해결할 수 있다고 주장했다. 이들은 20세기 후반까지 유효하게 기능했던 제도에 대한 재검토의 필요성을 제기했다. 대표적으로 크래스너(Stephen D. Krasner)는 기존의 국가 간 체계에서 신성시되어온 전통적 주권 원칙에 문제를 제기하면서 현재 국제정세의 주요 문제로 "국내적 주권이 심각하게 약화되

---

[21] Suzanne Nossel, "A Trustee For Crippled States," *The Washington Post*, Aug 25, 2003 A17(www.highbeam.com/doc/1P2-292894.html, 검색일: 2018년 10월 29일).

[22] Stephen D. Krasner, "Sharing Sovereignty: New Institutions for Collapsed and Failing States," *International Security*, vol. 29 (2004); Peter Lyon, "The Rise and Fall and Possible Revival of International Trusteeship," *The Journal of Commonwealth & Comparative Politics*, vol. 31, no. 2 (1993)(www.tandfonline.com/doi/abs/10.1080/14662049308447651, 검색일: 2018년 10월 17일); Richard Caplan, "From Collapsing States to Neo-trusteeship: The Limits to Solving the Problem of 'Precarious Statehood' in the 21st Century," *Third World Quarterly*, vol. 28, no. 2 (2007); Tom Parker, "The Ultimate Intervention: Revitalizing the UN Trusteeship Council for the 21st Century," Sandvika, Norway: Center for European and Asian Studies, Norwegian School of Management, 2003(www.academia.edu/4460618/The_Ultimate_Intervention_Revitalizing_the_UN_Trusteeship_Council_for_the_21st_Century, 검색일: 2018년 10월 18일).

었음에도 불구하고 국제법적 주권과 베스트팔렌적 주권[23]이라는 과분한 지위를 누리고 있는 국가"를 꼽는다. 그는 신탁통치제도가 이들 국가에서 기능할 수 있는 새로운 합법성의 원천이 될 수 있으며 그것이 현재 제3세계 국가 형성과 평화 건설 작업에 유용한 국제법적·사상적 기반으로 작용할 수 있으리라 기대했다.[24] 그런데 국제적 탁치는 실패했고 그 부활에 대해서 부정적으로 반응하는 것이 아직 학계에서는 주류적 입장이다. 그 실패 원인을 분석하는 것이 더 적실성이 있다는 주장이다.[25] 또한 유엔헌장 제78조에는 다음과 같이 규정되어 있다.

유엔회원국 간의 관계는 주권평등원칙의 존중에 기초하므로 신탁통치제도는 유엔회원국이 된 지역에 대하여는 적용하지 아니한다.[26]

---

[23] 1648년 베스트팔렌조약으로 유럽 국경선이 책정되어 근대국가가 시작되었다는 견해가 있다. 유럽에서 가톨릭의 기독교 제국을 꿈꾸던 합스부르크가는 유럽 지배를 노렸고 결국 30년 전쟁(1618~1648)이 일어났다. 전쟁은 합스부르크가의 패배로 끝났고 그 결과 베스트팔렌조약이 체결되었다. 이 조약으로 종교적 권위는 더 이상 세속적 권리 위에 존재하지 않게 되었고 대내적으로 독점적이고 절대적인 권한을 가진 주권국가들이 탄생했다. 이러한 주권국가들에 대해 종교적 이유에 의한 개입을 포함한 어떤 간섭도 불가능하다는 원칙이 세워졌다. 이것이 주권에 대한 국제법적 보장이라는 것으로 제도화되었다. 이러한 베스트팔렌조약 이후의 국제체제를 '베스트팔렌체제'라고 부르며 현재 우리가 살고 있는 근대적 국제체제의 모습이다. 그러나 베스트팔렌조약은 영토주권(territorial sovereignty)이 확립된 계기일 뿐이며 국민주권(national sovereignty)은 프랑스혁명과 나폴레옹전쟁으로 확립되었으며 그 이후 18세기 말~20세기 초 제국주의 시대(the age of imperialism)/1875~1914년 제국의 시대(the age of empire: 에릭 홉스봄의 책 제목)에 국민국가(nation state)가 세계적으로 확산되었다고 할 수 있다. 그리고 제2차 세계대전 이후 식민지국가가 독립하면서 '국민국가체제(nation state system)'가 확립되었다고 볼 수 있다.

[24] Stephen D. Krasner(2004), 앞의 글; 하지은(2015), 앞의 글, 2-6쪽.

[25] David A. Lake and Christopher J. Fariss, "Why International Trusteeship Fails: The Politics of External Authority in Areas of Limited Statehood," *Governance: An International Journal of Policy, Administration, and Institutions* 27(4) (2014), pp. 569-587(quote.ucsd.edu/lake/files/2014/02/Lake-Fariss.pdf, 검색일: 2018년 10월 17일).

따라서 이미 유엔회원국이 된 지역에는 신탁통치를 적용할 수 없으므로[27] 이라크와 같은 분쟁지역에 대해 탁치제도를 도입하려면 헌장 개정이 요구된다. 당초 도입된 신탁통치제도가 독립된 국가에 대해서는 적용되지 않았으므로 이런 규정이 산출되었던 것이다. 신탁통치는 독립으로 가는 도정에 도입될 수 있는 제도인 것이다.

한편 외환위기 등으로 모라토리엄(지불 정지)을 선언한 나라 등에 국제통화기금(IMF; International Monetary Fund) 등의 신탁통치를 실시해야 한다는 주장도 있다. 1997년 한국은 외환위기가 발생해 그해부터 IMF 관리체제(신탁통치라고 여겨짐)가 시작되었다. 2001년 8월 23일 IMF 구제금융 195억 달러 전액을 상환해 IMF 관리체제를 졸업하고 IMF 신탁통치를 성공적으로 마친 한국의 경우가 그 모범적인 예이다. 이는 정치적 신탁통치와는 다른 '경제적 신탁통치'의 또 다른 모델이다.

3. 탈냉전기 미국의 새로운 신탁통치안

신탁통치의 현재성을 주장하는 연구들은 제2차 세계대전 종결 전후 신탁통치 구상이 탈식민화의 새로운 기획으로서 출현한 맥락에는 거의 주목하지 않는다. 이보다는 현재적 시점에 맞춰 '제3세계 국가 형성' 문

---

26 "Charter of the United Nations," chapter XII, article 78; 「유엔 헌장(영문 및 국문)」 (www.mofa.go.kr/www/brd/m_3874/view.do?seq=273324, 검색일: 2018년 11월 14일).

27 그런데 유엔개발계획(UNDP; United Nations Development Programme)의 원조를 받은 케냐는 '개발신탁통치(Development Trusteeship)'가 실시된 경우로 분류되기도 했다. Samuel Kiiru, *Development Trusteeship: The Myths and Realities with UNDP Projects in Kenya* (Moldova: Lambert Academic Publishing, 2011).

제에만 주목하는 경향이 있다. 또한 1990년대까지 기능한 신탁통치제도를 미국식 헤게모니, 제2차 세계대전 이후 체제, 자본주의적 세계경제, 냉전적 대립 등과 같은 구조적 맥락에서도 탈각하여 특수한 제도로서 단순화·물화시킨다.[28]

종합적으로 신탁통치는 "식민지배나 전쟁 및 분쟁 이후의 사회를 임시적으로 관리하는 모델"[29] 중 하나이며 이러한 시각에서 제2차 세계대전 전후 구상인 신탁통치를 분쟁지역 안정화 모델로 재소환하고 있는 것이다.

국제법학자 슈탄(Carsten Stahn)은 국제영토관리(ITA; International Territorial Administration)의 장기적 역사 속에서 신탁통치를 위치시키고 있다. 그에 따르면 이는 국제적 권위에 근거하여 잠재적 분쟁과 갈등을 내포하고 있는 사회를 임시적으로 관리, 통치하는 것을 의미한다. 이는 특정 사회에서 새로운 질서와 국가를 형성하기 위해 그에 개입(intervention)하는 하나의 방법으로, 국제주의(internationalism)와 과도행정기제(interim administration)가 결합된 산물이라는 설명이다. 특히 식민주의와 군사점령 등 기존의 다른 제도적 방식과 달리, 통치의 권위가 강력한 국제공동체(내지는 세계정부)로부터 부여되고 이를 위임받은 통치 주체가 현지 사회의 임시행정을 담당한다는 점에서 역사상 매우 독특한 제도적 형태로 정의된다. 슈탄에 따르면, 영토와 통치에 대한 대내적 주권을 이전(cession)하고 국제법적 주권을 인정하지 않는 기존의 식민지배방식이나 19세기 보호통치와 달리, 신탁통치는 한 국가나 국가연합이 현지 주민들이 구성한 자치정부에 행정권한을 부분적으로

---

28 하지은(2015), 앞의 글, 6-7쪽.
29 하지은(2015), 앞의 글, 10쪽.

이양하면서 영토 및 주권을 제한적으로 갖는 방식이다. 관리를 맡은 신탁통치의 주체는 신탁통치협정으로부터 그 권리와 의무를 부여받는다. 이러한 방식은 주권 침탈과 영토 병합이 다분히 만연했던 기존의 식민지배에서 규정했던 전통적 주권 개념과 거리를 둔 것임과 동시에, 다른 한편으로는 탈식민화와 사회의 안정화라는 목표하에 외부적 개입을 국제적으로 정당화하는 것으로 해석될 수 있다.[30] 이러한 관점에서 20세기 동안 전개된 국제법과 사상적 기반의 연장선상에서 미국의 국제적 신탁통치 구상을 이해할 수 있다. 기존 연구들이 신탁통치를 일시적인 외교적 타협의 장치(루스벨트 개인의 일시적인 구상)로 이해하거나 전략적 이해관계에 대한 고려의 측면에서 환원시킨 한계를 보여온 반면, 슈탄 등은 국제적 맥락과 정치 모델로서 규명했다. 즉, 이에 따르면, 20세기 중반 국제적 신탁통치구상은 식민지 통치 방식을 새롭게 변화시켜 보다 많은 정당성이 확보될 수 있는 방식으로 현지 사회를 통치, 개조하려는 장기적인 프로젝트의 일환으로 이해될 수 있다.[31]

비교역사사회학자 스타인메츠(George Steinmetz)는 미국을 전형적인 '비영토적 형태의 제국'이라 규정한다. 그는 레닌의 제국주의론과 같은 기존의 마르크스주의 분석들이 식민지 주민을 직접적이고도 지속적으로 통제하는 형태인 식민주의와 미국이 행사한 다양한 형태의 간접적 영향력을 구분하지 못했다는 점을 지적한다. 그에 따르면, 영국, 프랑스, 스페인 또는 독일의 경우와 달리 미국이 추구한 비영토적 제국주의는 영토 병합이나 주권 박탈을 통해 현지지역에 직접적으로 관여하지

30　Carsten Stahn, *The Law and Practice of International Territorial Administration: Versailles to Iraq and Beyond* (Cambridge, UK: Cambridge University Press, 2008); 하지은(2015), 앞의 글, 11쪽.
31　하지은(2015), 앞의 글, 12쪽.

않으며 군사력을 이용한 영토제국의 건설로 이어지지 않았다. 오히려 미국은 제2차 세계대전 이후 반식민주의 정책을 채택하며 자본의 자유로운 이동을 보장했고 제국의 전초기지(outpost)를 이루는 주변 국가들의 주권을 인정하여 이들의 협조 아래 '기지제국(empire of bases)'을 이루었다.32

국제정치학자 카젠스타인(Peter J. Katzenstein)도 이와 비슷한 맥락에서 설명하고 있다. 그는 전후 미국 주도의 제국 권역이 '영토성(territoriality)'과 '비영토성(non-territoriality)'이 혼재되는 양상을 보여왔다고 해석한다. 스타인메츠와 마찬가지로, 20세기 중·후반에 걸쳐 미국이 상품, 자본, 용역의 초국경적인 유통을 방해하는 장벽들을 제거하기 위해 강력한 노력을 기울였고, 이러한 정치경제적 이해관계가 제국의 탈영토성을 구성하는 근본 원천이었다고 지적한다. 한편, 이와 동시에 미국은 전후 냉전시기를 배경으로 다른 국가들의 영토에 군사기지를 설치하고 이를 운영함으로써 이들을 부분적으로나마 통제해왔는데, 그는 이를 비영토성의 측면으로 바라본다. 그리하여 미국제국은 영토적 권력과 비영토적 권력의 종합을 내포한다는 지적이다.33

미국이 국제적 신탁통치 구상을 통해 영토에 대한 야망을 구 유럽 제국주의의 폐단으로 해석하고 기존의 식민지배나 보호통치의 틀에서 벗어나 독특한 지역관리 방식을 고안한 것은 20세기 초·중반 자유주의 헤게모니의 형성과 수립이라는 거시적인 배경을 응축한 것이었다. 즉,

---

32　George Steinmetz, "Return to Empire: The New U.S. Imperialism in Comparative Historical Perspective," *Sociological Theory*, vol. 23 (2005). p. 340; 하지은(2015), 앞의 글, 14쪽.

33　Peter J. Katzenstein, *A World of Regions: Asia and Europe in the American Imperium* (Cornell, NY: Cornell University Press, 2005); 하지은(2015), 앞의 글, 14쪽.

제국의 새로운 식민통치 유형으로서, 고정된 영토적 경계를 갖지 않는 글로벌 공간에 종속지역과 그 주민들을 통합한다는 기획이라 할 수 있다. 이러한 비영토성은 곧 제2차 세계대전 이후 더 이상의 영토 팽창으로 인한 국가 간 전쟁을 방지하고 평화를 '관리'한다는 문제의식의 요체가 되었다. 더불어 신탁통치는 미국식 헤게모니의 이념적 요소인 자유주의적 가치를 기초로 하고 있다. 즉, 신탁통치는 종속지역과 그 주민들을 개별 독립국가의 틀로 통합하고 이들을 자유주의적 가치(이상)가 보편화된 질서 영역으로 포섭한다는 시도로 해석될 수 있다. 이는 무엇보다 신탁통치 구상의 형성 과정이 20세기 초·중반 가속화된 탈식민화 흐름에 대응함으로써 전개되었다는 점에서 그러하다. 미국은 급진적 민족주의와 독립운동의 열망이 폭발하는 상황에 대응하여 이를 부분적으로 수용하되 적절한 수준에서 제어해야 한다는 문제의식을 확립했고, 이러한 맥락에서 현지 주민의 자율성과 자치를 일정 정도 보장하면서 이들이 미국식 근대적 지배체계를 학습할 수 있도록 해야 한다고 보았다. 이러한 시도는 단적으로 '문명화 기획(civilizing mission)'[34]의 일환으로서, 식민모국의 배타적 통치와 급격한 탈식민화 사이에서 식민지 관리를 위한 '제3의 항'을 마련하고자 한 것으로 평가된다.

탈식민화의 자유주의적 모델로 지칭될 수 있는 국제적 신탁통치 구상은 루스벨트 행정부의 일시적인 계획에 그치지 않는, 비영토적 제국의 성격과 식민지역에 대한 효율적인 통치전략을 동시에 내포한 기획으로 이해될 수 있다.[35] 탈냉전기 분쟁지역 문제를 해결하기 위해 등장한 모

---

[34] David Ekbladh, *The Great American Mission: Modernization and the Construction of an American World Order* (Princeton, NJ: Princeton University Press, 2011), p. 15; 하지은(2015), 앞의 글, 15쪽.
[35] 하지은(2015), 앞의 글, 15쪽.

델로서의 '미국식 신탁통치'에 대한 새로운 이해는 바로 '제국주의적 반(反)식민주의(루스벨트의 신탁통치)'의 새로운 버전, 즉 '신제국주의적(신식민주의적) 반(反)구식민주의 2.0'이라고 할 수 있다.

　냉전 붕괴 이후 내전 등 구조적 문제에 시달리고 있는 취약국가 및 실패국가가 세계 안보의 잠재적 위협을 양산한다는 것, 이를 근본적으로 해결하기 위해서는 이들 국가에 더 나은 정치적·행정적·법적 거버넌스를 구축해야 한다는 취지에서 신탁통치가 소환되었다. 분쟁을 겪은(혹은 겪고 있는) 지역의 민주화와 국가 형성을 '지원'하는 하나의 정치사회적 모델로서 신탁통치제도를 주목하고 있는 것이다. 이미 유엔 신탁통치제도의 기능은 1990년대 초반 이후 종식되었으나, 그것이 기존에 구 식민지와 같은 종속지역의 점진적 자치를 지원한 통치 형태였던 만큼 이를 재보완하여 활용할 수 있다는 것이다. 그러나 이러한 논의들은 1940년대와 그 이후 국제적 신탁통치 구상이 애초에 지향한 이념과 실제 변형되어 적용된 현실 간의 괴리를 간과하고 있다는 점에서 한계를 노정한다. 위임통치제도의 제도적 전통과 미국의 자유주의 헤게모니 전략에 토대한 신탁통치는 더 이상 탈식민화와 독립 지원이라는 보편적 가치를 주창하지 않는다. 오히려 신탁통치 모델은 현재 국제적 군사행동 및 경찰행동(police action)의 정당성을 구성하는 근거로 활용되고 있다. 국제적 군사행동 및 경찰행동은 '단일국가 주도에 의한 점령행정(이라크, 아프가니스탄 등)'뿐만 아니라 국가연합이나 유엔에 의한 관리기획(코소보, 동티모르, 나미비아 등; 신탁통치와 유사한 이러한 관리는 1994년 종식된 유엔의 신탁통치제의 부활을 논의하게 만든다. 실제로 나미비아는 남서아프리카로서 제1차 세계대전 이후 남아프리카연방의 위임통치령이었으며 제2차 세계대전 후 남아프리카가 신탁통치로의 연장을 거부하자 갈등이 발생했다. 1968년 6월 12일 유엔총회는 '남서아프리카'를 '나미비아'로 명칭을 변경했다고 선포했으며 유엔 신탁통치령으로 재확인하는 등 실제적인 신탁통치를 거쳐 독립했고 국제사회의 승인을 얻었다)까지 광범위한 범위로 전개되고 있다.[36]

코소보는 15세기부터 20세기 초까지 오스만제국의 영토였다. 19세기 말 코소보는 알바니아 민족자각운동의 중심지가 되었다. 제1차 발칸전쟁에서 오스만제국이 패배한 이후 1913년 런던조약에서 오스만제국은 코소보를 세르비아와 몬테네그로에 할양했다. 세르비아와 몬테네그로 두 국가 모두 제1차 세계대전 이후 유고슬라비아왕국에 참여했고, 유고슬라비아 통일주의하에 제2차 세계대전 이후 유고슬라비아사회주의연방공화국의 헌법하에 코소보 메토히야 자치주가 탄생했다. 코소보 내 알바니아인과 세르비아인 공동체 간의 갈등은 20세기에 심화되고 있었다. 코소보는 원래 1971년부터 알바니아인들에게 자치가 허용된 지역이었다. 1992년에는 공산주의체제의 소멸로 민족주의가 대두되어 각지에서 독립을 외치자 세르비아 정부가 자치권을 박탈했다. 1990년대에 코소보에 거주하고 있던 소수의 세르비아인들은 코소보 인구의 대다수를 차지하고 있던 알바니아인들을 문화 탄압, 일자리 박탈, 인종 정화라는 이름의 학살로 탄압했다. 1998년부터 1999년까지 일어난 코소보전쟁에서 북대서양조약기구(NATO; North Atlantic Treaty Organization)가 개입하면서 코소보는 유엔의 통치를 받는 자치령이 되었다. 2008년 2월 17일 코소보는 세르비아로부터 독립선언을 했고, 2018년 2월 17일 기준으로 107개의 유엔 회원국과 타이완, 쿡 제도, 니우에로부터 독립을 승인받았다. 세르비아는 코소보를 국가로 승인하지 않았지만, 2013년 브뤼셀협정에서 입법 기구의 적법성을 승인했

---

36 강성현(2017), 앞의 글, 108쪽; 강성현(2016), 앞의 글, 95쪽.

다.³⁷ 다수인 알바니아인이 세르비아로부터의 독립을 요구했으므로 전쟁이 발생하면서까지 세르비아와 분쟁 중인 코소보는 10년 정도의 유엔 통치를 받았는데 이는 유엔에 의한 유사 신탁통치라고 할 수 있다.³⁸ 그러나 아직 국제사회 대부분의 승인을 받지는 못하고 있으므로 완전히 성공했다고 보기는 어렵다.

동티모르는 1520년부터 1975년까지 400여 년간 포르투갈의 지배를 받았다. 1949년 인도네시아가 네덜란드로부터 독립하면서 네덜란드령 동인도제도에 속해 있던 서티모르는 인도네시아로 편입되었다. 그런데 400여 년 전 외세에 의해 분단된 동티모르에 대한 포르투갈의 식민통치는 계속되었다. 1974년 4월 포르투갈의 살라자르(António de Oliveira Salazar) 독재정권이 붕괴하자, 1974년 가을 인도네시아는 무력을 사용해서라도 동티모르를 병합하기로 결정했다.³⁹ 1975년 11월 28일 동티모르 독립혁명전선에서 포르투갈로부터 독립을 선언했으나 1975년 12월 7일 인도네시아 군대의 침공으로 강제 점령되었던 것이다. 이어 1976년 인도네시아의 27번째 주인 티모르티무르주로 강제 편입되기에 이르렀다. 1975년 인도네시아 대통령 수하르토(Haji Mohammad Soeharto; 제2대 대통령; 재임 1968~1998)가 동티모르로 침공해 20만 명이 사망하는 과정에서 미국 대통령 포드(Gerald R. Ford Jr.; 제38대 대

---

37 "코소보", 〈위키피디아〉(ko.wikipedia.org/wiki/%EC%BD%94%EC%86%8C%EB%B3%B4, 검색일: 2018년 12월 25일).
38 Tonny Brems Knudsen and Carsten Bagge Laustsen, *Kosovo Between War and Peace: Nationalism, Peacebuilding and International Trusteeship* (London: Routledge, 2007).
39 Brad Simpson, "Twenty Years after East Timor's 1999 Referendum," *National Security Archive Electronic Briefing Book* #682, Published: Aug 28, 2019(nsarchive.gwu.edu/briefing-book/indonesia/2019-08-28/us-sought-preserve-close-ties-indonesian-military-it-terrorized-east-timor-runup-1999-independence, 검색일: 2019년 8월 30일).

통령; 재임 1974~1977)와 국무장관 키신저가 지원했다는 것이 2001년 비밀해제된 문서에 나온다.[40] 미국은 인도네시아를 친미정권으로 유지하기 위해 동티모르 강제 병합을 지원했던 것이다. 소련과 사회주의 영향력의 확대를 저지하기 위한 미국의 냉전적 전략이었다.

점령 기간 동안 인도네시아는 민족 말살 정책을 펴는 등 동티모르 영구 지배를 시도했다. 이에 동티모르 초대 대통령인 구스망(Xanana Gusmão)을 비롯한 독립운동가들이 게릴라운동을 시작했다. 1998년 인도네시아 수하르토 독재정권이 붕괴하고, 새롭게 등장한 대통령 하비비(Bacharuddin Jusuf Habibie; 제3대 대통령; 재임 1998~1999)는 1999년 1월 동티모르의 자치권을 인정할 수밖에 없었다. 결국 1999년 8월 유엔의 감시하에 동티모르의 독립 여부를 묻는 주민투표에서 80%의 찬성으로 동티모르의 독립이 결정되었다.

이 과정에서 동티모르의 독립을 부정하는 인도네시아 민병대에 의한 유혈사태가 발생했다. 미국은 인도네시아가 침략할 것을 이미 알고 있었지만 인도네시아 측과 긴밀한 유대를 가지면서 방관했음이 1998~1999년의 미국 문서에서 확인된다.[41]

한편 유엔 안전보장이사회는 다국적군 파견을 결정했다. 다국적군은 유엔의 승인을 받아 참여 국가가 직접 파병하는 방식이다. 유엔 내부에

40　Patricia Sullivan, "Obituaries: David D. Newsom; Diplomat Played Key Role During Iran Hostage Crisis," *Washington Post*, Friday, April 4, 2008(www.washingtonpost.com/wp-dyn/content/article/2008/04/03/AR2008040303969.html?noredirect=on, 검색일: 2019년 7월 25일).

41　Brad Simpson, "Twenty Years after East Timor's 1999 Referendum," *National Security Archive Electronic Briefing Book* #682, Published: Aug 28, 2019(nsarchive.gwu.edu/briefing-book/indonesia/2019-08-28/us-sought-preserve-close-ties-indonesian-military-it-terrorized-east-timor-runup-1999-independencem, 검색일: 2019년 8월 30일).

는 상비 군사조직이 없으므로 침략행위에 신속하게 대응할 필요가 있거나 파병 규모가 커서 전문적인 군사 지식이 필요할 경우에는 해당 임무를 수행할 수 있는 역량을 갖춘 특정 국가나 지역 기구에 파병 부대의 지휘·통제권을 위임하게 된다. 한국정부도 유엔과 오스트레일리아 정부로부터 병력 파견을 요청받고 1999년 10월 16일 특전사 요원 201명을 주축으로 하는 보병 상록수부대(1993년 한국군 최초의 유엔평화유지군인 소말리아 파견 상록수부대와는 명칭만 같을 뿐 모체부대와 임무 성격이 다른 제522평화유지단)[42]를 유엔평화유지군으로 파견했다. 한국으로서는 베트남전쟁 이후 최초의 전투부대 파병이었다.[43] 베트남전 파병과는 달리 모든 군수 지원을 한국군이 직접 수행해 국군의 작전능력을 배양하는 소중한 경험을 쌓을 수 있었다. 결국 동티모르에서 인도네시아 군대가 철수했다.

오스트레일리아군 4,747명을 주축으로 하는 9,642명의 포르투갈·뉴질랜드 등 24개국으로 구성된 다국적군은 2000년 2월을 기해 유엔평화유지활동(PKO; Peace Keeping Operations)으로 전환되었다[유엔동티모르지원단(UNMISET)]. 2000년 3월 동티모르 임시정부(ETTA)가 수립되었고 2002년 5월 20일 인도네시아로부터 독립되었다. 유엔 평화유지활동은 2003년 10월 23일 철수할 때까지 4년 동안 책임구역에 대해 연인원 3,328명이 치안 유지, 국경선 통제 및 민사작전 등의 업무를 수행했다. 한편 한국군은 2000년 1월부터 동티모르 유엔사령부에 참모 및 연락단을 파견해 유엔의 평화 유지 노력에 동참했다.[44] 동티모르의 안정

---

[42] 이홍주, 『한국군의 해외파병활동(1991~2016)』(국방부 군사편찬연구소, 2018), 147쪽.
[43] 2009년 3월 13일에 아덴만에 파견된 해군 청해부대가 특기할 만하다. 이는 건군 이래 최초로 전투함을 파견한 사례이다. 2011년 1월 아덴만 여명작전을 수행해 해적에게 납치된 삼호주얼리호를 구해냈다.
[44] 원태재, 『한국의 PKO 파병사』(국방부 군사편찬연구소, 2007), 51쪽

화 및 재건 지원, 유엔 요원들의 신변 보호 임무를 수행했던 것이다. 이후 동티모르가 비교적 안정되었으므로 성공한 사례라고 할 수 있다.

따라서 1999~2003년 사이에 유엔에 의한 유사 신탁통치가 실현되었으며 유엔사령부는 이후에도 계속 주둔해 평화유지활동을 했다고 할 수 있다.

이와 같이 '국가 건설'과 '민주화'를 주창하는 활동들은 현지 사회의 국민들의 권리를 보호하고 평화적이고 진정한 대표권을 가진 민주적인 정부를 확립한다는 것, 그리고 하나의 통일된 형태로 대외적 독립을 달성하도록 지원한 이후 임시점령행정을 종결짓는다는 것을 기본 절차와 논리로 확립하고 있다. 즉, 임시적으로 통제할 권한을 보유하고 있는 외부적 주체임에도 불구하고, 현지에서 비롯되는 행정적 진공상태를 채우고 관련 영토에 정치경제적 제도를 변화시키는 등의 외적 개입(external intervention)을 실천하고 있는 것이다. 이와 같은 사정을 고려해볼 때, 기존의 신탁통치 구상과 그 모델에 대한 역사적이고 이론적인 분석이 충분히 이루어지지 못하고 단순한 현지 사회의 관리를 위한 정치사법적 제도의 형태로서만 주목한다면, 그것이 다시금 식민주의 역사의 내러티브를 재연하는 결과를 낳을 위험성이 존재한다. 이러한 우려를 불식시키기 위해서는 앞으로 신탁통치 모델 자체의 역사성에 대한 이론적·법적·정치적 연구 작업이 추가적으로 수행되어야 할 것이다.

4. 탁치형 점령의 개념화

필자는 오키나와의 미국 신탁통치에 대한 '점령형 탁치'라는 성격 규정에 착안해 한국의 점령통치를 '탁치형 점령'이라고 규정한 바 있다.

'점령형 탁치'는 탁치에 방점이 찍히고 '탁치형 점령'은 점령에 방점이 찍힌다. 한국에는 점령 후 탁치가 실시될 예정이었으므로 점령과 탁치는 다른 시정 방식이었으나 탁치가 본격적으로 실시되지 않고 점령 상태가 3년간 실시되다가 종언을 고하고 독립되었다. 한국의 경우 점령기만 있었지만 탁치 적용을 검토했으므로 '탁치형 점령'이라고 규정할 수 있다. 따라서 점령과 탁치의 개념상·이상적 관계는 대립적이고 양립이 불가능하지만 모순적 관계라도 실제적으로는 양립 가능한 경우가 있다. 형용모순처럼 보이는 두 개념이 혼재된 '점령형 탁치'와 '탁치형 점령'의 차이점은 수식받는 명사를 주로 하고 수식하는 형용구를 부로 하여 아래와 같이 정리할 수 있다. '점령형 탁치'는 탁치에 가깝고 '탁치형 점령'은 점령에 보다 가깝다는 것이다. 탁치 종식 이후 유엔이 점령하여 관리했던 분쟁지역은 '탁치형 점령'과 유사한 점이 있다.[45]

---

45 이에 비해 1947~1954년 사이 존속한 트리에스테 자유지구는 1945~1948년간의 한반도·여러 유엔 점령지구의 '탁치형 점령'보다 점령에 더 가까운 '반(半)탁치형 점령(군정)'이다. 1947년 트리에스테 지역을 둘러싼 이탈리아와 유고슬라비아 간 영유권 분쟁을 종식시키기 위한 차원에서 유엔 안전보장이사회에 의해 성립되었다. 1954년에 양국이 '트리에스테 자유지구(Territorio Libero di Trieste; Svobodno tržaško ozemlje; Slobodni teritorij Trsta)' 분할에 합의함에 따라 소멸했다. 이어진 1955년 소련군의 오스트리아 철수로 유럽에서 동서 진영 사이의 육지 경계에 관한 분쟁은 거의 해결되었다고 평가된다. J. M. 로버츠·O. A. 베스타 저, 노경덕 외 역, 『세계사 II』(까치글방, 2015), 1355쪽.
트리에스테 자유지구는 제1차 세계대전 이전에는 오스트리아-헝가리제국의 영토였던 곳이다. 패전에 따라 오스트리아-헝가리 제국이 해체되면서 그 제국의 영토에는 민족자결주의에 따라 새로운 민족국가들이 들어섰는데 트리에스테 자유지구가 위치한 지역은 이탈리아인과 슬로베니아인, 크로아티아인이 뒤섞여 살던 지역이라 영유권을 두고 이탈리아왕국과 유고슬라비아왕국이 갈등을 벌였다. 최종적으로 1924년에 트리에스테 자유지구에 해당하는 지역은 모두 이탈리아왕국에 귀속되었고, 이 지역의 슬로베니아인과 크로아티아인은 이탈리아왕국의 이탈리아 동화정책 대상으로서 민족정체성을 억압당했고, 이탈리아가 유고슬라비아를 점령하고 나서는 공개적으로 탄압당했다.
제2차 세계대전에서 이탈리아는 패전국이 되었고, 1945년에 트리에스테 인근에는 영국군과 유고슬라비아 인민군이 동시에 주둔했다. 이는 유고슬라비아 인민군이 트리에스테를 점령했지만, 이곳을 차지했던 나치 독일군이 영국군에 항복한 데서 비롯되었다.

트리에스테 자유지구
※ 출처: 〈위키피디아〉.

트리에스테 인근 남슬라브계 주민은 유고슬라비아에 귀속되고자 했고 이탈리아계 주민은 이에 위협을 느꼈다. 이탈리아계 주민과 남슬라브계 주민의 갈등이 폭력 사태로 번지자, 영국군과 유고슬라비아 인민군은 잠정적 협정을 맺어 서로의 점령지구를 분할했다.

1947년 이탈리아는 연합국과 강화조약(파리조약)을 맺어 일부 영토를 프랑스와 유고슬라비아에 할양했는데, 트리에스테 인근 지역만큼은 이탈리아계 주민과 남슬라브계 주민의 갈등으로 영유권을 확정 짓지 못하고 미루기로 했다. 그 대신 트리에스테를 중심으로 한 인근 지역은 트리에스테 자유지역으로 지정하고 유엔 결의를 통해 별도의 통치기구를 두기로 했다. 이때 트리에스테시를 포함한 북부지역을 A지구(면적 222.5㎢, 인구 26만 2406명), 이스트라 반도 북서부지역을 포함한 남부지역을 B지구(면적 515.5㎢, 인구 7만 1000명)로 했는데 A지구는 영국군(과 미군의 다국적군) 점령지역, B지구는 유고슬라비아 인민군 점령지역에 해당했다. 트리에스테 자유지구의 통치기구는 미국과 영국에서 임명한 군정장관이 A지구, 유고슬라비아에서 지명한 군정장관이 B지구를 통치하는 형태였다. 일단 국제사회에서는 주권을 갖는 독립국처럼 인식되어, 마셜플랜 지원 대상국 중 하나였으며 OECD 창립국에 들어갔다.

트리에스테 자유지구의 존속 기간 동안 A지구 내의 남슬라브인은 이탈리아계의 압박을 피해 B지구로 이주했고, 반대로 B지구 내 이탈리아계는 남슬라브계의 압박을 피해 A지구로 이주했다.

트리에스테 자유지구는 1954년 10월 26일 이탈리아공화국과 유고슬라비아사회주의연방공화국 사이에 맺은 협정에 따라 사실상 소멸했다. 협정의 골자는 A지구의 행정권을 이탈리아가, B지구의 행정권은 유고슬라비아가 행사하게 된다는 것이기 때문에 이것이 법적으로 트리에스테 자유지구의 소멸을 의미하는 것은 아니었으나, 이때부터 트리에스테 자유지구의 통치기구가 폐지되었으므로 실질적으로는 소멸된 것이다. 이탈리아가 패전국이고 유고슬라비아가 승전국임을 고려하면 이탈리아에 다소 유리하게 영토 문제가 해결되었다고 할 수 있는데, 대신에 이탈리아는 유고슬라비아사회주의연방공화국의 물건을 우선 수입하는 등 경제 지원을 하게 됐다. 그리고 1975년에 이탈리아와 유고슬라비아는 오시모조약을 맺어 A지구와 B지구를 각각 이탈리아 영토와 유고슬라비아 영토로 하는 것으로 합의하여 영토 문제를 최종적으로 마무리했다.

1954년 유고슬라비아는 B지구를 분할하여 북부를 슬로베니아사회주의공화국, 남부를 크로아티아사회주의공화국에 귀속시켰는데 1991년에 유고 내 두 구성국이 독립하면서 현재는 슬로베니아와 크로아티아의 영토가 되었다. 슬로베니아는 이때 트리에스테 분할을 통해 코페르나 이졸라 같은 B지구의 주요 항구를 얻어서 내륙국을 면했다.

트리에스테 자유지역은 유엔 감시하의 분할 군정으로 한반도의 미·소 분할 통치와 비견되며, 다소간의 내전이 있었지만 비교적 평화적으로 분리된 지역으로 간주될 수 있다. 또한 제2차 세계대전 이전에는 이탈리아에 속했던 지역이 분할된 경우로 일종의 분단지역이라고 할 수 있다. 유엔 안전보장이사회가 그 성립을 지휘한 분할 군정은 '유엔 관할하의 신탁통치'와 유사하지만 각 지역의 시정권은 각각 영국군(및 미군)과 유고슬라비아 인민군에게 있었으므로 군정이지, 신탁통치는 아니었다.

분할 군정을 실시한 점에서 1945~1948년 사이의 한반도와 유사한 점이 있다. 미·소군정을 '탁치형 점령'이라고 규정한 것과 비교해 트리에스테 군정은 유엔이 개입했으므로 탁치의 성격을 미·소군정보다 조금 덜 가진 준탁치형 혹은 '반(半)탁치형 점령(군정)'이라고 규정하고자 한다. 미·소군정은 '탁치로 가는 과도기적 군정'의 성격이 있으며 트리에스테 군정은 시작 단계에서 탁치와 유사한 유엔 개입으로 시작했으므로 모두 탁치적 성격을 다소 가지고 있다. 그러나 엄연히 군정의 범주에 속한다고 할 것이다. 그런데 사실 실행된 탁치가 실제로는 군정인 경우가 많았고 또한 점령이었으므로 군정(점령)과 탁치는 통치 형태상 유사한 점이 있다. 따라서 제2차 세계대전 직후 한반도(탁치형 점령), 제2차 세계대전 직후 독일·오스트리아(탁치형 점령), 오키나와·서태평양제도·나우루 등(점령형 신탁통치)의 경우와 같이 점령(군정)과 탁치는 양립 불가능한 것이 아님이 트리에스테의 경우에서도 확인된다. 한국의 경우는 1943년 이래의 탁치안 검토에서 1945년 8~9월 점령(군정)으로 전환된 경우인데, 탁치나 군정 모두 시정국의 우호적 정부 수립이라는 전략적 목표에 복무하는 전술적 수단이었다.

신탁통치안의 본질

4 장

1. 신탁통치안 채택의 현실적 이유

　미국은 왜 신탁통치를 전후 식민지 문제를 해결하는 방안으로 도입하려 했을까? 이상주의적으로 본다면 신탁통치 자체는 반식민주의적이며 인도주의적 제도이다. 그러나 이는 외피인 이념에 불과하다. 보다 본질적인 현실주의적·전략적 견지에서 평가하면 신탁통치는 그 자체가 목적인 인도주의·도덕적·이상주의적 조치가 아니라 자국의 국가이익을 확보하려는 수단일 수밖에 없다. 인도주의적 요소가 전혀 없지는 않지만 '미국 세력권의 확대'라는 현실적인 이유에서 신탁통치안이 구상되었다는 것이 더 설득력 있다. 특히 영국과 프랑스의 식민제도를 해체함으로써 전후 이들 식민지역의 풍부한 경제적 자원에 접근하고자 하는 미국의 적극적 의지(국익 추구)와 밀접하게 관련되어 있다.[1] 문호개방과

---

[1] Wm. Roger Louis, *Imperialism at Bay: The United States and the Decolonization of the British Empire, 1941~1945* (New York: Oxford University Press, 1978), pp. 147-149; 차상철, 『해방전후 미국의 한반도 정책』(지식산업사, 1991), 18쪽, 119쪽.

민족자결주의적 자치정부의 이상으로 포장된 윌슨의 국제주의적 '14개조'(Fourteen points; 1918년 1월 8일 제1차 세계대전 종결 시 발표)와 루스벨트가 주도하여 윈스턴 처칠과 합의하여 만든 8개조의 대서양헌장(1941.8.14.) 등은 모두 유럽 국가의 기득권을 잠식하려는 미국의 의도에서 구현된 것이었다.

2. 신탁통치안의 본질적 사상 근거

1) 신제국주의적 반구식민주의(反舊植民主義)

반식민주의의 기치 아래 시행되었던 신탁통치제도가 현실적으로는 식민제도를 연장한 것에 불과했다는 것은 앞에서 확인한 바와 같다. 여기서 반식민주의적 이상과 제국주의적 세력 확대 현실을 결합시킨 제국주의적 반식민주의[imperial anticolonialism;[2] 혹은 반식민주의적 제국주의

---

2   미국이 본래부터 가졌던 팽창주의적 성향 때문에 냉전이 시작되었다고 주장해, 수정주의의 선구자로 평가되는 미국 국제정치학자 윌리엄스가 개념화한 용어이다. William A. Williams, *The Tragedy of American Diplomacy* (New York: A Delta Book, 1962), pp. 16-50; 윌리엄 애플맨 윌리엄스 저, 박인숙 역, 『미국 외교의 비극』(늘함께, 1995); William A. Williams, "Confession of an Intransigent Revisionist," *Socialist Revolution*, vol. XVII (1973), pp. 97-98 참조.
윌리엄스는 미국 외교정책의 '문호개방적 팽창주의(Open Door Expansionism)'적 성격을 다음 세 가지 자료에 근거하여 증명하고 있다. ① 국무장관 헤이의 1899년 9월 6일자 회람과 ② 독일인에게 전한 1900년 10월 29일자 문서, ③ 국무장관 루트가 미국 대표단에 전한 1905년 11월 28일자 지침. William A. Williams(1973), 위의 글, pp. 97-98 참조.
윌리엄스의 이러한 뉴레프트적이고 수정주의적인 분석틀은 많은 논란을 가져다주었으며 비판의 표적이 되었다. 그럼에도 불구하고 그는 당대 가장 영향력 있는 역사학자로 평가되었다. '시장의 대외적 확대'라는 경제적 동인으로 미국외교사를 고찰했던 윌리엄스였으므로 그의 '제국' 개념은 경제적 동기에 좌우되는 것을 지칭하는 용어일 수밖에

(anticolonial imperialism)] 개념을 적용할 필요성이 제기된다.

윌리엄스(William A. Williams)는 미국 시장의 대외적 확대라는 경제적 동인으로 미국외교사를 고찰했으므로 '제국'이라는 표현도 경제적 동기에 좌우되는 것을 지칭하는 용어이다.[3] 그런데 이 글에서는 윌리엄스의 개념을 수정하여 '영제국(英帝國; British Empire)' 등과 같이 '영토적 확장 의도가 있는 강대국'을 지칭하는 정치적 의미를 가진 개념으로 사용하고자 한다.[4]

'제국적'이라는 용어와 '반식민주의'라는 상반된 표현을 결합한 것이 일견 형용모순으로 여겨지지만 여기서 지칭하는 식민주의가 미국의 접근을 봉쇄하는 '일국의 독점에 의한 식민지 경략(유럽식 전통 식민주의)'을 의미한다면 서로 배치되는 조합은 아닐 수 있다. 즉, 미국은 식민주의에 반대한다는 구호를 내걸어서 일견 식민지의 민족해방을 지원하는

없다. 이와 유사한 개념으로 '반제국주의적 제국주의(Anti-imperialist Imperialism)'라는 용어가 있다. 윌슨, 루스벨트(FDR), 케네디 등은 미국의 사명이 전 세계를 자유와 민주주의, 그리고 평화로 이끄는 것이라고 믿었다. 케네디는 아이젠하워의 대외정책이 "미국을 성채 지키듯 하는 수동적인 것"이라고 비판하면서 동맹국을 확보하고 방어를 강화하는 것보다 미국을 따를 추종국들을 확보해야 한다고 보았다. 이러한 케네디의 이념을 반제국주의적 제국주의로 본 견해는 다음에 나와 있다. 권용립, 『미국 대외정책사』 (민음사, 1997), 570쪽.

[3] 윌리엄스는 19세기 후반 이후 미국의 대외적 경제 팽창은 농업사회에서 산업사회로 전환함에 따르는 현실적 필요성과 사상(ideas)의 결과였다고 주장한다. Gary R. Hess, "After the Tumult: The Wisconsin School's Tribute to William Appleman Williams," *Diplomatic History*, vol. 12, no. 4 (1988), pp. 483-499; J. A. Thompson, "William Appleman Williams and the 'American Empire,'" *Journal of American Studies*, vol. XII (1973), pp. 91-104 참조.

[4] 번역어 '제국'의 서양 원어인 '엠파이어(empire)'는 로마 시대 라틴어 '임페리움(imperium)'에서 유래한다. 그렇지만 로마시대 이전인 그리스 시대에도 '그리스 엠파이어(Greek empire)', '아테네 제국(Athenian empire)', '아테네 제국주의(Athenian imperialism)'가 있었다. 또한 고대 중국에도 제(帝)라는 개념이 있었고, 전통시대 동양에서는 제국을 대신해 '천하'라는 개념이 쓰이기도 했다. 이삼성, 「'제국' 개념의 고대적 기원」, 『한국정치학회보』 45-1(2011), 7-8쪽, 13쪽, 25-27쪽.

것처럼 표면적으로는 수사를 꾸미고 실질적으로는 다국적 방식을 동원하여 영향력 확장을 기도하는 제국의 면모를 보였다고 할 수 있다.[5] '표면적으로는 반식민주의면서 본질적으로는 제국적'인 것이다[그런데 당시 한반도 신탁통치 적용에 관한 직접 당사자 중에서 영국과 프랑스, 독일, 일본, 이탈리아 등의 구식민주의자들이 없었으므로(영국은 전후 구상 당시 미국과 소련이 다른 지역에서의 반발을 우려해 마지못해 끌어들인 간접 당사자) '반식민주의'를 적용하는 데에 문제가 없는 것은 아니다. 따라서 신탁통치의 보편적 원칙 면에서 반식민주의적 이념이 관철되어 있으나 한반도에 대한 특수한 적용면에서는 식민주의에 대한 견제보다는 대소(對蘇) 견제 원칙이 보다 강하게 작용했다고 풀이된다]. 따라서 반식민주의는 외피에 불과하다.

그런데 필자는 미국의 제국주의는 유럽식 제국주의와는 다른 신제국주의라고 평가하면서 '제국적 반식민주의'라는 용어를 '신제국주의적(신식민주의적) 반구식민주의(反舊植民主義)'로 수정하고자 한다. 미국의 새로운 '신제국주의'는 영토 병합이나 정치적 지배를 수반하는 전통 식민주의와는 다르다. 전통 제국주의-식민주의가 가져올 번거로움과 비효율성을 겪지 않고 대신 자국의 압도적인 경제력을 배경으로 세계 전역에 미국식 체제를 효과적으로 확대시킬 수 있는 것이 바로 미국식 신제국주의의 특성이다. 공식적 영토 병합이 이루어지거나 본국으로부터의 공식적인 행정관이 파견되지는 않지만, 선진국이 후진국의 경제를 지배

---

5   당시 루스벨트는 팽창주의·고립주의적 관심을 거의 보이지 않았으므로, 반(反)식민주의자로 평가되었을 뿐 어느 누구도 그를 제국주의자로 간주하지 않았으나, 다음에 의거하면 '하나의 세계'라는 이상에 제국주의·개입주의가 충만해 있으므로 루스벨트를 제국주의자로 볼 수 있다. Schurmann H. Franz, The Logic of World Power: An Inquiry into the Origins, Currents and Contradictions of World Politics (New York: Random House, 1974); 셔먼(Franz Schurmann) 저, 장을병 역, 『現代國際政治論(The Logic of World Power)』 I(일월서각, 1987), 75쪽.

하고 그를 통해 자국의 경제적 이익을 확보하는 소위 '비공식 제국,' '자유무역 제국주의'의 면모를 미국은 가지고 있었던 것이다. 이런 면모 때문에 국제사회로부터의 도덕적 비난은 피하면서도 실리를 얻을 수 있었다. 이러한 '문호개방에 의한 비공식 제국의 세계화'는 20세기 미국 외교를 결정지은 기본전략이었다고 할 수 있다.

그런데 신탁통치는 새로운 국제기구인 유엔의 창설과 강대국 간 협조체제를 전제로 한 전후 질서 구상의 '장치(dispositif)'[6]였고, 이를 둘러싼 루스벨트 행정부의 정책에는 기존의 유럽 강대국들의 제국적 통치 모델과는 다른 국제정치적 기초를 마련해야 한다는 문제의식, 즉 새로운 미국식 헤게모니의 틀을 창출해야 한다는 인식이 크게 작용했다. 루스벨트의 보편적 탁치 구상은 미국이 자국의 이해관계 범위에 국한하지 않고 전후 자유주의적 세계질서를 구축하고자 한 시도였다. 한반도 신탁통치 구상도 동아시아에서 일본 지배하의 영토 문제를 해결하고 미국적 방식으로 탈식민화된 사회를 만들려는 시도였다.[7] 그런 면에서 탁치 구상은 유럽 제국주의와는 다른 일종의 (미국식의 새로운) 제국주의적 팽창 정책이었으므로 '신제국주의적(신식민주의적) 반구식민주의'라고 불릴 수 있는 것이다. 서양의 식민지 통치가 피지배 인민들의 반발에 직면하면서 미국과 같은 새로운 식민세력이 식민지역에 대한 지배 필요성과 피지배 인민들의 복지를 동시에 고려한[8] 일종의 중간적 타협

---

[6] dispositif는 프랑스 지식인 푸코(Michel Foucault)가 사용한 말로 일반적으로는 힘(power; 권력, 영향력)을 행사하는 다양한 기구, 물리적이며 권력을 행사하는 기구, 지식구조 등을 지칭한다. "dispositif", ⟨Wikipedia⟩(en.wikipedia.org/wiki/Dispositif, 검색일: 2018년 11월 5일).

[7] 하지은, 「국제적 신탁통치구상과 냉전적 변형: 한국 사례를 중심으로」, 서울대학교 석사학위논문(2015), 9쪽.

[8] 구대열, 「'자유주의' 열강과 해방 한국(1945~1950)」, 『국제정치논총』 45-4(2005), 61쪽.

책이라고 할 수 있다. 신식민주의자들이 피지배 민중의 반제국주의적인 혁명적 정서를 개량화해 발산시키기 위해 내놓은 중간적 안이라고 할 것이다.

전후 미국 주도(헤게모니)의 통합된 세계경제와 그에 걸맞은 국제질서를 수립하기 위해서는 유럽 열강의 식민지 분할 점령과 세력균형 정책을 타파할 필요가 있었는데 이러한 미국의 세계전략을 실현하기 위한 유용한 수단이 바로 신탁통치안이었던 것이다.[9]

2) 문호개방정책

경제적 제국주의론자들은 식민주의가 자국(모국)의 상품시장을 확보할 수 있지만 타국의 식민지에는 침투 불가능한 한계를 지닌다고 주장한다. 당시 미국 자본주의는 나날이 성장하여 전 세계를 상품시장으로 만들 수 있을 정도로 팽창했다. 이런 상황에서 몇몇 개의 식민지를 확보하기보다는 전 세계 문호를 개방하여 구 식민지에 대한 기회균등의 자유로운 접근을 보장, 세계를 경제적으로 경략하려 했던 것이 바로 제국적 반식민주의였다. 실제로 미국은 해외의 식민지를 경략하기에는 무력이 부족했으므로 무력을 사용하지 않고 상품시장을 직접 확보할 수 있는 다국적·문호개방적 신탁통치안은 제국적 반식민주의가 구체적으로 표현된 방안이었다.

이 대목에서 문호개방정책의 역사적 기원을 구체적으로 규명할 필요가 있다. 19세기 말 서구 열강의 대중(對中) 세력확보 경쟁에 능동적으로 참여하지 못했던 후발 미국은 열강의 중국 분할에 의한 세력권 설정

---

9 고정휴, 『태평양의 발견 대한민국의 탄생』(국학자료원, 2021), 270쪽.

(세력분할 경쟁)[10]에 대항하기 위해 '영토보전과 독립'이라는 이타적이며 인도주의적 명분을 내세웠다. '영토보전과 독립'은 후발주자가 자신의 세력확보책략을 은폐하기 위한 포장에 불과했다. 문호개방정책은 한발 뒤진 미국의 세력 만회책이라는 것이다.

문호개방정책은 단지 자유무역을 통해 시장을 확보하려는 정책이며 영토를 침범하려는 것이 아니라고 긍정적으로 평가되기도 한다.[11] 그러나 실제로 이러한 명분은 미국 상업의 이해 보전(기회 균등과 이중관세 철폐)이라는 본질적 의도를 감추려는 외피에 불과했다. 이것이 당시 국무장관 헤이(John Hay)가 1899~1900년에 중국 지역 세력확보를 위하여 발표한 문호개방정책의 본질이다.[12] 문호개방정책은 1840년대 이래로 중국에 진출한 영국이 19세기 말 러시아·프랑스·독일 3국과 일본 등의 중국 분할 경쟁에 직면하여 "열강에 의해 조차된 제 항구는 모두 평등한 조건으로 타국에도 개방되어야 한다"라는 각서를 발표한 것이 그 효시였다. 그런데 미국의 문호개방정책이 ① 영국의 정책을 대변했다는 설과 ② 독창적으로 입안했다는 설이 있다.

헤이는 1899년 9월 6일 런던, 베를린, 페테르부르크 공관에 전문을 보내 각국에 전달할 것을 지시했다. 전문 내용은 각국이 중국에서의 세력 범위를 승인함과 동시에 각국도 모두 문호를 개방하여 다른 국가들도 자신의 세력 범위 내에서 통상·통선(通船) 등의 활동을 할 수 있도록 허락할 것을 요구하는 것이었다. 중국에서의 세력 쟁탈이 갈수록 격렬

---

10 George F. Kennan, *American Diplomacy: 1900~1950* (Chicago: The University of Chicago Press, 1951), p. 24.
11 Foster Rhea Dulles, Behind the Open Door: *The Story of American Far Eastern Relations* (St. Louis, MO: Webster, 1943), pp. 9-15.
12 *Papers Relating to the Foreign Relations of the United States, 1899* (Washington: GPO, 1901), pp. 129-130.

해지는 상황을 다소 완화하기 위하여 각국은 미국의 제의를 받아들였다. 영국은 11월 30일, 독일은 12월 4일, 프랑스는 12월 16일, 러시아는 12월 18일, 일본은 12월 26일, 이탈리아는 1900년 1월 7일에 각각 동의했다.[13] 결국 1900년 1월 3일 언론은 이 협상 과정을 보도했다.[14] 미국이 문호개방을 주장한 결과, 미국 상품이 기타 각국의 세력 범위로 들어갈 수 있게 되었고, 다른 한편 제국주의 국가들은 잠정적으로 공동 분할에 대해 협의했다. 뒤늦게 중국에 진출한 미국은 제국주의 열강들의 격렬한 쟁탈에서 낙오되지 않기 위해 문호개방정책을 표방해 작은 성과를 달성했다. 또한 그 이후 실제로 1921년 워싱턴회의에서 9개국(미국·영국·일본·프랑스·이탈리아·중국·벨기에·네덜란드·포르투갈)은 중국에 관한 9개국 조약을 체결해 19세기 말 이래 미국이 줄곧 주장해온 대중(對中) 문호개방정책이 공식화되는 결실을 맺었다.[15]

미국의 문호개방정책은 다른 제국주의 국가의 대중정책(對中政策)과 근본적으로 상이한 것은 아니었다.[16] 유럽식의 전통적 일국 지배 제국주의와 다른 점은 그 표면적인 '자유주의적 외피'일 뿐이며, 팽창주의라는 본질 면에서는 일맥상통하고 있다. 미국식 제국주의는 영토를 직접적으

---

[13] "China: Correspondence Concerning American Commercial Rights in China," United States Department of State, *Papers Relating to the Foreign Relations of the United States, with the annual message of the President transmitted to Congress December 5, 1899* (Washington DC: Government Printing Office, 1901), pp. 128-142.

[14] Tyler Dennett, *American in Eastern Asia: A Critical Study of the Policy of the United States with reference to China, Japan and Korea in the 19th Century* (New York: Macmillan, 1922), pp. 646-647.

[15] 그러나 1900년 의화단사건에 뒤이은 러시아의 중국 시장 독점을 노린 만주 점령으로 인해 미국의 문호개방정책에 따른 중국의 독립 보장은 대체로 실패했다는 평가를 받는다.

[16] 김기정, 「세계체제의 구조변동과 18세기 후반기의 동양외교사」, 『한국과 국제정치』 7-1(1991), 185-186쪽.

로 추구하지 않으므로 개입을 정당화하지만 또 다른 한편으로는 자유로운 교환관계에 기반을 두고 실리를 추구한다.[17] 군사적 개입이라는 비용을 부담하지 않으면서 중국 시장에서 미국의 상업적·정치적 이익을 추구하고 있었던 것이다.[18] 따라서 다른 서구 열강의 제국주의와 다를 바 없는 제국주의적·팽창주의적 정책이라는 것인데, 데넷(Tyler Dennett)은 제국주의라는 표현 대신 '기회주의적 행동'이라고 표현했다.[19] 미국의 문호개방과 신탁통치정책이 식민지와 영토 점령을 추구하는 서구의 식민주의적 제국주의와 다른 점은 분명 있다. 미국의 문호개방정책은 서구 제국주의와는 다소 다른, 상황 변화에 기민하게 대응하는 현실주의적 기회주의라는 설명이 가능하다. 문호개방정책에는 이상주의적 외피와 현실주의적 기저·본질(전략적 고려)이 교묘하게 결합되어 있었던 것이다.

또한 미국은 중국에 문호개방과 평등권을 요구했던 것과는 달리 라틴아메리카에서는 배타적인 우월성을 요구했다. 여기서 문호개방정책의 이중성과 모순을 간파할 수 있다. 이 정책은 이미 타국이 개입하고 있

---

[17] Karl Polanyi, *The Great Transformation* (New York: Beacon Press, 1967), p. 212.
[18] 김기정, 「가쓰라-태프트 밀약의 진실: 협정이냐 각서냐」, 『신동아』 11월(2005). 군사적 개입을 비판하는 미국 외교정책의 고립주의적 기저를 연상시킨다. 그러나 실제로 제2차 세계대전 이후 태평양의 '전략적 신탁통치령(Strategic Trust Territory)'에서 미국이 단일국가에 의한 신탁통치를 할 때 군사기지를 설치한 예에서 고립주의·탈군사적 문호개방이 미국 외교정책의 기저에 깔려 있는지 회의하게 한다. 다만 스페인·포르투갈·프랑스·영국 등이 군사개입을 노골화한 경우와는 달리 미국은 군사개입을 처음부터 노골화하지는 않았으므로 반구식민주의적 성격이 인정되기도 한다. 그러나 결국 태평양 전략적 탁치령에서 군사개입을 단행했으므로 큰 차이는 없으며 오히려 군사개입을 하지 않을 것처럼 접근하는 위장을 했다고도 평가될 수 있으므로 순진하지 않은 고단수의 교활한 케이스로 여겨질 여지가 있기도 하다
[19] Tyler Dennett, *Roosevelt and Russo-Japanese War* (New York: Doubleday, 1925), p. 331; 김기정, 『미국의 동아시아 개입의 역사적 원형과 20세기 초 한미 관계 연구』(문학과지성사, 2003), 38쪽.

어서 접근하기 어려운 지역에서 이권을 확보하려는 의도에서 미국이 고안한 것이었다. 만약 문호개방정책이 보편적 원칙이었으면 라틴아메리카나 패전 후 일본에도 적용했어야 했는데, 미국은 이미 그들의 배타적 이해가 관철되고 있었던 이들 지역에서는 그렇게 하지 않았다. 또한 탁치가 보편적 원칙이었으면 미국은 전쟁 전후의 필리핀에도 적용했어야 했는데 역시 그렇게 하지 않았으며, 과거 훈정을 했다고 포장할 뿐 이미 미국의 세력확보가 탄탄했던 전후 필리핀에다 탁치를 적용하려고 하지 않았다. 여기서도 역시 탁치도 문호개방과 같이 보편적이 아니라 자국의 세력확보가 확고하지 않았던 일부 국지적 지역에만 적용시켜 세력을 부식시키려 했던 방안임이 확인된다.

식민지의 조속한 독립과 식민지배의 완전한 해체가 아니라 식민지를 국제기구나 그 위임을 받은 국가가 신탁통치방식을 통해 관리하도록 한 시도는 옛 식민모국들의 욕망을 어느 정도 만족시키는 동시에 (미국을 포함한) 모든 국가가 식민지에 자유롭게 접근할 수 있도록 하기 위함이었다. 이런 의미에서 미국의 탁치안은 문호개방적 신제국주의적 반(反)식민주의·신(新)식민주의[반(反)식민주의에서의 식민주의는 구(舊)식민주의이며 미국식 신제국주의는 신(新)식민주의임]에 복무하는 수단이었다고 할 수 있다. 신제국주의적(신식민주의적) 반구식민주의라고 할 것이다.[20]

---

[20] 미국은 1947년 마셜플랜을 통하여 '제국주의 종식'을 공식 천명했다. 그러나 사실상 영국과 프랑스식 제국주의에서 크게 벗어나지 못했다. 특히 원주민(인디안) 학살과 흑인에 대한 억압이라는, 미국이 천명해온 자유와 평등에 정면으로 배치되는 역사적 사실을 은폐하고 사회적 모순을 봉합하기 위해 제국주의적 논리를 폈다. 퍼거슨(Niall Ferguson), 프리드먼(Thomas Friedman) 등 상당수 유력 인사들이 21세기에도 미국의 존재 이유를 제국주의에서 찾고 있는 것도 이와 무관하지 않다는 주장이 있다. 조원호, 「문화제국주의의 해체가 다문화사회에 주는 함의: 최근 해외의 인종주의 문제 부상과 관련하여」, 『외교광장』 XX-16(2020)(www.kcfr.or.kr/bbs/board.php?bo_table=302&wr_id=252, 검색일: 2020년 10월 16일).

결론

21세기 들어서 갈등이 노정되어 정정(政情)이 불안한 지역을 안정화시키기 위한 방안으로 신탁통치라는 20세기 제도가 다시 소환되고 있다. 미국은 자국의 국가이익을 실현할 수 있는 방안으로서 신탁통치안을 입안했으며 한국에 적용하려 했으나 소련의 국가이익과 충돌해 결국 무산되었다. 미국의 국익을 실현하는 수단이었던 신탁통치가 냉전기 국익 실현에 지장을 초래한다고 판단되어 가차 없이 파기하고 유엔 이관이라는 다른 수단을 채택한 것이었다.

한반도 신탁통치가 거의 폐기될 조짐이 보이던 1947년 미국은 서태평양제도와 오키나와 등에서 신탁통치를 실시하기 위해서도 소련을 의식해야 했다. 미국은 소련에 1945년 2월 얄타에서 약속된 쿠릴열도에, 홋카이도와 가까워 초미의 관심사로 떠오를 수 있었던 북방 4개 도서를 얹어주는 것을 대가로 미크로네시아를 1947년 4월 점유하는 데 성공했다. 일종의 비밀 교환이며 이면거래였다. 1947년 당시 안전보장이사회의 거부권을 심사숙고했던 소련 대표 그로미코(Andrei A. Gromyko)는 "미국이 대일전쟁에서 다른 연합국과 비교할 수 없을 정도로 엄청난 희생을 지불했다는 것을 고려"했다고 미사여구를 늘어놓았지만, 실상은 비밀리에 쿠릴열도와 미크로네시아를 맞바꾼 것이었다. 이런 이면거래에 힘입어 조선의 신탁통치가 파산을 선언할 즈음 미크로네시아 신탁통치는 미·소협조의 막차를 타고 성사되었다.

이런 맥락에서 보면 서태평양제도 등에서 실제로 실시된 신탁통치제도도 한반도 신탁통치안과 같이 미국의 세력확보 수단인 것은 국제정치의 지극히 당연한 순리인 것이다. 미크로네시아와 달리 한국은 미·소 간의 이면거래가 불가능한, 직접 대립한 최전방지역이었으므로 타협이 불가능해서 탁치 실시가 무산되고 분할점령의 지속이라는 비교적 손쉬운 현상 유지에 의한 세력균형을 채택했던 것이다. 따라서 신탁통치안은 미국과 소련의 세력 확보를 위한 수단 이상도 이하도 아닌 바로 그 자체였다는 점에서 실행되지 않았던 한반도나 실행된 서태평양제도 모두 공통점이 인정될 수 있을 것이다.

식민지·위임통치령 등 종속지역에 적용될 신탁통치가 그 구상의 진전 과정에서 점차 '독립' 대신 '자치'를 향한 점진적 발전이 강조되었다. 그리고 애초 국제적이며 다국적인 신탁통치 구상의 취지에서 벗어나 신탁통치령에 군 기지를 설치할 수 있도록 한 '전략적 신탁통치' 용어가 등장했다. 특히 단독 시정권자가 종속지역 통치에 배타적인 권한을 가지게 되었던 것에 주목할 수 있다. 미국의 대통령 루스벨트(Franklin D. Roosevelt; 제32대 대통령; 재임 1933~1945) 초기 구상단계에서 다국적 신탁통치안의 설계를 주도했으나 대통령 트루먼(Harry S. Truman; 제33대 대통령; 재임 1945~1953)이 승계한 이후 실제로는 단독 신탁통치가 실시되었으며 1994년에 종식되었다. 현실과 접촉하면서 실제 수면 위로 떠오른 탁치는 당초 의도한 이상이었던 반식민주의와 탈식민주의를 탈각한 채 신식민주의의 수단으로 전락했다고 볼 수밖에 없다.

미국을 식민지 없는 제국으로 바라보며 새로운 제국의 비영토성, 탈영토성이 이전의 유럽·일본 등의 구식 제국주의와 다르다고 보기도 한다. 미국 내부에도 제3세계에 대한 직접 지배를 혐오하는 불개입주의(non-interventionism) 혹은 먼로(James Monroe; 제5대 대통령; 재임 1817~1825) 이래의 고립주의(isolationism)가 뿌리 깊게 남아 있었다.

그런데 1823년 등장한 먼로 독트린(Monroe Doctrine)에 나오는 '고립(isolation)'이라는 표현은 아메리카 대륙에서의 고립이었으며 유럽으로의 팽창은 하지 않는다는 다음과 같은 선언이었다.

그 어떤 유럽 국가도 아메리카 대륙을 식민지로 삼으려 하거나 유럽식 정치체제를 적용하려 해서는 안 된다. 반대로 미국도 유럽의 내부적인 문제나 전쟁에 간섭하지 않겠다.

먼로 독트린의 주안점은 유럽의 침략에 맞서 아메리카는 아메리카인들이 지킨다는 데에 있었다. 여기서 아메리카 대륙은 북미는 물론 중남미를 포함하는 표현으로 미국이 '전 아메리카 대륙'을 대표하는 것처럼 행세해 중남미 신생국들의 심기를 불편하게 했다. 먼로에 이어 1904년 12월 시어도어 루스벨트(Theodore Roosevelt; 제26대 대통령; 재임 1901~1909)는 국정연설(State of the Union Address)에서 유럽 국가들의 라틴아메리카 개입을 방지하기 위해 제시된 먼로 독트린을 아래와 같이 팽창주의적으로 재해석했다.

라틴아메리카 국가 중 상습적으로 비행을 저지르거나 약한 국가가 있다면 미국이 그 국가의 국내 문제에도 개입할 수 있다.

위 선언은 '먼로 독트린 추론(corollary to the Monroe Doctrine)'이라고 불린다.[1] 유럽 열강이 라틴아메리카의 악정(惡政)을 해결한다는 구실로 유럽의 아메리카 개입 가능성을 사전에 차단하기 위한 '먼로 독트린 추론' 논리가 나왔던 것이다. 이와 같이 미국의 중남미로의 팽창은 팽창이 아닌 고립의 차원에서 해석되었으며 중남미 진출은 아메리카를 유럽인들의 팽창으로부터 지키려는 정당한 자위적 조치로 해석되었다. 먼로 독트린(과 먼로 독트린 추론)의 주안점은 유럽 세력들의 아메리카 대륙에 대한 간섭을 막으려는 데 있었던 것이다. 따라서 먼로 독트린(먼로주의)은 진정한 고립주의가 아니라 유럽 제국들이 아메리카 대륙에 간섭하지 말라는 고립주의이며 북미 지역의 한 제국 미국의 중남미로의 팽창주의(expansionism)를 의미했다. 결국 먼로 이래로 중남미 내정에 개입할 때 이를 합리화하는 이념으로 먼로주의가 작용했다(이에 의하면 칠레·니카라과에 대한 직접 개입과 한반도에 대한 간접 개입이 설명되기도 한다).

그런데 미국의 팽창은 중남미뿐만은 아니었다. 미국 동부지역에서 서쪽으로 진출해 영토를 확장하면서 시작된 '팽창주의 제국' 미국은 중남미뿐만 아니라 19세기 말 하와이·필리핀 등 아시아·태평양 지역에도 진출해 미국식 고립주의(먼로 독트린)는 구호나 수사에 불과했다는 비판을 낳기도 했다.

냉전시기에 먼로 독트린과 그 추론은 변화된 상황에 맞추어 변용되어 적용되었다. 반공(反共)자유주의 진영 국가의 악정이나 취약함이 공산진영 세력 확장의 토양을 마련해줄 수 있으므로 미국이 개입할 수 있다는 논리로 치환되기도 했던 것이다. 또한 냉전시대 '미국은 위대하다', '혁명은 위험하다'는 미국 외교 특유의 이데올로기가 작용하면서 한국을

---

1 마이클 H. 헌트 저, 권용립·이현휘 역, 『이데올로기와 미국외교』(산지니, 2007), 275-276쪽.

비롯한 제3세계 국가들에 대해 자유·인권을 전파하고 체제 안정을 유도하는 데 나섰다. '미국은 세계에 자유를 진전시킬 임무가 있다'는 소명의식이 미국 지도자들 사이에 공유되었다. 이는 19세기 미국의 팽창을 합리화한 '자명한 신의 뜻(Manifest Destiny)'을 연상시킨다. 제3세계 국가들에 대한 미국의 개입에 주목한다면 미국의 외교정책 기저에는 고립주의가 있지 않다는 먼로주의 회의론·비판론에 도달하게 만든다.

그런데 냉전시대 미국 주류사회의 구성원들은 제3세계 민족주의에 대해 '가면을 쓴 사회주의'라며 사회주의와 거의 동일시하려 했다. 나아가 혁명을 기도하는 '혁명적 민족주의'를 연상해 반대하고 억압하며 불온시하여 금압하려 했던 경향이 있었다. 미국의 정책결정자들은 반혁명적이며 점진적인 개량·진화를 선호하는 외교정책을 구사하려 했다.

미국인들은 제3세계 민족주의가 세계 각 나라가 가질 수 있는 애국주의(애국심; patriotism)의 차원을 넘어선다고 생각했다(그런데 다자주의를 표방한 프랑스 대통령 마크롱은 2018년 11월 11일 파리 개선문에서 열린 제1차 세계대전 종전 100주년 기념식에서 미 대통령 트럼프의 '미국우선주의'는 민족주의와 닮았다며 애국심에 대한 배신이라고 트럼프를 앞에 놓고 비판했다.[2] 미국이 과거 비판하고 불온시하기까지 했던 민족주의에 오히려 더 다가가는 역사의 아이러니한 상황이다. 애국주의와 민족주의는 다르지만 공통점이 없지는 않다).

그런데 1898년 4월 11일 시작된 스페인·미국전쟁(美·西전쟁) 이후 12월 10일 맺어진 파리조약에 따라 스페인은 쿠바를 포기하고 필리핀, 괌, 푸에르토리코를 미국에 할양하며, 미국은 스페인에 2,000만 달러를 지불키로 했다. 스페인이 쿠바에 대한 모든 종주권을 포기했지만,

---

[2] 박보균, 「종전선언은 평화를 보장하지 못했다」, 『중앙일보』, 2018년 11월 15일자.

쿠바를 미국에 할양하지는 않았으므로 쿠바는 미국 식민지가 아닌 보호령이 되었다[보호령은 오키나와·미크로네시아 등의 점령형 신탁통치, 한국의 신탁통치형 점령과 유사한 점이 있다. 1945년 9월 시작된 미군정 3년 기간부터 샌프란시스코평화조약이 조인된 1951년까지 일본이 한국에 대한 주권을 미국에 공식적으로 넘겨주는 법적인 행위를 하지 않았으므로 법적으로 한반도는 일본 주권하에 있었다. 따라서 남북의 미·소 분할점령통치는 1899~1902년에 행해진 미국의 쿠바 보호령(United States Protectorate[3] over Cuba; United States Military Government in Cuba는 1899년 1월 1일 수립되었고 1898년 8월 12일 적대행위가 종료되어 다음 해 4월 11일 파리강화조약이 발효되면서 미·서전쟁은 공식적으로 끝남)과 비슷한 '일종의 보호령'이었다고 할 수도 있다]. 쿠바는 미군정(군정이므로 탁치형 군정인 남한 미군정의 점령관리 방식과 유사하며, 필리핀의 미군정기인 1898~1935년과도 유사하다) 정부 통치하의 보호령의 지위에 있다가 1902년 친미정권으로 독립했고(그러나 1903년에는 관타나모에 미국 해군의 기지가 설치되고 쿠바의 중추적 기능을 미국 자본이 장악하는 등 쿠바는 미국의 사실상의 신식민지가 되었다. 1906년부터 1909년까지 미국은 두 번째로 쿠바를 점령했다. 쿠바는 1959년 혁명으로 미국과 단교했다가 2016년 복교했다) 필리핀은 1946년 독립했다. 짧게 잡아서 19세기 말~20세기 초 미·서전쟁의 결과로 미국은 윌슨(Woodrow Wilson; 제28대 대통령; 재임 1913~1921)·루스벨트(FDR) 대통령이 훗날 공식적으로는 혐오한다던 유럽식 제국주의와 닮아갔다. 즉 미국판 제국주의 시대였다고 할 수 있다. 당시 미국의 일부 지식인들은 미국식 제국주의에 대항했다. 이것이 최초의 반제국주의 저항기이다.

---

3   필자는 'a protectorate'는 '보호령'으로 'a protected state'는 '보호국'으로 번역하려고 했다.

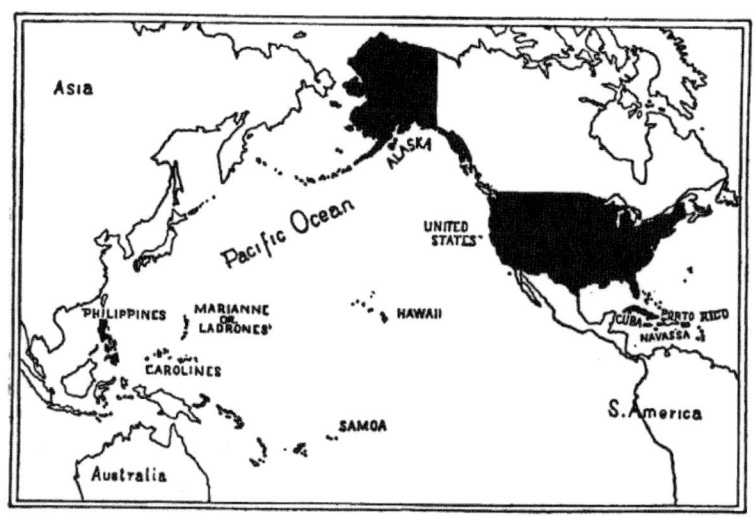

그림 12 미·서전쟁 이후의 그레이터 아메리카 지도
※ 출처: "미국의 영토 확장", 〈위키피디아〉.

트웨인(Mark Twain)과 카네기(Andrew Carnegie) 같은 저명한 미국인들은 미국의 식민지화와 전쟁에 반대해 '미국 반제국주의 연맹'을 결성했다. 이렇듯 미국 일각에서 제기된 반전운동은 제2차 세계대전의 유럽전선에 미국의 보다 적극적이며 조속한 개입을 요구하는 영국의 소망을 실망시키는 데 일부 작용했고 결과적으로는 영·미 동맹관계가 부분적으로 손상되었다. 반제국주의 압력은 필리핀에서 미국의 제국주의적 행동을 순화시키는 데도 일조했고 제2차 보어전쟁에서 미국을 영국과 대립하게 했다.

미국은 제2차 세계대전 이후에도 전략적 신탁통치령에 수많은 군사기지를 설치해 기지 네트워크를 운용했다. 냉전시기에는 소련과 공산주의 진영을 겨냥한 미국의 전초기지와 후방기지였으며, 탈냉전기에는 미국이 단일 패권을 도모하고 G2시대 잠재적 적국 중국을 겨냥하기 위한 시설이 설치된 기지이다. 당초 한반도에는 군 기지 설치가 불가능한 일반적 신탁통치(이후 서태평양에 미국이 실시한 것은 군 기지 설치가 가능한 단독형 '전략적 신탁통치'이므로 '점령형 신탁통치'로 규정된다)·다국적 신탁통치의 적용이 시도되었지만, 끝내 실패해 '신탁통치형 점령'의 3년을 거친 두 개의 적대적 분단국가 형성으로 나아갔다. 필연적인 6·25전쟁으로 귀결된 결과는 아이러니하게도 한·미동맹으로 지탱되는 군 기지들이며, 지금까지도 냉전·분단체제가 유지되고 있다. 비군사화를 지향한 일반적 신탁통치 실시 시도가 실패하고 오히려 가장 중무장된 군사화로 귀결되는 모순적 상황이 조성된 것이다. 또한 1994년까지 이어진 태평양의 신탁통치령은 미 제국 유지의 '필수 불가결한 부분'이었고, 지금까지도 정치적·형식적 독립만 이루어진 채 경제·군사적으로 미국의 원조와 지원이 계속되고 있으며, 미군기지들은 계속 유지되어 신식민지로 전락했다는 해석도 있다. 류큐제도는 1972년에 일본으로 '반환'되었지만, 현재까지도 미군의 태평양 요석이자 기지의 섬이라는 위상에는 큰 변화가 없다.[4]

현재 동아시아 냉전·분단체제가 완전히 종언되지 않았듯이, 미국의 점령형 신탁통치 장치도 폐기되지 않았다. '역사의 종언'과 탈냉전이 선언된 후 잠시 등장한 해빙 국면을 지나 전 지구적 테러와 내전 양상이 물밑에서 떠오르더니 '신냉전'을 말하는 상황이 되자 점령형 신탁통치는 새로운 방식으로 부활하고 있다. 냉전적인 이데올로기적 적대와 대결이 아닐 뿐 테러와 내전의 새로운 대결이 벌어지고 있다. 종교와 인

---

4   강성현, 「전후 미국의 '점령형 신탁통치'의 성립과 냉전적 변형: 조선, 미크로네시아, 류큐제도를 중심으로」, 『사회와 역사』 112(2016), 94쪽.

종 문제 등으로 분쟁이 잦아지고 복잡화한 것이다.[5]

21세기 들어 미국과 유엔은 세계 안보의 위협을 제어하기 위해 유엔의 평화유지활동(PKO; Peace Keeping Operations)을 활용하고 있다. 평화유지활동 형식을 빌려 취약국가 또는 실패국가의 분쟁에 '개입'하고 새로운 국가·사회질서를 형성시키기 위한 임시관리 장치로서 '점령형 신탁통치제도'가 다시 소환되고 있다. 이는 아프가니스탄, 이라크 등 단독 국가 미국 주도에 의한 점령행정이나 코소보(아직 불안정함), 동티모르(한정된 목적은 달성했으므로 비교적 성공했다고 평가됨), 캄보디아[1992년부터 1993년 9월 24일까지 행해진 캄보디아의 유엔에 의한 잠정적 통치를 통한 대규모(군인만도 1만 6,000명이 파병됨)·조직적 선거관리는 비교적 성공한 경우이다.[6] 대한민국 수립 과정에서 유엔이 선거관리를 했던 것에 비

---

[5] 이홍주, 『한국군의 해외파병활동(1991~2016)』(국방부 군사편찬연구소, 2018), 26쪽.

[6] 유엔 캄보디아 잠정통치기구(UNTAC; United Nations Transitional Authority in Cambodia)는 캄보디아에 잠정적으로 존재했던 통치 조직으로 유엔의 평화유지활동 기관이다. 1991년 10월 23일에 체결된 캄보디아 내전을 종식시킨 "캄보디아 분쟁의 포괄적인 정치 해결에 관한 협정(파리평화협정)"에 의거 1992년 2월 28일 유엔 안전보장이사회 결의 제745호에 의해 유엔 사무총장 아래 설립되었다. 유엔 캄보디아 잠정통치기구 사무총장 특별 대표는 유엔 사무차장이었던 일본의 아카시 야스시가 맡았다. 통치 기간은 자유롭고 공정한 선거로 뽑힌 의회가 헌법을 제정하고 정부를 설립할 때까지라는 시한을 두어 결정되었다. 유엔은 1991년 10월에 이미 결의 717에 의해 유엔 캄보디아 선견대(UNAMIC)를 설립하고 현지 선발 조사에 임하고 있었다. 유엔 캄보디아 잠정통치기구 위원회는 이를 확대하여 선거 조직 관리를 비롯해 정전 감시, 치안 유지, 무장 세력의 무장 해제, 난민, 피난민의 귀환 촉진 등을 활동 영역에 포함시켰다. 유엔 캄보디아 잠정통치기구는 3월 15일부터 현지 활동을 시작했으며, 유엔 캄보디아 선견대는 이것으로 개편, 흡수되었다. 유엔 캄보디아 잠정통치기구는 7개 부문으로 이루어져 있었다. 군사 부문은 오스트레일리아의 샌더슨(John Sanderson) 소장이 사령관을 맡았고, 32개국이라는 많은 나라가 1만 6,000명이라는 유례 없는 대규모 인력을 파견했다. 군사 부문 외에 문민정부 부문, 시민경찰 부문, 선거 부문, 인권 부문, 귀환 부문, 부흥 부문 등이 있었다. 1993년 5월 유엔 캄보디아 잠정통치기구 감시하에 헌법을 제정하기 위한 국민의회 선거가 행해졌고, 왕립정당 '독립·평화·협력을 위한 국민연합전선(FUNCINPEC; 펑신펙)'이 제1당이 되었다. 9월 23일에 신헌법이 공포되어 다음 날 9월 24일에는 시아누크(Norodom Sihanouk)가 국왕으로 복위하여 캄보디아왕국이 재건

교하면 많은 수가 조직적으로 동원되었다고 할 것이다. 물론 남한의 경우 미군을 비롯한 더 많은 미군정 요원이 주둔했지만 이들이 선거관리에 집중한 것은 아니며 다양한 통치활동을 했다] 등 다국 연합·유엔에 의한 관리기획이 점령형 신탁통치와 비슷한 점이 있기 때문이다. 관리기획은 다소 과장한다면 신탁통치의 일종이며 최소한 그 변종은 된다. 그런데 실제로 미국의 주도로 시행된 점령형 신탁통치의 전형적인 예인 서태평양제도와 오키나와가 신식민주의적 군사화를 초래했다고 본다면 이러한 신탁통치제도로 현재의 분쟁을 해결할 수 있을지 의문이다.[7] 오히려 미국 등 기존 강국의 신식민주의적 지배를 결과해 분쟁이 근본적으로 해결되기보다는 봉합된 채 잠재화되어 장기화할 가능성이 있다.

그런데 평화유지활동은 유엔헌장에 규정되어 있지 않으므로 그 법적 근거는 빈약한 편이다. 다만 1992년 유엔 사무국에 '유엔평화유지활동국(Department of Peace Keeping Operations)'이 설치되어 사무총장이 관할할 뿐이다. 2008년 작성된 "유엔평화유지활동의 원칙과 지침

되었다. 이에 따라 유엔 캄보디아 잠정통치기구는 이날 부로 임무를 종료하여 같은 해 말까지 인력과 장비를 철수했다. 유엔 공식사이트(www.un.org/Depts/dpko/dpko/co_mission/untac.htm)는 현재 폐쇄되어 있다. "유엔 캄보디아 잠정통치기구", 〈위키피디아〉(ko.wikipedia.org/wiki/%EC%9C%A0%EC%97%94_%EC%BA%84%EB%B3%B4%EB%94%94%EC%95%84_%EC%9E%A0%EC%A0%95_%ED%86%B5%EC%B9%98%EA%B8%B0%EA%B5%AC, 검색일: 2019년 3월 10일); Carlyle A. Thayer, "The United Nations Transitional Authority in Cambodia: The Restoration of Sovereignty," Tom Woodhouse et al., eds., *Peacekeeping and Peacemaking: Towards Effective Intervention in Post-Cold War Conflicts* (London: Palgrave Macmillan, 1998), pp. 145-165; Benny Widyono, "United Nations Transitional Authority in Cambodia (UNTAC)," Joachim Koops, et. al., eds., *The Oxford Handbook of United Nations Peacekeeping Operations* (Oxford: Oxford University Press, 2015), pp. 395-407.

유엔 캄보디아 잠정통치기구는 포괄적 신탁통치는 아니었지만 새로운 국가 수립을 위한 성공한 관리기획으로 그 목적을 선거관리에 집중했으며 비교적 많은 수의 인력을 동원했던 것이 성공 요인이 아닐까 한다.

7 강성현(2016), 앞의 글, 95쪽.

(United Nations Peacekeeping Operations Principles and Guidelines)"에 의하면 평화 활동은 분쟁 예방(Conflict Prevention), 평화 조성(Peace Making), 평화 강제(Peace Enforcement), 평화 유지(Peace Keeping), 평화 건설(Peace Building) 등 5가지 유형으로 구분될 수 있다.[8] 유엔평화유지군은 유엔 결의에 따라 분쟁지역에 파견되어 정전 감시, 전후 복구 등의 임무를 수행한다. 유엔사무총장이 임명한 지휘관이 파병 부대를 지휘 통제하며 자위적 목적의 무력 사용만이 가능하다. 평화유지군은 평화 회복을 위한 방어 임무를 제외하고는 군사력을 사용하지 않는 것이 원칙이다. 평화유지활동은 유엔에 가입된 국가들이 주요 분쟁지역이나 재난지역에 병력을 파견해 평화 유지를 지원하는 활동을 의미한다. 이 같은 활동에 나서는 평화유지군은 현지에서 어느 편에도 서지 않고 중립적인 입장에서 민간인 보호와 치안 유지 등 평화적 활동에만 전념한다. 교전 임무를 담당하지 않는 것은 물론, 무력을 활용한 분쟁 종결을 목표로 하지도 않는다.[9]

유엔이 주도한 최초의 평화유지군 활동은 1948년 5월 29일 설치된 팔레스타인지역정전감시단(UNTSO; United Nations Truce Supervision Organization)이었다. 초기 유엔평화유지군의 활동은 국경 또는 비무장지대 감시, 정전협정 이행 여부 감시 등 주로 국가 간 무력 충돌을 방지하기 위한 군사 업무에 한정되어 있었다. 그러나 냉전이 끝난 후 국가 간 분쟁보다는 종교, 인종 문제 등으로 인한 내전이 빈발했고 분쟁의 성격도 복잡해졌다. 탈냉전기에는 국가 간 전쟁보다 내전이 주된 초점이었다. 이에 따라 유엔평화유지군 활동도 변화했다. 군사 업무 이외에

---

[8] 이흥주(2018), 앞의 책, 17-19쪽.
[9] 정진우, 「250명 소말리아 향했다, 같은 아픔 겪은 6·25 韓의 PKO(유엔 가입 30주년)」, 『중앙일보』, 2021년 9월 5일자.

의료 지원, 교육 지원, 기간시설 복구 지원, 경찰 기구 설립 지원, 새 정부 출범을 위한 선거의 관할 및 감독, 인권 보호, 난민 송환 등 훨씬 더 다양하고 복합적인 임무를 수행했다. 유엔평화유지군의 활동 분야가 확대됨에 따라 한국도 전투부대와 더불어 공병부대, 의료지원단, 재건지원단을 파병했다. 특히 주요 시설 및 학교 건설, 민간 의료 지원, 기술인력 양성과 소득증대사업 지원 활동에 참여했다. 이를 통해 현지인들과 다른 파병국들로부터 '민사작전(民事作戰)의 모델'로 찬사를 받았으며, 주둔지역 주민들에게 '다시 일어설 수 있다'는 꿈과 희망을 심어주었다고 한다.

유엔은 1948년 이래로 2008년까지 60여 개 이상의 평화유지활동을 했다고 자체적으로 평가했다.[10] 최초의 집단안전보장(collective security) 행동인 6·25전쟁에 대한 개입도 포함될 것이다. 유엔은 2014년 당시 16개 분쟁지역에서 평화유지활동을 실시했다고 기술했다. 군·경찰 인력은 2000년 3만 4000명에서 2014년 10만 6000명으로 3배 이상 증가했고 평화유지활동 현장에 투입된 민간 요원은 1만 9000명이 넘었다고 한다. 2004년부터 2014년까지 유엔은 네팔, 시에라리온, 동티모르 등지에서 평화 프로세스 구축과 '정치체제 전환(신탁통치와 유사함-인용자)'을 비교적 성공적으로 지원해왔다고 자찬했다. 코트디부아르, 기니비사우(Guinea Bissau), 아이티, 라이베리아에서 격동하는 국내 정세를 함께 헤쳐나가며 전반적으로 원만한 정치적 전환을 지원했다고 역시 자평했다. 해당지역에서 임무단은 각기 해산 단계에

---

10 국방대학교 PKO 센터 편, 『UN 평화유지활동 원칙과 지침』(국방대학교, 2019), 2-3쪽. 이 책은 2008년 평화유지국 사무처장 Jean-Marie Guehenno의 명의로 유엔에서 간행한 일종의 필드 매뉴얼 *United Nations Peacekeeping Operations: Principles and Guidelines*를 한영 대역판으로 제작한 것이다.

있으며 임무단에서 구축한 평화를 해당지역에서 자체적으로 유지하기 위해 필요한 자원, 장기적으로 한층 적절한 지원 형태로의 전환방식에 대해 고민하고 있다고도 했다.[11] 세계은행은 상황이 어려운 나라를 '취약국가 및 분쟁 피해국(FCS)'으로 분류해[12] 별도로 관리하려 했다.

『UN 평화유지활동 원칙과 지침』에 따르면 평화구축활동 항목에 선거 지원과 함께 "국가 권한의 회복 및 확대 지원"이 있다. 이는 "국가 기관의 긴급한 활동을 작전적 차원에서 지원하는 것뿐만 아니라 정치적 참여를 촉진시키려는 노력도 국가 권한의 회복 및 확대 지원 사항에 포함될 수 있다. 상황에 따라서는 소규모의 역량 구축이나 대규모의 법과 제도적 개편 과정에 대한 지원 등도 포함될 수 있다"라고 적시되어 있다.[13] 이러한 선거 지원, 국가 권한 회복 및 확대 지원 활동은 모두 신탁통치의 과정에서 일어날 수 있는 것으로 평화유지활동의 결과 안정된 정치체제로 전환될 수 있다면 신탁통치의 결과에 비견되는 유사한 효과를 거두었다고 할 수 있다.

이렇듯 내전 등에 휩싸인 국가에서 20세기 중반의 신탁통치 모델이 21세기 분쟁 해결의 한 방안으로 다시 소환되고 있는 상황인데, 과연 분쟁 해결에 신탁통치가 보검(寶劍)이 될 수 있을까? 아프리카나 아시아의 상당수 개발도상국가는 대부분이 다민족 국가인데, 인위적으로 주민의 의지와 무관하게 통합한 다민족 다문화 국가는 민주적인 정치체제

---

[11] 평화 활동에 대한 고위급 독립 패널 의장 라모스-오르타, 「유엔 평화활동에 관한 고위급 독립 패널 보고서: 평화를 위한 역량 결집: 정치, 파트너십, 사랑」, 2015년 6월 17일, 국방대학교 편, 『유엔 평화활동 관련 주요 문서』(국방대학교, 2019), 25쪽.
[12] 2015년 유엔 평화구축체계 검토 전문가 그룹 의장 거트 로젠탈, 「유엔 평화구축체계 재검토를 위한 자문그룹 보고서: 평화의 지속화에 대한 도전 과제」, 2015년 6월 29일, 국방대학교 편(2019), 앞의 책, 172쪽.
[13] 국방대학교 PKO 센터 편(2019), 앞의 책, 36-39쪽.

가 나오기 힘든 경우가 많다. 또한 다민족 국가가 아니라도 기존 지배체제는 독재체제일 경우가 많고 다른 나라에도 악영향을 끼칠 가능성도 있다. 이 경우 국민들의 지지를 받을 수 있는 체제로 전환되어야 하는데 인위적 정권 교체 이후 대안이 없다는 문제가 있다. 따라서 이런 경우 과도기적 조치로 신탁통치가 필요하다고 주장되기도 한다. 그러나 그 실현 가능성은 낮다. 우선 신탁통치를 실시하기 위해서는 수임국을 지정해야 하는데 이해관계가 있는 나라를 수임했는데도 단기간 내에 정국이 안정된다는 보장이 없다. 기한을 정해 독립을 부여했지만 이후 안정되고 효율적인 민주정치체제를 운영한 나라가 거의 없었으며 독립 후 혼란의 악순환을 계속하는 경우가 대다수였다. 그렇다면 장기적 개입이 필수적인데 이는 식민통치의 연장과 다름없다는 비판에 직면할 가능성이 높다. 또한 당사국 주민들의 반발도 부를 수 있는데, 신탁통치는 그 자체로 자신들이 자기 나라를 통치할 능력이 없음을 인정하는 것이기 때문이다.

 소말리아 등의 경우가 신탁통치의 분쟁 해결 방식 적용을 회의적으로 보게 하는 사례이다(부록 4 참조). 남부 소말릴란드는 신탁통치를 거쳤으나 치안 상태가 확보되지 못했으므로 다시 그 모델을 소환해 적용하려 했을 때 신탁통치가 과연 효과적으로 기능할 수 있을까 의문이라는 것이다. 당초 루스벨트식 탁치안은 독립 부여의 과도기 설정(정치적 훈련을 통한 안정화)이라는 이상적 목적이 일부나마 내포된 채 설계되었지만 실제 국제정치의 현실과 만나 시행된 탁치안은 본질적으로 식민지배의 연장으로 전락했기 때문이다.

부록 1 르완다-부룬디 사례

1. 르완다-우룬디의 위임통치·신탁통치 실시와 1962년 독립

　헨더슨(Gregory Henderson)을 비롯한 미국 대학교수 12명이 1967년부터 한국을 비롯해 독일, 중국, 베트남, 캄보디아, 라오스, 몽골, 아일랜드, 인도, 파키스탄, 방글라데시, 르완다, 부룬디, 팔레스타인 등 "나누어진 국가"들을 비교하는 연구에 착수했으며 그 결과를 1974년 출판했다. 이 책의 서론을 공동 집필한 헨더슨과 리보(Richard N. Lebow)에 따르면 분단(division)과 분할(partition) 개념은 분간된다. 분단과 분할은 대체로 식민주의 제국 붕괴로 비롯된 것이라고 지적한다. 분단은 인종적 또는 민족적 동질성(ethic homogeneity)과 공통의 역사적 전통을 가졌으며 성공적인 정치통일체로서의 공통적 전통과 경험(정치적 통합의 성공적인 경험)을 가진 국가가 외부적 압력이나 영향에 의해 인위적으로 나누어진 것이며 분단을 강요한 외부는 통상 전쟁 종료 시의 강대국이다. 분할은 동일한 하나의 정치 단위에서 거주하던 "이질성(heterogeneity)"을 지닌 집단이 내부 인종, 민족, 언어, 종교 가운데 어느 하나 이상의 내부적 갈등으로 나누어진 것이라고 규정했다. 분단국가 사례로 독일, 한국, 베트남, 캄보디아-라오스, 몽골을 제시했고 분할국가로는 오스트리아-헝가리제국 붕괴로 나누어진 8개국, 인도 붕괴 이후 나누어진 3개국(종교 갈등으로 말미암아 인도와 파키스탄 및 스리랑카로 나뉜 사례, 파키스탄이 지역갈등으로 말미암아 파키스탄과 방글라데시로 나뉜 사례), 아일랜드, 루안다-우룬디(르완다-부룬디) 등을 제시하고 있다.¹ 이 책에서 그 나라들은 "divided nation"과 "partitoned country"로 분류되었다.²

1885년 이래 독일령 동아프리카(독일 제2제국의 지배)는 인도양 연안에 있었다. 탕가니카(1964년 잔지바르와 합쳐 탄자니아가 됨)가 가장 큰 지역이었으며 내륙의 루안다 왕국과 부룬디 왕국은 별개의 (부족) 왕국으로 독일령 동아프리카의 자치구였다.

1895년 카이저 빌헬름 2세 치하의 독일제국은 르완다를 식민지로 삼았다. 차례로 부족 왕국들을 다 점령해 간접적인 방법으로 지배했다.

결국 1899년 르완다(Rwanda) 왕국과 부룬디(Burundi) 왕국(16세기부터 존속)이 병합되어 독일 식민지 루안다-우룬디(Ruanda-Urundi)라는 독일식 국명으로 불리기도 했다.

1914년 제1차 세계대전이 발발하자 연합군의 일원이었던 벨기에는 자국의 식민지인 콩고(현재 콩고민주공화국)의 주둔군을 독일제국의 식민지인 독일령 동아프리카에 진주시켜 이 지역을 공략했다. 1916년 벨기에는 영국과 함께 독일령 동아프리카를 장악했다. 제1차 세계대전 종전 이후 1919년 베르사유조약에 의거해 벨기에가 독일의 식민지인 르완다와 부룬디를 접수해 1922년 보호령으로 삼았다. 이후 1924년 '르완다-우룬디'라는 국명 아래 국제연맹으로부터 위임통치령으로 위임받았다. 위임통치라는 것은 명목이었을 뿐 실질적으로는 벨기에의 식민지배

---

1   Gregory Henderson and Richard Ned Lebow, "Conclusion," Gregory Henderson, et. al., eds., *Divided Nations in a Divided World* (New York: David McKay Company, Inc., 1974), p. 434.
2   당시 국토통일원 고위직에 있던 이영일 전 국회의원은 'divided nation'과 'partitioned country'를 각각 '분단국'과 (분할국이 아닌) '분열국'으로 번역했다. 그러나 김학준은 그 역어들 사이의 차이는 물론 원어들 사이의 차이도 국제정치학 전공 전문가들에게도 쉽게 전달되지 않는다고 평가했다. 김학준, 「북한은 스탈린의 주도와 후원 아래 건국된 국가: 김학준이 다시 쓴 현대사 결정적 장면 6·끝」, 『신동아』 1월(2021).

였다.

벨기에는 제2차 세계대전에서도 연합국으로 참전했다. 그러나 1940년 5월 벨기에 전역이 나치 독일에 의해 점령되고 결국 항복했다. 힘의 공백기를 거쳐 제2차 세계대전 후인 1946년부터 유엔의 신탁통치령(시정국 벨기에)이 되었다.[3] 르완다와 하나의 구성체로 묶여 있던 부룬디는 16세기 이래로 다른 왕의 지배체제 아래 계속 존속해 있었다. 1950년대부터 벨기에는 르완다-우룬디의 자치권을 확대했다. 벨기에는 이 지역을 독립시키기 위한 준비를 시작했으며 1959년 주민 참정권을 허락하고 정당 수립을 인정했다. 그러나 벨기에가 기대했던 후투와 투치의 권력 공유(그러나 후투·투치 분열정책은 벨기에의 분리통치 기술이었으므로 분단은 벨기에가 조장하고 자초한 측면이 있다)는 실패했고 단일국가 수립은 이뤄지지 못했다. 후투 우세의 르완다와 투치 우세의 부룬디로 분립되었던 것이다(그러나 두 지역 모두 후투족이 84% 이상을 차지하며 모두 양 집단 간에 피의 내전을 경험했다). 유엔은 르완다와 우룬디의 분리를 권고했다.[4]

르완다-우룬디에서 1959년 별개의 왕이 상주해 있던 부룬디가 분리되자 신탁통치하의 르완다 왕국(Ubwami bw'u Rwanda)이 세워졌다.

르완다 왕국에서는 1959년 10월 소수파 투치족의 지배에 분노한 후투족이 투치족과 벨기에 당국의 관계가 일시적으로 악화된 틈을 이용해 반투치족 반란을 일으켰다.

반란이 일어나기 전인 1959년 7월 투치족인 르완다 국왕 무타라 3세 샤를(Mutara III Charles)은 백신을 맞다가 사망했다고 전해지는데 투치

---

[3] Liu Chieh, "International Trusteeship System: Visiting Missions: Reports on Ruanda-Urundi and Tancanyika," *International Conciliation*, no. 448 (New York: Carnegie Endowment for International Peace, February, 1949).

[4] "History of Rwanda", 〈Wikipedia〉(en.wikipedia.org/wiki/History_of_Rwanda, 검색일: 2018년 12월 30일).

는 이를 암살당한 것으로 의심했고, 반란 과정에서 니이기냐 왕가와 국왕 키겔리 5세(Kigeli V)는 망명했다[5][1990년대 르완다 최고지도자가 되는 투치족 카가메(Paul Kagame)는 가족과 함께 우간다 서부의 난민 캠프로 피신했다].[6] 2만 명에서 10만 명에 달하는 투치족이 후투족에 의해 살해당했고 15만 명에 달하는 투치족이 콩고 남부 키부(Kivu;[7] 당시에는 Banyamalenge로 알려짐), 우간다 등 이웃 나라로 망명했다. 남아 있는 투치는 공직에서 배제되어 르완다 정국은 후투 중심으로 재편되었다. 1961년 1월 르완다는 공화국을 선포했다. 이렇게 부룬디와 분리된 르완다공화국은 1962년 7월 1일 독립했다. 입헌군주국인 부룬디왕국도 1962년 7월 1일 독립했다. 이로써 르완다-우룬디 신탁통치령도 해체되었다.

---

5   "History of Rwanda", 〈위키피디아〉.
6   카가메는 1979년 무세베니(Yoweri Kaguta Museveni)가 지휘하는 국민저항운동군에 참여해 우간다의 오보테(Apollo Milton Obote) 정권 타도를 목표로 게릴라 투쟁을 시작했다. 1986년에는 오보테를 대신한 오켈로(Tito L. Okello)를 축으로 무세베니 정권이 세워지면서 카가메는 국민 저항군의 정보부 장관으로 취임했고, 공적으로도 한때 대통령 무세베니의 측근이 되었다. "폴 카가메", 〈위키피디아〉(ko.wikipedia.org/wiki/%ED%8F%B4_%EC%B9%B4%EA%B0%80%EB%A9%94, 검색일: 2018년 12월 30일).
7   콩고로 이주한 투치족은 은쿤다(Laurent Nkunda)를 중심으로 국민방위협의회(CNDP; Congres National pour la Defense du Peuple)를 결성해 2004년 이후 콩고민주공화국 군대와 대립하여 키부 분쟁의 원인을 제공했다. 여기에 또 다른 당사자인 후투족의 르완다해방민주세력(FDLR; Forces Democratiques de Liberation du Rwanda)까지 얽히면서, DR콩고 군대와 FDLR, DR콩고 군대와 CNDP, 그리고 2007년 이후로는 CDNP와 FDLR 간의 분쟁이 중첩되어 나타났다. 이들이 충돌한 자세한 배경은 매우 복잡하지만, 기본적으로는 자원이 풍부한 키부 지역을 두고 벌어진 지배권 쟁탈이었다. "DR콩고 분쟁", KIDA 세계분쟁 데이터 베이스, 〈네이버 지식백과〉(terms.naver.com/entry.naver?docId=1053759&cid=42147&categoryId=42147, 검색일: 2021년 11월 22일).

2. 독립 후 발생한 르완다내전

르완다의 초대 대통령 카이반다(Grégoire Kayibanda)는 투치족을 외래 종족으로 간주하면서 투치족 탄압정책을 펼쳤고, 1965년에 후투족 일당 독재 국가가 성립되었던 것이다. 이러한 인종 분규 과정에서 1만 명의 투치족이 학살되고, 약 30만에 달하는 투치족이 부룬디 등 국외로 추방되었다. 투치족은 1962년 르완다가 독립하기 직전까지 권력을 가졌으나 이후 후투족이 정권을 잡자 땅을 빼앗겼다. 많은 투치족이 후투족의 보복을 피해 우간다, 자이르(현재의 콩고민주공화국)와 (1993년까지) 투치 정권이 유지되어 있던 부룬디 등 이웃 나라로 대거 이주했고, 후투족은 르완다를 계속 지배했다.

1990년 10월 대부분이 우간다군 출신의 투치계 르완다 해외동포로 구성된 '르완다애국전선(RPF; Rwandan Patriotic Front)'이 우간다 국경을 넘어 르완다로 진입해 북부지역을 제압하자, 후투족 출신 하브야리마나(Juvenal Habyarimana; 1973년 국방장관 당시 군사쿠데타로 21년간 집권) 르완다 대통령 정권에 반대하는 내전이 발발했다. 당시 지도자로 부상했던 카가메는 미국 레번워스 기지의 미국 육군 참모 대학에서 군사 훈련을 받았으며 후일 르완다애국전선 최고 사령관이 되었다. 내전 기간 동안 르완다 정부 고관(대부분 후투족)은 비밀스럽게 '인테라함웨(Interahamwe)'라고 불린 비공식 무장 단체(후투족 민병대의 살인기계)[8]를 조직해 젊은이들을 훈련시키기 시작했다. 르완다애국전선은 벨기에 지배하와 같은 투치족에 의한 후투족 지배를 다시 부활시키려 했다. 프랑스, 벨기에와 자이르군이 하브야리마나 정부군을 도와 내란에 개입

---

8 팀 마샬 저, 김미선 역, 『지리의 힘』(사이, 2016), 235쪽.

했다. 전투는 교착 상태에 빠져 장기간의 평화교섭이 이루어졌다. 결국 1993년 8월 르완다 정부와 르완다애국전선은 유엔, 탄자니아와 아프리카단결기구(OAU; Organisation of African Unity)의 중재로 종족 간의 분쟁을 종식시키고 르완다의 민주주의 이행을 위해 탄자니아의 아루샤(Arusha)에서 "아루샤평화협정(Arusha Peace Accords)"을 맺고[9] 휴전이 이루어졌다. 협정의 이행 감시를 위하여 유엔르완다지원단(UNAMIR)이 설치되었다. 그러나 유엔의 평화 유지를 위한 개입이 지연되면서 평화 정착이 교착 상태에 빠졌다.[10]

이러한 상황에서 1994년 4월 6일 후투족 출신 하브야리마나 르완다 대통령이 같은 후투족 출신 은타랴미라(Cyprien Ntaryamira) 부룬디 대통령과 함께 탑승한 르완다 대통령 전용 비행기[팔콘 50기(Falcon 50)]가(수도 키갈리 근처에서) 격추되어 사망하자 르완다의 두 인종 간 갈등은 격화되는 등 '르완다 학살'의 도화선을 당겼다. 사건 직후, 후투족 극단주의자 그룹 후투 파워(Hutu Power)는 투치족이 이끄는 '르완다애국전선'의 지도자 카가메가 비행기 격추를 명령했다고 주장했다. 1994년 5월 18일 미 국무부 정보조사국(INR)의 가티(Toby T. Gati)는 군부 내 아루샤평화협정에 반대하는 후투족이 이 협정의 실행을 막고 투치족이 지배하는 르완다애국전선과 온정주의적인 후투족을 배제하기 위해 하브야리마나를 죽였다는 믿을 만한 미확인 보도를 인용했다.[11] 카가메는

---

9 김영수, 「과거사정리와 사회개혁정책: 르완다 사례를 중심으로」, 『국제지역연구』 18-2(2009), 114쪽.
10 이흥주, 『한국군의 해외파병활동(1991~2016)』(국방부 군사편찬연구소, 2018), 27쪽.
11 "Toby T. Gati(head of the State Department intelligence unit, INR) to Mr. Moose(AF) and Mr. Harper(L): Rwanda-Geneva Convention Violations," May 18, 1994, p. 3(nsarchive2.gwu.edu/NSAEBB/NSAEBB420/docs/rw051894.pdf, 검색일: 2019년 4월 20일).

이후 르완다 대통령이 되었는데 프랑스가 그에게 살인의 책임이 있다고 주장했다. 이에 카가메는 프랑스가 르완다학살에 관련된 자신들의 책임을 덮으려 한다고 말했다. 진범은 오랫동안 오리무중 상태였다가 2012년 프랑스 조사단의 조사 결과 후투족 극단주의자들의 소행인 것으로 밝혀졌다.[12]

1994년 하브야리마나의 죽음이 초래한 혼란 상황에서 르완다 정부군 및 후투족 강경파 민병부대 인테라함웨에 의해 투치족과 르완다애국전선 중 50만 명을 학살했고[13] 정부 정책에 반대하는 후투족까지 닥치는 대로 학살되어 100만 명에 달하는 사람들이 죽었던 것이다.[14] 1994년 4월부터 7월까지 약 100일간 약 80만 명(유엔 추산)~100만 명(르완다 정부 추산)이 사망한 것으로 추정된다.[15] 르완다학살이 시작된 1994년 4월부터 2주간의 골든타임 시기의 미국 비밀해제문서가 2015년 공개되었다. 이 문서에 의하면 클린턴 행정부는 유엔평화유지군의 철수를 결정해 학살의 확산을 막을 기회를 포기했다는 것이다.[16]

---

12 "르완다 내전", 〈나무위키〉(namu.wiki/w/%EB%A5%B4%EC%99%84%EB%8B%A4%20%EB%82%B4%EC%A0%84, 검색일: 2018년 12월 30일).

13 1994년 5월 18일 미 국무부 정보조사국의 가티는 짧은 시간에 20만~50만 명을 체계적으로 죽였다는 국제인권기구의 추산을 인용하면서 50만 명은 과장된 수치라고 평가했다. "Toby T. Gati(head of the State Department intelligence unit, INR) to Mr. Moose(AF) and Mr. Harper(L): Rwanda-Geneva Convention Violations," May 18, 1994, p. 1.

14 르완다내전 당시 후투족의 투치족 학살 만행은 2006년 르완다의 호텔 지배인이 피난민들을 살린 이야기를 바탕으로 한 영화 〈호텔 르완다〉에서 고발되었다.

15 "르완다 제노사이드", 주르완다대한민국대사관, 2012년 6월 1일, 13쪽(webcache.googleusercontent.com/search?q=cache:DMZuT5JbA5EJ:down.mofa.go.kr/rw-ko/brd/m_10056/down.do%3Fbrd_id%3D12951%26seq%3D1054983%26data_tp%3DA%26file_seq%3D1+&cd=17&hl=ko&ct=clnk&gl=kr, 검색일: 2018년 12월 30일).

16 Tom Blanton and Emily Willard, "1994 Rwanda Pullout Driven by Clinton White House, U.N. Equivocation: White House Clears E-Mail Release and Susan Rice

피비린내 나는 내란 상황 속에서 카가메가 지휘하는 르완다애국전선은 1994년 7월 투치족 보호를 명분으로 무력으로 르완다 국토를 거의 장악했다. 과거 우간다(와 부룬디)로 망명했던 투치까지 가세해 후투를 몰아내고 권력을 장악했던 것이다. 르완다애국전선은 후투족의 파스퇴르 비지뭉구를 대통령으로 하는 신정권을 발족시켰다. 카가메는 부통령 겸 국방장관에 올라 사실상 권력을 장악했으며, 군사적으로도 큰 힘을 행사했다. 1998년 2월 카가메는 르완다애국전선의 정식 대표가 되었고, 2000년 비지뭉구 대통령이 사임하자 같은 해 4월 잠정 정권 대통령으로 취임했다. 2003년 8월 25일, 1994년 이래 처음 실시된 르완다 대통령 직접선거에서 약 95%의 득표율로 당선되었으며, 같은 해 9월 12일부터 정식으로 대통령이 되었다.[17]

3. 두 차례에 걸친 콩고내전까지 유발

1994년 학살을 주도한 후투 극단주의자들은 주로 옛 자이르(현 콩고민주공화국)로 도피했으며 후투족 난민이 300만 명에 달한다는 관측도

Hand-written Notes: Newly Declassified E-Mails Detail U.S. Role at Genocide Turning Point: Political Restrictions on Peacekeeping Missions Were Key to U.S. Thinking in 1994, Not Protection of Civilians or Prevention of Genocide: State Department Attempts to Cover Up Well-Known U.S. "Bombshell" - Excises Key Parts of Cable Already Released in Substance by Other Governments: Documents Show Minimal High-Level U.S. Attention to Rwanda Genocide in April 1994; Ended with Evacuation of U.S. Citizens April 11, Notwithstanding Last-Minute Add-On to Deputies' Meeting of April 29," *National Security Archive Electronic Briefing Book* no. 511, April 16, 2015(nsarchive2.gwu.edu/NSAEBB/NSAEBB511/ , 검색일: 2019년 10월 4일).

17 "폴 카가메", 〈위키피디아〉.

있었다(르완다애국전선은 1994년 7월 말에 전투 중지를 선언했고 후투족 난민은 1996년 말과 1997년 초에 다시 르완다로 돌아왔다).[18] 이렇듯 르완다에서 다수 후투족이 권력을 장악하면서 투치족을 핍박하다가 반격을 받아 대규모의 살육이 발생했던 것이다. 따라서 르완다학살은 '제노사이드'라고까지 규정된다.[19] 특히 여성과 아동 등 취약계층의 트라우마가 상당했다.[20]

후투 극단주의자의 자이르 대피로 인해 이웃 자이르까지 후투와 투치의 종족 갈등이 유발되었다. 자이르의 후투족 출신 조셉 모부투 정권과 이에 대항한 카빌라 반군 세력 간에 정권 쟁탈을 둘러싼 1996~1997년 1차 콩고내전이 발생했다. 분쟁의 시발점은 1994년 투치족 정권의 인접국 르완다에서 벌어진 내전이다. 이 시기 투치족의 후투족 탄압과 대학살은 악명 높다. 르완다내전으로 난민이 대량 유입되면서 자이르 동부는 불안정한 정세에 시달렸다. 특히 투치족 정권인 부룬디와 르완다 정부군이 후투족 게릴라를 소탕한다는 명목하에 자이르 국경을 넘자 자이르 정부군은 이들에 대한 소탕 작전을 시작했다. 그러나 모부투 정권은 우세를 확보하지 못했고, 오히려 퇴각하는 과정에서 3개월 만에

---

[18] "르완다", 〈다음백과〉(100.daum.net/encyclopedia/view/b06r2724b, 검색일: 2018년 12월 20일); "르완다 내전", 〈위키피디아〉(ko.wikipedia.org/wiki/%EB%A5%B4%EC%99%84%EB%8B%A4_%EB%82%B4%EC%A0%84, 검색일: 2018년 12월 30일).

[19] 장용규, 「르완다 제노사이드: 후투와 투치의 인종차별과 갈등의 역사적 전개」, 『한국아프리카학회지』 26(2007); 유혜림, 「르완다 제노사이드 이후 갈등과 통합: 난민정책을 중심으로」, 북한대학원대학교 남북한마음통합센터-심연북한연구소·한양대학교 평화연구소 공동학술회의: 한반도의 분단과 통합: 유럽, 아프리카 사례와의 비교, 2018년 12월 20일; 조원빈, 「아프리카의 종족갈등과 포용적 정치제도」, 북한대학원대학교 남북한마음통합센터-심연북한연구소·한양대학교 평화연구소 공동학술회의: 한반도의 분단과 통합: 유럽, 아프리카 사례와의 비교, 2018년 12월 20일.

[20] Caroline Williamson Sinalo, *Rwanda After Genocide: Gender, Identity and Post-Traumatic Growth* (Cambridge, UK: Cambridge University Press, 2019).

50만 명의 투치족을 학살했다. 이에 1997년 5월, 카빌라가 이끄는 반군(콩고-자이르해방민주세력연합; AFDL)이 앙골라, 부룬디, 우간다의 지원을 받아 자이르의 수도 킨샤샤(Kinshasa)를 점령함으로써 내전은 일단락되었다. 카빌라는 32년간 철권통치를 유지한 모부투 정권의 종식을 선포하고, 집권과 동시에 국명을 자이르에서 콩고민주공화국(DR콩고)으로 개명했다.

1998년 콩고민주공화국의 토착 투치족은 르완다에서 도피한 후투로부터 자신들을 보호하려는 과정에서 2차 콩고내전이 발생하기도 했다. 콩고민주공화국 국민의 3분의 2는 신체적으로 후투에 가까운 반투족이다.[21]

제2차 콩고내전은 아프리카 역사상 최악의 전쟁이라는 오명을 갖고 있다. 아프리카 10개국이 카빌라 정권과의 관계, 자원(금, 다이아몬드)에 대한 이해관계, 부족 갈등 등의 이유로 진영을 나눠 5년간 전쟁을 치렀기 때문이다. 2001년 미국 국제구호위원회(IRC)의 조사에 따르면, 1998년 8월부터 2001년까지 발생한 사망자만 최소 250만 명에 달한다. 제2차 콩고내전은 1998년 7월 카빌라 대통령이 자신의 집권을 도왔던 르완다 투치족을 비롯한 외국군의 철수를 돌연 요구함에 따라 시작되었다. 르완다의 지원을 받는 투치족이 그를 대상으로 한 쿠데타를 모의하고 있음을 확신한 까닭이다. 이에 국경지대 불안정 상태의 확산을 우려한 국가(세력)들이 카빌라 정권의 축출을 꾀하면서 내전은 본격화되었다. 르완다 투치족은 반군 세력인 '민주주의를 위한 콩고인모임(RCD)'에 합세해 동부 일부 지역을 장악하고 공격을 개시했다. 또한 우간다는 DR콩고 북부의 3분의 1을 장악하고 '콩고해방운동(MLC)'이라는

---

21 고대훈, 「투치-후투족 분쟁 왜 났나」, 『중앙일보』, 1998년 8월 21일자.

반군세력을 지원했다. 이로써 DR콩고는 세 조직의 세력권으로 분열되었고, 아프리카 10개국이 진영을 나눠 참전하면서 내전은 국제전으로 비화되었다.

1998년 리비아 카다피 대통령의 중재로 성사된 시르테(Sirte)에서의 휴전협정, 1999년 루사카정전협정(Lusaka Ceasefire Agreement) 등 아프리카인들은 스스로 분쟁을 종식시키려 노력을 다했다. 그러나 협정은 분쟁 당사자들을 모두 포함하는 최종적인 협정이 되지 못했고, 이행도 쉽지 않았다. 결국, 유엔은 1999년 11월부터 2000년 2월까지 5,500여 명의 군대로 이루어진 유엔평화유지군 콩고민주공화국 감시단(MONUC)을 파견하여 휴전 감시를 지원하였다.

국제사회의 노력에도 불구하고 콩고의 상황이 나아지지 않던 중, 2001년 1월 16일 한 경호원이 대통령 관저에서 카빌라를 암살하는 사건이 발생했다. 암살은 경호원 여러 명과 그들을 움직인 르완다의 계획에 의한 것으로 알려져 있다. 그리고 바로 하루 뒤인 1월 17일, 짐바브웨 대통령 무가베의 지지 속에 고(故) 카빌라의 충복들로 구성된 콩고 의회의 만장일치로 카빌라의 아들, 조셉 카빌라가 그를 대체하는 대통령으로 선출되었다. 그리고 마침내 제2차 콩고내전은 유엔의 중재 하에 2002년 12월 17일, DR콩고 정부, 우간다 투치족이 지원하는 반군(MLC), 르완다 투치족이 지원하는 반군(RDD) 등 모든 분쟁 당사자들이 '범지구적 그리고 모두를 포함한 합의(Global and All-inclusive Agreement)'에 합의함으로써 종식되었다. 이 합의는 2차 콩고내전의 종식을 선언함과 동시에 2년 이내 의회 선거와 대통령 선거를 실시하는 과도정부 구성에 대한 계획을 담고 있다.

한편, 이와는 별도로 2002년 7월 DR콩고와 르완다 간의 프레토리아 협정(Pretoria Accord), 9월에는 콩고와 우간다의 루안다 합의(Luanda

Agreement)가 이어졌다. 이로써 르완다는 2002년, 우간다는 2003년 공식적으로 DR콩고에서 철수했다.[22]

4. 독립 후 부룬디의 불안정한 정세와 대학살

이번에는 부룬디 대학살을 보다 구체적으로 살펴보고자 한다. 부룬디에서는 1965년 후투족 출신 수상의 암살을 시작으로 1972년 소수 투치족 군대가 후투족 엘리트 계층에 대해 20만여 명을 선별 학살해 '인종 청소'라 불리었으며 온건 투치족까지도 희생당했고 15만여 명의 난민이 발생하는 등 혼란으로 이어졌다.

1966년 부룬디의 은타레 5세가 쿠데타를 통해 므왐부차 4세를 폐위시켰지만 곧 투치족에 의한 군사쿠데타가 발생해 오랜 왕정이 폐지되고 공화국이 세워졌다. 쿠데타로 헌정 유린은 빈발했지만 대통령제는 유지되었고 왕정복고의 움직임은 없었다. 1972년 이후 부룬디에서는 다시 군부 쿠데타(주로 투치족이 주도)와 정권교체로 정국은 혼란했다. 1987년 9월 부요야(Pierre Buyoya)가 투치 지배하 군부의 후원으로 쿠데타를 일으키자 1988년 8월 은테가와 마랑가라 지역에서 무고한 시민들이 공격당하는 등 종족 분쟁이 재발해 약 2만 명이 다시 희생당했다.

부요야는 갈등을 중재하기 위한 위원회를 구성했으며 민주적인 선거와 탈종족적인 정부 구성 등을 골자로 하는 헌법안을 1992년 승인했다. 이 과정 전후로 유엔의 중재도 계속되었다. 1993년 6월 1일 부룬디는 최초의 민주 선거를 치렀는데, 후투족 중심의 '부룬디민주전선

---

22 "DR콩고 분쟁", KIDA 세계분쟁 데이터 베이스, 〈네이버 지식백과〉.

(FRODEBU; The Front for Democracy in Burundi)'이 승리했다. 부룬디 민주전선의 지도자 은다다예(Melchior Ndadaye)는 65%의 지지로 32%를 얻은 경쟁자 부요야를 누르고 부룬디 최초로 민주적으로 선출된, 후투족 최초의 대통령이 되었다. 1993년 7월 10일 취임한 그는 후투와 투치를 모두 배려하는 온건한 정책을 펼쳤다. 투치족 출신 여성 키니기(Sylvie Kinigi)를 수상으로 지명했고 내각의 3분의 1을 투치에게 안배해 최초의 후투족 출신 대통령에게 쏠리는 투치족의 적대감을 완화시키려 했다. 그러나 은다다예는 불과 3개월 뒤인 1993년 10월 21일 극단주의자 투치족 장교 그룹의 쿠데타에 의하여 암살되었다. 은다다예의 죽음에 대한 보복으로 후투족 극단주의자들은 무수한 투치족 시민들을 학살했다. 투치족 위주의 군대는 비슷한 수의 후투족을 학살하는 것으로 응수했다. 그의 암살은 후투와 투치 모두를 죽이는 긴 내전으로 이어져 13만 명이 희생되었던 것이다.

은다다예의 암살과 그 여파에 대한 1996년 유엔 보고서는 "소수파인 투치에 대한 인종청소는 1993년 10월에 자행되었다"라고 결론 내렸다. 이 보고서는 또한 투치족 위주 군대의 상급 거물들이 암살과 관련 있음을 밝혔다. 부룬디에서 후투족과 투치족 시민들 모두는 국가와 무장된 시민군들에 의해 조직된 대량학살과 인종청소의 대상이었다.[23]

투치의 지지를 받는 민족진보연합(UPRONA; Union for National Progress) 내에서는 드물었던 후투족 출신 프랑수아 응게제(François Ngeze)가 쿠데타 세력의 지명으로 1993년 10월 21일부터 27일까지 국가수반에 올랐다. 쿠데타 세력의 위원회가 해체된 후 은다다예 정부에서 수상을 지

---

[23] "부룬디", 〈위키피디아〉(ko.wikipedia.org/wiki/%EB%B6%80%EB%A3%AC%EB%94%94, 검색일: 2018년 12월 29일).

낸 후투족인 키니기가 1993년 10월 27일부터 1994년 2월 7일까지 대통령 권한대행을 맡았다. 이후 유엔의 중재로 1994년 2월 5일 부룬디민주전선 소속이며 후투족인 은타랴미라(은다다예 대통령 아래서 농업장관을 지냄) 대통령이 선출되었다. 부룬디민주전선 소속 은다다예의 온건한 정책을 계승하고 투치의 지지를 받는 민족진보연합 소속의 카니엔키코(Anatole Kanyenkiko)를 수상으로 지명해 공동정부를 표방했다.

그러나 1994년 4월 6일 은타랴미라 부룬디 대통령은 하브야리마나 르완다 대통령과 함께 탑승한 비행기가 격추되어 동반 사망한 사고로, '르완다내전'을 유발한 것은 물론 부룬디 내에서도 또다시 인종 간 학살극이 발생했다. 부룬디민주전선 소속 은티반퉁가냐(Sylvestre Ntibantunganya; 1993년에 외상을 지냄)가 1994년 4월 8일부터 10월까지 부룬디 대통령을 대행한 후 정식으로 대통령에 취임해 연립정부를 구성했으나 갈등을 해결하지 못했다. 결국 1996년 7월 25일 부요야가 이끄는 투치족 군부의 쿠데타로 끌어내려졌다.

쿠데타는 내전을 약화시켰을 뿐 종식시킬 수는 없었다. 또한 국제사회가 승인하지 않고 경제제재를 가했다. 2000년 8월 28일 탄자니아 아루샤에서 넬슨 만델라 남아프리카공화국 전 대통령의 2년간에 걸친 중재로 '부룬디평화협정'에 후투족 2개 무장 반군 단체와 소규모의 5개 투치족 단체를 제외한 대부분의 반군 단체들이 서명함에 따라 20여만 명의 희생자를 낸 7년 내전 종식의 희망이 보였다.[24] 이 협정에 따라 2001년 11월 1일 과도정부가 수립되어 민주정치가 부활될 조짐이 가시화되었다. 2001년 11월 부요야는 후투 출신이며 부룬디민주전선 소속 은다이제예(Domitien Ndayizeye)를 부통령에 임명해 종족 간의 갈등

---

24 「부룬디 평화협정 일부 핵심 당사자 빠진 채 체결」, 『연합뉴스』, 2000년 8월 29일자.

을 완화시키려 했다. 2003년 과도정부와 가장 큰 후투족 반군 그룹인 민주방위국민평의회(National Council for the Defense of Democracy-Forces for the Defense of Democracy; French: Conseil National Pour la Defense de la Democratie-Forces pour la Defense de la Democratie; CNDD-FDD) 간에 휴전이 조인되었다. 그러나 가장 극단적인 후투족 그룹 민족해방군(Palipehutu-FNL; 부룬디 정당은 이름에 민족을 언급할 수 없으므로 'FNL'로 통칭되고 있다)은 협상을 거부했다.

2004년 4월 아프리카연합은 과도정부를 지원하다가 2004년 6월 1일 유엔 부룬디 임무단(United Nations Operation in Burundi; ONUB)'을 구성하여 반군 무장해제, 정부군 재조직, 자유선거 실시 등에 대한 지원 및 감시 업무를 수행했다.[25] 2004년 8월 민족해방군은 부룬디 서부의 가툼바 난민 캠프에서 152명의 콩고계 투치 난민을 학살했다. 이에 부룬디 정부는 민족해방군 지도자 하비마나에 대하여 체포영장을 발부하고 민족해방군을 테러단체로 규정했다.

휴전협정에는 부요야가 2005년 대통령직을 내려놓아야 한다고 규정되어 있었으므로 결국 부요야는 약속을 지킬 수밖에 없었다. 2005년 3월 30일 부룬디민주전선 지도자 은다이제예 부통령이 부요야의 과도정부 대통령직을 이어받았던 것이다.

2005년 5월, 민족해방군과 부룬디 정부 간에 마침내 휴전이 합의되었지만 전투는 계속되었다. 재개된 협상은 민족해방군이 무기를 내려놓는 대가로 포괄적 사면을 요구할 것이라는 우려 속에 진행되었다.

2005년 8월 19일 대통령 간접선거에서 후투족 아버지와 투치족 어머니 사이에서 태어난 후투 반군 조직 민주방위국민평의회 소속의 은쿠룬

---

25 원태재, 『한국의 PKO 파병사』(국방부 군사편찬연구소, 2007), 239쪽.

지자(Pierre Nkurunziza)가 당선되었으며 2020년까지 연임했다. 후투가 결국 정치판에서 승리한 것이다. 2006년 9월 7일, 두 번째 휴전협정이 조인되었다.

부룬디 재건의 노력은 실질적으로 2006년 이후에 시작되었다. 유엔은 평화유지 임무를 종료하고 재건을 돕는 데 다시 집중했다. 경제적 재건을 이룩하기 위하여 르완다, 콩고민주공화국, 부룬디는 '대호수 국가 경제공동체'를 다시 발족하기로 했다. 또한 부룬디는 르완다와 함께 2007년 동아프리카공동체(EAC; East African Community)에 가입했다.

그러나 2006년 9월 정부와 마지막 남아 있던 무장 반군 단체 민족해방군과의 휴전협정은 완전히 이행되지 않았고 민족해방군 고위 구성원은 그들의 안전이 위협받고 있다며 휴전 감시 팀에서 떠났다. 2007년 9월부터 2008년 초반까지 FNL 공격은 이어졌다.[26] 이어 2008년 3월 말 민족해방군이 의회를 찾아 자신들의 체포를 잠정적으로 면제하는 법안을 채택해달라고 요구했다. 의회가 거부하자 2008년 4월 17일 민족해방군은 부줌부라를 포격했다. 부룬디 군대는 반격했고 민족해방군은 심각한 피해를 입었다. 결국 2008년 5월 26일 새 휴전협정이 승인되었

---

26 2007년 9월 수도에서 민족해방군 당파 간 충돌이 발생해 20명이 죽고 주민들이 대피했다. 반군 단속이 다른 지역에서도 이루어졌는데, 반군 당파는 무장 해제 및 정치범 석방에 대해 정부에 동의하지 않았다. 2007년 후반과 2008년 초반에 민족해방군 전투원들은 자신들이 예전에 살았던 곳에 정부가 세운 보호시설인 수용소를 공격했다. 농촌지역의 집들도 약탈되었다.
앰네스티 인터내셔널의 2007년 보고서는 개선이 필요한 많은 지역을 언급했다. 민간인들은 민족해방군에 의해 저질러진 반복적인 폭력의 희생자였다. 이들은 또한 소년병을 모집했다. 여성에 대한 폭력도 빈발했다. 범죄자는 구속과 처벌에서 벗어났다. 사법 시스템에 대한 개혁이 시급했다. 인종청소, 전쟁 범죄, 비인도적 범죄는 여전히 처벌되지 않았다. 표현의 자유는 제한되었고 언론인은 정당한 직업적 활동을 한 이유로 자주 체포되었다. 2007년 1월에서 11월 사이 총 3만 8087명의 부룬디 난민이 본국으로 송환되었다. "부룬디", 〈위키피디아〉.

다. 2008년 8월 은쿠룬지자는 민족해방군 지도자 아가톤 르와사를 만났다.

난민 수용소는 곧 문을 닫았고 45만 명의 난민들이 돌아갔으나 부룬디 경제는 파탄 상태였다. 2011년 부룬디는 세계에서 1인당 총수입이 현저히 낮은 나라 중 하나였다. 난민들이 돌아오자 소유권 분쟁이 시작되었다.

부룬디는 아프리카 연합 평화유지군에 참여했으며, 이는 알샤바브에 대항하는 소말리아 임무까지도 수행했다.

2015년 4월 여당이 대통령 은쿠룬지자의 3선을 발표하자 시위가 발생했다. 거리로 나선 사람들은 은쿠룬지자의 세 번째 임기를 받아들일 수 없다고 주장했지만 대법원은 대통령의 3연임에 동의했다. 은쿠룬지자를 몰아내려는 5월 13일 쿠데타 시도는 실패했다. 피신했다 복귀한 대통령은 정부 구성원들을 숙청하고 쿠데타 지도자들을 체포했으나 쿠데타 시도에 뒤따라 시위는 계속되었고 5월 20일까지 10만 명이 넘는 사람들이 국외로 도피하여 인권 비상사태를 야기했다. 불법적인 살인, 고문, 실종, 표현의 자유의 제약에 대한 지속적이고 광범위한 인권 유린에 대한 보고가 있었다.

유엔, 아프리카연합, 미국, 프랑스, 남아프리카, 벨기에, 여러 다른 정부의 권고와는 달리, 집권당은 6월 29일 의회 선거를 실시했으나, 이는 반대파에 의해 거부되었다.

이어서 은쿠룬지자가 2020년 6월 8일 급사하기 전 후계자로 지목했던 CNDD-FDD당 사무총장 은다이시미예(Evariste Ndayishimiye) 장군이 2020년 6월 18일부터 부룬디 공화국의 대통령으로 재직하고 있다.

과거 인종청소에 참여한 사람들은 현 부룬디 정부가 모든 살인에 대하여 서로를 용서하도록 지속적으로 설득한 이후 석방시켰다. 현재 부룬디 군대는 후투족 반란군과 투치족 정부군 모두가 참여했다. 투치족 우세의 일당독재에서 후투 출신 대통령이 투치와 공존하는 다인종·다당제로 전환되었다는 사실 자체는 유일한 진전이라고 할 것이다.[27]

5. 인종 갈등을 조장한 벨기에 식민정책

하나의 나라에서 분리된 르완다와 부룬디에서 후투족과 투치족 사이의 피비린내 나는 내부 갈등에 피그미라 불리는 트와(Twa)족이 애꿎게 30%가량 학살되었다. 또한 르완다와 부룬디 양국 간의 갈등도 중첩되어 복잡한 양상을 보이고 있다. 원주민으로 주로 피그미족(트와)이 살던 지역이었는데, 반투족과 가까운 후투족이 이주해 와서 다수를 형성했다.

원래 르완다와 부룬디는 인구의 84%를 상회하는 후투족이나 (나일 원주민에서 파생된 것으로 추정되며) 인구 10%를 상회하는 투치족이 아니라 여러 부족이 부족국가를 이루며 살던 원시사회였다.[28]

물론 크게 봐서 투치족과 후투족 구분이 없었던 것은 아니지만 그냥 서로 다른 부족으로 별 갈등 없이 공존했다. 그러나 이곳을 지배하게 된 유럽 국가들이 식민지 정책으로서 두 민족을 구별하고 이를 부추

---

27 "부룬디", 〈위키피디아〉.
28 부룬디는 후투족 85%, 투치족 14%, 트와족 1%의 비율로 후투족이 다수이다. 르완다는 후투족 84%, 투치족 15%, 트와족 1%으로 추정된다. 르완다에서 일어난 투치족에 대한 대학살과 인접국인 콩고민주공화국 등으로의 이주의 결과로 후투가 90%, 투치가 10%로 줄었을 것으로 추정된다, "부룬디", 〈나무위키〉. CIA Factbook에서도 "Hutu 85%, Tutsi 14%, Twa (Pygmy) 1%, Europeans 3,000, South Asians 2,000"으로 나온다. CIA Factbook(www.cia.gov/library/publications/the-world-factbook/fields/400.html#RW, 검색일: 2018년 12월 20일); "르완다", 〈나무위키〉(namu.wiki/w/%EB%A5%B4%EC%99%84%EB%8B%A4, 검색일: 2018년 12월 20일); "르완다", 〈다음백과〉(100.daum.net/encyclopedia/view/b06r2724b, 검색일: 2018년 12월 20일).

김으로써 민족 간 갈등이 증폭된 측면이 있다. 일종의 이간책이며 분할 지배 방식이었다. 물론 당시에도 구분이 없었던 것은 아니지만 한국의 양반·평민·천민의 구분처럼 신분적인 구분에 가까웠거나 사실상 옆에 있는 부족 마을 정도로 간주되었고, 언어와 문화, 풍습도 어느 정도는 공유했으므로 다른 부족이 이질적으로 공존하며 반목해야 했던 다른 아프리카 국가와 다르게 르완다와 부룬디는 적절히 유도했으면 하나의 민족으로서의 정체성을 가질 수도 있는 수준이었다. 물론 15세기 이주한 유목민족 투치족이 토착민 후투를 지배했던 측면이 없지는 않았으나[29] 반목과 갈등이 심한 수준은 아니었다.

그런데 벨기에가 효율적인 식민통치를 위해서 모호한 기준을 가지고 일부러 분열을 부추기면서 재앙의 씨앗이 싹트기 시작했다. 민족 구분의 기준은 키와 콧대 길이 혹은 재산으로, 제국주의자들의 민족 구분이 얼마나 쓸모없는지 알려주는 좋은 사례로 꼽힌다. 사실 이러한 방식으로 르완다의 민족을 구분한 것은 영국인 탐험가 스피크가 시초였다. 그는 인종주의적 편견과 함께 대다수가 상위층에 속했던 투치족을 키도 크고 정치적으로 민첩하다고 적어놓았다. 그가 탐험을 마치고, 귀국하면서 르완다와 부룬디의 생활상이 유럽에 전해졌는데, 그 이후에 점차 투치는 우월한 종족, 후투나 트와는 열등한 종족이란 식으로 받아들여졌으며 훗날 식민통치에도 영향을 주었다. 그러다가 19세기 중·후반을 거치면서 르완다와 부룬디 지역 내 갈등을 틈타 독일제국이 식민통치를 했는데, 간접통치를 했던 독일제국은 대놓고 한쪽을 차별하지는 않았다.

그러나 새 지배자 벨기에는 직접통치를 하면서 아프리카인을 거칠게

---

[29] 원태재(2007), 앞의 책, 238쪽.

대했다. 벨기에는 햄족(Hamitic origin) 이론을 내세웠다. 투치족은 이미 식민지배 이전 수백 년간 통치 부족으로서 자부심을 갖고 있었으며, 심지어 자신들이 후투족보다 더 백인에 가까운 햄족이기 때문에 후투족보다 더 우수한 부족이라고 믿고 있던 터였다. 벨기에 식민당국은 직접적이고 폭력적인 방식으로 투치족 출신 왕들을 내세워 후투 족장을 강제로 폐위시키고 후투 왕국을 해체시켰으며, 소수 상류층인 투치족과 다수의 후투족에 대한 차별 정책으로 후투와 투치족을 분열시켜 르완다와 부룬디 지역을 효과적으로 지배하려 했던 것이다. 벨기에는 식민통치를 위해 소수인 투치족을 관리지배층으로 선택해 르완다 신식 학교에서 투치 부유층을 가르치게 하는 등 특혜를 주었으며, 투치족 상류층에게 권력을 부여해 강제노동 정책과 무거운 세금 부과도 하게 하는 등 악역을 맡겼다.

 많은 젊은 농부들은 높은 세금과 배고픔에서 벗어나기 위하여 우간다로 이주하기도 했다. 식민통치 기간 중 벨기에의 투치족 우대정책은 양 종족 간 갈등의 원인[遠因; 먼 원인(原因)]이 되어, 1994년 르완다학살 당시 후투족이 투치족을 학살하는 만행의 바탕이 되었다. 독립 이후, 그동안 쌓여온 증오는 외양으로 구분된 민족 사이의 선을 고착화시켰고 두 민족(엄밀히 말하면 부족)은 계속 갈등과 원한을 쌓아올려 내전과 학살로까지 발전했다.

6. 과연 신탁통치는 불안정한 국가를 안정시킬 수 있는 방안일까

　모두 후투족이 다수인 르완다·우룬디가 분립 당시에는 각각 후투 우세와 투치 우세의 국가가 수립되었으므로 분리가 자연스러웠다. 그런데 독립 이후에는 두 국가 간의 갈등보다 국가 내 후투·투치 갈등이 더 심각했다.

　르완다는 1994년까지 계속 후투 우세였다가 이후에는 투치족 출신 카가메가 불안하지만 최고지도자 자리를 유지하고 있다.

　부룬디는 1972년 소수 투치에 의한 후투족 인종청소 등을 거치면서 1993년까지 지배했다. 그러나 1993년 6월 민주적 선거로 후투족 출신 은다다예에게 정권을 내줄 수밖에 없었다. 그러나 1993년 10월 그의 암살로 인해 후투에 의한 대학살이 자행된 후 우여곡절 끝에 군부 쿠데타로 다시 투치가 정권을 장악했다. 그러나 2005년 8월 후투족 아버지와 투치족 어머니를 둔 후투 반군 조직 출신 은쿠룬지자가 대통령에 당선되었으며 2020년까지 연임했다. 결국 투치의 오랜 우위를 거친 후 후투가 승리했다.

　부룬디에서는 1972년 최소 20만 명의 후투족이 학살되었고 르완다에서는 1994년 80만 명(주로 투치족)이 사망했다. 르완다와 부룬디를 합치면 적게 잡아도 100만 명 이상이 죽임을 당한 것으로 추정된다. 르완다에서는 다수 후투가 투치를 계속 억압하자 소수파 투치가 반격해 집권에 성공했다. 부룬디에서는 소수 투치 정권의 장기 지배가 참화를 불렀으며 결국 후투가 정권을 잡았다. 이러한 대립은 벨기에 식민통치자가 '분할지배(divide and rule)'라는 양식을 채택해 원천적으로 조장했으며 결국 독립 이후에 학살과 내전이라는 형태로 폭발했다.

　르완다와 부룬디는 벨기에 단독의 위임통치와 신탁통치를 거쳐

1962년 독립한 나라이다. 신탁통치라는 정치적 훈정기(자치 기간)를 거쳐 분리독립을 달성한 르완다와 부룬디는 식민주의자들이 조장한 인종 갈등을 극복하지 못하고 각각 최악의 대학살을 거쳐 아직도 정정이 불안한 나라이며 최빈국이 되었다. 따라서 신탁통치가 불안정한 나라를 안정화시키기 위한 모델로 재소환되고 있는 상황에서 과연 신탁통치가 그런 목표를 달성할 수 있을지 회의하게 만드는 사례라고 아니 할 수 없다. 신탁통치라는 과도기를 거치면 자치라는 정치적 훈련을 통해 자립할 수 있으므로 독립을 달성할 수 있다는 가설은 적어도 르완다·부룬디의 경우를 놓고 보면 꿈이 아닐까 한다. 따라서 이런 가설을 현실화시킬 수 있는 엄격한 현실 검증이 필요하다고 할 것이다.

다민족 국가에서 종족주의(ethnicism)는 단결이 아닌 골칫거리 중의 하나이다. 조율을 제대로 못 할 경우 내전으로 치닫는 경우도 있고, 제노사이드 혹은 그에 준하는 대규모 학살이 벌어져 그 국가에 대한 국제 여론이 나빠질 수 있다. 대표적인 예가 위에서 살펴본 후투족과 투치족이 전쟁을 벌여 수십만 명이 죽은 르완다내전이다. 이 외에도 다수민족 버마인과 로힝야, 카친, 카렌, 샨족 등 소수민족과의 충돌과 대립이 이어지고 있는 미얀마, 7개[30]의 국가로 분열한 유고슬라비아 등이 있다. 현대의 중국 또한 자국 내 민족 분규를 해결하는 데 '55개의 (소수)민족[31]이 화합하여 만들어내는 중화민족'의 개념을 창작하여 티베트, 위구르 문제 등을 강압적으로 해결하고 있다. '미국제일주의(America first)'[32]와

---

30 코소보를 국가로 포함했을 경우이고, 포함하지 않으면 6개이다.
31 55개의 소수민족은 부족에 가깝다. 중화민족이야말로 진정한 (다른 국가에서 보편적 의미로 쓰는) 민족이라는 것이다.
32 "America First"라는 구호는 미국 민주당 소속 제28대 대통령 윌슨(Woodrow Wilson)이 제1차 세계대전 발발 이후 전쟁에 참여하지 않는 중립을 표방하면서 등장했다. Eric Rauchway, "How 'America First' Got Its Nationalistic Edge: When New

같이 사회적 다수가 소수를 탄압하는 배제의 이데올로기는 '신고립주의'를 낳기도 했다.

York media tycoon William Randolph Hearst wanted an American "motto" that would sum up his admiration for Hitler's governing style, he went with what is now Donald Trump's foreign-policy slogan," The Atlantic, May 6, 2016(www.theatlantic.com/politics/archive/2016/05/william-randolph-hearst-gave-america-first-its-nationalist-edge/481497/, 검색일: 2019년 2월 18일).
이어서 공화당 소속의 제29대 대통령 하딩(Warren G. Harding)이 1920년 후보 시절 선거운동을 하면서 모토로 채택했다. 이후 "America First" 구호는 1930년대부터 1941년까지 미국의 제2차 세계대전 참전을 반대하는 불간섭주의 압력단체 'America First Committee'의 등장으로 유명해졌다.
트럼프는 2016년 3월 『뉴욕타임스』와의 인터뷰에서 이 구호를 처음 채택했다. "America First" 구호는 실제로 미국 민족주의와 일방주의(American nationalism and unilateralism)를 강조하는 외교정책을 지칭한다. 자국중심주의·자민족중심주의라고 할 수 있다. 트럼프는 2017년 9월 19일 유엔총회 연설에서 "세계 독립 주권 국가들이 미국처럼 살기를 바라거나 똑같은 문화와 전통, 정부체제를 갖기를 원하지 않는다. 내가 미국 국익을 최우선으로 하는 것처럼 여러분도 자국 국익을 추구하라"라고 말했다. 여기서 표명된 '미국 우선주의 독트린'의 핵심은 미국의 주권과 안보를 위협하지 않는 한 정권교체를 추구하지 않는다는 일종의 '불개입주의 선언'이라고 해석되기도 한다. 정효식, 「미국 앞마당〈베네수엘라〉서 330만 명 탈출 … 트럼프 '군사개입' 만지작」, 『중앙일보』, 2019년 2월 18일자.
그러나 2019년 트럼프는 베네수엘라 마두로 정권의 교체를 기도하는 개입 노선을 표방했으므로 불개입주의 선언은 수사에 불과한 것이라는 해석도 가능하다. 그런데 시리아·아프가니스탄에서는 철수했으므로 불개입주의적인 면이 없지는 않다. 불개입주의·고립주의 선언인 먼로 독트린에서도 중남미는 자국의 텃밭으로 생각해 개입을 정당화하므로 중남미를 예외로 본다면 미국의 외교정책의 불개입주의·고립주의 기저가 변화한 것은 아니라는 상반된 해석도 가능하다. 베네수엘라에 개입할 것을 주장하는 트럼프의 주변 인물로는 부통령 펜스, 보좌관 볼턴, 그리고 베네수엘라 특사 에이브럼스 등이 있다. 볼턴은 아들 부시 행정부 시절부터 이란·이라크·북한을 '불량국가'로 지목해 정권교체론을 주장한 원조 개입주의자이다. 에이브럼스는 1981~1989년 국무부 민주주의·인권, 미주 지역 담당 차관보로 '이란-콘트라 반군 지원 스캔들' 당시 관련 정보를 의회에 숨긴 혐의로 유죄를 선고받았던 인물이다. 1982년 과테말라의 군부 쿠데타를 지지하고 엘살바도르 우익 군부 정권의 민간인 학살을 두둔한 전력도 있다. 그는 2002년 4월 차베스에 대한 군부의 사흘 쿠데타 당시 부시의 특별보좌관 겸 NSC 선임국장을 맡기도 했다.

부록 2 서뉴기니 사례

19세기에 네덜란드가 뉴기니섬의 서해안에 상관(商館)을 설치하고, 1885년 네덜란드와 영국·독일이 뉴기니섬을 분할해 네덜란드가 섬의 서반부를 네덜란드령 동인도(현재의 인도네시아)[1]에 병합했다. 1949년 인도네시아 독립전쟁이 종식된 후 네덜란드령 동인도 독립을 논의하기 위해 열린 헤이그 원탁회의에서 서뉴기니[네덜란드령 뉴기니; 네덜란드어: Nederlands Nieuw-Guinea(니우하위네아); 1949~1962년] 지역의 귀속 문제는 난항을 겪었다. 인도네시아는 서뉴기니 지역도 인도네시아로 귀속되는 것을 원했고, 서뉴기니 지역(네덜란드에 의해 기독교가 이식됨)에도 반네덜란드 독립투쟁은 있었지만 문화적·언어적으로 이질적인 인도네시아(회교문화권)에 통합되는 것도 당장 서뉴기니 주민들에게 만족스러운 해결책은 아니었다. 따라서 네덜란드는 서뉴기니 지역에서 토착민의 자치권을 인정하고 독립을 지원하며 한동안 지배체제를 유지하려 했다. 인도네시아는 서뉴기니에 대해 영유권 주장을 계속했으나 결국 '네

---

[1] 1850년대 영국인 얼(George Earl)과 로건(James R. Logan)이 동인도제도를 지칭하기 위해 인도라는 뜻의 'Indo'와 섬이라는 의미의 그리스어 'nesos'를 합성하면서 인도네시아(Indonesia)라는 명칭을 처음 사용했다. 이후 독일의 인류학자 바스티안(Adolf Bastian)이 마다가스카르와 타이완섬 사이에 위치한 도서들을 가리키는 개념으로 인도네시아를 사용하면서 학술적으로 널리 사용되었다. 기존에 사용되던 '네덜란드령 동인도제도'라는 말을 밀어내고 점차 대중화되어 1948년 자카르타의 네덜란드 식민지 행정부에서 공식적으로 인정되기에 이르렀다. 이는 오늘날 인도네시아의 국명이 되었고 인도네시아인들의 정체성 및 민족의식에 있어 중요한 명칭이 되었다. "네덜란드령 동인도", 〈나무위키〉(namu.wiki/w/%EB%84%A4%EB%8D%9C%EB%9E%80%EB%93%9C%EB%A0%B9%20%EB%8F%99%EC%9D%B8%EB%8F%84, 검색일: 2018년 12월 25일).

덜란드령 뉴기니'는 네덜란드의 속령으로 남았다.

네덜란드는 뉴기니섬 서반부를 지배하면서 1952년부터 파푸아인의 자치권과 자결권을 인정하고 독립 준비를 진행했다(이렇게 독립을 준비시켰다는 점에서 1520년부터 1975년까지 동티모르를 억압적으로 지배한 포르투갈과는 식민통치 양식이 다르다). 그러나 국경선 신성(神聖)의 원칙(Uti possidetis juristhe; principle of sanctity of frontiers)에 따라 이 지역의 영유권을 주장하는 인도네시아와 계속 대립했다. 서뉴기니에 지배권을 행사하는 네덜란드에 불만을 품고 있던 인도네시아는 1954년 네덜란드와 연방관계를 해체했다. 네덜란드는 약 5,000명에 달하는 교사를 파견했으며 이들은 정치와 상업, 일반 기술을 가르쳤다. 1955년 본토 해군사관학교 생도가 최초로 졸업했고 1956년 육군 제1부대가 창설되었다. 1959년 네덜란드령 뉴기니 전역에서 선거가 실시되었고 1961년 4월 6일 파푸아 의회가 신설되었다.

이 와중에 소련의 군사 원조를 받아 군비를 확장한 인도네시아 대통령 수카르노(Achmed Sukarno; 재임 1949~1967)가 1960년 네덜란드와의 국교 단절 및 무력에 의한 해결의지를 밝히는 한편 서뉴기니 문제를 유엔에 제소하고 네덜란드와 단교했다. 이런 상황을 견디다 못한 네덜란드가 1961년 12월 1일 파푸아 의회의 새 국기와 새 국가 채택을 승인하는 등 서파푸아공화국의 독립을 인정하자, 12월 18일 인도네시아군이 서파푸아를 침공해 네덜란드군과 충돌이 벌어졌다. 인도네시아에 대한 소련의 영향력 확대를 차단하려는 미국이 네덜란드와 인도네시아 양측을 중재해 서파푸아는 1962년 10월 유엔의 관리하에 놓였다. 유엔은 서뉴기니(이리안바라트)의 장래를 결정짓기 위한 국민투표를 1969년까지 실시한다는 조건 아래 1963년 5월 인도네시아에 주권을 이양했다. 이는 곧 서뉴기니의 인도네시아 합병을 의미하지는 않았으나 유엔

이관을 계기로 서파푸아가 인도네시아로 착착 넘어가는 수순이자 전기를 마련한 것이다.

　냉전시대 소련의 영향력을 차단하려는 미국이 개입해 네덜란드에 압력을 가했으며 서파푸아를 포기시키고 유엔에 넘겨 결국 인도네시아에 넘긴 전기를 마련했다. 서파푸아의 독립 무산은 냉전시대 국제정치에 희생당한 케이스인 것이다. 수카르노 통치 말기에는 점점 좌파로 기울어 도미노이론을 염두에 둔 미국을 불안하게 만들어 결국 수카르노는 서파푸아를 손에 얻기는 했지만 미국의 사주를 받은 수하르토에 의해 1967년 완전히 물러났다. 미국의 수카르노 제거작전이 성공한 셈이다.

　미국은 수카르노의 친중국·친소정책을 못마땅하게 생각해 1957~1958년 군사 쿠데타를 부추겼으나 실패한 후 1965년 공산당 쿠데타를 진압한 군부를 후원해 1966~1967년 수카르노 정권의 교체를 실현했던 것이다. 수하르토(Haji Mohammad Soeharto) 정부(1967~1998년 7차에 걸쳐 대통령 재임)가 강력한 반공주의를 채택해 친미적인 성향을 견지한 것에서 그의 등극을 미국이 후원했음을 알 수 있다.[2]

　인도네시아는 정부가 제정한 자유선택법에 따라 1969년 군대의 관리 아래에서 '조작된 주민투표'를 실시해 당시 파푸아인 80만 명의 의사를 무시하고 서파푸아를 자국 영토로 병합시키는 폭거를 저질렀다. 이 지역은 인도네시아의 일개 주(州)가 되었고, 주도는 자야푸라로 정해졌던 것이다.[3]

　이에 서파푸아인 사이에서 인도네시아로부터의 독립을 요구하는 자

2　서정균, 「인도네시아」「스하르토」체제의 1年間: 親中共政策에서 親西方」, 『시사』 58 (1968), 67-71쪽.
3　"이리안자야", 〈다음백과〉(100.daum.net/encyclopedia/view/b17a3238a, 검색일: 2018년 12월 24일).

유파푸아운동이 벌어졌다. 인도네시아 정부는 뉴기니인에 대한 만성적인 차별을 유지하고 뉴기니 독립파에 대한 학살을 벌였으며, 자바섬과 마두라섬 등에서 서뉴기니로 활발한 식민정책을 벌였다. 인도네시아는 1970년 이 지역을 군사작전 지역으로 지정해 독립운동을 군사적으로 탄압하는 한편, 120만 명 이상의 인도네시아인을 이주시켜 식민화했다.[4] 서뉴기니에 대한 제도적 차별과 탄압은 수하르토와 그의 신질서 체제가 붕괴하며 거의 사라졌지만, 서뉴기니는 여전히 인도네시아 중앙 정부에 대한 반감과 독립운동이 끊이지 않는 지역이며 파푸아 독립반군은 계속 활동했다.

2000년 새 국가 파푸아의 수립을 선언하는 서파푸아주민대회가 인도네시아 정국을 뒤흔드는 문제가 되었고, 인도네시아 정부가 2003년 2월 주민의 반대에도 불구하고 이 지역 북서부 도베라이를 이리안자야바라트주로 분할하면서 독립운동은 더욱 활발해졌다.

이리안자야(Irian Jaya)는 서뉴기니 서북부 비악섬(Biak)의 비악어로 '뜨거운 땅(의 사람)'을 뜻하는 '이리안'과 산스크리트어로 '승리'를 뜻하는 '자야'가 결합된 명칭이다. 그러나 이리안이라는 명칭이 최근에야 쓰이기 시작했고, 점령군이 강제하듯 명칭을 정해버렸다는 점이 문제가 되어 현지에서 큰 반발을 불러왔다. 이리안자야주는 결국 2002년에 중립적인 명칭인 '파푸아주'로 개칭되었으며, 2003년에는 파푸아주에서 서파푸아(파푸아바랏)주가 분리되었다.[5]

2006년에는 오스트레일리아 정부가 망명한 서파푸아 독립운동가들

---

4 한편 동뉴기니는 1975년 '파푸아뉴기니'로 독립했다.
5 "인도네시아의 역사", 〈나무위키〉(namu.wiki/w/%EC%9D%B8%EB%8F%84%EB%84%A4%EC%8B%9C%EC%95%84/%EC%97%AD%EC%82%AC, 검색일: 2018년 12월 24일).

에게 비자를 발급해 인도네시아와의 관계 악화로도 이어졌다.[6] 미국의 압력으로 성사된 서뉴기니에 대한 유엔의 과도적 관리가 1962년부터 짧게는 1963년 길게는 1969년까지 이어졌는데, 유엔이 개입했으므로 일종의 과도적 신탁통치로 볼 수 있다. 친소파 수카르노에 대한 미국의 견제로 서뉴기니의 과도적 관리가 독립으로 전환되지 못하고 반공주의자 수하르토 행정부 아래에서 인도네시아로의 귀속이 미국의 방관 아래 결정되었다. 외세에 의해 서뉴기니의 운명이 결정된 장면이다.

하나의 문화권이었던 뉴기니섬은 1884~1885년 제국주의 열강의 식민지 획득 야욕에 의해 네덜란드령 서뉴기니, 영국령 동남뉴기니, 독일령 동북뉴기니로 자의적으로 분할되었다. 제1차 세계대전 후 패전국인 독일령 동북뉴기니만 위임통치령으로 귀속되었으며, 제2차 세계대전 후 이 지역만 오스트레일리아 신탁통치령이 되었다. 신탁통치령이 된 것은 독립부여나 자치능력 배양과 같은 민족자결 원칙의 적용 결과가 아니라 당시 지배한 외세의 상황에 따른 자의적(편의적) 적용의 결과였다. 동북뉴기니는 탁치가 실시되면서도 동남뉴기니와 1949년 통일되었고 1975년 동북뉴기니의 신탁통치 종료와 함께 파푸아뉴기니로 독립했다.

미국의 압력에 따라 서뉴기니는 유엔의 과도적 관리를 거쳐 1969년 독립이 아닌 인도네시아로 귀속이 결정되었다. 전승국 네덜란드의 식민지였다는 이유로 신탁통치령으로 귀속되지 않았던 서뉴기니는 뒤늦게 유엔의 과도적 관리를 거쳐 독립이 아닌 새로운 지배자에 복속되는

---

6 "서뉴기니", 〈위키피디아〉(ko.wikipedia.org/wiki/%EC%84%9C%EB%89%B4%EA%B8%B0%EB%8B%88, 검색일: 2018년 12월 23일); "네덜란드령 뉴기니", 〈위키피디아〉(ko.wikipedia.org/wiki/%EB%84%A4%EB%8D%9C%EB%9E%80%EB%93%9C%EB%A0%B9_%EB%89%B4%EA%B8%B0%EB%8B%88, 검색일: 2018년 12월 23일).

운명에 처했다. 신탁통치 적용 여부도 외세에 의한 자의적·무원칙적인 결정이었고, 사실상의 과도적 신탁통치 종식 후 외세에 의해 자의적으로 그 판도가 결정되었다. 따라서 탁치가 실시되면서 루스벨트식 명분·이상(독립부여·민족자결)은 도외시되고 지배자의 현실적 이해에 좌우된 세력확보 수단으로 전락했다. 일관성이 결여되고 일견 모순적으로 보이는 변화무쌍하고 유동적인 모든 과정을 열강의 현실주의적인 세력확보책으로 해석하면 거의 모든 모순이 해소되어 일관성을 획득한다.

서뉴기니의 구 지배자 네덜란드는 새로운 압제자가 본격 등장하는 1960년대에 '서뉴기니의 해방자'로 그 이미지가 전변된다. 현재 서뉴기니는 여전히 인도네시아에 복속되어 독립이 요원하며 뉴니기섬의 동반부에 위치한 독립국 파푸아뉴기니와 분단된 상태이다.

부록 3 인도네시아 사례

1. 인도네시아 독립전쟁

    1942년 일본이 석유 생산지를 확보하고자 네덜란드령 동인도를 침략했다. 침략 전후로 인도네시아 원주민들 중 일부는 일본이 '대동아공영권' 구호대로 서양 침략자들(네덜란드 식민통치)로부터 인도네시아를 해방시켜줄 것이라고 믿기도 했다. 나치에 밀려 영국으로 망명한 네덜란드 정부의 약체성 등에 이러한 환상이 영합하고 인도네시아 독립운동가들의 네덜란드에 대한 저항이 잠시 주춤한 틈새를 이용해, 일본군은 인도네시아를 큰 저항 없이 접수했다. 일본제국은 인도네시아의 자원을 수탈하고 반서양 사상을 가르치며 일본제국에 동화시키기 위한 정책을 펼쳤다. 이러한 통치는 근본적으로 이전 지배국인 네덜란드와 다를 바가 없었으므로 현지 지식인들을 중심으로 저항운동이 계속 이어졌다. 1945년 8월 15일 일본이 연합군에 항복해 전쟁이 끝나자 8월 17일 저항군 지도자 수카르노(Achmed Sukarno)는 인도네시아공화국의 독립을 선언했다.

    그러나 이에 강력히 반발한 네덜란드는 프랑스가 베트남에서 그랬던 것처럼 인도네시아를 네덜란드령 동인도 식민지로 유지하기 위한 침략전쟁을 일으켰다. 이것이 '인도네시아 독립전쟁(인도네시아어: Sejarah Indonesia)'이다. 네덜란드는 자국의 군사행동을 "경찰행동(Politionele acties)"이라고 합리화하지만 국제적인 평가는 다르다. 이는 네덜란드의 제국주의적 속성과 야만성을 드러내어, 20세기 네덜란드 역사에 큰 오점이 되었다는 평가가 중론이다. 1587년 공화국을 수립하고 1648년 베스트팔렌조약(뮌스터평화조약; 협상은 1643년에 시작되어 1648년 5월 15일과 10월 24일 신성로마제국 베스트팔렌 지방의 두 도시, 오스나브뤼크와 뮌스터에서 체결됨)으로 독립을 인정받아 스페인과의 80년간의 독립전쟁을 극복한 자유와 관용의 상징 네덜란드가 인도네시아를 상대로 또 다른 압제를 했다는 것은 역사의 아이러니가 아닐 수 없다. 따라서 네덜란드의 제국주의가 꼭 선하다고만 볼 수는 없다고 할 것이다. 원래부터 선한 제국주의는 없다고 할 것이다. 만약 선하다면 식민지를 경영해 불필요한 수탈 논쟁에 연루될 필요도 없다.

4년 5개월에 걸친 인도네시아 독립전쟁에서 80만 명이 희생되었다는 통계도 있다. 특히 1947년 7월 21일 및 1948년 12월 19일 두 차례에 걸쳐 네덜란드 군대가 인도네시아를 침공해 대규모 군사 충돌이 두드러지므로 이를 콕 집어 독립전쟁으로 지칭하기도 한다(1947년 7월부터 8월까지 네덜란드군 16만 명이 자바와 수마트라에 투입되어 군사 활동을 벌였다). 그런데 일반적으로는 인도네시아와 네덜란드의 군사 충돌뿐만 아니라 네덜란드령 동인도에 진주한 영국군과 인도네시아 무장 조직의 무력 충돌, 인도네시아 국내에서의 반란 사건이나 정치 투쟁, 그리고 군사 충돌과 거의 동시에 진행된 네덜란드와 유엔의 외교교섭 등 인도네시아의 독립을 향한 일련의 정치 과정을 '인도네시아 독립전쟁'이라고 총칭한다. 또한 네덜란드 식민지 시대와 일본 군정기(1942~1945)에는 전통적인 영주층이나 귀족 계층이 위정자에 의해 권한이 보호되어왔지만, 1945년 8월 17일 독립 선언 후 인도네시아인 급진 청년층 및 군 세력에 의해 기득권 세력의 지위와 특권을 박탈하는 사회혁명(8월혁명)이 일어났다.[1]

결국 네덜란드는 1949년 인도네시아를 명목상의 네덜란드 연방(연합)으로 묶어두는 것에 만족하고 실질적인 독립을 인정하게 되었다. 네덜란드 본국[네덜란드령 뉴기니, 수리남, 네덜란드령 안틸레스(Nederlandse Antillen) 포함]과 인도네시아 간의 연합(Nederlands-Indonesische Unie, Uni Indonesia-Belanda)이 성립된 것이다.[2] 인도네시아는 1949년 독립을 '쟁취'했다고 할 수 있다. 80만 명이나 희생되었으므로 인도네시아 혁명가들의 피를 동반한 무장 동원 결과로 네덜란드는 독립을 승인할 수밖에 없었지만 결국 양보하기는 했다. 네덜란드 정부는 전쟁을 질질 끌지 않고 2~4년 안에 끝냈다. 이러한 양보 과정이 동시대에 인도차이나를 양보하지 않은 프랑스와는 외견상 달랐다고 볼 수도 있다. 그런데 그 배경에 미국이 있었다. 미국이 끝낼 것을 압박했으므로 결말이 난 측면이 강했다.

이 과정에서 네덜란드는 많은 비난에 직면했고 유엔의 중재로 독립을 승인할 수밖에 없었던 측면이 강했으므로 다른 유럽 제국주의자들과 크게 다른 것은 아니었다고 할 수도 있다. 그런데 1만 7,000여 개에 달하는 수많은 섬으로 이루어져 있어서 분열을 조장할 수 있었음에도 불구하고 벨기에(1830년 벨기에혁명으로 네덜란드로부터 독립했으므로 이전에는 네덜란드의 일부였고 네덜란드로부터 식민지 경략 방법을 배웠다고도 할 수 있다)의 루안다 통치와 같은 저급한 민족분열조장정책을 구사하지는 않았다.[3]

---

[1] "인도네시아 독립 전쟁", 〈위키피디아〉(ko.wikipedia.org/wiki/%EC%9D%B8%EB%8F%84%EB%84%A4%EC%8B%9C%EC%95%84_%EB%8F%85%EB%A6%BD_%EC%A0%84%EC%9F%81, 검색일: 2018년 12월 23일).

[2] 영연방을 모델로 하는 이 연합은 구상 단계부터 인도네시아 공화주의자들의 반대로 비판에 직면했으며 서뉴기니 문제를 둘러싼 갈등으로 인해 1954~1956년 와해되었다.

[3] 물론 섬과 섬 사이의 길이가 너무 길어서 효과적인 중앙집권이 불가능하며 군대 유지 비용이 많이 들므로 장기전에 나서지 못한 측면도 있다. 300년 이상을 통치하면서 앞으로 착취할 이득이 향후 지출할 (탄압용 군대 주둔) 비용 대비 면에서 효율적이지 못하다고 생각해 발을 뺀 측면도 있다.

이 전쟁에서 눈여겨봐야 할 부분은 다른 제국주의 국가들의 반응이다. 특히 영국(대영제국)은 원래 연합국의 일원이자 식민 제국주의 열강으로서 네덜란드의 동인도 재점령을 지지했다. 영국의 일부 양심적 인사들 중 식민지에서의 민주주의와 식민지인의 권리에 대해서 공감을 표하는 부류가 있기는 했다. 그러나 동인도제도 독립이 인접한 자국 식민지(말라야, 북보르네오 등)에 미칠 영향을 우려한 영국의 정계와 현실주의적 외교관들은 국가이익에 충실했으므로 인도네시아 독립을 처음부터 지지할 수는 없었다. 영국의 네덜란드 지지는 네덜란드령 동인도인의 독립 의지가 일부 토착 엘리트층에 국한된 문제였으며 식민지 민중들은 네덜란드의 합리적 통치를 여전히 원하고 있을 것이라고 영국 조야가 판단했기 때문인 측면이 있다. 이에 따라 제2차 세계대전이 끝나고 1945년 말 일반명령1호에 의거해 네덜란드령 동인도를 포함한 동남아 지역에 진주한 영국군[과 오스트레일리아군(보르네오, 영국령 동뉴기니 등에서 일본군 항복 접수)]은 인도네시아 독립투쟁을 단순한 국지적 소요로 치부하고 네덜란드를 도와 진압에 들어갔다.

그러나 수라바야에서 영국군은 독립 지지파의 완강한 저항에 직면하는데, 이 수라바야 전투(1945.10.27.~11.20.)에서 영국군은 12만 명에 달하는 독립군(10만 명 정도는 무장 수준이 빈약한 민병대)에 맞서, 최대 3만 명의 정규군 및 전차와 전투기를 동원해 힘겹게 승리했으며 그 과정에서 지휘관이었던 맬러비 준장까지 전사했다. 한편 중부 자바의 암바라와(Ambarawa)에서 벌어진 암바라와전투(1945.10.20.~12.15.)에서는 독립군의 조직적인 저항으로 독립군지역을 점령하지 못하고 패배해 퇴각하고 말았다. 이러한 결과를 직면한 영국은 동인도의 독립투쟁이 민중의 지지를 얻지 못했다는 판단을 유보하고 이에 대한 정보를 전면적으로 재점검했다. 그 와중에 설상가상으로 동인도에 배치된 인도 제국군 가운데 동인도 편으로 돌아서는 인도인까지 나오게 되었다. 결국 영국은 1946년부터는 네덜란드 지지를 철회하고 인도네시아의 독립투쟁을 외교적으로 지원하는 방향으로 돌아섰다.

네덜란드는 독립파와의 협상이 불만족스럽게 되자 1947년에 자바와 수마트라에서 12만 병력을 동원하여 전면 공세에 나섰다. 이 작전(Agresi Militer Belanda I, Operatie Product)은 네덜란드 측의 전략, 전술적 대성공이었고 인도네시아 측 사상자는 최대 15만 명에 달했지만 네덜란드 측 사상자는 6,000명 정도에 불과했다. 그러나 이미 이 정도로 커져버린 전쟁은 국제적 주목을 끌었고, 네덜란드도 독립파를 완전히 소탕해버릴 수는 없게 되었다. 네덜란드와 독립파는 1948년 '판모크선(線; Garis Van Mook)'에 따라 일단 '렌빌협정(Perjanjian Renville)'을 체결하고 휴전했다. 이에 따라 자바에서 바타비아, 수라바야, 보고르, 치르본, 스마랑, 말랑은 네덜란드 영역으로 남았고, 욕야카르타와 마디운 및 서부 일부 지역은 독립파 영역이 되었으며 네덜란드군은 독립파 영역에서 철수했다.

그러나 인도네시아 독립파에게 판모크선은 욕야카르타를 제외한 자바의 주요 대도시 전체를 네덜란드에 넘긴 불만족스러운 휴전선이었다. 따라서 네덜란드 지역에서 독립파의 물밑 공작은 계속되었다. 결국 1948년 12월 19일, 네덜란드 측에서 휴전을 먼저 깨뜨리고 자바 및 수마트라에서 독립파 지역으로 재공세에 나섰다(Agresi Militer Belanda II, Operatie Kraai). 여기서도 독립군은 막대한 사상자를 내며 전술, 전략적으로 패배하고 독립파의 수도 역할을 하던 욕야카르타가 점령되었다. 그러나 동인도의 상황이 연일 서방 언론에서 주목받았으며 네덜란드에 가해지는 국제적 압박은 더욱 거세어졌다.

미국은 심지어 네덜란드가 군사행동을 계속한다면 마셜플랜에 따라 네덜란드에 주어질 물자 지원을 연기할 수도 있다는 의사를 네덜란드 측에 전하기에 이르렀다. 미국이 결정적인 한 방을 날린 셈이다. 1948년 12월 24일 유엔 안전보장이사회는 공식적으로 네덜란드에 적대행위 중지를 요구하고, 1949년 1월에는 독립 인도네시아공화국 정부를 재수립시키도록 요구했다. 일단 자바에서는 1948년 12월 31일, 수마트라에서는 1949년 1월 5일 휴전이 이루어졌다.

한편 독립군 측에서는 연이은 패배에도 불구하고 독립군 세력이 아직 완전히 소멸하지 않았다는 것을 국제사회에 알리기 위해, 네덜란드 지배하의 욕야카르타에 대한 공세를 취해야 한다는 안을 논의했고 내부적인 지지를 획득했다. 이 안에 따라 1949년 3월 1일 인도네시아군이 욕야카르타를 공격했으며, 독립 지지파였던 욕야카르타 술탄 하믕쿠부워노 9세(하멩쿠부워노 9세)는 궁전을 독립군의 은신처로 제공했다. 이 공세는 전술적으로는 인도네시아군의 패배였지만 미국, 영국, 소련을 비롯한 국제사회에서는 오히려 반네덜란드 여론을 자극하게 되었으며, 결과적으로 네덜란드군이 욕야카르타에서 철수하는 외교적 승리로 끝났다. 이에 따라 독립파는 네덜란드와의 협상에 확실히 유리한 입장을 취할 수 있었다. 1949년 5월 7일의 룸·판로이연협정(Perjanjian Roem-Roijen, Van Roijen-Roem-verklaring)에서 독립군과 네덜란드군은 상호 적대행위를 완전 중단하고, 상호 인정하에 원탁회담을 개최하기로 합의했다. 적대행위 전면 중지는 1949년 8월에 발효되었으며, 8월 23일부터 10월 31일 간 헤이그 원탁회의가 열렸다.

수카르노 등 인도네시아 지도자가 참가하고 네덜란드 수상이 주재한 헤이그 원탁회의의 결과, ① 뉴기니 서부를 제외한 구 네덜란드령 동인도 지역에 인도네시아합중국(Republik Indonesia Serikat)을 수립하고, ② 네덜란드는 인도네시아합중국의 주권을 인정하며, ③ 인도네시아합

중국, 네덜란드령 뉴기니(서뉴기니), 네덜란드 및 그 속령은 네덜란드 여왕을 원수로 하는 네덜란드 연합(연방)에 속한다는 합의가 도출되었다. 이에 따라 네덜란드가 1949년 12월 27일 공식적으로 서뉴기니를 제외한 동인도 지역의 주권을 인도네시아 합중국에 이양함으로써 인도네시아 독립전쟁이 종결되었다.

비슷한 시기 베트남을 재점령하려고 했던 프랑스의 사례와 달리 전쟁에서도 우위였던 네덜란드가 압박받아 철수한 것은 역사의 아이러니인데 이는 냉전이라는 국제정치적인 상황이 주로 작용했기 때문이기도 했다. 일단 베트남을 장악했던 프랑스는 네덜란드보다 힘이 강한 유엔 상임이사국이면서 강대국이었다. 프랑스도 국제적인 조건과 여론 속에 있기는 마찬가지였지만 국력의 크기가 네덜란드보다 막강했으므로 이를 극복할 수 있었다. 또한 베트남은 공산주의를 표방했던 베트민이 독립운동의 주역인 반면 인도네시아는 공산주의 단체가 일본의 침략 전에 이미 네덜란드의 탄압으로 힘을 못 쓰고 있었고 이후 수카르노를 주축으로 한 민족주의 단체가 독립운동을 이끌어 공산화 염려가 적었기 때문이다. 베트남은 중국 대륙과 인접한 지리적 위치로 인해 공산화 위기가 컸던 반면, 지리적으로는 비교적 고립된 섬나라 인도네시아는 그렇지 않았으므로 미국도 네덜란드를 압박해 식민지를 포기하게 만들 수 있었다.[4]

냉전 초기 외교정책 목표가 공산주의 봉쇄에 있었던 미국은 중심지 서유럽에 집중했으며 상대적으로 공산화 우려가 컸던 베트남에 힘을 분산시켰고 인도네시아는 여력이 없기도 했고 공산화의 가능성이 적다고

---

[4] "인도네시아의 역사", 〈나무위키〉(namu.wiki/w/%EC%9D%B8%EB%8F%84%EB%84%A4%EC%8B%9C%EC%95%84/%EC%97%AD%EC%82%AC, 검색일: 2018년 12월 24일).

판단해 네덜란드를 압박했던 것이다. 당시 인도네시아 민족주의가 승리한 요인을 따져보면 국제적인 여건이 첫 번째였고 자체적인 투쟁 의지가 두 번째였다고 평가할 수 있다. 물론 투쟁 의지가 없었다면 전쟁이 시작될 수도 없었으므로 이는 근본(근원)적이며 원초적인 승인이며 전제 조건인 것은 맞지만 말이다.

2. 네덜란드의 동인도경영

독립전쟁 전에는 벨기에나 포르투갈에 비해 비교적 선한 제국으로 인정되는 네덜란드도 식민지 개척 초기에는 분열정책을 구사했다. 1511년 포르투갈인이 몰루카제도(향료제도)에 상륙했고, 뒤이어 스페인인·네덜란드인·영국인이 도착하여 현지 통치자들을 서로 적대하게 하는 방법(divide and rule)을 통해 쉽게 지배권을 장악했다. 또한 독립파와 자치파가 반목해 독립투쟁의 동력을 약화시켰던 것이다.

네덜란드의 통치는 외형적으로 인도네시아를 번영시켰으나, 내부적으로는 여러 문제점을 낳았다. 그중 특히 심각했던 것은 빈곤이다. 네덜란드인 관리들과 토착 지주들, 고리대금업자들은 부를 누렸으나, 농민들은 식민본국의 정책에 소외되어 빈곤을 면치 못했고 이들의 불만이 증대되었다. 또한 19세기 말부터 네덜란드를 비롯한 제국주의 열강들이 식민지에 수립한 교육 시설과 시스템은 도리어 식민지 지식인 소수만이 혜택받고 다수의 민중이 소외받는 현실에 눈을 뜨게 해주었다. 이때 벌어진 대표적인 민족주의운동으로는 1908년 5월 20일 창설된 인도네시아 최초의 민주주의 단체 부디 우토모(Budi Utomo)가 있다. 그러나 네덜란드는 이들의 자치, 독립적추진 분위기를 용납하지 않았고 본

국과 식민지인들 사이의 마찰은 네덜란드령 동인도제도가 독립할 때까지 지속되었다.[5]

1568년부터 1648년까지 스페인과의 80년 전쟁을 통해 네덜란드는 독립했다.[6] 그 와중인 17세기 초인 1602년 새로운 유럽 세력인 네덜란드 동인도회사가 인도네시아군도로 진입했다. 네덜란드가 1619년 자카르타를 손에 넣고 네덜란드령 바타비아로 개칭함에 따라 300여 년에 걸친 네덜란드령 동인도 시대가 시작되었다. 동인도회사[VOC; Vereenigde Oost-Indische Compagnie; 1600년에 법인으로 인정된 경쟁사 '영국 동인도회사(EIC; East India Company)'보다 출범은 늦었지만 수익 면에서는 앞섰다]는 세계 최초의 주식회사이자 세계 최초의 다국적기업임과 동시에 17세기 세계 최대의 회사로 성장했다. 네덜란드 동인도회사는 후추 무역으로 얻은 자산의 대부분을 투자해 네덜란드령 동인도(인도네시아), 말라카, 스리랑카, 일본 나가사키(데지마; 出島), 타이완섬, 중국 광저우는 물론 페르시아, 아프리카 남단(후에 남아프리카 공화국이 됨; 1652년 케이프타운 건립)에 상관(商館)을 설치했다. 이러한 상관을 통

---

5   "네덜란드령 동인도", 〈나무위키〉(namu.wiki/w/%EB%84%A4%EB%8D%9C%EB%9E%80%EB%93%9C%EB%A0%B9%20%EB%8F%99%EC%9D%B8%EB%8F%84, 검색일: 2018년 12월 25일).
6   1517년 합스부르크 왕가의 카를(1519년 신성로마제국 황제에 오른 카를 5세; Karl V Kaiser des Heiligen Romischen Reiches)이 스페인을 통치하기 위해 입국한 이래로 스페인의 지배를 받던(합스부르크령 네덜란드 플랑드르 겐트에서 출생한 카를 5세가 스페인 왕으로 즉위한 경우에는 네덜란드의 지배자가 스페인 왕을 겸한다고 보는 것이 더 합당하다는 해석도 있다) 네덜란드는 1568년 스페인과의 본격적인 전쟁을 개시했다. 1581년 7월 26일 독립을 선언하고 1587년 네덜란드 7개 주 연방공화국(Republiek der Zeven Verenigde Nederlanden; the Republic of the Seven United Netherlands), 즉 '네덜란드공화국'을 출범시켰다. 80년 전쟁 끝에 1648년 스페인으로부터 완전히 독립한 후 17세기에 자유로운 종교와 정치체제를 바탕으로 무역업을 융성시켜 황금시대를 열었다.
7   주경철, 『대항해 시대』(서울대학교 출판문화원, 2008), 96쪽.

해 아시아와 중개무역을 했고 결국 부를 축적할 수 있었다. 네덜란드인들은 유럽의 화물운송업자들로 통칭되기도 했던 것이다.[8]

초기 네덜란드 세력은 무역항 일부만을 장악하고 토착 세력들과 협력하거나 대립하며 상업 활동을 벌였다. 그러면서 네덜란드는 기존의 포르투갈 영역을 적극적으로 잠식하여 17세기 중반에는 도미니코회의 영향권하에 플로레스섬, 솔로르섬, 티모르섬 등 동부지역만이 포르투갈 영토로 남았다.

네덜란드 세력은 기타 군도지역에서는 상업적 이윤만이 주 관심사였으나, 인구가 많고 인구 부양력이 큰 자바섬과 역시 인구가 많고 전략적·경제적 가치가 큰 수마트라섬 지역은 정복과 장기적인 영유를 목적으로 했으며, 17세기 중·후반부터 적극적인 팽창 정책이 조금씩 빛을 보기 시작해 18세기 중반에는 자바섬에서 가장 강력한 마타람 술탄국을 보호국화하는 데 성공했다. 네덜란드 동인도회사는 결국 자바, 몰루카제도에 대한 식민지지배권을 획득하고 바타비아(지금의 자카르타)에 회사를 설립했던 것이다. 1806~1811년 프랑스 통치기와 1811~1816년 영국령 자바(British Java)의 시기[9]라는 공백기를 거쳐

---

8   Leonard Blusse, 「만남과 발견: 극동 아시아에서의 네덜란드 동인도 회사의 활동(The VOC in the Far East: Encounters and Discoveries)」, 『동방학지』 122(2003), 98-99쪽, 102쪽; "네덜란드령 동인도 회사", 〈나무위키〉(namu.wiki/w/%EB%84%A4%EB%8D%9C%EB%9E%80%EB%93%9C%20%EB%8F%99%EC%9D%B8%EB%8F%84%20%ED%9A%8C%EC%82%AC, 검색일: 2018년 12월 25일).
9   프랑스혁명으로 유럽의 정국이 혼란스러워지자 네덜란드는 나락에 빠졌다. 나폴레옹 보나파르트의 등장과 그가 주변 유럽국과 벌인 나폴레옹 전쟁으로 인해 네덜란드는 프랑스의 침공을 받고 점령되어 1795년 '바타비아공화국(네덜란드어: Bataafse Republiek; 프랑스 제1공화국의 자매공화국)'이라는 프랑스 괴뢰국이 되었다. 네덜란드 애국주의자들이 네덜란드 왕당파로부터 권력을 이양받고 네덜란드 지역에 바타비아공화국을 수립했던 것이다. 프랑스 제1공화국은 1795년 5월 16일 바타비아공화국과 상호방위조약을 체결했다. 영국은 이 조약이 체결되자 즉각 반발하며 바타비아공화국에 선전포고하고 전 세계의 네덜란드 식민지를 공격했다. 또한 영국으로 도피한 네덜란드의 오라녜

1824년 영국·네덜란드조약으로 동인도 제도에 대한 배타적 지배권을
확보한 후,[10] 자바전쟁(1825~1830)과 그 이후의 식민지 착취[11]라는 우

---

[10] 공 빌럼 5세는 영국에 대프랑스 공동전선을 제안하는 과정에서 식민지의 일부를 영국에 양도할 수밖에 없었다. 이 가운데에는 케랄라 지역의 네덜란드령 말라바르(1795)와 네덜란드령 실론(스리랑카 서남해안 지역, 1796)이 있었다. 이렇게 영국의 공격과 망명 군주 빌럼 5세의 공여로 네덜란드는 동인도를 제외한 대부분의 식민지에서 영향력을 상실했다. 18세기 말까지 전 세계적으로 네덜란드 식민제국의 세력은 절정에 달했으나 이제 급격히 쇠퇴하는 계기가 되었던 것이다. 급기야 1806년까지 동인도에 존재했던 네덜란드 정부의 영향력도 완전히 없어졌다. 1806년 빌럼 5세가 영국 망명지에서 사망하고 프랑스의 황제 나폴레옹 1세가 동생 루이 보나파르트를 네덜란드 국왕으로 임명해 '홀란트 왕국(프랑스 제1제국의 위성국)'을 세우면서 네덜란드가 프랑스에 완전 복속되었기 때문이다. 1806부터 1811년까지는 프랑스제국과 대립하던 영국이 함대를 보내 자바를 점령한 시기로 네덜란드령 동인도는 네덜란드가 아닌 프랑스가 통치했으며, 1811년부터 1816년까지는 영국이 자바를 통치했으므로 역시 네덜란드령 동인도의 공백기이다. 나폴레옹 보나파르트가 몰락하면서 네덜란드는 다시 독립했고, 1816년 영국으로부터 동인도 식민지를 돌려받았다.

[10] 1816년 영국령 자바가 반환된 후 잠시 본국으로 귀환했던 영국의 래플스는 1818년 영국령 벤쿨렌[Bencoolen; 인도네시아어 Bengkulu(븡쿨루); 영국의 수마트라 식민지]의 총독으로 부임해 동인도로 돌아왔다. 래플스는 조호르 술탄국의 내분을 틈타 조호르 술탄에게서 1819년 2월 6일 싱가포르를 받아 이곳에 새로이 무역항을 건설한 후, 싱가포르의 지정학적 중요성에 주목하여 븡쿨루와 싱가포르를 오가면서 영국의 이권 확보에 주력했다. 래플스는 이 과정에서 아체 술탄국과 조호르 술탄국에 영국의 영향력을 확대하려 노력했으므로 네덜란드와 다시 경쟁할 수밖에 없었다. 당시 네덜란드는 인근의 자바, 수마트라, 보르네오 등지뿐 아니라 말레이반도 지역에도 믈라카(네덜란드령 1641~1795, 영국령 1795~1818, 네덜란드령 1818~1824)를 거점으로 하여 세력권을 유지하고 있었기 때문이다. 그러나 당시 네덜란드와 영국 대립은 전쟁대신 외교 교섭에 의해 절충안이 마련되어 진정되었다. 1824년 영국-네덜란드조약이 체결되었던 것이다. 이를 통해 네덜란드령 벵골, 네덜란드령 코로만델, 네덜란드령 구자라트 등 기존의 네덜란드령 인도가 영국으로 전부 양도되고, 믈라카를 비롯해 말레이반도의 네덜란드 거점도 영국으로 양도된 반면, 븡쿨루 지역을 포함한 수마트라와 방카블리퉁제도의 영국 식민지는 모두 네덜란드로 양도되었고, 리아우제도와 수마트라섬(암묵적으로 아체 술탄국까지도 포함)에 대한 네덜란드의 세력권 확보 움직임에 영국이 개입하지 않기로 함으로써 양 식민제국의 세력권이 확정되고 영국-네덜란드 대립은 일단락되었다. 네덜란드는 이때 네덜란드령 인도를 완전히 상실함으로써 유일한 아시아 식민지로 남은 네덜란드령 동인도에 관리 역량을 더욱 집중할 수 있게 되었다.

[11] 1825년 마타람의 후계 번왕국 중 하나인 욕야카르타 술탄국의 왕자 디파느가라(인도네시아어: Pangeran Diponegoro)가 반란을 일으켜 자바전쟁(Java War, Java-oorlog, 1825~1830)이 발발했다. 영국령 인도의 세포이 항쟁과도 비견되는 이 전쟁에서 네덜

여곡절을 거쳐 네덜란드는 이 지역에 대해 경제적·정치적 지배권을 확립했고, 계속 이 지역에서 지배권을 행사했다.

1602년 네덜란드 동인도회사가 설립되어 동인도 제도에 진출한 때부터 1799년까지는 '네덜란드 동인도회사의 통치기'이다. 1799년 12월 31일 네덜란드 동인도회사가 재정적 실패로 해산되고 네덜란드 정부가 1800년 1월 1일부터 동인도회사가 소유한 영토를 네덜란드령으로 국유화해 1949년 독립될 때까지 다스린 두 번째 시기는 '네덜란드령 동인도'의 시기로 불린다. 첫째와 둘째를 뭉뚱그려 1602~1949년을 네덜란드령 동인도의 존속 기간으로 보기도 한다.

한편 1927년에 수카르노를 총재로 한 인도네시아 국민당(PNI; Partai Nasional Indonesia)이 결성되어 네덜란드로부터 독립을 꾀했으나 1929년

란드는 결국 힘겹게 승리하고 디파느가라 왕자를 체포하는 데 성공했다. 그러나 이 시기 유럽에서는 급박한 정세 변화로 벨기에혁명(1830년 8월; 벨기에독립전쟁)이 일어나 네덜란드는 두 전쟁의 전비와 후처리 비용을 충당하는 데 천문학적인 비용을 쓰게 되어 심각한 재정 위기를 맞았다. 이러한 재정 위기를 극복하기 위해 네덜란드령 동인도 총독 판던보스(Johannes van den Bosch)는 강제재배/강제경작 제도(Cultivation System, 네덜란드어 cultuurstelsel)를 실행했다. 강제경작 제도는 식민지 농민들에게 강제적으로 국제 상품(차, 커피, 담배, 사탕수수, 쪽 등)을 생산시켜 본국에 독점적으로 판매하는 일종의 플랜테이션(Plantation), 즉 재식농업 형태이다. 네덜란드 본국은 이렇게 경작한 작물을 헐값에 사들여 유럽에 판매함으로써 급속히 재정을 회복했다. 반면 강제경작 작물을 위해 자신들의 농토 일부(5분의 1~3분의 1)를 강제로 할당하고, 1년 중 60일 이상을 그 땅의 작물을 위해 노동해야 하는 식민지 원주민들은 노동력 착취와 함께 작물도 거의 수탈에 가까운 헐값에 팔아야 했고, 강제경작 작물로 인해 주식인 쌀 재배면적이 급속히 줄어들어 식량난과 함께 생활은 더욱 궁핍해졌다. 강제경작 제도는 이러한 부작용 때문에 식민지 농민들의 강한 저항과 함께 본국의 지식인과 중산층들에게 많은 비판을 받게 되었다. 이에 따라 강제재배 정책은 서서히 완화되다가 네덜란드 본국의 재정이 회복된 이후인 1870년 완전히 폐지된다. 네덜란드는 회복된 재정을 산업혁명에 투자하면서 재기하는 데 성공하고 이로 인한 탄탄한 재정을 바탕으로 1848년 발리, 1849년 보르네오, 1873년에 수마트라를 점령해 완전히 확보하는 데 성공했다. 이로써 인도네시아 일대를 아우르는 거대한 식민지를 구축할 수 있었다. "인도네시아의 역사", 〈나무위키〉.

수카르노를 비롯한 지도자급 인사들이 검거되었을 뿐 실패로 끝났다.[12] 이렇듯 네덜란드는 독립운동에 대한 탄압도 했다.

또한 제2차 세계대전이 발발한 이후 네덜란드 본국이 1940년 나치 독일의 침공으로 점령되자 네덜란드 왕실을 주축으로 망명정부가 수립되어 영국으로 망명했다. 네덜란드령 동인도 제도는 영국 망명정부의 관리들이 계속 통치했으나 1941년 태평양 전쟁이 발발하고 1942년 일본 제국이 석유 생산지를 확보하고자 네덜란드령 동인도 제도를 침략하자 망명정부의 관리들은 1942년 3월 8일 항복하고 동맹국인 오스트레일리아 등으로 피신했다. 따라서 1942~1945년까지도 일본점령기로 빠진다. 또한 1945년 독립선포부터 1949년까지 독립전쟁기를 인도네시아 역사가들은 역시 네덜란드령 동인도의 시기에서 제외한다.[13]

다시 1949년의 상황으로 돌아오면 1949년 12월 27일 네덜란드-인도네시아 원탁회의 결과 네덜란드령 동인도가 자치권을 얻음으로써 성립된 자치공화국 '인도네시아합중국'을 결국 인정하여 승인했으며 이는 1950년 8월 17일 대통령 수카르노의 완전 독립 선언에 의해 해체되고 '인도네시아공화국'으로 계승되었다. 객관적인 전력 면에서는 우세했음에도 불구하고 국제사회의 압력에 못 이겨 양보했으므로 네덜란드의 식민정책은 영국이나 포르투갈, 프랑스에 비해 상대적으로 온건한 편이라고 평가할 수 있는 면이 없지 않다.

그런데 1885년 이래로 네덜란드령 동인도의 일부분이었던 서뉴기니인들은 1949년 인도네시아 독립 당시 지역민의 뜻을 내세워 인도네시아로부터 분리독립을 추진하는 네덜란드의 이간책에 추수(追隨)했다. 인

12　"인도네시아의 역사", 〈다음백과〉(100.daum.net/encyclopedia/view/b18a1031b006, 검색일: 2018년 12월 24일).
13　주경철(2008), 앞의 책, 111쪽; "네덜란드령 동인도", 〈나무위키〉.

도네시아는 이를 통일시키기 위해 전쟁을 불사했으며 역시 미국의 개입으로 네덜란드는 이 지역을 포기했다. 계속해서 서뉴기니에 대해 지배권을 행사하는 네덜란드에 불만을 품고 있던 인도네시아는 1954년 네덜란드와 연방(연합)관계를 해체하기까지 했다. 네덜란드-인도네시아 연방(연합)은 명목상으로 1956년까지 존속했다. 수카르노가 점차 의회민주주의에 비판적인 의견을 드러내며 교도(敎導)민주주의 시기(1957~1966)로 이행하는 와중에, 인도네시아가 연합에서 탈퇴함으로써 네덜란드-인도네시아 연합은 1956년 완전히 소멸되었던 것이다.

　지금 현재는 서뉴기니에서 분리독립운동의 분위기가 이어지고 있으며 오히려 인도네시아가 제국주의적으로 병합·복속했다는 평가가 있다. 인도네시아의 입장에서는 통일이고 서뉴기니의 입장에서는 인도네시아의 압제로부터의 해방운동 과정이라고 할 수 있다. 그렇다면 네덜란드는 인도네시아와 서뉴기니의 압제자였으며 1960년대 이래로는 서뉴기니의 해방자로 여겨질 수 있다. 이렇듯 물 흐르듯 흐르는 역사는 유동적이며 상황에 따라 적이 동지가 되어 "영원한 적도 영원한 친구도 없다"라는 것이 국제사회의 철칙이기도 한다. 따라서 고정적인 시각을 탈피하는 것이 필요하다.

3. 네덜란드 서인도제도

현재 카리브해에 있는 네덜란드령 서인도제도 중 네덜란드왕국의 구성국으로서 자치권이 부여된 해외 영토인 ACS제도[네덜란드어 ACS-eilanden; 아루바(Aruba)와 퀴라소(Curaçao),[14] 신트마르턴(Sint Maarten)[15]으로 구성]와 네덜란드 본토로서 자치권이 없는 네덜란드왕국 직할령(special municipalities of Holland)인 보네르섬, 사바섬, 신트외스타티위스섬(이상 세 섬은 '카리브 네덜란드'로 BES제도로 약칭됨)과 같은 작은 도서(島嶼)가 네덜란드의 영역에 속해 식민지의 잔재로 존재할 뿐이다.

이들 6개의 섬은 한때 네덜란드령 안틸레스(Netherlands Antilles)[16]로 불렸다. 베네수엘라 근해의 속칭 ABC제도[아루바(1986년 1월 1일을 기해 네덜란드령 안틸레스에서 이탈해 별개의 자치령이 됨), 보네르섬, 퀴라소]와 리워드 제도인 속칭 SSS제도[사바섬, 신트마르턴(세인트마틴섬의 남부; 북쪽은 프랑스령이므로 분단된 섬. 1648년 네덜란드가 스페인에서 독립하면서 프랑스와 네덜란드가 세인트마틴섬을 북쪽과 남쪽으로 분할하는 데에 합의), 신트외스타티위스섬]로 구분되기도 했으나 네덜란드령 안틸레스는 1985년 12월 31일, 2007년 6월 30일, 2010년 10월 10일 순차적으로 해체되었다.[17]

---

14 17세기 네덜란드 식민지가 되었다. 당시 네덜란드 서인도회사는 대서양 노예무역으로 큰돈을 벌었다. 양지호, 「퀴라소」, 『조선일보』, 2019년 6월 7일자.

15 2007년 6월 30일 네덜란드 안틸레스라는 영토 단위가 해체되면서 신트마르턴은 퀴라소 섬과 함께 2007년 7월 1일부터 네덜란드의 해외 영토가 되었다가 2010년 투표를 통한 주민 뜻에 따라 네덜란드왕국을 구성하는 자치국이 되었다. "신트마르턴", 〈시사상식사전〉(terms.naver.com/entry.nhn?docId=1006657&cid=43667&categoryId=43667, 검색일: 2019년 6월 6일).

16 안틸레스제도는 쿠바·히스파니올라섬(아이티·도미니카공화국으로 1844년 분리)·자메이카·푸에르토리코섬(미국의 자치령) 등 4개 섬으로 구성된 대(大)안틸레스제도와 버진아일랜드·도미니카·윈드워드·리워드·퀴라소 등으로 구성된 소(小)안틸레스제도로 구분된다.

17 "신트마르턴", 〈시사상식사전〉.

4. 네덜란드 기아나

이 외에 네덜란드령 기아나(Guiana, Guyana, Guayana)가 있다. 기아나 지역 역사도 제국주의의 복잡한 침탈로 얼룩져 있다. 남아메리카 북부의 연안지역을 가리키는 기아나 지역은 하나의 권역으로 묶일 수 있지만, 외세에 의해 분할된 경우이다. 먼저 영국인이 1650년경에 수리남강의 서쪽 강둑에 사탕수수와 담배농장을 세우며 오늘날 파라마리보(Paramaribo)라고 알려진 정착지를 건설했다. 1650년대 영국인들을 필두로 네덜란드, 포르투갈, 아프리카 출신 노예들이 이주해 왔다. 이후 영국·네덜란드 전쟁이 발발하고 기아나 지역을 둘러싼 영국과 네덜란드의 영유권 분쟁이 불붙었으나 1667년 브레다조약을 통해 기아나 지역은 네덜란드령으로 인정받았다. 네덜란드인들은 농장을 확장하기 위해 서부 아프리카의 노예를 수입했다. 이후 나폴레옹전쟁 시기에 네덜란드의 행정력이 약화된 틈을 타 영국이 잠시 네덜란드령 기아나를 지배하기도 했다.

1954년 네덜란드는 수리남의 외교, 국방을 장악한 상태에서 네덜란드령 기아나를 네덜란드왕국 헌장에 따른 네덜란드왕국의 구성국인 '수리남'으로 승격시키면서, 식민지로서의 네덜란드령 기아나는 종결되었다. 1975년 11월 25일을 기해 수리남은 독립국가가 되었다. 이렇듯 아프리카 출신 노예들을 동원해 수탈한 것은 유럽제국주의의 전형을 보이지만 동쪽에 있는 프랑스령 기아나는 아직도 독립되지 못했음과 비교된다. 다만 서쪽에 있는 가이아나는 구 영국령 기아나로서 수리남과 비슷한 과정을 거쳐 독립되었다. 즉, 영국령 기아나에는 제2차 세계대전 후 주민의 자치 요구가 드높아져, 1953년 자치를 전제로 입법 의회 선거가 실시되어 자치정부가 성립되었으나, 영국이 무효화하여 헌법을 정지시켰다. 3회에 걸쳐 영국은 군사적인 탄압을 단행했다. 1961년 새 헌법이 공포되었고, 1966년 독립국가가 되었다. 이 과정에서 미국 케네디 행정부의 중앙정보국(CIA)은 영령 기아나가 제2의 쿠바가 되는 것을 막기 위해 공산주의에 경도될 것으로 우려되는 제이건(Cheddi Jagan)의 집권을 1964년 비밀리에 저지하는 데 성공했다.[18]

과야나 지방은 베네수엘라의 행정 구역이다(구 스페인령 기아나). 그리고 가이아나(구 영국령 기아나), 수리남(구 네덜란드령 기아나)이 있으며 프랑스령 기아나는 프랑스의 해외 레지옹(region; 지역) 가운데 하나이다. 또한 아마파주는 브라질의 주이다(구 포르투갈령 기아나). 식민모국이 각각 스페인, 영국, 네덜란드, 프랑스, 포르투갈이었기 때문에 하나의 광활한 지역이 분할되었던 것이다.

그런데 비교적 수탈에 강해 약한 제국주의 국가로 간주되던 스페인과 포르투갈은 국력이 일찍 쇠잔해 유럽의 2등국으로 전락했으므로 그들의 기아나 지역 식민지를 각각 베네수엘라와 브라질에 돌려줄 수밖에 없었다. 반면 2등국으로 전락할 수 있던 소국 네덜란드는 상업국가·부국으로서의 기반을 계속 유지할 수 있었던 터라 강대국과 소국 사이의 중간적 지위에서 식민지를 비교적 오랫동안 유지할 수 있었다. 또한 네덜란드는 비교적 온건한 제국주의적 정책을 추구했는지 자치를 부여해 비교적 무난하게 독립으로 연착륙시켰던 경우가 많았고 카리브해 지역에서는 독립의 바람 속에서도 영향력을 보존할 수 있었다. 물론 도서지

---

[18] John Prados and Arturo Jimenez-Bacardi, eds., "CIA Covert Operations: The 1964 Overthrow of Cheddi Jagan in British Guiana," *National Security Archive Electronic Briefing Book* #670, Published: Apr 6, 2020(nsarchive.gwu.edu/briefing-book/intelligence/2020-04-06/cia-covert-operations-overthrow-cheddi-jagan-british-guiana-1964?eType=EmailBlastContent&eId=9fedecba-8923-40a0-b5da-b6f30dc3bbb8, 검색일: 2020년 4월 7일).

그림 13 **기아나**(Guiana, Guyana, Guayana)
※ 출처: 〈나무위키〉.

역은 독립하기 위한 자립적인 기반이 부족해 계속 식민모국의 영향권에서 벗어날 수 없었던 측면도 있었다. 이는 계속 미국의 영향력 아래 있는 미국의 서태평양 신탁통치령과 유사한 경우이다.

부록 4 소말릴란드 사례

　구 위임통치령 외에 신탁통치가 실시된 곳은 이탈리아 점유지 중 소말릴란드(현재의 국명 소말리아 중 인도양 연안의 남부)뿐인데 이탈리아의 단독 신탁통치가 유엔 감독하에 실시되었다. 소말릴란드는 교역·항로의 중심지라는 지정학적인 측면에서는 전략적 가치가 있으나 부존자원이 없고 다양한 부족이 분열하고 있어 정정이 불안해 관리 비용이 많이 들 것으로 예상되던 곳이었다. 냉전시대 소련의 이탈리아 아프리카 점유지에 대한 관심을 차단하기 위해 미국 등 서방진영은 구 식민종주국 이탈리아를 복귀시키기에 이르렀던 것이다. 원래 패전국의 식민지는 그로부터 분리시켜 국제적 신탁통치를 실시하는 것이 원칙이었지만 일국 신탁통치로 변질시키면서 패전국의 점유를 인정하는 최악의 방안을 추진했던 것이다. 제2차 세계대전 전에 이탈리아가 점유했던 아프리카의 지역 3곳 중 에리트리아[1941년부터 이루어진 영국 점령하의 통치(이를 실질적인 신탁통치로 보기도 한다)가 1952년까지 용인되었다], 리비아[다시 3분되어 각각 군사행정(영국이 시정하는 치레나이카·트리폴리타니아와 프랑스가 시정하는 페잔)이 시행됨]를 제외한 소말릴란드만이 이탈리아의 신탁통치가 실시되었던 것이다. 그나마도 소말릴란드는 패전국이 다시 복귀하는 경우가 되어 신탁통치의 이상적 이념은 퇴색했다. 이탈리아의 경우 항복 직후 연합국의 편에 서서 독일에 선전포고를 하는 등 전쟁 말기에 그 성격을 전환시켜 변신한 것도 소말릴란드의 시정국으로 복귀한 원인을 제공했다고 할 수 있다. 1950년 시작된 이탈리아의 소말릴란드 신탁통치는 이탈리아를 공산주의의 도미노에서 봉쇄하려는 미국·영국의 일종의 반공주의적·반소적 봉쇄정책의 일환이었다. 소말릴란드는 1950년 10개년간의 유엔 후원 아래 이탈리아 탁치령으로 분류되었으며 1960년 독립했다.

한편 아덴만(灣)에 있는 북부 소말릴란드 중 바다에 접한 부분은 1886년 혹은 1884~1888년경부터 영국의 보호국(The British Somaliland Protectorate)[1]이 되었으며 내륙지방은 에티오피아에 넘어갔다. 그런데 소

---

1   지금까지 필자는 'a protectorate'를 피보호국의 주권이 없는 보호령으로 번역했다. 그러나 위 대목에서는 역사적 사실과 문맥에 따라 주권이 유지되는 보호국으로 번역하고자 한다. 그런데 두 용어는 혼동하여 사용되기도 한다. 현대에도 다음과 같이 보호국이 있다. 우선 유럽의 공국(principality)·후국(marquisate) 수준의 소국들로 인접한 비교적 큰 나라의 보호를 받는데, 스위스의 보호국 리히텐슈타인 후국, 프랑스의 보호국 모나코 공국, 이탈리아의 보호국인 바티칸 시국(市國; 도시국가), 산마리노 공화국, 프랑스·스페인의 보호국인 안도라 공국이 있다. 이에 비해 대공(大公)이 통치하는 룩셈부르크 대공국(the Grand Duchy of Luxembourg)은 외교 국방권을 획득한 독립국가이다. 한편 미국의 태평양 신탁통치령을 거친 나라 중 미크로네시아연방, 팔라우, 마셜제도는 독립했지만 국방을 여전히 미국에 위탁하므로 국제사회에서는 보호국으로 간주된다(법적 지위는 보호국보다 독립성이 다소 강한 자유연합). 그런데 부탄왕국은 특이한 케이스이다. 과거 영국 보호국에서 1949년 독립했다. 부탄은 중국의 티베트 병합(1951) 및 인도의 시킴(Sikkim) 병합(1975) 사례를 의식하면서 독립과 주권 보전을 위한 외교적 노력을 경주했다. 그러면서도 인도를 통해 대외관계를 대행하는 등 인도로부터 지원을 받으면서 살아가고 있으므로 인도의 보호국으로 간주되기도 한다. 부탄은 한반도의 5분의 1 크기이며 인구가 80만이 채 되지 않는다. 보호국이 과거에는 식민지 전 단계였지만 제국주의가 약화된 현대에는 외교 안보를 위임하는 보호국 그 자체의 의미로 돌아갔다고 평가된다.
서양에 공국이 있다면 인도에는 번왕국(藩王國; princely state), 중동에는 토후국(土侯國; emirate, sheikdom), 중국에서는 번국(藩國)이 있다. 번왕국은 인도에서 영국령에는 속하지 아니하면서 영국의 지도와 감독 아래 현지인 전제군주가 통치하던 나라로 카슈미르가 대표적이었다. 번왕국은 토후국과 흔히 같이 쓰인다. 토후국은 아랍 지역에서 중앙집권적 국가행정에서 독립하여 부족장(추장)이 통치하던 나라이다. 오만, 바레인, 카타르, 두바이가 대표적이다. 1971년 영국의 보호령으로 있던 아부다비, 두바이, 앗샤리카, 아지만, 움알카이와인, 라스알카이마, 알푸자이라의 7개국이 연방을 결성하여 독립한 나라가 아랍에미리트연방(United Arab Emirates)이다. 에미리트는 '에미르[emir; 이슬람 국가의 왕(통치자)]가 다스리는 영토'라는 뜻이다. 에미리트와 같이 토후국으로 번역되는 용어로 sheikdom이 있다. 아랍권에서 가장(家長), 수장, 족장 혹은 (이슬람교의) 교주인 sheik(또는 sheikh)가 지배하는 땅(관할지)을 뜻한다. 한편 중국에서 주로

말리아는 공식적으로 식민지화된 적이 없다고 주장한다. 소말리아의 전신인 데르비시 국가는 대영제국을 네 번이나 격퇴하여 해안지역에서 철수하게 했다는 것이다. 데르비시 국가는 중동과 유럽에서 명성을 얻어 오스만제국과 독일제국의 동맹이 되었으며, 제1차 세계대전 중 아프리카 대륙에서 유일하게 독립한 무슬림 국가로 남았다. 영국이 아덴만을 점령한 지 25년 만에 1920년 아프리카에서 최초로 비행기를 이용하여 데르비시의 수도 탈레흐(Taleh)를 폭격하여 결국 데르비시를 패퇴시켰다. 이 폭격으로 과거 데르비시 영토는 영국의 보호국(식민지까지는 아니고, 주권을 가지며 독립을 유지했다는 것이다. 이에 비해 보호령은 주권이 없으며 자치권만 보유한다. 의존 정도는 보호국, 보호령, 식민지 순으로 강해진다) 이 되었던 적은 있다는 것이다. 이탈리아도 영국처럼 1889년 에티오피아 정복 계획의 기지로 삼아 인도양 연안에 보호령을 구축했으나 소말리아 술탄과 군대의 저항에 부딪혔다. 1923년 파시스트 이탈리아는 소말릴란드 통일과 확대를 꾀하여 케냐의 북동쪽 끝 일부를 영국으로부터 할양받았고 1927년 말 파쇼정권 집권기에 오늘날 소말리아 땅의 일부 지역을 장악할 수 있었다. 1936년 이탈리아가 에티오피아를 점령했고 제2차 세계대전 중인 1940~1941년에 소말릴란드를 무력 침공해 소말릴란드도 내륙지방과 같이 점령했으며 광대한 이탈리아령 동아프리카에 편입시켰다. 이탈리아의 점령은 1941년까지 지속되었으며, 이후 영국의 군정으로 넘어갔다가 1948년 민정으로 복귀했다. 남부 소말리아가 신탁통치를 받을 때 북부 소말리아는 영국의 보호국 상태였다. 북부 소말릴란드는 전승국의 세력권이었으므로 영국의 보호국 지위가 계속

쓰이던 번국은 '제후의 나라'라는 말로 번방(藩方·藩房)과 같은 말이다. 그런데 번국은 속국이지만 비교적 독립된 국가(일종의 보호국)임에 비해 번속(藩屬)은 속령으로 국가라기보다는 한 나라에 속한 지방의 느낌이 있다.

유지되었던 것이다. 그런데 소말리아 지역은 북부의 영국 보호국과 서부의 프랑스령(지부티로 1977년 독립), 남부의 이탈리아령으로 3분되어 복잡한 상태라 분쟁의 여지가 있어 장래가 불안하고 불투명했다. 따라서 영유하기가 버거웠던 '뜨거운 감자'였다.

소말릴란드 세 지역 중 아덴만에 있는 영국령 소말릴란드는 독립시키고 프랑스령은 소말릴란드에서 분리되어 지부티가 되었다. 이탈리아가 점유한 내륙 소말릴란드의 기득권을 인정하게 된 것에는 이와 같은 복잡한 사정이 있었다고 할 것이다. 교역·항해의 중심지로서 무역하기에 좋은 지정학적 위치지만 천연자원은 거의 없고 산업을 발전시킬 수 있는 인프라가 부족해 이탈리아는 패전국이면서도 구 식민지의 세력권을 계속 확보했던 측면도 있다. 그렇지만 무엇보다도 소련의 이 지역에 대한 야욕을 견제하고 이탈리아의 공산화를 방지하기 위해 이탈리아를 복귀시킨 측면이 더 강하다는 것은 반복해 강조해도 지나치지 않다. 1960년 7월 1일 유엔 신탁통치 만료로 내륙의 이탈리아령 소말릴란드가 독립하면서 5일 전인 6월 26일 독립한 연안의 구 영국령 소말릴란드를 거의 강제로 병합해(1991년 독립을 선언한 소말릴란드공화국는 '강제병합'이라고 규정했다) 통일된 소말리아민주공화국이 수립되었다.

초대 대통령으로 소말리청년연맹의 셰르마르케가 선출되었다. 독립 후 프랑스령 소말릴란드, 에티오피아 동부와 케냐 북동부에 산재한 소말리아족의 거주지까지 합병시키려고 하는 대소말리아주의가 소말리아 정부의 외교정책으로 채택되었다. 소말리아는 에티오피아 동부에 대해서는 특히 국경의 새로운 조정과 그에 따른 영토의 반환을 강경하게 요구했다. 이로 인해 1964년 초부터 양국 간에 교전이 있었다. 1967년 모하메드 하지브 라이힘 에갈 내각이 성립되면서 에티오피아, 케냐 등과의 관계가 개선되었다. 이어 1969년 3월 총선거에서 수상 에갈이 소속된 소말리아청년동맹이 국민의회의 다수 의석을 차지했다. 그해 10월 세르마르케 대통령이 암살되고 이어서 군사 쿠데타가 일어나 장군 바레(Maxamed S. Barre)의 군사정권이 수립되어 국명을 '소말리아민주공화국'으로 개칭했다.[2]

그런데 지부티나 에티오피아의 소말리인들의 거주지 등을 둘러싸고 주변국과 마찰을 빚었다. 1969년 쿠데타로 집권한 소말리아공화국의 바레 대통령이 1977년 에티오피아와 오가덴전쟁을 벌이지만 패배했다. 이후 소말리아는 급속도로 불안정해지는데, 전통적으로 소말리아 자체가 종파 및 씨족을 우선시하는 전형적인 부족국가였기 때문이다. 이전에는 에티오피아에 대한 적개심이나 '잃어버린 영토의 수복'이라는 명목으로 통합하는 것이 가능했지만, 그것도 불가능해지자 남은 것은 독재자에 대한 증오와 자신들의 생존을 최우선으로 생각하는 태도뿐이었다. 결국 장기 독재를 하던 바레는 1991년 축출당하지만 바레 이후의 정국 주도권을 두고 내전이 벌어졌다.

혼란기를 틈타 소말리아민주공화국에 복속되어 있던 구 영국령 소말릴란드는 분리주의를 택하여 1991년 5월 18일 독립을 선포했다. 국제사회의 승인을 받지는 못했지만 소말리아 지역을 통치할 수 있는 정부가 없는 상황에서 소말릴란드공화국(Republic of Somaliland)은 사실상의 독립정부로 기능하고 있다. 따라서 소말릴란드와 소말리아는 사실상 분단국이라고 할 수 있다.

분리 과정을 구체적으로 살펴보면 1969년부터 바레 대통령이 자신의 씨족인 다로드-마레한족을 우대하고 다른 씨족을 차별하자, 이에 격렬하게 반발한 여러 부족들 중 3대 씨족인 하비에족[통일소말리아회

---

2   원태재, 『한국의 PKO 파병사』(국방부 군사편찬연구소, 2007), 60-61쪽.

의(USC)], 다로드족[소말리아애국운동(SPM)], 이사크족[소말리아국민운동(SNM); 소말릴란드의 집권세력]이 각자 단체를 구성하여 연합한 후 바레 정권에 대항했다. 1990년 이들 연합은 수도인 모가디슈를 장악하고 바레 정권을 붕괴시켰다. 그러나 자기네들끼리의 권력 투쟁이 격화되면서 결국 내란으로 번졌고, 이 와중에 1991년 이사크족의 소말리아국민운동(SNM)은 독립을 선언했다. SNM은 2년 후 민간정부에게 정권을 이양했다. 아프리카에서 드물게 볼 수 있는 민주주의 국가 중 하나이다. 내전과 군벌들로 무정부상태가 되어 치안 자체가 위험한 소말리아보다는 안정적이다. 아프가니스탄, 예멘과 같은 지역에서는 각 부족에게 무장을 해제할 것을 권유해도 다른 부족들이 먼저 해제하면 따르겠다고 양보하지 않으며 그러다가 다시 무력 충돌이 계속되기도 했다. 소말릴란드의 부족들은 평화를 위해 스스로 무장을 해제했고 이는 매우 드문 경우이다. 1998년부터 동부지역에는 푼틀란드와의 사이에 국경 분쟁이 있었으나 현재는 정치적으로 안정된 소말릴란드가 우세한 편이다. 2009년 9월 『내셔널 지오그래픽』에 의하면 소말릴란드 사람들은 '우리와 소말리아는 남남인데 왜 세계는 우릴 인정하지 않는 건지 모르겠다'는 반응이 대부분이었을 뿐만 아니라, 2010년 6월 26일 대통령 선거를 치러 완벽한 독립국가를 세웠다고 주장하기도 했다. 소말리아 본국 입장에서는 독립을 인정하지 않으며 자국의 연방 구성 지역으로 간주했다. 그러나 소말릴란드는 소말리아연방의 일원임을 인정하지 않고 있다. 국가와 정부를 갖춘 실질적 독립국가이지만 모든 유엔 회원국에서 승인받지 못하고 있다. 일단 한 부족의 분리독립을 허용하면 부족제가 강한 아프리카의 거의 모든 나라들이 연루되어 사분오열될 위험이 크기

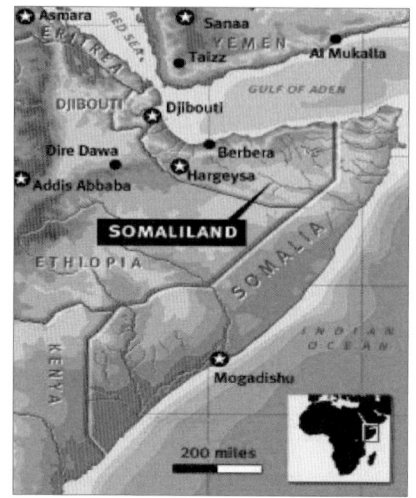

그림 14 **소말릴란드**
※ 출처: "소말릴란드", 〈나무위키〉.

때문이라는 것이 근거이다. 그러나 서부 사하라[3]와 남수단의 독립을 승인한 데서 볼 수 있듯이 이러한 논리는 앞뒤가 맞지 않고, 그저 각 나라의 국가이익에 승인이 맞지 않아서 이에 따른 조치일 뿐이라는 지적이 있다.[4]

남북 간 대립은 북부 소말릴란드공화국이 독립을 선언해 비교적 안정화되었으나 남쪽에 있는 소말리아연방 내의 반목은 아직도 심각한 수준이다. 소말리아연방 내에서 자치를 선언한 아자니아[Azania; 과거에는 주발란드(Jubbaland)로 불리던 지역으로 모가디슈 남쪽]와 푼틀란드(Puntland; 소말릴란드공화국의 동북쪽), 갈무두그(Galmudug; 푼틀란드 남쪽으로 모가디슈 북쪽), 아우딜란드(지부티 남동쪽으로 소말릴란드와도 국경

---

3   이종재, 『서부 사하라 국군의료지원단 유엔평화유지활동, 1994~2006』(국방부 군사편찬연구소, 2018), 1-16쪽.
4   "소말릴란드", 〈나무위키〉(namu.wiki/w/%EC%86%8C%EB%A7%90%EB%A6%B4%EB%9E%80%EB%93%9C, 검색일: 2018년 12월 28일).

갈등이 있음) 등이 있어서 중앙정부의 영향력이 한계에 봉착하고 있다. 군사 쿠데타의 빈발 상황에 편승한 부족 군벌들이 이렇듯 복잡하게 할거하고 있어 내전과 지속적인 가뭄 등으로 기아 상태에서 벗어나지 못하는 등 정쟁이 극도로 불안했다. 다소 극단화시키면 소말리아 중앙정부는 기껏해야 모가디슈를 중심으로 한 지역에만 영향력을 행사할 뿐이라고 할 수 있다.

이에 유엔 안전보장이사회 결의 751호(1992.4.24.)에 따라 1992년 9월 파키스탄군 보병 500명과 군감시단 50명이 소말리아 구호 활동을 위해 설치된 '유엔평화유지군'[5]의 명목으로 파견되었으나 현지 파벌들의 극렬한 저항으로 처음부터 임무 수행이 불가능했다.

이런 와중에도 유엔의 구호품이 각 정파 무장 세력들에게 탈취되어 구호 현장에 도착하지 못함으로써 기아와 아사 현상이 속출했다. 따라서 유엔 안보리는 결의안 794호(1992년 12월 3일)를 통해 소말리아의 질서 회복을 위한 다국적 군사작전을 결의하고 작전의 시행은 미국에 위임했다. 30여 개 국가의 병력들이 미국을 중심으로 한 통합군으로 편성되어 1993년 5월 4일까지 '희망회복작전'을 실시하여 소말리아 사태를 어느 정도 진정시킬 수 있었다. 1993년 6월 29일 한국의 건설공병대대 상록수부대도 다국적군의 일원으로 파병했다. 한국 최초의 평화유지군 파병이었다.[6] 상록수부대는 6월 29일 선발대 60명이 전세기를 타

---

5 내전 등에 휩싸인 국가에서 20세기 중반의 신탁통치 모델이 21세기 분쟁 해결의 한 방안으로 다시 소환되고 있는 상황이다. 그러나 소말리아는 신탁통치를 거쳤으나 치안 상태가 확보되지 못했으므로 다시 그 모델을 적용했을 때 신탁통치가 효과적으로 기능할 수 있을까 의문이다. 당초 루스벨트식 탁안은 독립 부여의 과도기 설정(정치적 훈련을 통한 안정화)이라는 이상적 목적이 일부나마 내포된 채 설계되었지만, 실제 국제정치의 현실과 만나 시행된 탁안은 본질적으로 식민지배의 연장으로 전락했기 때문이다.
6 이흥주, 『한국군의 해외파병활동(1991~2016)』(국방부 군사편찬연구소, 2018), 55쪽.

고 파견 길에 올랐고, 한 달 후인 7월 31일 190여 명의 후발대가 합류했다. 장교 30명, 부사관 32명 등 총 250명에 달하는 평화유지군이 '소말리아의 평화'를 위해 나섰다.[7] 그런데 미국은 1993년 10월 블랙 호크 다운으로 유명한 모가디슈 전투에서 상당한 피해를 보게 되어 미국 내 여론이 약화되었으므로 1994년 3월 말까지 철수하기로 결정했다. 이에 한국군도 1994년 3월 18일 철수했다.[8] 1개 공병대대 연인원 516명(사령부 참모 요원 12명 포함)이 현지의 악조건을 극복하고 도로 및 공공건물, 관개수로 등 다양한 사회간접자본시설을 복구했다. 또한 초급 교육과정 학교 운영 및 기능 인력 양성을 위한 기술학교 운영, 생활용수 공급과 방역 지원 등 지역 주민들의 다양한 숙원사업을 해결했다. 이렇게 인도주의적 세계평화 구현 차원의 대민 지원에 나섬으로써 유엔 및 소말리아 유엔평화유지군(UNOSOM-II; UN Operation in Somalia II)로부터 가장 모범적인 평화유지활동(PKO) 부대로 평가받았다.[9] 그러나 결국 미군도 1995년 손을 떼고 철수했다. 소말리아에 대한 유엔의 평화유지활동은 실패로 규정되고 있다.[10]

평화유지군은 "자위(self defense)와 유엔 안전보장이사회 결의 이행

---

[7] 정진우, 「250명 소말리아 향했다, 같은 아픔 겪은 6·25 韓의 PKO(유엔 가입 30주년)」, 『중앙일보』, 2021년 9월 5일자.

[8] 원태재(2007), 앞의 책, 62-81쪽.

[9] 원태재(2007), 앞의 책, 49-50쪽. 한편 2000년대 초부터 아덴만 해역에서 해적이 활동하기 시작하고 2008년에 이르러 해적의 수와 선박 납치 사건이 급격히 늘어났다. 이에 유엔은 소말리아 해적을 퇴치하기 위해 '안전보장이사회 결의안 제1838호'를 채택하고 회원국들에게 함정과 항공기 등의 파병을 요청했다. 한국은 2009년 3월 13일 청해부대를 아덴만 해역에 파병했다. 다국적군 평화 활동의 일환인 청해부대는 건군 이래 최초로 해외에 전투함을 파병한 사례로 2011년 1월 '아덴만 여명작전'을 수행해 해적에게 납치된 '삼호주얼리호'를 구해냈다. 또한 연합해군사 및 EU의 해상안보작전에도 참여했다. 「대한민국 해외파병 이야기: 세상을 잇는 작은 점 하나」(대한민국 국방부, 2018).

[10] 이홍주(2018), 앞의 책, 27쪽.

이외에는 무력을 사용할 수 없다"라는 핵심 교전수칙을 따라야 한다. 민간인 보호를 제외한 그 어떤 경우에도 함부로 무기를 사용하거나 교전에 나설 수 없다. 이 같은 무력 사용 제한 원칙은 때로 평화유지활동 임무 수행을 제약하는 걸림돌이 되기도 했다. 특히 내전이나 분쟁이 아직 종결되지 않은 국가에서 민병대나 게릴라 무장세력 등은 평화유지군이 무력을 사용할 수 없다는 점을 역이용해 보급품 약탈 등을 시도하기도 한다.

유엔 평화유지활동 담당 사무차장보, 주 코트디부아르 유엔 평화유지임무단(UNOCI) 대표(2011.12.~2012.4.) 등을 역임한 최영진 전 외교부 차관은 "2011년 코트디부아르에서 평화유지단을 이끌 당시 현지의 애국청년단 등 민병대가 평화유지군이 수송 중인 품을 탈취하는 사건으로 어려움을 겪었다"라고 회상했다. 또 "당시 현지에 주둔해 있던 프랑스 군대는 보급품이 약탈당하는 상황에서는 당연히 응사하며 교전했기 때문에 민병대들이 프랑스군은 건드리지 못하고 평화유지군만을 타깃으로 삼는 상황이 계속됐다"라며 "무엇보다 힘든 것은 이런 일이 발생했을 경우 유엔 본부에서조차 '왜 이런 한심한 상황이 발생하도록 놔두고 있었냐'는 식의 비난이 이어졌다는 점이었다"라고 말했다. 평화유지군의 교전수칙은 상록수부대가 파견 8개월 만인 1994년 3월 조기 철수를 결정한 원인이 되기도 했다. 당시 소말리아는 내전이 격해지고 물리적 충돌이 거세지는 등 상황이 점차 악화했다. 미국·이탈리아 등은 이 같은 위험을 감지, 선제적으로 평화유지군을 전원 철수했다. 한국 정부 역시 무력 사용이 제한된 평화유지군이 현지에서 계속해서 임무를 수행하는 것이 더는 불가능하다고 판단했다. 결국 상록수부대는 내전의 총탄 속에 소말리아 국민을 뒤로하고 발걸음을 돌릴 수밖에 없었다.[11]

2004년 과도정부를 세우고 대통령을 추대하며 소말리아의 내전 상황이 어느 정도 진정되고 안정을 찾는가 싶었지만, 내전의 혼란상을 틈타 세력을 키운 이슬람법정연합(ICU)이 과도정부와 대립각을 세우면서 2006년 내전이 다시 발발했다. 이슬람법정연합은 온건파 이슬람으로 과도정부와의 합의를 통해 이슬람 정당으로 흡수되었지만, 이에 반발한 알샤바브 등의 과격파 이슬람은 과도정부와 물리적 충돌을 계속했다. 이슬람 반군과 과도정부 사이에서 내전이 진행되다가 2012년 8월 20일 과도정부체제를 끝내고 헌법과 국회를 구성하여 '소말리아연방공화국(Jamhuuriyadda Federaalka Soomaaliya)'이 출범했고, 9월 10일 하산 셰흐 마하무드가 대통령 선거에서 당선되어 9월 16일 공식 취임했다. 국가 안정화를 위해 노력하고 있지만 소말리아의 남부지역은 여전히 알카에다가 지배하고 있으며, 2015년 6월 남부지역의 초목을 태워 얻은 숯으로 알카에다가 큰 이익을 얻고 있다고 알려지기도 했다. 주요 거래 대상은 사우디아라비아이다. 세계적 테러 조직이 기생하고 있을 정도니 상황은 심각하다. 그래도 예전보다 해적의 수도 줄고 많이 안정화된 편이다. 특히 임시과도정부를 정식정부로 개편하고 케냐와의 연합작전으로 알카에다 세력을 크게 위축시켰다는 것은 주목할 만한 부분이다.

이탈리아령 소말릴란드는 유엔 감시하 이탈리아의 일국 신탁통치를 거쳤고 영국령과 합병해 1960년 독립했지만 부족과 군벌이 얽혀 내전

---

11 정진우, 「250명 소말리아 향했다, 같은 아픔 겪은 6·25 韓의 PKO(유엔 가입 30주년)」, 『중앙일보』, 2021년 9월 5일자. 한국 정부의 2021년 평화유지활동 분담금은 1억 3600만 달러(약 1580억 원)로 세계 10대 공여국에 해당하는 규모이다. 국방대 국제평화활동센터장(대령) 김효수는 "PKO 활동은 세계평화에 기여한다는 국가 이미지와 함께 국가 위상을 제고하고 우방국과의 군사동맹체제를 강화한다는 의미를 갖는다"라고 평가했다. 한·미동맹 공고화의 차원에서 주로 미국 등 우방국의 요청에 따라 파병한다는 것을 암시했다고 할 수 있다.

상태에 처했다. 따라서 1992~1994년에 또다시 유엔의 관리(일종의 신탁관리)를 받았지만 실패했다는 판정을 받았으며 아직도 정정(政情)이 불안한 상태이다. 따라서 유엔이 간접 개입한 일국 신탁통치는 독립과 자립으로 가는 방안으로서는 미흡한 것이 아닌가 한다. 신탁통치가 보호국 내지는 식민체제의 연장을 위한 수단일 뿐이라는 비판적 평가가 가능한 지점이다. 소말리아는 10년간 유엔 감독하의 이탈리아 단독 탁치를 거쳐 독립했으나 자립하지 못해 유엔의 관리를 또다시 받았다. 탁치로 독립을 달성하는 데에 한계가 있다는 것을 보여주는 사례이다. 문제가 있는 나라들에 대한 해법으로 제2차 세계대전 이후에 실제로 시행했던 탁치를 다시 소환하려는 오늘의 움직임에 지구상 최악의 국가로 분류되는 소말리아의 경우는 하나의 경고가 아닐까 한다. 『포린 폴리시(Foreign Policy)』와 평화재단이 공동으로 발표한 '취약국가지수'에서 2008년부터 2013년까지 6년간 연속으로 세계에서 가장 실패한 국가 1위를 기록했던 것이다. 2014년과 2015년에 남수단[12]에 밀려 2위를 기

---

12 2011년 7월 수단으로부터 독립한 남수단은 독립 과정에서 50여 년간 내전을 겪었으므로 국토가 황폐화되고 국민이 가난과 질병에 시달렸다. 남수단은 기독교·토착종교를 믿는 사람들이 다수인 옛 수단 남부지역이 이슬람·아랍권 영향력이 강한 북부에 맞서 무장투쟁을 벌인 끝에 독립한 나라이다. 2011년 유엔은 남수단의 평화 정착과 재건을 돕기 위해 '유엔남수단임무단(UNMISS; United Nations Mission in South Sudan)'을 창설해 파병했다. 한국은 2013년 3월 31일 유엔의 요청에 따라 공병대대, 의료진, 특전사 경비 요원으로 구성된 남수단재건지원단(한빛부대)을 보르(Bor) 지역에 파병했다. 한빛부대는 군사작전의 성공적 수행을 보장하고 국가정책을 실현하기 위하여 군과 정부, 비정부기구 및 주민과의 관계를 구축하고 유지 및 확대하는 제반 군사 활동을 수행했다. 남수단의 재건을 위해 교량 및 주바(Juba)-보르 간 도로 건설공사 및 공항 활주로 주기장 확장공사, 유엔기지 공사, 난민보호서 신축 등을 담당했으며 의료 지원 및 방역 활동을 통해 주민들의 건강과 생활 여건을 개선시키는 등 다양한 민군작전을 전개했다. 그리고 자립 여건 조성을 위한 농사 기술 전수 등 폭넓은 대민 지원 활동을 펼쳐 현지 주민들로부터 '신이 내린 축복'이라는 찬사를 받았다. 「대한민국 해외파병 이야기: 세상을 잇는 작은 점 하나」(대한민국 국방부, 2018).
남·북 수단 분리 시 원유가 풍부하게 나는 유전의 75%가 남수단에 집중되었기 때문에 정치

록했지만, 2016년 남수단의 점수가 소폭 하락하면서 다시 1위를 기록했다.

이탈리아의 신탁통치를 거친 남부 소말리아를 지배하는 정권은 유엔에 의해 국제적으로는 승인받았지만 전란이 종식되지 못해 불안정하다. 영국령이었던 아덴만 연안의 북부 소말릴란드는 국제적으로 나라로 인정받지 못하지만 비교적 안정적이다.[13] 해적이 발호하는 중부에는 푼틀란드(Puntland), 갈무두그(Galmudug) 등 '자칭' 국가가 난립해서 크게 보면 북부(소말릴란드)와 남부(소말리아)에 더해 군웅할거지역인 중부로 3분된 상황이다.

전근대 시대 소말리아 지역에 따로따로 군웅할거했던 무역 도시, 부족국가는 실크로드의 요충지답게 무역에 종사하면서 분리된 채 비교적 잘 운영되었다. 그런데 현대에 강제로 통합되어 부작용을 야기한 면도 있다. 인위적 통일국가 소말리아가 혼란을 거듭할 때 이에서 떨쳐 나간 분열국가 소말릴란드공화국이 비교적 안정되고, 새롭게 출범한 소말리아연방이 부족 군벌들에 의해 찢겨진 채 여전히 불안정한 것은 부족들에 의해 분열된 아프리카 국가의 인위적 통합이 꼭 바람직한 것이 아님을 확인할 수 있는 대목이다.

가 안정될 경우 아프리카의 새로운 신흥 부국으로 성장할 것이라는 장밋빛 전망이 많았다. 그러나 독립 직후부터 정파 간 분열과 종족 갈등이 지속됐고 이는 2년 뒤 내전으로 번지면서 최소 40만 명이 사망했다. 정지섭, 「'올지마 톤즈' 나라 남수단, 美에 잔혹국가로 지정: 독립 10주년 맞은 남수단에 국제사회 잇단 경고」, 『조선일보』, 2021년 8월 19일자.
2023년 5월 기준 280명의 한빛부대가 잔류해 있다. 정진우, 「250명 소말리아 향했다, 같은 아픔 겪은 6·25 韓의 PKO(유엔 가입 30주년)」, 『중앙일보』, 2021년 9월 5일자.
13 다카노 히데유키 저, 신창훈·우상규 역, 『수수께끼의 독립국가 소말릴란드』(글항아리, 2019).

참고문헌

1. 자료

1) 한국어
김원용, 『재미한인50년사』(Reedley, Calif.: 김호, 1959).
「대한민국 해외파병 이야기: 세상을 잇는 작은 점 하나」(대한민국 국방부, 2018).
이흥주, 『한국군의 해외파병활동(1991~2016)』(국방부 군사편찬연구소, 2018).

2) 영어
Hoag, C. Leonard, "American Military Government in Korea: War Policy and the First Year of Occupation, 1941~1946," Manuscript, Department of the Army, 1970.

Kautsky, Karl, "Nationality and Internationality," Supplement to *Die Neue Zeit*, no. 11(1907~1908); Russian translation in the journal *Nauchnaya Mysl* (Riga, 1908).

Lenin, Vladimir Ilyich, "Decree on Peace," 1917.

Lenin, Vladimir Ilyich, "The Right of Nations to Self-Determination," 1914, in *Collected Works*, volume 20, December 1913~August 1914 (London: Lawrence and Wishart, 1964).

Marx, Karl, "Communism, Revolution, and a Free Poland," Speech delivered in French. commemorating 2nd anniversary of Krakow Uprising, Brussels, February 22, 1848.

Marx, Karl and Frederick Engels, "For Poland," Delivered: 24 March, 1875; Reported: by Engels.

Papers Relating to the Foreign Relations of the United States, 1899 (Washington: GPO, 1901).

Roosevelt, Franklin D., *The Public Papers and Addresses of Franklin D. Roosevelt, 1942*, vol. XI, edited by Samuel I. Rosenman (New York: Harper & Brothers, 1950).

"Roosevelt-Stalin Meeting: Bohlen Minutes," Roosevelt Quaters, Soviet

Embassy, November 28, 1943, 3 P. M., United States, Department of State, *Foreign Relations of the United States, Diplomatic Papers, The Conference at Cairo and Tehran, 1943* (Washington, D.C.: United States Government Printing Office, 1961).

Stalin, Joseph, "Marxism and the National Question," 1913, in *Works*, vol. 2 (Moscow: Foreign Languages Publishing House, 1953).

The Papers of Woodrow Wilson, 45, 1917~1918.

United Nations, Trusteeship Council, *Report of the Government of Belgium on the Administration of Ruanda-Urundi under Belgian Administration for the Year 1954* (New York: Readex, 1955).

U.S. Department of State, *Postwar Foreign Policy Preparation*, Department of State Publication 3580 (Washington, D.C.: United States Government Printing Office, 1949).

2. 연구

1) 한국어

강성현, 「전후 미국의 '점령형 신탁통치'의 성립과 냉전적 변형: 조선, 미크로네시아, 류큐제도를 중심으로」, 『사회와 역사』 112(2016).

강성현, 「미국의 '점령형 신탁통치'와 냉전적 변형: 조선, 미크로네시아, 류큐제도를 중심으로」, 강성현·백원담 편, 성공회대학교 동아시아연구소 기획, 『종전에서 냉전으로: 미국 삼부조정위원회와 전후 동아시아의 '신질서'』(진인진, 2017).

강성현·하지은, 「미국의 점령형 신탁통치에 관한 비교역사사회학: 한국, 오스트리아, 오키나와를 중심으로」, *Comparative Research on Cold War in Europe and Asia*, 서울대학교 아시아연구소 국제학술회의, 2014년 12월 12~13일.

고정휴, 『태평양의 발견 대한민국의 탄생』(국학자료원, 2021).

구대열, 「'자유주의' 열강과 해방 한국(1945~1950)」, 『국제정치논총』 45-4(2005).

권용립, 『미국 대외정책사』(민음사, 1997).

김경일 저, 홍면기 역, 『중국의 한국전쟁 참전 기원』(논형, 2004).

김기정, 「세계체제의 구조변동과 18세기 후반기의 동양외교사」, 『한국과 국제정치』 7-1(1991).

김기정, 『미국의 동아시아 개입의 역사적 원형과 20세기 초 한미 관계 연구』(문학과지성사, 2003).
김명구, 『한국 기독교사: 복음주의자의 시각으로 보는 한국의 기독교 역사 1: 1945년까지』(예영커뮤니케이션, 2018).
김성보, 「21세기에 돌아보는 1945년 한반도의 지정학」, 『역사비평』 124(2018).
김숭배, 「민족자결의 변용과 한국적 분화, 그리고 반(反)베르사유」, 한국국제정치학회 주최 3·1운동 100주년 기념 특별학술대회: 저항 민족주의를 넘어: 동북아 평화 협력을 향한 한국외교의 새 지평 모색, 한국프레스센터 19층 기자회견장, 2019년 3월 15일.
김숭배, 「샌프란시스코평화조약과 동북아시아 비(非)서명국들: 소련, 한국, 중국과 평화조약의 규범 보전」, 『일본비평』 22(2020).
김영중·장붕익, 『네덜란드史(세계각국사)』(대한교과서, 1994).
김영호 외 편, 『샌프란시스코체제를 넘어서: 동아시아 냉전과 식민지·전쟁범죄의 청산』(메디치미디어, 2022).
김재천, 「미국의 정권교체(Regime Change) 정책 사례연구: 유형별 분석」, 『신아세아』 16-3(2009).
김정민·김명섭, 「만주사변 발발 이후 대한민국 임시정부의 국제연맹외교: 이승만의 외교활동을 중심으로」, 『한국정치학회보』 53-1(2019).
김지영, 「버이취 쥘린스키 엔드레의 트랜실바니아 자치연방안 연구: 트란실바니아 자치연방제론의 성립 배경을 중심으로」, 『동유럽연구』 8(2000).
김학재, 「3·1운동과 한 세기: 20세기 비전과 한반도 평화」, 한국사회사학회·대통령직속 3·1운동 및 대한민국임시정부 수립 100주년 기념사업추진위원회 주최 학술대회: 3·1운동 100년, 한국 사회전환의 시공간 지평, 고려대학교 백주년기념관 국제원격회의실, 2018년 11월 2일.
김행자, 「미·서전쟁으로 인한 미국의 제국주의」, 『이대사원』 11(1973).
나가사와 유코(長澤裕子), 「일본 패전 후의 한반도 잔여주권(殘餘主權)과 한일 '분리' 신탁통치안 및 대일강화조약의 '한국포기' 조항을 중심으로 (1945~1951)」, 『아세아연구』 150(2012).
나가타 아키후미 저, 박환무 역, 『일본의 조선통치와 국제관계: 조선독립운동과 미국 1910~1922』(일조각, 2008).
나가타 아키후미(長田彰文), 「3·1운동과 국제관계」, 한국사회사학회·대통령직속 3·1운동 및 대한민국임시정부 수립 100주년 기념사업추진위원회 주최 학술대회: 3·1운동 100년, 한국 사회전환의 시공간 지평, 고려대학교 백주년기념관 국제원격회의실, 2018년 11월 2일.

나인균, 「한반도 점령정책의 국제법적 고찰: 연합국에 의한 한반도 점령의 법적 성격을 중심으로」, 『국제법학회논총』 48-1(2003).
남기정, 『기지국가의 탄생: 일본이 치른 한국전쟁』(서울대학교 출판문화원, 2016).
누스바움, 아르투어 저, 김영석 역, 『국제법의 역사』(한길사, 2013).
다우어, 존 저, 최은석 역, 『패배를 껴안고』(민음사, 2009).
데이비슨, 닐 저, 정종수 역, 「(현대 진보사상 조류)민족주의의 기원과 전파: 베네딕트 앤더슨『상상의 공동체』비평」, 『마르크스21』 7(2010).
로버츠, J. M.·O. A. 베스타 저, 노경덕 외 역, 『세계사 Ⅱ』(까치글방, 2015).
메도루마 슌 저, 안행순 역, 『오키나와의 눈물』(논형, 2015).
모세원, 『전환기의 통일문제: 오스트리아의 영세중립화연구』(대왕사, 1990).
민병원 외, 「실패국가와 취약국가의 개념」, 통일연구원 편, 『탈냉전 이후 국제관계와 북한의 변화』(통일연구원, 2009).
박관숙, 「신탁통치제도」, 『考試界』 5(1960).
박수희, 「오스트리아식 영세중립화 통일방안의 한반도 적용 가능성에 대한 재고」, 『한국과 국제사회』 5-2(2021).
박윤숙, 『오키나와』(시공사, 2014).
방선주, 『재미한인의 독립운동』(한림대학교 아시아문화연구소, 1989).
Blusse, Leonard, 「만남과 발견: 극동 아시아에서의 네덜란드 동인도 회사의 활동(The VOC in the Far East: Encounters and Discoveries)」, 『동방학지』 122(2003).
스툭, 윌리엄 저, 서은경 역, 『한국전쟁과 미국 외교정책』(나남, 2005).
신명순, 「동구제국의 역사적 형성 I: 제1차 세계대전까지」, 송복 외, 『동구제국의 역사적 형성』(연세대학교 동서문제연구원, 1986).
신윤환, 「인도네시아와 필리핀의 독립운동」, 국사편찬위원회 편, 『한민족독립운동사 10』(국사편찬위원회, 1991).
심재욱, 「전시체제기 시바우라(芝浦)海軍施設補給部의 조선인 군속 동원」, 『한국민족운동사연구』 97(2018).
안병영, 「오스트리아 중립화협상」, 김학준 외, 『분단국의 대화』(동아일보사, 1979).
안병영, 「세계사 속의 통일접근사례: 오스트리아의 예」, 『국제정치논총』 271(1987).
안병영, 「오스트리아: 대연정으로 민족분열 막아」, 『신동아』 5월(1987).
안병영, 『왜 오스트리아 모델인가: 협의와 상생, 융합과 재창조의 국가모델』(문학과지성사, 2013).
안소영, 「태평양전쟁기 미국의 전후 대일 대한정책 및 점령통치 구상: 이중적 대립축과 그 전환」,『한국정치외교사논총』 31(2010).
양수지,「琉球王國의 滅亡: 琉球王國에서 日本의 沖繩縣으로」,『근대중국연구』 1(2000).
오병헌,『평화 통일은 가능한가』(문학과지성사, 1996).
오세종,『오키나와와 조선의 틈새에서』(소명출판, 2019).
오영섭,「이승만의 위임통치 청원 논쟁」, 연세대학교 이승만연구원 1차 학술회의 발표논문, 2011년 9월 30일.
오영섭,「대한민국임시정부 초기 위임통치 청원논쟁」,『한국독립운동사연구』 41(2012).
올리버, 로버트 T. 저, 박일영 역,『이승만비록』(한국문화출판사, 1982).
와인스타인,엘런·데이비드 루벨 저, 이은선 역,『사진과 그림으로 보는 미국사』(시공사, 2004).
원태재,『한국의 PKO 파병사』(국방부 군사편찬연구소, 2007).
윌리엄스, 윌리엄 저, 박인숙 역,『미국 외교의 비극』(늘함께, 1995).
유명철,「오스트리아의 중립화 가능조건의 충족문제」, 이병희 외,『민족의 분단과 통일: 한반도 통일과 통일교육』(형설출판사, 1998).
俞炳勇,「二次大戰中 韓國信託統治問題에 대한 英國의 外交政策 研究」,『歷史學報』134·135(1992).
유시민,『유시민과 함께 읽는 오스트리아 문화 이야기』(푸른나무, 1998).
윤영휘,「카이로 회담에서 연합군의 군사전략과 전후 국제질서 구상」,『군사』 105(2017).
이삼성,「21세기 동아시아의 지정학: 미국의 동아태지역 해양패권과 중미관계」,『국가전략』 13-1(2007).
이삼성,「'제국' 개념의 고대적 기원」,『한국정치학회보』 45-1(2011).
이완범,「한반도 신탁통치안과 국내정치 1943~1948」, 연세대학교 석사학위논문(1985).
이우진,「독립운동에 대한 미국의 태도: 루스벨트의 신탁통치구상을 중심으로」, 한국정치외교사학회 편,『독립운동과 열강관계』(평민사, 1985).
李愚振,「韓國의 國際信託統治: 그 構想 및 挫折의 記錄」,『解放5年史의 再照明: 韓國現代史의 政治社會史的 認識』(國土統一院, 1987).
이택선,『취약국가 대한민국의 탄생: 국가건설의 시대 1945~1950』(미지북스, 2020).
이한기,『국제법강의』(수정판)(박영사, 1983).
이형철,「미국국무성의 한국신탁통치계획(1942~45)」,『한국정치학회보』 21-2(1987).
장박진,『허구의 광복』(경인문화사, 2017).

전득주,「오스트리아식 중립화 통일과정에 관한 평가」, 한국정치외교사학회 편, 『한국 민족주의와 민주주의의 갈등구조』(평민사, 1990).
전득주,「오스트리아의 분할과정 고찰」,『사회과학논총』2(숭실대학교 사회과학연구소, 1999).
전득주,「오스트리아의 통일과정 분석」,『사회과학논총』3(숭실대학교 사회과학연구소, 2000).
전득주,「강대국의 합의에 의한 분할점령: 오스트리아」,『세계의 분단사례 비교연구: 한국·독일·팔레스타인·베트남·예멘·중국·오스트리아』(푸른길, 2004).
정근식,「아, 슈리성,」『다산포럼』982(2019).
정근식 외 편,『기지의 섬, 오키나와: 현실과 운동, 오키나와 미군기지의 정치사회학 1』(논형, 2008).
정미영,「오스트리아 중립화 문화가 남북한에 주는 합의와 교훈」,『남북문화예술연구』6(2010).
정민정,「류큐 왕국 멸망과정을 통해 본 중화 질서의 동요」,『한국외교사논집』2(2021).
정병준,『독도 1947』(돌베개, 2010).
정수일,『문명의 요람 아프리카를 가다 2』(창비, 2018).
정용욱,「해방 이전 미국의 對韓構想과 對韓政策」,『韓國史硏究』83(1993).
정용욱,『해방 전후 미국의 대한정책』(서울대학교 출판부, 2003).
정창윤·최호재,「한반도 전략도서 개념, 판단과 운용방안」,『군사연구』147(2019).
질라스, 밀로반 저, 오용웅 역,『스탈린과의 대화』(여명문화사, 1962).
조성윤,「전쟁의 기억과 재현: 오키나와 현립 평화기념 자료관을 중심으로」,『현상과 인식』30-1·2(2011).
조성윤,『남양군도: 일본제국의 태평양섬 지배와 좌절』(동문통책방, 2015).
조성윤,『남양군도의 조선인』(당산서원, 2019).
조성윤 편,『남양 섬에서 살다: 조선인 마쓰모토의 회고록』(당산서원, 2018).
조원호,「문화제국주의의 해체가 다문화사회에 주는 함의: 최근 해외의 인종주의 문제 부상과 관련하여」,『외교광장』XX-16(2020).
조진구,「일본의 전후 아시아 배상외교와 역사인식」,『일본역사 연구』51(2020).
조흥국,「동남아시아에 대한 유럽 식민주의의 동기와 영향」,『동남아연구』20-1(2010).
주경철,「네덜란드 동인도 회사의 설립 과정」,『서양사연구』25(2000).
주경철,「네덜란드 동인도회사와 아시아 교역: 세계화의 초기 단계」,『미국학』28(2005).
주경철,『대항해 시대』(서울대학교 출판문화원, 2008).

차상철, 「1941~1945년 미국의 한국 정책」, 『현상과 인식』 12-1(1988).
차상철, 『해방전후 미국의 한반도 정책』(지식산업사, 1991).
최웅·김봉중, 「해외팽창」, 『미국의 역사』(소나무, 1997).
최종기, 『현대국제연합론』(박영사, 1983).
표해운, 『조선지정학개관: 조선의 과거·현재와 장래』(건국사, 1947).
하지은, 「국제적 신탁통치구상과 냉전적 변형: 한국 사례를 중심으로」, 서울대학교 석사학위논문(2015).
한국미국사학회 편, 『사료로 읽는 미국사』(궁리, 2006).
헌트, 마이클 H. 저, 권용립·이현휘 역, 『이데올로기와 미국외교』(산지니, 2007).
홍미정·서정환, 『울지 마, 팔레스타인』(시대의창, 2011).
홍종욱, 「3·1운동과 비식민화」, 한국역사연구회 3·1운동100주년기획위원회 편, 『3·1운동 100년: 3 권력과 정치』(휴머니스트, 2019).
황의서, 「좌우합작의 실패와 성공: 한국과 오스트리아의 사례」, 『國民倫理硏究』 59(2005).

2) 일본어

等松春夫, 『日本帝國と委任統治: 南洋群島をめぐる國際政治. 1914~1947』(名古屋: 名古屋大學出版會, 2011).
Borton, Hugh 著, 五味俊樹 譯, 『前後日本の設計者ボートン回想錄』(東京: 朝日新聞社, 1998).
五百旗頭眞, 『米國の日本占領政策』上(東京: 中央公論社, 1985).
柳光烈, 「米, 英, 蘇 陣營의 內訌」, 『朝光』 9-5(1943).
長田彰文, 『日本の朝鮮統治と國際關係: 朝鮮獨立運動とアメリカ 1910~1922』(東京: 平凡社, 2005).
在上海日本總領事館 警察部第2課 編, 『朝鮮民族運動年鑑』(東文社書店, 1946).
畑博行 外 編, 『南太平洋諸國の法と社會』(東京: 有信堂高文社, 1992).
田畑茂二郎, 『國際連合の研究』 第1卷(東京: 有斐閣, 1962).
池上大祐, 『アメリカの太平洋戰略と國際信託統治(American pacific strategy and international trusteeship): 米國務省の戰後構想 1942~1947』(京都: 法律文化社, 2014).
波平恒男, 『近代東アジア史のなかの琉球併合: 中華世界秩序から植民地帝國日本へ』(東京: 岩波書店, 2014); 윤경원·박해순 역, 『근대 동아시아 역사 속의 류큐병합: 중화세계질서에서 식민지 제국 일본으로』(진인진, 2019).

3) 영어

Akira, Iriye, *The Cambridge History of American Foreign Relations Ⅷ: The Globalizing of America 1913~1945* (Cambridge: Cambridge University Press, 2004).

Bain, William, "The Political Theory of Trusteeship and the Twilight of International Equality," *International Relations,* vol. 17, no. 1 (2003).

Bain, William and Roberts Jackson, *Between Anarchy and Society: Trusteeship and the Obligations of Power* (Oxford: Oxford University Press, 2003).

Benvenisti, Eyal, *The International Law of Occupation* (Oxford: Oxford University Press, 2012).

Bischof, Günter, *Austria in the First Cold War, 1945~55: The Leverage of the Weak* (New York: St. Martin's Press, 1999).

Bischof, Günter and Anton Pelinka, eds., *Austria in the Nineteen Fifties* (New Brunswick, N.J.: Transaction Publishers, 1995).

Bradley, Mark, "Franklin Roosevelt, Trusteeship and US Exceptionalism: Reconsidering the American Vision of Postcolonial Vietnam," Marilyn B. Young and Robert Buzzanco, eds., *A Companion to the Vietnam War* (Oxford: Blackwell, 2006).

Burke, Edmund, "Speech on Mr. Fox's East India Bill(1783)," reprinted in *The Speeches of the Right Honourable Edmund Burke, in the House of Commons, and in Westminster Hall 406* (1816).

Burkman, Thomas W., *Japan and the League of Nations: Empire and World Order, 1914~1938* (Honolulu: University of Hawai'i Press, 2008).

Caplan, Richard, "From Collapsing States to Neo-Trusteeship: The Limits to Solving the Problem of 'Precarious Statehood' in the 21st Century," *Third World Quarterly,* vol. 28, no. 2 (2007).

Carafano, James Jay, *Waltzing into the Cold War: The Struggle for Occupied Austria* (College Station, TX: Texas A&M University Press, 2002).

Chidzero, T. G. Barnard, *Tanganyika and International Trusteeship* (Oxford: Oxford University Press, 1961).

Cho, Soon Sung, *Korea in World Politics: An Evaluation of American*

Responsibility (Berkeley, California: University of California Press, 1967).

Clymer, Kenton J., "Franklin D. Roosevelt, Louis Johnson, India, and Anticolonialism: Another Look," *Pacific Historical Review*, vol. 57 (1988).

Cumings, Bruce, "The Origins and Development of Northeast Asian Political Economy," Frederic C. Deyo, ed., *The Political Economy of the New Asian Industrialism* (Ithaca, N.Y.: Cornell University Press, 1987).

Dallet, Robert, *Franklin Roosevelt and American Foreign Policy, 1932~1945* (London: Oxford University Press, 1979).

Davidson, Neil, "Marx and Engels on the Scottish Highlands," *Science and Society*, vol. 65, no. 3 (2001).

Davidson, Neil, "Reimagined Communities," *International Socialism*, 117 (2008).

Deiwert, Brian, "A New Trusteeship for World Peace and Security: Can an Old League of Nations Idea Be Applied to a Twenty-First Century Iraq?" *Indiana International and Comparative Law Review*, vol. 14, no. 3 (2004).

Dennett, Tyler, *American in Eastern Asia: A Critical Study of the Policy of the United States with Reference to China, Japan and Korea in the 19th Century* (New York: Macmillan, 1922).

Dobbs, Charles M., *The Unwanted Symbol: American Foreign Policy, the Cold War, and Korea, 1945~1950* (Kent, Ohio: The Kent State University Press, 1981).

Dulles, Foster Rhea, *Behind the Open Door: The Story of American Far Eastern Relations* (St. Louis, MO: Webster, 1943).

Dulles, Foster Rhea and Gerald E. Ridinger, "The Anti-Colonial Policies of Franklin D. Roosevelt," *Political Science Quarterly*, vol. 70, no. 1 (1955).

Eden, Anthony, *Memoirs: The Reckoning* (Boston: Houghton Mifflin, 1956).

Ekbladh, David, *The Great American Mission: Modernization and the Construction of an American World Order* (Princeton, NJ: Princeton University Press, 2011).

Engels, Frederick, "To the Editor of The Commonwealth: The Doctrine of Nationality Applied to Poland," *The Commonwealth*, no. 165, May 5, 1866.

Eldridge, Robert D., *The Origins of the Bilateral Okinawa Problem:*

      Okinawa in Postwar US-Japan Relations, 1945~1952 (New York: Garland, 2001).
Feis, Herbert, *Churchill-Roosevelt-Stalin: The War They Waged and the Peace They Sought* (Princeton: Princeton University Press, 1957).
Finklestein, Lawrence S., *Somaliland Under Italian Administration: A Case Study in the United Nations Trusteeship* (New York: Woodrow Wilson Foundation, 1955).
Freedman, Hal M., *Creating an American Lake: United States Imperialism and Strategic Security in the Pacific Basin, 1945~1947* (Westport: Greenwood Press, 2001).
Gaddis, John Lewis, *The United States and the Origins of the Cold War, 1941~1947* (New York: Columbia University Press, 1972).
Gaddis, John Lewis, *The Long Peace: Inquiries into the History of the Cold War* (New York: Oxford University Press, 1987).
Gardinier, David E., *Cameroon: United Nations Challenge to French Policy* (Oxford: Oxford University Press, 1963).
Glahn, Gerhard von, *Law Among Nations: An Introduction to Public International Law* (Boston: Allyn & Bacon: 1996).
Hess, Gary R., "Franklin Roosevelt and Indochina," *The Journal of American History,* vol. 59, no. 2 (1972).
Hess, Gary R., "After the Tumult: The Wisconsin School's Tribute to William Appleman Williams," *Diplomatic History,* vol. 12, no. 4 (1988).
Hietala, Thomas R., *Manifest Design: Anxious Aggrandizement in Late Jacksonian America* (Ithaca and London: Cornell University Press, 1985).
Higuchi, Wakako, *The Japanese Administration of Guam, 1941~1944: A Study of Occupation and Integration Policies, with Japanese Oral Histories,* Forewords by Donald Denoon and Goto Shinhachiro (Jefferson, NC: McFarland, 2013).
Hills, Alice, *Britain and the Occupation of Austria, 1943~45* (New York: St. Martin's Press, in association with King's College, London, 2000).
Hiscocks, Richard *The Rebirth of Austria* (London: Oxford University Press, 1953).
Johnson, Paul, *Modern Times: The World from the Twenties to the*

Nineties, revised edition (London: Harper Perennial, 1992).

Kang SungHyun and Ha JiEun, "Comparative Historical Sociology of the United States 'Occupational Trusteeship': Focusing on Korea, Austria and Okinawa," *Continuous Wars in East Asia, Post Colonial State Formation and the Cold War,* Seoul National University Asia Center (2015).

Katzenstein, Peter J., *A World of Regions: Asia and Europe in the American Imperium* (Cornell, NY: Cornell University Press, 2005).

Kennan, George F., *American Diplomacy: 1900~1950* (Chicago: The University of Chicago Press, 1951).

Kiiru, Samuel, *Development Trusteeship: The Myths and Realities with UNDP Projects in Kenya* (Moldova: Lambert Academic Publishing, 2011).

Kim, Seung-Young, "The Rise and Fall of the United States Trusteeship Plan for Korea as a Peace-maintenance Scheme," *Diplomacy & Statecraft,* vol. 24, no. 2. (2013).

Kimball, Warren, *The Juggler: Franklin Roosevelt as Wartime Statesman* (Princeton, NJ: Princeton University Press, 1991).

Knudsen, Tonny Brems and Carsten Bagge Laustsen, *Kosovo between War and Peace: Nationalism, Peacebuilding and International Trusteeship* (London: Routledge, 2007).

Krasner, Stephen D., "Sharing Sovereignty: New Institutions for Collapsed and Failing States," *International Security,* vol. 29 (2004).

League of Nations, *Ten Years of World Cooperation* (Secretariat of the League of Nations, 1930).

Lee, Duncan Campbell, *The Mandate for Mesopotamia and the Principle of Trusteeship in English Law* (London: Nabu Press, 2010).

Lenin, Vladimir Ilyich, "The Socialist Revolution and the Right of Nations to Self-Determination(1916)," in *Collected Works,* volume 22, December 1915~July 1916 (London: Lawrence and Wishart, 1964).

Link, Arthur, "Wilson the Diplomatist," in Armin Rappaport, ed., *Essays in American Diplomacy* (N.Y.: Macmillan Company, 1967).

Louis, William R., *Imperialism at Bay: The United States and the Decolonization of the British Empire, 1941~1945* (New York:

Oxford University Press, 1978).

Lyon, Peter, "The Rise and Fall and Possible Revival of International Trusteeship," *The Journal of Commonwealth & Comparative Politics,* vol. 31, no. 2 (1993).

Manela, Erez, *The Wilsonian Moment: Self-Determination and the International Origins of Anticolonial Nationalism* (Oxford: Oxford University Press, 2017).

Manning, C. A. W., *The Policies of the British Dominions in the League of Nations* (Genéve: The Graduate Institute of International Studies, 1932).

Mark, Eduard, "History and Significance of the Records of Harley A. Notter, 1939~1945," in *Post World War II Foreign Policy Planning: State Department Records of Harley A. Notter, 1939~1945,* volume I: Bibliography (Bethesda, MD: Congressional Information Services, 1987).

Matz, Nele, "Civilization and the Mandate Under the League of Nations as Origin of Trusteeship," *Max Planck Yearbook of United Nations Law,* vol. 9 (2005).

McJimsey, George T., *The Presidency of Franklin Delano Roosevelt* (Lawrence, KS: University Press of Kansas, 2000).

Morris, William George, "The Korean Trusteeship, 1941~1947: The United States, Russia, and The Cold War," Ph.D. dissertation, The University of Texas at Austin (1974).

Nemni, Ephraim, *Marxism and Nationalism: Theoretical Origins of a Political Crisis* (London and Boulder: Pluto, 1991).

Oliver, Robert T., *Syngman Rhee and American Involvement in Korea, 1942~1960* (Seoul: Panmun, 1978).

Parker, Tom, "The Ultimate Intervention: Revitalizing the UN Trusteeship Council for the 21st Century," Michael P. Scharf and Paul R. Williams, eds., *The Law of International Organizations: Problems and Materials,* 3rd edition (Durham, NC: Carolina Academic Press, 2013).

Polanyi, Karl, *The Great Transformation* (New York: Beacon Press, 1967).

Pugh, Jeffrey D., "Whose Brother's Keeper? International Trusteeship and the Search for Peace in the Palestinian Territories," *International Studies Perspectives,* Volume 13, Issue 4 (2012).

Range, Willard, *Franklin Delano Roosevelt's World Order* (Athens, Georgia: University of Georgia Press, 1959).

Ree, Eric van, "Stalin and the National Question," *Revolutionary Russia,* vol. 7, no. 2 (1994).

Roosevelt, Elliott, *As He Saw It: The Story of the World Conferences of F.D.R.* (New York: Duell, Sloan and Pearce, 1946).

Roosevelt, Franklin D., "Our Foreign Policy: A Democratic View," *Foreign Affairs,* vol. 6, no. 4 (1928).

Russell, Ruth B., *A History of United Nations Charter: The Role of United States, 1940~1945* (Washiongton, D.C.: The Brookings Institution, 1958).

Ryan, David and Victor Pungong, eds., *The United States and Decolonization: Power and Freedom* (New York: St. Martin's, 2000).

Sayre, Francis B., "Legal Problems Arising from the United Nations Trusteeship System," *American Journal of International Law,* vol. 42, no. 2 (1948).

Sbrega, John J., "Determination versus Drift: The Anglo-American Debate over the Trusteeship Issue, 1941~1945," *Pacific Historical Review,* vol. 55 (1986).

Sbrega, John J., "The Anticolonial Policies of Franklin D. Roosevelt: A Reappraisal," *Political Science Quarterly,* vol. 101, no. 1 (1986).

Schurmann, H. Franz, *The Logic of World Power: An Inquiry into the Origins, Currents and Contradictions of World Politics* (New York: Random House, 1974).

Shaw, Albert, *President Wilson's State Papers and Addresses* (New York: George H. Doran, 1918).

Sherwood, Robert E., *Roosevelt and Hopkins: An Intimate History* (New York: Harper & Brothers, 1948).

Smuts, Jan Christian, *The League of Nations: A Practical Suggestion* (London: Hodder and Stoughton, 1918).

Stahn, Carsten, *The Law and Practice of International Territorial Administration: Versailles to Iraq and Beyond* (Cambridge, UK:

Cambridge University Press, 2008).

Stettinius, Edward R., Jr., *Roosevelt and the Russians: The Yalta Conference*, edited by Walter Johnson (New York: Doubleday, 1949).

Stimson, Henry L. and McGeorge Bundy, *On Active Service in Peace and War* (London: Hutchinson, 1947).

Stueck, William, *Rethinking the Korean War: A New Diplomatic and Strategic History* (Princeton: Princeton University Press, 2002).

Sugg, Harold, "Watch Korea," *Harper's Magazine, January* (1947).

Tannira, Ahmed H., *Foreign Aid to the Gaza Strip between Trusteeship and De-Development* (London: Anthem Press, 2020).

Thaler, Peter, *The Ambivalence of Identity: the Austrian Experience of Nation-building in a Modern Society* (West Lafayette, Ind.: Purdue University Press, 2001).

Thayer, Carlyle A., "The United Nations Transitional Authority in Cambodia: The Restoration of Sovereignty," Tom Woodhouse et al., eds., *Peacekeeping and Peacemaking: Towards Effective Intervention in Post-Cold War Conflicts* (London: Palgrave Macmillan, 1998).

Thompson, J. A., "William Appleman Williams and the 'American Empire,'" *Journal of American Studies,* vol. XII (1973).

Thornberry, Cedric, *A Nation is Born: The Inside Story of Namibia's Independence* (Gamsberg, Namibia: Macmillan Publishers, 2004).

Tuchman, Barbara W., *Stilwell and the American Experience in China, 1911~1945* (New York: Bantam, 1971).

Tyler, Dennett, *Roosevelt and Russo-Japanese War* (New York: Doubleday, 1925).

Unterberger, Betty Miller, *The United States, Revolutionary Russia, and the Rise of Czechoslovakia* (Chapel Hill: University of North Carolina Press, 1989).

Watt, D. Cameron, *Succeeding John Bull: America in Britain Place, 1900~1975* (Cambridge: Cambridge University Press, 1984).

Whitnah, Donald R. and Edgar L. Erickson, *The American Occupation of Austria: Planning and Early Years* (Westport, Conn.: Greenwood

Press, 1985).
Widyono, Benny, *United Nations Transitional Authority in Cambodia (UNTAC)*, The Oxford Handbook of United Nations Peacekeeping Operations (Oxford: Oxford University Press, 2015).
Wilde, Ralph, "From Trusteeship to Self-Determination and Back Again: The Role of the Hague Regulations in the Evolution of International Trusteeship, and the Framework of Rights and Duties of Occupying Powers," *Loyola of Los Angeles International and Comparative Law Review*, vol. 31, no. 1 (2009).
Wilde, Ralph, *International Territorial Administration: How Trusteeship and the Civilizing Mission Never Went Away* (Oxford: Oxford University Press, 2009).
Williams, Masha, *White among the Reds* (London: Shepheard-Walwyn, 1980).
Williams, William Appleman, *The Tragedy of American Diplomacy* (N.Y.: W. W. Norton, 1984).
Wright, Quincy, *Mandates Under the League of Nations* (Chicago: The University of Chicago Press, 1930).
Wright, William E., ed., *Austria since 1945* (Minneapolis: Center for Austrian Studies, University of Minnesota, 1982).

4) 프랑스어
Maalem, Ali, *Colonialism-Trusteeship-Indépendance* (Paris: Défense de la France, 1946).

3. 기타

『경향신문』, 『동아일보』, 『레디앙』, 『시사 IN』, 『조선일보』, 『중앙일보』, 『중앙 SUNDAY』, 『한겨레』.
마리아나 관광청 편, 『Marianas: Paradise for Everyone』(마리아나 관광청 한국 사무소, 2018).

The New York Times.

찾아보기

ㄱ

가라후토 205
가자지구 49
가티 282
갈라파고스 89
갈무두그 330
감비아 92
게리그 79
고등판무관 50, 85, 160, 164, 195, 196, 201
고립주의 265, 266, 299
공동통치 90, 103
괌 143, 150
광저우만 193
국간지역위원회 101
국무·육군·해군 삼부조정위원회 101
국제연맹 38
국제연맹규약 38, 40
국제연맹령 67
군사기지 121, 125, 138, 141, 142, 144, 168, 176, 204, 238
군사 이용 허가 133
그로미코 158, 159, 263
그린란드 89
김규식 81, 82

ㄴ

나미비아 128, 240

나미비아 독립전쟁 128
나우루 130
나카타 아키후미 83
남극 89
남부 소말리아 326, 336
남서아프리카인민기구 128
남아프리카공화국 64, 127~129, 290
남아프리카연방 20, 63, 64, 66, 132, 172, 240
남양군도 75, 146
네덜란드 기아나 321
네덜란드령 동인도 43, 104, 107, 113, 118, 242, 300, 306, 307, 309, 314, 317, 318
네덜란드 서인도제도 320
네덜란드 연방 307
네덜란드 연합 312
네덜란드-인도네시아 연합 319
만델라 290
노르망디 104
노셀 232
뉴기니 43~45, 64, 130, 132, 300, 301, 303, 308, 311, 312
뉴딜 97, 98
뉴딜적 이상주의 98
뉴딜적인 온정주의 95
뉴질랜드 64, 66, 131, 132, 181, 244
니미츠 150
니미츠 포고 150, 153, 183

ㄷ

다카 113, 114
단일 왕국 56, 57

대서양헌장 110, 192, 252
대소말리아주의 327
대외관계자문위원회 99, 101
대일평화조약 187~189, 191, 192, 194, 197, 206
대한인국민회 80, 82
덤바턴 오크스 회의 116
데르비시 국가 326
데이워트 232
독립국 152, 170, 171, 173, 176, 195, 305
독·소불가침조약 72
독일령 동아프리카 278
동뉴기니 44, 309
동북뉴기니 42, 44, 45, 304
동아프리카공동체 292
동인도 113, 300, 306, 307, 309, 310, 312, 314
동카메룬 132
동토고 132
동티모르 49, 240, 242~245, 274, 301
디아스포라 46

ㄹ

라바울 113
라트비아 41, 72
랭던 101
러시아혁명 24, 25, 36, 37, 69
레너 29
레닌 23, 25
레바논 46, 51, 55, 57, 59, 60
레반트 51~53, 55
레이건 168

렌빌협정 310
로스차일드 53
루마니아 41
루스벨트 36, 87~100, 103~110, 112~118, 122, 129, 135, 136, 138, 145, 169, 207, 208, 264, 265, 268
루스벨트식 국제주의 123
루안다–우룬디 63, 277, 278
룸·판로이연협정 311
뤼순 193
류큐병합 178~180
류큐제도 처리 184~189
류큐처분 178, 179
르완다내전 281, 285, 298
르완다–부룬디 277
르완다애국전선 281, 282, 284, 285
르완다 왕국 279
리베리아 113
리비아 231, 232, 287, 324
리비아연합왕국 230
리투아니아 41, 66~74
린취안중 205

ㅁ

마르크스 26~28
마리아나제도 64, 146, 149~152
마셜공화국 167, 168
마셜제도 139, 143, 146, 150, 153, 160, 167, 168, 170, 175, 176
마키노 노부야키 77
말레이 107
말레이반도 104
맥마흔 51, 53, 57

맥아더 181, 183
맷슨 2세 201
먼로 265, 266
먼로 독트린 265, 266
먼로 독트린 추론 266
메디나 54
메멜 66, 67
메멜란트 67, 68, 71, 72
메멜부르크 66
메소포타미아 46, 61, 63
메이지 정부 177
메카 51, 52, 54, 55
모가디슈 전투 332
모로코 92, 118
모스크바3상회의 122
몬테네그로 241
몰로토프 92, 104, 105, 107, 108
몰로토프-리벤트로프조약 72
무가베 287
문호개방 79, 251, 255, 258~260
문호개방정책 20, 256~260
미국 36, 37, 82, 86, 94, 103, 112, 116, 121~125, 135~138, 143, 146, 215, 255, 265~269, 271, 272
미국령 버진아일랜드 173
미국령 사모아 171, 174
미국제일주의 298
미얀마 298
미주국가 89, 90
미크로네시아 76, 77, 146, 149, 150, 153~159, 163, 168, 170, 175~177, 185, 188, 189, 206, 229, 263, 264

미크로네시아연방 145, 167~170, 175, 176
미크로네시아의회 164
민족자결주의 21~25, 31~37, 40, 42, 76, 83, 86, 148
민족진보연합 289~291
민족해방군 291~293
민주방위국민평의회 291
민주주의 97, 221, 230, 282, 286, 309, 313, 329

ㅂ

바레 328, 329
바레인 61
바우어 29
반독립국 167, 170
반식민주의 87, 92, 94, 95, 98, 99, 118, 138, 208, 238, 251~254, 256, 264
발트 3국 70, 72~74
밸푸어선언 47, 53
버크 18, 19
번스 155
범미주안 90
범미크로네시아정당 166
베르사유체제 38, 84
베스트팔렌조약 56, 307
베이루트 57
베트남 180, 277, 306, 312
벤구리온 48
벤베니스티 200
벨기에 26, 63, 66, 75, 76, 132, 258, 278, 279, 281, 293~297,

308, 313
보닌섬 113
보스니아 및 헤르체고비나 193
보호국 61, 102, 170, 176, 315, 325~327
부룬디 277~282, 284~286, 288~298
부룬디 대학살 288
부룬디민주전선 290
부룬디왕국 280
부룬디평화협정 290
부요야 288~291
북마리아나 166, 168
북마리아나연방 160
북마리아나제도 140, 146, 147, 151, 152, 159, 168, 170, 174, 176
북마리아나제도연방 167, 170
분쟁지역 11~13, 49, 134, 228, 231, 235, 236, 239, 246, 273, 274
분할지배 166, 297
브래들리 94
블랙 호크 다운 332
비군사화 125, 138, 141, 144, 145, 185, 270
비지뭉구 284
비키니섬 139

ㅅ

사모아 64, 171, 174
사실상의 신탁통치령 232
사우디아라비아 52, 334
사이크스·피코협정 53, 54, 57, 58
사이판 149, 150, 160, 161, 167, 174
사이프러스 193

사할린 191, 205
산레모회의 55
살라자르 242
상록수부대 244, 331, 333
새로운 형태의 신탁통치 233
샌프란시스코평화조약 160, 189, 191, 199, 219, 268
샌프란시스코평화협정 195
샤를 279
3·1운동 31, 32, 81
샴 107
서뉴니기 43
서사모아 42, 64, 130
서카메룬 132
서태평양제도 11, 75, 104, 125, 132, 136, 138, 145, 160, 163, 175, 199, 204, 205, 264, 272
서토고 132
서파푸아 301~303
서파푸아주민대회 303
세르비아 241, 242
세브르조약 55
세이어 85
셰르마르케 327
셰흐 마하무드 334
소말리아 276, 326~336
소말리아민주공화국 327, 328
소말리아연방 329, 330, 334
소말리아연방 공화국 334
소말리아청년동맹 328
소말릴란드 131, 132, 231, 276, 324~330, 334, 336
소말릴란드공화국 328, 330, 336

속령 44, 151, 166, 170~174, 176, 177, 301, 312
솔로몬제도 113
수라바야 309, 310
수에즈 운하 62
수정주의 13, 73
수카르노 43, 301, 302, 304, 306, 311, 312, 317~319
수하르토 242, 243, 302~304
슈탄 236, 237
스뮈츠 20, 37, 41, 63
스타인메츠 237, 238
스탈린 30, 31, 70, 72, 93, 97, 98, 108, 109, 115, 117, 209
시리아 46, 51, 57~60, 62, 63
시어도어 루스벨트 36, 265
신제국주의적 반구식민주의 252
신탁통치(속)령 법규 164
신탁통치이사회 11, 85, 124, 133, 136, 139, 164, 169, 220, 232
신한청년당 82
실패국가 228, 240, 271

ㅇ
아나톨리아 57
아덴만 325~327, 336
아라비아반도 53, 55, 56
아라비아의 로렌스 53
아랍 국가 46, 48, 51, 52, 56
아랍에미리트 60
아랍에미리트연합국 61
아루샤평화협정 282
아베 신조 77

아우딜란드 330
IMF 관리체제 235
IMF 신탁통치 235
아이젠하워 195
아자니아 330
아프가니스탄 240, 271, 329
아프리카 240, 286, 287
알레포 57
알카에다 334
압둘라 1세 58, 59
앙골라 286
야프 167
얄타회담 116
어센션섬 113, 114
에니웨톡섬 140
에스토니아 41, 72, 74
에티오피아 326~328
엥겔스 26~28
연방체 151, 164, 172~174
영국 19, 23, 43, 46, 93, 98, 111, 126, 157, 193, 208, 216, 230, 251, 269, 278, 304, 306, 324
영국령 소말릴란드 327
영연방 44, 112, 129, 151
영연방국가 66, 132
예루살렘 48, 54, 55
오가덴전쟁 328
오가사와라제도 190, 191, 202, 218, 219
5·4운동 32
오스만튀르크제국 34, 62, 79
오스트레일리아 44, 64, 75, 130, 132, 181, 232, 244, 303, 304, 309

오스트리아 26, 193, 219
오스트리아-헝가리제국 42, 277
오스틴 49
오슬로협정 49
오키나와 11, 121, 177, 217, 245
완전자치국 170
요르단 45, 52, 58, 59
요르단강 서안지구 49
요르단 하심 왕국 59
우룬디 63
우토모 313
월리스 115
웨드마이어 보고서 136
웨이크섬 143
웨이하이웨이 193
웨일스 99, 100
윌리엄스 35, 135, 253
윌슨 19, 21, 81, 215, 268
윌슨 14개조 21~25
윌슨주의 32, 98
유고슬라비아 40, 241, 298
유대인 46, 53, 73
유엔레바논임시주둔군 59
유엔르완다지원단 282
유엔 부룬디 임무단 291
유엔시찰단 136
유엔신탁통치(속)령 159
유엔신탁통치제도 134
유엔 안전보장이사회 128, 137, 139, 311, 331, 332
유엔헌장 제78조 234
은혜로운 동화 94
이든 112, 114

이라크 46, 51, 56, 58, 61, 62, 126, 232, 233, 235, 271
이란 58, 61, 62, 114
이리안자야 303
이리안자야주 303
이스라엘 46, 48~50, 54, 58~60
이스라엘 건국 48
이스라엘-팔레스타인 분쟁 54
이승만 80~83, 148, 230
이집트 32, 46, 62
이케가미 다이스케 157, 175
이탈리아 231, 258, 324~327
인도네시아 43, 44, 242~244, 300~319
인도네시아공화국 306, 311, 318
인도네시아 독립전쟁 306, 307
인도네시아 독립파 310
인도네시아합중국 311, 318
인도주의 251
인도차이나 93, 94, 104, 107, 113, 115~118
인테라함웨 283
일본 26, 34, 37, 39, 66, 75~78, 146~151, 153~160, 176, 178~192, 194~208, 210, 218, 219, 255, 257

ㅈ

자명한 신의 뜻 95, 267
자바전쟁 316
자유연합 167, 170, 175~177
자유파푸아운동 302
자치연방체 166
자치주 152, 170, 172, 174, 176, 241
잔여주권 193

잔존주권 191~194, 204
잠재주권 192~194, 203
장제스 92, 94, 104, 106, 107
전략적 신탁통치 125, 138, 141, 142, 144, 155, 158, 184, 185, 187, 188, 194, 264
전략적 신탁통치령 121, 138, 139, 143, 187, 199, 269
전략지구 133
전략지역 89, 123, 140, 141, 156~158, 189
전시점령 150, 197, 209, 210
전통주의 13
전후계획위원회 101
전후대외정책자문위원회 100~102
점령관리 209~211, 268
점령형 신탁통치 125, 177, 210, 211, 217, 220, 229, 268, 270, 272
정상국가 230
정책위원회 101
정치적 훈정론 95
정한경 80, 81
제2전선 설정 104
제국적 반식민주의 254, 256
조·미수호통상조약 32
조선병합 179
조지 23, 32
종족주의 298
주룽반도 193
주발란드 330
준독립국 167, 170
준신탁통치기 218

중국 32, 57, 78, 99, 104, 105, 115, 136, 153, 180, 193, 256, 270, 277, 302, 312,
중동 50, 52, 53, 55~58, 60, 86, 228, 326
중동 재편 56
지부티 327, 328, 330
진주만 공습 149
집단적 신탁통치 90

ㅊ

처칠 56, 91, 97, 98, 104, 111, 114, 115, 117, 118, 252
청원 80~83, 133, 134, 141
청원서 80~82, 134
체코슬로바키아 40
취약(파탄)국가 228, 230, 240, 271
치레나이카 230, 231, 324

ㅋ

카가메 280~284, 297
카네기 269
카니엔키코 290
카다피 231, 287
카메룬 74, 130, 132
카우츠키 28, 30
카이로회담 93, 94, 97
카젠스타인 238
칼리닌그라드 67, 68
캄보디아 271, 277
캐롤라인 64, 132, 208
캐롤라인군도 140, 167
캐롤라인제도 145, 146, 149

케넌 181, 188
케네디 232
코소보 49, 240~242, 271
코트디부아르 333
콩고 278, 280
콩고내전 284, 285~287
콩고민주공화국 286, 287
콩고-자이르해방민주세력연합 286
콩고조약 20
쿠르드 61, 62
쿠르드족 61, 62
쿠릴 159, 191, 205,
쿠릴열도 113, 158, 191, 205~209
쿠바 90, 267, 268
퀘벡회의 112
크라코프혁명 26
클라이페다 66, 68
클린턴 283
킬해협 113
킴벌 114

ㅌ

타이완 279, 180, 241, 314
탁치형 점령 126, 211, 218, 220, 245, 246
탄자니아 282, 290
탈식민지화 126, 135
탕가니카 63, 130, 132, 278
태평양 12, 41, 64, 74, 86, 108, 116, 123, 124, 126, 131~133, 135, 136, 138, 139, 141, 142, 149, 151, 153~155, 159, 168, 170, 175, 176, 181, 184, 209, 270, 318
태평양의 지브롤터 149
태평양제도 115, 136, 166
태평양제도신탁통치(속)령 139, 164, 166
토골란드 63, 74, 130
통일 아랍 국가 51, 52
투치족 279~291, 294~298
튀르키예 45, 58, 61, 62, 84, 109
트란스요르단 45, 48, 50, 58, 59, 86, 126
트루먼 109, 115, 122, 264
트루크 113, 167
트루크 환초 149
트리에스테 246~248
트리폴리타니아 230, 231, 324
트웨인 269
특수연구국 100
티니안 150, 160

ㅍ

파리강화조약 84, 268
파리강화회의 20
파샤 52
파스볼스키 100
파이살 1세 58
파푸아뉴기니 45, 304, 305
파푸아보호령 43, 44
파푸아와 뉴기니 속령 44
파푸아주 303
판모크선 310
팔라우 11, 12, 13, 64, 160, 167, 169, 170, 175, 208

팔라우공화국 167, 169
팔레스타인 45~50, 52, 54, 55, 58, 59, 118, 126, 277
팔레스타인 자치정부 49, 50
팔레스타인지역정전감시단 273
팔미라 환초 173, 177,
페르시아만 113, 114
페이 167
폐잔 230, 231, 324
평등권 259
평화에 관한 포고 24
평화유지활동 10, 11, 60, 134, 228, 244, 245, 271~275
포리스털 123
폴란드 26, 41, 67, 69~73, 99, 232
푸에르토리코 152, 164, 172~174, 267
푼틀란드 330,
프랑스 31, 37, 50, 53, 56, 66, 67, 75, 93, 113, 115, 122, 126, 137, 147, 149, 257, 258, 293, 315, 320, 322
프레토리아 협정 287
피어리 186, 187, 195, 201
피콕 45
핀란드 41
필리핀 88, 93, 94, 98, 107, 110, 150, 154, 172, 173, 181, 260, 266~269

ㅎ

하브야리마나 281~283
하비비 243
하스 84
하심 가문 50~52, 54, 55, 58, 59
하와이 173, 176, 266
한국 32, 42, 60, 80~83, 89, 102~104, 114, 121, 125, 133, 163, 183, 191, 211, 218, 229, 230, 235, 244, 246, 263, 264, 266, 268, 274
한반도 신탁통치안 89, 121, 122, 264
할양 146, 179, 241, 267, 268, 326
핼리팩스 111
햄족 296
헐 90, 99, 100, 104, 111, 112
헝가리 30, 41, 193
헤이 257
헤즈볼라 60
헨더슨 277
홀로코스트 47
홍콩 113~118
후견제 87, 91, 99, 137
후기 수정주의 13
후세인 51~58
후세인-맥마흔 서한 51
후투족 281, 297
후투 파워 282
휘틀럼 45